Lorne Tepperman, Patrizia Albanese,
Sasha Stark, Nadine Zahlan

•

# The Dostoevsky Effect

## Childhood and Problem Gambling

Indiana University Press

2005

Лорн Тепперман, Патриция Альбанезе,
Саша Старк, Надин Залан

# Эффект Достоевского

## Детство и игровая зависимость

Academic Studies Press

Библиороссика

Бостон / Санкт-Петербург

2022

УДК 616.89:82+616.89:929+821.161.1
ББК 83.3(2=411.2)52+83.3стд1-8+88.742
Т34

Перевод с английского Марии Быковой

Серийное оформление и оформление обложки Ивана Граве

**Тепперман Л., Альбанезе П., Старк С., Залан Н.**

Т34 Эффект Достоевского: Детство и игровая зависимость / Лорн Тепперман, Патриция Альбанезе, Саша Старк, Надин Залан; [пер. с англ. М. Быковой]. — СПб.: Academic Studies Press / Библиороссика, 2022. — 399 с. — (Серия «Современная западная русистика» = «Contemporary Western Rusistika»).

ISBN 978-1-6446991-6-4 (Academic Studies Press)
ISBN 978-5-907532-24-3 (Библиороссика)

Сравнивая жизнь Достоевского с опытом современных игроманов, социологи обнаружили то, что они назвали «эффектом Достоевского». Авторы на примере великого русского писателя показывают, что причиной игровой зависимости зачастую оказывается не наследственная предрасположенность, а социальные факторы, такие как детские травмы и плохая способность справляться со стрессом во взрослой жизни. Книга предлагает новое понимание жизни и творчества Достоевского и проводит удивительные параллели его биографии и историй других игроков, стирая зачастую неуловимую грань между фактами и литературным вымыслом.

УДК 616.89:82+616.89:929+821.161.1
ББК 83.3(2=411.2)52+83.3стд1-8+88.742

© Lorne Tepperman, Patrizia Albanese, Sasha Stark, Nadine Zahlan, text, 2005
© Indiana University Press, 2005
© М. А. Быкова, перевод с английского, 2022
© Academic Studies Press, 2022
© Оформление и макет ООО «Библиороссика», 2022

ISBN 978-1-6446991-6-4
ISBN 978-5-907532-24-3

# Благодарности

Мы в долгу перед множеством трудолюбивых людей, сыгравших важную роль на различных этапах создания этой книги. Прежде всего мы хотим поблагодарить Центр исследования игромании Онтарио (OPGRC), который финансировал нашу работу в рамках проекта по «передаче знаний». Большая часть исследований, на которые мы опирались при создании этой книги, проводилась в Онтарио при многолетней поддержке центра OPGRC. Как и многие другие исследователи азартных игр, мы не смогли бы добиться подобного результата без его щедрой поддержки и руководства. Итак, спасибо сотрудникам центра OPGRC, а именно исполняющей обязанности директора Джудит Глинн и Эрике Вери Леветт, которая занималась распределением грантов. Мы надеемся на продолжение отношений с OPGRC при новом директоре Гэри О'Конноре.

Мы также благодарим Кэрол Бейкер Лэй и Риту Лэм за расклейку в центре Торонто наших объявлений о наборе персонала. Нам повезло, что проведением интервью занимались замечательные интервьюеры: Кэрол Бейкер Лэй, Кристин Крэндлмайр, Хиллари Киллэм, Рита Лэм, Эме Найгаард, Адрианна Робертсон, Раджвант Сандху, Алекс Тепперман, Марк ван дер Маас и Стейси Джин Уэйнрайт.

Хочется отметить работу студентов, которые расшифровали интервью: Кэрол Бейкер Лэй, Кристин Крэндлмайр, Анита Феер, Ясмин Кортрайт, Мишель Куан, Сьюзен Кван, Рита Лэм, Ричард Лю, Афшин Мерчант, Уриэль Филозоф, Адрианна Робертсон, Дейрдре Райан, Раджвант Сандху, Брианна Сайкс, Алекс Тепперман, Лора Апениекс, Стейси Джин Уэйнрайт и Хурса Язди. Нина

Гейхман, Брианна Сайкс и Ребекка Янг провели контент-анализ мемуаров и интернет-публикаций. Пэм Баутиста, Олеся Биссетт, Кристин Крэндлмайр, Кара Эванс, Анита Феер, Оливер Луэ, Лаура Меркуриано, Дейрдре Райан, Дженна Валлериани и Марк ван дер Маас отвечали за качественный анализ транскриптов. Мы благодарим Стивена Хэма за помощь в управлении данными и Агату Фальковски-Хэм за проведение количественного анализа данных.

Кейтлин Хэмблин оказала огромную помощь в изучении биографических материалов о Достоевском, которые составляют первую треть книги. Никки Мередит и Дейрдре Райан помогли превратить наш первоначальный отчет об исследовании — остальные две трети этой книги — в читабельный черновик.

Наконец, мы благодарим всех тех коллег, которые предоставили критические отзывы на раннюю версию этой рукописи: Пэт Эриксон, Тару Хаманн, Кейт Холланд, Ситце Ф. Кингму, Ричарда Розенталя, Гарри Смита, Марка ван дер Мааса и Кристи Ваннер. Особую благодарность хочется выразить всемирно известному исследователю азартных игр Алексу Блащински за советы и поддержку, а также всемирно известному эксперту по Достоевскому Кеннету Ланцу за подробный критический разбор биографического материала.

Наконец, мы благодарим Дэвида Стовера, президента издательства Oxford University Press (Канада), который всецело поддерживал нашу работу и внес десятки ценных предложений по усовершенствованию этой рукописи. Будучи опытным редактором, Дэвид заметил немало важных стилистических нюансов, на которые мы не обратили внимания. Поэтому, Дэвид, спасибо вам за все! Кроме того, мы хотели бы поблагодарить и другого нашего редактора — Хизер Сангстер из Strong Finish. С Хизер всегда приятно работать, и она всегда неизмеримо улучшала рукопись.

Часть первая

# АЗАРТНЫЕ ИГРЫ В ЖИЗНИ ДОСТОЕВСКОГО

# Глава 1
# Достоевский: предисловие к биографии

Простой вопрос для любителей литературы: кто из двух знаменитых писателей XIX века — Джейн Остин или Ф. М. Достоевский — страдал от тяжелой игровой зависимости? Несложно догадаться, что речь идет о Достоевском (1821–1881).

Чтобы хоть немного понять книги этих авторов, необходимо глубоко погрузиться в их жизнь — в особенности в детские годы. Если из-под пера Остин никогда бы не вышли «Братья Карамазовы», а Достоевский никогда бы не написал «Гордость и предубеждение», на это были причины биографического и психологического характера.

Обратимся, например, к образу отца в творчестве обоих писателей. В книгах Остин отец — например, мистер Беннет из «Гордости и предубеждения» — поддерживает своих детей, относится к ним с теплом и добротой. У Достоевского отцовская фигура выглядит совершенно иначе, и далее мы рассмотрим почему. Действительно, отцы и мужчины в целом в произведениях Достоевского чаще ведут себя жестоко, холодно и отстраненно. С особенно едким презрением Достоевский относится к таким мужчинам, как Степан Трофимович («Бесы»), — напыщенным, властным и *тщеславным* (Достоевский охотно использует это слово в качестве уничижительной характеристики).

Знание того, как прошли ранние годы жизни Остин и Достоевского, позволяет понять, насколько каждый из них в будущем рисковал стать жертвой тяжелой зависимости. Особенно важно обратить внимание на их подход к отображению семейной жизни и фигуры отца в своих произведениях. Именно об этом пойдет речь в настоящей книге. Основное внимание мы уделим проблеме зависимостей у Достоевского.

История его игровой зависимости началась в 1862 году и закончилась в 1871 году, продлившись, таким образом, почти десять лет — значительную часть взрослой жизни писателя. Эта сторона биографии Достоевского настолько известна, что в 2005–2006 годах его портрет появился на российских лотерейных билетах. Правнук писателя Дмитрий Достоевский подал на государственную спортивную лотерею в суд. В беседе с ведущей радио NPR Мелиссой Блок Дмитрий подчеркнул, что не считает решение организаторов лотереи проявлением уважения к памяти его великого предка. «Воздаянием чести Достоевскому было бы построить больше библиотек имени Достоевского или, может быть, организовать какие-то благотворительные мероприятия имени Достоевского. Это было бы достойно. Но не помещать его портрет на лотерейные билеты» [Dostoevsky D. 2005].

Несмотря на его личные недостатки, ценители большой литературы по-прежнему любят и уважают Достоевского. Возможно, наибольшей популярностью он пользуется среди русских читателей. В своей рецензии на роман «Лето в Бадене», главным героем которого является Достоевский, Юджин Гудхарт отмечает, что автор книги Леонид Цыпкин «одержим Достоевским»:

> Саморазрушительные эмоции и поступки Достоевского определили форму и энергию его книг. <...> То, что должно было умерить страсть Цыпкина к Достоевскому, парадоксальным и даже неестественным образом лишь делает ее сильнее: игровая зависимость, жгучий антисемитизм, сложные отношения с друзьями и, в особенности, с женой [Goodheart 2004: 301].

Ему вторит Десмонд О'Грэйди, утверждающий, что даже век спустя

> ...в Санкт-Петербурге <...> чувствуется, что Достоевский жив, причем не только в библиотеках и книжных магазинах, но и в тех жителях, кто в коммунистические времена благо-

даря его книгам обратился к христианству. <...> Разумеется, романы Достоевского во многом близки его соотечественникам, хоть он и умер сто лет назад. Те ужасы, с которыми он столкнулся во времена Российской империи, хорошо знакомы людям, жившим при Сталине и его преемниках [O'Grady 1994: 6].

Сегодня Достоевского читают во всем мире — не ради его религиозных или политических воззрений, но благодаря его глубокому пониманию психологии и социологии. И все же толчком к созданию книги, которую вы держите в руках, послужило не восхищение его литературным мастерством. Рассматривая эту тему, мы преследуем иные цели. Замысел этой книги возник во время изучения того, как наследуется *игровая зависимость* — проблема, также известная как игромания, лудомания или патологическое влечение к азартным играм.

В ходе исследования мы стремились измерить и объяснить феномен наследования игровой зависимости и понять механизмы, посредством которых эта проблема передается из поколения в поколение. Понемногу стало очевидно, что передается она далеко не всегда, однако понять ситуацию несложно. Генетически склонность к патологическому игровому поведению легко переходит от родителей к детям (впрочем, этот фактор играет незначительную роль). Кроме того, родители выстраивают определенную модель и поощряют определенное поведение (и этот фактор гораздо важнее): семья ведет образ жизни, способствующий возникновению игровой зависимости, и об этом также пойдет речь в настоящей книге.

Неудивительно, что дети патологических игроков с гораздо большей вероятностью сами рискуют обзавестись игровой зависимостью, чем дети тех, кто играет мало или не играет вообще! Та же логика применима и в обратном направлении: если родители не играют в азартные игры, есть большая вероятность, что их дети во взрослой жизни не заинтересуются азартными играми или будут играть умеренно.

Но в нашем исследовании встречаются и другие случаи — более интересные и даже сбивающие с толку. Речь идет о детях патологических игроков, у которых не вырабатывается игровой зависимости, и о детях, выросших в обычных семьях, но которые сами становятся патологическими игроками. Как нам объяснить последний феномен — людей, чья игровая зависимость возникает словно бы ниоткуда? Данный вопрос и привел нас в конечном итоге к биографии Достоевского: ведь этот великий русский писатель XIX века не только писал об игровой зависимости — на протяжении значительной части взрослой жизни он сам был патологическим игроком.

Чем больше мы узнавали о подобных «нестандартных» случаях, тем интереснее было понять природу ненаследуемых факторов, из-за которых у Достоевского возникла игровая зависимость. В настоящем исследовании мы называем эту комбинацию факторов «эффектом Достоевского». Как станет очевидно из последующих глав, чтобы объяснить игроманию Достоевского — а возможно, и его литературные труды, — необходимо начать с изучения длинной и насыщенной биографии писателя. Это значит, что следует изучить его детские травмы и проблемы, с которыми он столкнулся во взрослой жизни, а также неудачные попытки их преодолеть.

Изучая поведение местных жителей, страдающих от игровой зависимости, мы быстро обнаружили проявления так называемого «эффекта Достоевского». Игровая зависимость не возникает сама по себе — это справедливо и для Достоевского, и для современных игроков. У многих участников нашего исследования прослеживается та же комбинация детских травм и взрослых проблем, что у Достоевского. Отсюда наше предположение: возможно, изучение его биографии поможет выяснить нечто полезное об игромании. В то же время анализ поведения современных игроков может помочь по-новому взглянуть на Достоевского.

Несколько забегая вперед, отметим один факт, который удалось выявить путем такого сравнения: патологический игрок, отмеченный писательским талантом, способен придать блеск даже собственной зависимости. Для нас Достоевский в 1862–1870 годах — это всего лишь игроман, который, однако, обладает феноменальной способностью добывать из шлака своей зависимости золото прозы и экзистенциальной философии. Что же касается современных игроманов из Торонто, то они тоже являются рабами своей привычки, но, в отличие от Достоевского, им не хватает таланта, чтобы использовать ее как материал для романа.

Человеку, страдающему от зависимости, всегда хочется облагородить или даже романтизировать свое патологическое поведение. Рано или поздно так поступает каждый игроман, однако мало кому удается выйти на уровень, заданный Достоевским в романе «Игрок». Возможно, это наблюдение покажется особенно интересным для современных читателей этой книги — а также для психотерапевтов, которые часами выслушивают приукрашенные, но гораздо менее изящные объяснения от своих пациентов.

В какой-то момент мы осознали, что наш подход в точности соответствует тому, к чему призывал великий социолог Чарльз Райт Миллс в своем классическом труде «Социологическое воображение» [Mills 1959]. С точки зрения Миллса, смысл социологии состоит именно в создании связей между незначительными событиями и большими структурами, между личными сложностями и общественными проблемами и (в конечном итоге) между биографией отдельного человека и историей человечества. В конце концов, что есть общество, если не совокупная биография всех, кто в нем живет? И вместе с тем — что есть отдельная биография, если не рассказ о том, как человек проживает свою жизнь в ограниченных (или структурированных) условиях конкретного общества в конкретную историческую эпоху?

Короче говоря, в хорошем социологическом исследовании нужно изобретательно использовать сравнения и метафоры — а также системный анализ данных, — чтобы понимать, как функционируют люди, отдельные сообщества и общества в целом. Способны ли мы таким образом увидеть и понять то, чего раньше не видели и не понимали? Ответ на этот вопрос и определяет качество исследования.

Итак, в настоящей книге, какой бы короткой она ни была, мы проводим параллель между игровой зависимостью у Достоевского и у современных жителей Торонто, опираясь на методы сравнения и социологического воображения. Мы полагаем, что наша книга способствует более глубокому пониманию обеих тем и, таким образом, окажется интересной как для любителей Достоевского, так и для тех, кто занимается проблемами современной игромании. Но в то же время она носит чисто исследовательский характер. Наша работа не является внушительным вкладом в достоевистику, основанным на анализе вновь обнаруженных источников XIX века, и не претендует на то, чтобы сказать последнее слово в дискуссии о причинах патологического игрового поведения — идет ли речь о России XIX века или о Канаде XXI века. Все, что мы хотим сказать: наше исследование намечает новые направления для изучения игрового поведения и творчества Достоевского.

Начнем с двух предупреждений.

Предупреждение первое: читателю предстоит столкнуться с обширным обсуждением теории Зигмунда Фрейда относительно игровой зависимости у Достоевского. Эти фрагменты, возможно, окажутся длиннее, чем можно было бы ожидать, поскольку современная социология большей частью отказывается от фрейдистского анализа. Тем не менее у нас были три важные причины воздать Фрейду должное. Во-первых, Фрейд уделял большое внимание важности детской травмы при развитии поведенческих проблем — таких как игровая зависимость — во взрослом возрасте, и мы придерживаемся той же позиции. Во-вторых, Фрейд стал первым ученым, разработавшим теорию о происхождении игровой зависимости, и эта теория продолжала влиять на умы психотерапевтов на протяжении всего XX века. В-третьих, Достоевский был известным игроманом. Проблема игромании у него приобрела такой масштаб, что отец психоанализа сделал попытку объяснить ее в одном из своих аналитических эссе — «Достоевский и отцеубийство». Даже сегодня невозможно обсуждать игровое поведение Достоевского, не ссылаясь на классическое эссе Фрейда. Мы не во всем согласны с его выкладками, однако нельзя сделать вид, словно их не существует. Этому эссе все еще принадлежит особое место в истории лечения зависимостей и развития научной мысли в XX веке.

Предупреждение второе: наша книга рассчитана не только на ученых-социологов, но и на широкую публику. Поэтому мы отказались от традиционного академического подхода, требующего немедленно указать полный список справочной литературы по альтернативным теориям. Такой подход, ставящий литературу во главу угла, пользуется уважением (и вполне заслуженным) в профессиональных журналах, однако зачастую отпугивает неподготовленного читателя. Поэтому, чтобы удержать его внимание, мы решили выбрать форму изложения, которая постепенно становится сложнее и сложнее, пока, наконец, у нас не останется другого выбора, кроме как представить обзор теоретической литературы, — и это чудесным образом все упрощает. Вот почему отсылки к научным работам разбросаны по всей книге.

Итак, давайте начнем с начала. Федор Михайлович Достоевский был одним из наиболее выдающихся писателей XIX века. Кроме того, он по-прежнему считается одним из лучших авторов мировой литературы, писавших об игровой зависимости, и самым известным игроманом среди писателей. Мы стремимся доказать, что биография Достоевского может пролить свет на проблему его игровой зависимости и вместе с тем прояснить некоторые важные вопросы, связанные с поведением современных игроманов.

Во многих отношениях наше исследование подтверждает ценность «модели различных путей», разработанной Алексом Блащински и Лией Науэр в рамках изучения игромании [Blaszczynski, Nower 2002]. В соответствии с этой моделью мы обнаружили, что некоторые люди — «игроки с заданным поведением» — приобретают игровую зависимость в ходе социальной адаптации. Подобная схема в особенности ярко проявляется у тех, кто получает игроманию «по наследству» от родителей. Кроме того, мы выяснили (опять же, в соответствии с моделью Блащински и Науэр), что игроманы другой категории — «эмоционально уязвимые игроки» — часто страдают тревожными расстройствами, депрессией, последствиями семейных травм и наркотическими зависимостями. Для игроков такого типа, как и для Достоевского, игры становятся убежищем от постоянного стресса, поскольку им не хватает самоконтроля и эффективных копинг-стратегий.

Едва ли можно утверждать, что Достоевский подпадает под третью, самую непростую категорию патологических игроков, по Блащински и Науэр, — это диссоциативные импульсивные игроки, которым свойственна не только уязвимость и склонность играть, когда есть такая возможность, но и нехватка волевого контроля на фоне заметных диссоциативных тенденций. В биографии Достоевского прослеживаются некоторые черты этого типа — при желании читатель может сам сопоставить факты. Однако вряд ли человек, имеющий значительные проблемы в сфере волевого контроля, смог бы провести всю жизнь за письменным столом, вглядываясь в себя и создавая огромные романы, посвященные тончайшим нюансам человеческой психики. Кроме того, игровая зависимость Достоевского продлилась всего десять лет: это заставляет предположить, что в его случае можно говорить о несколько менее выраженной психологической патологии.

Однако, в отличие от Блащински и Науэр, а также других психологов, изучавших проблемное игровое поведение, мы сконцентрировались на долгосрочном исследовании и уделили особое внимание *социальному контексту*. Под этим подразумеваются социальные, культурные и исторические условия, в которых живет человек с развивающейся игровой зависимостью. Для создания правдоподобной теории, объясняющей возникновение игромании, необходимо проанализировать роль игр в том или ином обществе. В то же время нельзя игнорировать методы, к которым игрок прибегал в прошлом, чтобы справиться со стрессом. Игромания — это не та проблема, которую можно объяснить с помощью лабораторных экспериментов, вырванных из контекста, или коротких наблюдений без связи с историческими факторами. В каждый конкретный момент человек выбирает определенный метод борьбы со стрессом, и этот метод — как мы не раз увидим на примере Достоевского — отражает его текущие потребности и прежние неудачные попытки выйти из подобных ситуаций.

Как уже сказано выше, в своей книге мы стараемся ответить на два главных вопроса. Во-первых, как биография Достоевского, русского писателя XIX века, может помочь в изучении патологического (или компульсивного) игрового поведения жителей современной Канады? Во-вторых, что мы можем узнать о жизни Достоевского, изучая проблемы современных канадских игроманов?

Игромания Достоевского пользовалась большим вниманием у ранних исследователей обсессивного и невротического поведения. Отчасти причиной этому стало упомянутое выше эссе Фрейда. Мы придерживаемся диаметрально противоположного подхода к изучению игровой зависимости — а именно предлагаем социальную интерпретацию, которая нам кажется более убедительной. Отсюда вытекает еще одна задача нашей книги: бросить вызов фрейдистскому, психоаналитическому подходу к проблеме игромании.

При этом имеется один важный пункт, где наша точка зрения сходится с фрейдистской: речь идет о роли детской травмы в формировании игровой зависимости. Как и Фрейд, мы полагаем, что корни проблемного игрового поведения уходят глубоко в прошлое. Однако, в отличие от Фрейда, мы не подразумеваем обязательного сексуального компонента. Вместе с тем мы оспариваем точку зрения, доминирующую в современной психологии, согласно которой игровая зависимость большей частью является результатом когнитивного нарушения — либо нарушения восприятия — и потому должна лечиться средствами когнитивной терапии.

С точки зрения некоторых исследователей, мало кому удалось настолько подробно обрисовать и задокументировать собственные травмы, как Достоевскому. Критик Александр Берри отмечает в статье, посвященной роману «Идиот»:

> В жизни и творчестве Достоевского травма повсюду, и потому он исследовал этот феномен внимательнее, чем какой бы то ни было другой писатель. Его творческая манера

формировалась под влиянием тяжелейших факторов: ссылка в Сибирь, изнурительные приступы эпилепсии, десятилетняя игровая зависимость и смерть двоих детей. Литературный труд обернулся терапией, помогая ему примириться с этими испытаниями, и в то же время открыл ему глаза на сущность травматических процессов [Burry 2010: 255].

Кто-то может сказать, что слово «травма» слишком сильное, чтобы использовать его для описания жизни Достоевского — особенно в детстве. Но даже самый сдержанный человек согласится, что его жизнь была нелегкой. Известный специалист по творчеству Достоевского Кеннет Ланц (2012, личная беседа) отмечает, что Достоевский мало рассказывал о своих детских годах. Кажется, ему нравилось приезжать на лето в усадьбу Даровое, где он мог бродить по лесу и играть с крестьянскими детьми. В Москве его жизнь была организована в соответствии с волей отца. Более того, в больнице для бедных, где работал его отец, ему наверняка пришлось увидеть и пережить многое.

Как уже говорилось, у Достоевского была тяжелая игровая зависимость. В романе «Игрок» он излагает собственную теорию о том, откуда она взялась. По Достоевскому, страсть к игре — это способ поспорить с судьбой, защитить свою свободу и свободную волю. Если в других его романах герои ради этого примыкают к радикальным политическим движениям, совершают убийство или самоубийство, то в «Игроке» они делают рискованные ставки. Бросая вызов судьбе, игрок словно бы чувствует себя более живым — всякий раз, пока ждет, как выпадут кости.

Мы не поддерживаем эту теорию, которой Достоевский объясняет собственную игровую зависимость. В частности, мы не считаем, что большинство патологических игроков осмысленно бросают вызов судьбе. Возможно, им нравится рисковать, но едва ли они исповедуют настолько глубокий философский подход. И все же теория Достоевского представляет интерес, поскольку помогает нам лучше понять его роман и показывает один из способов, как патологический игрок может рационализировать свою игроманию.

Итак, в настоящей книге нам предстоит рассмотреть множество различных вопросов с различных точек зрения, и хотя наше исследование начинается с Достоевского, им оно не заканчивается. Сначала мы изучим жизнь Достоевского и попытаемся отыскать вероятные истоки его игромании с учетом того, что до определенного момента он почти не сталкивался с играми. Далее мы обратимся к жизни современных патологических игроков, чтобы понять, каким образом их истории помогают нам глубже исследовать природу игровой зависимости — как у Достоевского, так и в целом.

Наконец, мы представим новый взгляд на истоки игромании и объясним роль так называемого «эффекта Достоевского». В центре нашего внимания — патологическая страсть к игре, которую подпитывают четыре силы: во-первых, детская травма, во-вторых, стресс во взрослой жизни, в-третьих, психическое заболевание, и в-четвертых, неудачные копинг-стратегии. Во второй части данной книги мы подробнее рассмотрим эти идеи, а также их связь с существующей литературой.

В целом мы полагаем, что игровая зависимость возникает, когда человек сталкивается во взрослой жизни со стрессом, пробуждающим воспоминания о травматичном детском опыте. Эти воспоминания, поднимающиеся на поверхность, приводят к беспокойству и депрессии, от которых человек пытается избавиться. В отсутствие положительных и здоровых альтернатив решением становится игромания, позволяющая на время укрыться от проблем. Кроме того, существуют дополнительные факторы, формирующие патологическую страсть к игре: потребность в деньгах и доступность игорных заведений.

Как станет видно в последующих главах, многие проинтервьюированные нами игроки похожи на Достоевского — их игровая зависимость возникла тем же путем, что и у него. Однако в их жизни имеются и другие факторы, которых у Достоевского не было. Например, некоторые из них познакомились с играми еще в детстве, росли с родителями-игроками или имели больше возможностей играть, поскольку игры оказались более доступными. Эти факторы также анализируются в нашем исследовании.

Ну что ж, для начала давайте рассмотрим в общих чертах биографию Достоевского. По ходу книги мы будем не раз к этому возвращаться.

### Краткая биография Ф. М. Достоевского

Жизнь Достоевского неоднократно становилась предметом тщательных исследований, поэтому в том, что касается конкретных фактов, практически нет места разногласиям и сомнениям. Вопрос лишь в том, какое значение тот или иной биограф придает отдельным событиям из жизни писателя. Различные исследователи оценивают факты по-разному, стремясь вывести мораль или заострить внимание на определенных аспектах его личности и творчества. Мы, разумеется, обращаем особое внимание на те факты, которые необходимы для понимания «эффекта Достоевского» и его влияния на формирование игровой зависимости.

В отношении биографической информации мы в основном полагаемся на три источника. Первый — это знаменитая биография Достоевского в пяти томах, составленная Джозефом Фрэнком. Первый том вышел в 1979 году, последний — в 2002 году [Frank 1979; Frank 1987; Frank 1988; Frank 1995; Frank 2002]. В 2010 году издательство Princeton University Press напечатало сокращенную версию-однотомник под названием «Достоевский: писатель своего времени» [Frank 2010]. Вторым источником нам послужила работа российского достоевсковеда К. В. Мочульского, опубликованная в 1947 году на русском языке, а в 1967 году — на английском [Мочульский 1947; Mochulsky 1967]. Третьим источником стала всеобъемлющая «Энциклопедия Достоевского» Кеннета Ланца, вышедшая из печати в 2004 году [Lantz 2004].

В работе Джозефа Фрэнка содержатся ценные сведения, позволяющие воссоздать литературный и культурный контекст биографии Достоевского. С точки зрения Фрэнка, художественное наследие писателя воплощает в себе все смятение, царившее в российской культурной и интеллектуальной среде XIX века. Мочульский выстраивает психологический контекст; для него книги Достоевского становятся выражением внутренней интеллектуально-психологической эволюции писателя. В «Энциклопедии Достоевского» можно обнаружить редкие подробности относительно фоновых персонажей и событий в жизни Достоевского, при этом автор не искажает общую смысловую картину. Информацию, полученную из этих трех работ, мы дополнили сведениями из других источников.

Достоевский был сыном врача, и его детство прошло в разных местах, в том числе и в загородном имении. В поведении его отца прослеживаются различные признаки психического нездоровья, в том числе и алкоголизм. Он жестоко обращался с маленьким Федей, его братьями и сестрами. Сам Достоевский на протяжении всей жизни испытывал к отцу двойственные чувства, но очень любил мать, которая умерла, когда ему исполнилось 16.

Современный исследователь Достоевского Томас Марулло (2021, личная беседа) подвергает сомнению устоявшуюся точку зрения относительно Михаила Андреевича Достоевского. Заново анализируя дневники и мемуары, Марулло приходит к выводу, что тот был хорошим отцом, заботился о детях и проявлял не больше строгости, чем было принято. Если это действительно так, то возможно, что предыдущие исследователи подпали под влияние Фрейда. Разумеется, Фрейд рассматривал Достоевского сквозь призму собственной теории об эдиповом комплексе. Но он был не одинок: на протяжении более чем столетия различные авторы анализировали книги Достоевского и приводили аргументы против его отца, приходя к тем же выводам, что и Фрейд. На сегодняшний момент можно сказать, что вопрос о роли М. А. Достоевского в жизни (и творчестве) его сына по-прежнему открыт для дискуссий. Мы, со своей стороны, придерживаемся доминирующей точки зрения и полагаем, что свидетельства говорят против отца.

Изначально нас интересовала наследственность, и хотя в этой книге о ней упоминается нечасто, она внесла свою небольшую, но важную лепту в те кризисы, с которыми столкнулся Достоевский. Он унаследовал от отца раздражительный («нервный») темперамент и эпилепсию. Двоих из детей — Федора-младшего и Любовь — отличала избыточная возбудимость и раздражительность, в то время как брат писателя Николай унаследовал от отца тягу к алкоголю. Нет никаких данных о том, чтобы у других братьев и сестер Достоевского — Михаила, Андрея, Варвары и Веры — проявлялись невротические заболевания или алкогольная зависимость. То же самое можно сказать и об их супругах. Другие дети Достоевского — его родной сын Алексей и пасынок Павел — тоже не сталкивались с этими проблемами. Сообщается, что у Алексея иногда случались приступы конвульсий, однако он прожил спокойную и успешную жизнь и стал инженером.

Насколько нам известно, в семье Достоевского не было игроков. Никто из предков, братьев, сестер и детей писателя не страдал от игровой зависимости. Следовательно, истоки его игромании нужно искать в другом месте. Этот поиск и составляет одну из целей нашего исследования. Однако отметим, что отец Достоевского действительно злоупотреблял алкоголем, и поскольку будущий писатель уже в раннем детстве столкнулся с проявлениями патологической зависимости у одного из родителей — пусть и зависимости другого типа, — это, возможно, сыграло важную роль в развитии его игромании. В дальнейшем мы постараемся показать, что для людей, страдающих от депрессии и тревожного расстройства, алкоголь и игра могут стать альтернативными копинг-стратегиями.

Как отмечает психиатр Ричард Розенталь:

> Есть точка зрения, что его игромания была вызвана, прежде всего, причинами генетического характера. <...> По меньшей мере пятеро его родственников первой степени родства на протяжении трех поколений были алкоголиками. Принято считать, что между этими двумя расстройствами существует генетическая связь. [Отметим также] его импульсивность, эмоциональную неустойчивость и эпилепсию — признаки, заставляющие с большой долей вероятности предположить генетическую, семейную предрасположенность к игромании. И, [учитывая] все стрессовые ситуации, с которыми он столкнулся, стоит рассмотреть следующую вероятность: возможно, он сам провоцировал некоторые такие ситуации по психологическим причинам (2012, личная беседа).

В ранней юности Достоевский отказался от карьеры инженера, которую выбрал для него отец, и вошел в художественные, артистические и радикально-политические круги. В результате он оказался на каторге в Сибири. После заключения и обязательной военной службы он женился и попытался зарабатывать литературным трудом. Однако почти всю жизнь провел в бедности и не мог полностью оплачивать свои расходы. В те времена литература была не самой доходной профессией, однако Достоевский зарабатывал достаточно и вполне мог обеспечивать свою семью, если бы лучше обходился с деньгами. Кроме того, ему до самой смерти приходилось поддерживать жадных родственников и оплачивать огромные долги.

После смерти первой жены и любимого брата Достоевский столкнулся с еще бо́льшими финансовыми трудностями. Он решил, что отныне обязан заботиться и о семье покойного брата. Именно тогда — приблизительно в 1862 году — он начал играть. В основном он играл на водах в Германии, например в Висбадене и Баден-Бадене. В это же время, в соответствии с требованиями издателя, был написан роман «Игрок».

Так вкратце выглядит история игровой зависимости Достоевского — краткий, но насыщенный период его жизни, который мы рассмотрим более подробно в нескольких последующих главах. Исследователи несколько расходятся в том, с чего все началось. Гэри Розеншильд отмечает следующее:

> Привязанность Достоевского к играм, в особенности к рулетке, продлилась примерно десять лет, с 1862 по 1871 год. <Однако> Сараскина [Saraskina 2003: 389–398] доказывает, что еще в молодости, в Петербурге, Достоевский проигрывал крупные суммы денег, в том числе и из своего наследства. Но, впервые оказавшись в Европе, он познакомился с рулеткой — игрой, которая не требует мастерства и полностью зависит от случая. Так склонность превратилась в зависимость [Rosenshield 2011: 212].

В 1862 году Достоевский впервые отправился за границу и выиграл 11 тысяч франков в казино в Висбадене. Позднее, как пишет Ланц [Lantz 2004: 156], он снова остановился в этом городе и выиграл почти такую же сумму. Вскоре он проиграл половину выигрыша и отправил часть того, что осталось, жене и брату. Но после того, как он встретился в Париже со своей любовницей Полиной Сусловой, Достоевский вернулся в казино и проиграл все до копейки. Ему пришлось написать близким и попросить их вернуть те деньги, которые он только что выслал, чтобы ему было на что вернуться домой в Петербург.

Как минимум один комментатор полагает, что Достоевский обратился к игре, чтобы «смягчить острое чувство вины, вызванное тем, что он бросил свою первую жену умирать и отправился к любовнице — молодой писательнице и феминистке Аполлинарии Сусловой» [Carter 2006: 186]. В книге не раз еще возникнет эта тема — связь вины и игровой зависимости.

Бурные отношения Достоевского с соблазнительной Полиной продлились недолго. Эта история еще раз доказала, насколько прав был психоаналитик Жак Лакан, когда заявил, что любить — значит давать то, чего у вас нет, человеку, которого вы не знаете. Зачастую причиной подобной страсти становится не счастливая встреча двух подходящих друг другу людей, а отчаяние и потребность в эмоциональной поддержке. И можно сказать, что афоризм Лакана прекрасно описывает страсть Достоевского к играм: он был готов пожертвовать деньги, которых у него не было, колесу рулетки, о котором он ничего не знал.

Тем не менее его страсть к игре не угасла — ни после разрыва отношений с Полиной, ни даже после смерти Марии, его первой жены. Вскоре он женился на своей секретарше Анне и продолжил играть. Стивен Картер пишет:

> В апреле 1867 года Достоевский уехал из России в Центральную Европу, отчасти чтобы отметить бракосочетание с Анной Григорьевной Сниткиной — молодой стенографисткой, которая осенью 1866 года помогала ему в работе над романом «Игрок». И хотя эта книга позволила Достоевскому вырваться из когтей издателя Стелловского, который иначе получил бы права на все его будущие произведения, перед молодоженами по-прежнему стояла серьезная финан-

совая угроза. Страх долговой тюрьмы омрачил для Достоевского его четырехлетнее пребывание в Европе. Сначала он жил в Берлине и Дрездене. Там он стал задумываться о том, что решением его финансовых проблем могла бы стать игра [Carter 2006: 185].

В мае он ненадолго съездил в Бад-Хомбург; позднее они с Анной отправились в Баден-Баден. Но эта игроманская экспедиция обернулась катастрофой. Вопреки его надеждам, жизнь следовала за искусством, и вскоре Достоевский, в точности как антигерой его романа Алексей, пал жертвой демонов игры. Везло ему мало. К концу лета он заложил многие вещи, принадлежавшие ему и Анне, и был вынужден выкупать их за счет тех средств, которые присылали из России его друзья.

Критик Брюс Уорд описывает четырехлетний период игровой зависимости, когда Достоевский жил с Анной в Европе:

> Их жизнь в Европе была отмечена одиночеством и бедностью, временами отчаянной, поскольку Достоевский был игроком, но в игре ему не везло. Ситуацию усугубляли проблемы со здоровьем: как выяснилось, в европейском климате его эпилепсия усилилась. В возрасте всего нескольких месяцев умер их первенец. И, наконец, они отчаянно тосковали по дому [Ward 1998: 410].

Промежуток с 1865 по 1871 год биограф Джозеф Фрэнк называет «чудесными годами». Критик Эдвард Васиолек в своей рецензии на книгу Фрэнка вкратце объясняет, что за чудеса совершил Достоевский в этот период нищеты и изгнания:

> Для Достоевского это были годы невероятного творческого подъема: именно тогда он написал такие произведения, как «Преступление и наказание», «Идиот», «Бесы», а также «Игрок» и «Вечный муж». Практически все они были созданы за границей, куда Достоевский отправился с молодой женой, чтобы сбежать от кредиторов и жадных родственников. Там он провел четыре года. <...> Страдая от нищеты, слабого здоровья и патологической страсти к игре, он едва выживал от гонорара до гонорара. <...> Возможно, он бы не

смог [написать эти произведения], если бы не непоколебимая любовь и поддержка его жены Анны и не безграничная поддержка издателя Каткова [Wasiolek 1996: 387].

Из Дрездена они переехали в Женеву, оттуда — в Милан, потом во Флоренцию, потом снова вернулись в Дрезден. Большей частью Достоевскому не нравилось то, что он видел. Он жаловался, что «в Дрездене тихо и скучно, в Женеве холодно, во Флоренции шумно и жарко, а в Праге невероятно высокие цены» [Ward 1998: 412]. Но чаще всего он жаловался на национальный характер европейцев, с которыми сталкивался в своих путешествиях:

> …французы попросту «тошнотворны»; швейцарцы — глупые и продажные жулики; разумеется, немцы и того хуже — они настолько скучны и самодовольны, что доводят его нервы «до ярости»; писательского гнева избежали только итальянцы, потому что итальянский крестьянин напоминает ему русского [Ward 1998: 413].

При этом Достоевский всегда посещал картинные галереи, как только у него появлялась такая возможность, и всю жизнь восхищался европейской литературой, философией и живописью.

С расстояния в почти две тысячи километров — именно такая дистанция разделяет Санкт-Петербург и Дрезден — Достоевскому было проще размышлять о российском обществе и культуре. В его сознании эти темы были неразрывно связаны с религиозными и политическими вопросами. Именно об этом идет речь в романе «Бесы», работа над которым началась в Дрездене незадолго до того, как Достоевский окончательно вернулся в Россию.

Географическую дистанцию дополняет хронологическая: Достоевский давно уже не был тем молодым человеком, который когда-то примкнул к кружку петрашевцев[1]. Работая над новой

---

[1] Кружок петрашевцев — это дискуссионная группа прогрессивных петербургских мыслителей, организованная утопическим анархистом М. В. Петрашевским. Среди участников кружка, помимо прочих, были писатели, преподаватели и студенты, выступавшие против авторитарной власти царя и крепостного права.

книгой, он получил возможность пересмотреть и переосмыслить свои взгляды на политический радикализм, а также еще раз обратиться к собственному опыту участника радикалистской группы. Роман представляет собой беллетризованную версию реального политического преступления того времени — убийства студента, совершенного членами террористической ячейки анархиста Нечаева. «В "Бесах" Достоевский рассматривает революционное движение левого толка, — пишет Уорд. — Этот роман часто считают пророчеством о переходе от революции к сталинизму» [Ward 1998: 414]. Тем не менее, как справедливо указывает Уорд, автор критикует любую политическую тиранию и любую революционную доктрину — как правую, так и левую.

В этой книге Достоевский вновь демонстрирует подозрительное отношение к тем, кто обещает рай на земле. В «Бесах», «Игроке» и других его романах прослеживается тоска по земной свободе и справедливости. Очевидно, он понимал, почему многие его современники отказывались верить, что за этим нужно обращаться к Богу, который остается глух и нем. И все же Достоевский опасался, что без покорности Богу немыслимо подчинение земным нормам морали.

Анна, его вторая жена, стала для Достоевского надежной опорой: она была здравомыслящей и рассудительной женщиной, преданной своему супругу. Однако она не могла приглушить его тягу к игре — а уж тем более положить ей конец. Казино в Висбадене, Баден-Бадене и Гамбурге имели над Достоевским ту же магическую власть, что игорные дома вымышленного Рулетенбурга над Алексеем, героем романа «Игрок».

Почему же игромания Достоевского началась в 1862 году именно там, в висбаденском казино? И почему он продолжал туда возвращаться снова и снова? Прежде всего, это было приятное место. Как отмечает Гарри Эйрс, казино находилось в величественном неоклассическом здании, построенном в 1820-е годы. В его интерьерах чувствовалась «роскошь без помпезности или высокомерия: люстры, деревянные панели» [Eyres 2007: 22]. Возможно, именно поэтому туда стекались мужчины и женщины всех возрастов и всех национальностей, чтобы забыть обо всем в погоне за удачей.

Игромания Достоевского началась с крупного выигрыша, так что висбаденское казино ассоциировалось у него с успехом в игре. Это неудачное стечение обстоятельств: если начинающий игрок выигрывает, то вероятность того, что он продолжит играть, повышается, а в последующем его увлечение может перерасти в зависимость. Психологи-бихевиористы называют этот принцип «прерывистым подкреплением». Случайное, непредсказуемое вознаграждение способствует закреплению поведенческих паттернов. Игроки, которым с самого начала не везет, реже возвращаются к игре и, как следствие, реже становятся игроманами.

Бреджер упоминает еще более тревожный признак: Достоевский был уверен, что разгадал тайну успешной игры. В письме своей свояченице Варваре он пишет, что этот секрет «ужасно глуп и прост и состоит в том, чтоб удерживаться поминутно, несмотря ни на какие фазисы игры, и не горячиться» [Достоевский 1972– 1990, 28, II: 40; Breger 1989: 77]. Он считает, что многому научился во время первого визита в Висбаден: прежде всего, он убедил себя, что может не только контролировать свою тягу к игре, но и увеличивать шансы на победу.

Поначалу Достоевскому удавалось сохранить хотя бы часть выигранного. Но два года спустя он возвращается в Висбаден, где проигрывает все, что у него было, и пишет письмо Тургеневу: «Пять дней как я уже в Висбадене и все проиграл, все дотла, и часы, и даже в отеле должен» [Достоевский 1972–1990, 28, II: 128].

С точки зрения когнитивной психологии именно это ошибочное убеждение — что игрок якобы может контролировать свои шансы на победу (или по меньшей мере избегать проигрыша) — занимает центральное место в формировании игровой зависимости. Сторонники психоанализа, в свою очередь, уделяют больше внимания чувству вины и стремлению к расплате. Они полагают, что игра всегда ассоциировалась у Достоевского с виной, а не с ожиданием выигрыша. Так, например, мы читаем у Картера: «Даже после брака с [Анной] Сниткиной игра позволяла ему одновременно спровоцировать и удовлетворить мощное чувство вины, игравшее столь важную роль в его произведениях этого времени» [Carter 2006: 186]. Это чувство вины в значительной степени было порождено ненавистью к отцу, которую он испытывал ранее.

И хотя Достоевский проигрывал гораздо чаще, чем выигрывал, теряя при этом значительные суммы, он все же продолжал играть на протяжении почти десяти лет. После этого он покончил с игрой. Кеннет Ланц отмечает, что «в последний раз Достоевский играл в конце их пребывания в Европе <...> весной 1871 года» [Lantz 2004: 157], и проигрыш тогда оказался особенно унизительным. Достоевский перестал играть потому, что он так решил, а не потому, что европейские казино оказались для него закрыты. Ланц подчеркивает, что в дальнейшем Достоевский никогда не садился за игорный стол [Lantz 2004: 158]. Трудно сказать, почему он принял это решение — из-за возвращения в Россию или из-за чувства ответственности за Анну и их двоих детей. Кто знает, может быть, ему даже приснился отец, предрекающий ужасное несчастье.

Достоевский умер десять лет спустя. К этому моменту он прославился, заработал достаточно денег благодаря публикации «Дневника писателя» и издательской деятельности жены и наконец выплатил все долги.

Запомним эти факты: они пригодятся нам в дальнейшем, когда мы обратимся к анализу жизни современных игроков. Многие из них в детстве и во взрослой жизни столкнулись с теми же трудностями, что и Достоевский. В заключительных главах мы продемонстрируем связь между событиями из их жизни и тем, что случилось с писателем. Однако сначала мы внимательнее присмотримся к биографии Достоевского — потому что чем глубже мы погружаемся, тем сложнее становится связь между детскими травмами, сложностями взрослой жизни и развитием игровой зависимости.

### Достоевский: биография игрока

Как мы увидим, на протяжении всей своей жизни Достоевский сталкивался с множеством трудностей, вызывавших стресс: от заболеваний и психических расстройств до проблем финансового и юридического характера. Литературный труд зачастую был выматывающим и порождал сомнения в собственных силах. В попытке справиться с этими трудностями или хотя бы забыть о них Достоевский в конце концов обратился к игре. В разные периоды жизни он сталкивался с разными проблемами, поэтому каждый такой период — детство, юность, зрелые годы — необходимо проанализировать по отдельности. Только так мы сможем понять природу его игровой зависимости. Начнем с детства.

### СЕМЬЯ И ДЕТСТВО

Достоевский неоднократно признавался, что с любовью вспоминает детские годы, когда он жил с матерью в загородном имении. В отличие от отца, его мать была доброй, жизнерадостной и терпеливой. На ужасающие вспышки гнева, к которым был склонен ее муж, она отвечала сдержанностью и смирением. Это помогло ей сохранить хорошие отношения и с мужем, и с детьми [Lantz 2004: 106–107].

Но, несмотря на ее доброту и мягкость, детство Достоевского было далеко не идиллическим и наложило свою печать как на его дальнейшую жизнь, так и на его произведения. Мочульский пишет, что многие современники считали его «исступление и отчаянье <...> чудачеством и болезнью. Достоевский был прозван "больным, жестоким талантом" и скоро забыт» [Мочульский 1980: 7]. В следующем столетии произведения Достоевского открыли заново и по достоинству оценили его литературную, религиозную и философскую глубину.

Данная книга — это не попытка умалить достижения Достоевского, привлекая внимание читателя к его психологическим проблемам. Но поскольку мы хотим понять природу его игровой зависимости, нельзя игнорировать факторы, спровоцировавшие эти проблемы. Ланц [Lantz 2004: 109] ссылается на С. Д. Яновского, с которым писатель близко дружил в 1840-е годы. По словам Яновского, Достоевский много рассказывал о своем детстве — и в особенности делился тяжелыми и несчастливыми воспоминаниями. Он неохотно говорил об отце, зато всегда с любовью вспоминал мать, сестру и брата Михаила.

Согласно Фрейду, своей игровой зависимостью Достоевский был обязан именно отцу. Кажется, Фрейд полагал, что Достоевский мечтал о смерти отца, хотя о настоящем убийстве и речи не шло. Итак, кто же этот демон, настолько поработивший психику будущего писателя?

Михаил Андреевич Достоевский, отец Федора, был врачом в Мариинской больнице для бедных. В 1828 году он получил чин коллежского асессора и, в соответствии с петровской Табелью о рангах, был причислен к мелким дворянам. Однако денег ему это не принесло. Достоевские поселились в казенной квартирке при больнице, где вели бедную, но достойную жизнь. Из развлечений у двоих старших сыновей были книги и общество друг друга. Мочульский отмечает, что Достоевские были не очень общительны, редко наносили визиты или принимали гостей [Мочульский 1980: 13]. В результате мальчики мало что знали об окружающем мире и практически не общались с ровесниками.

Чтобы соответствовать новоприобретенному социальному статусу, Михаил Достоевский часто тратил больше, чем мог себе позволить. Но у него имелись свои достоинства. В первом томе своего пятитомного издания («Достоевский: семена бунта, 1821–1849») Джозеф Фрэнк отмечает, что это был серьезный, трудолюбивый человек, ответственно подходивший к своей роли отца и мужа. Однако при этом он был суров — даже жесток — и раздражителен. Михаил Достоевский страдал от некоего расстройства (возможно, это была легкая форма эпилепсии), которое выражалось в частых приступах депрессии и нервного напряжения.

Он быстро приходил в ярость, был мрачен и подозрителен. Иногда он даже обвинял свою преданную жену Марию Федоровну Достоевскую (в девичестве Нечаеву) в неверности [Frank 1979: 19; Lantz 2004: 106–107].

Нервное расстройство доктора отрицательно сказалось на его отношениях с детьми. В доме царила напряженная атмосфера. Именно он, по словам Мочульского, стал прототипом ненавистного отца в романе «Братья Карамазовы». С другой стороны, Ланц в личной беседе предположил, что это не так. Федор Карамазов обладает многими недостатками, которых у отца Достоевского не было. В то же время у Карамазова имелось чувство юмора, пусть и извращенное, а отец Достоевского был его полностью лишен. И хотя отношения между отцом и сыном никогда не были близкими и теплыми, очевидно, что Достоевский понимал, на какие жертвы его отец пошел ради детей — жертвы, на которые Федор Карамазов никогда бы не согласился.

И все же в произведениях Достоевского можно проследить элементы его реальных отношений с отцом. Так, Фрейд полагал, что Достоевский «убил» отца-тирана в «Братьях Карамазовых», чтобы сублимировать враждебные (или в лучшем случае крайне амбивалентные) чувства по отношению к собственному отцу. Критик Анна Берман отмечает, что в книгах Достоевского часто возникают персонажи — плохие отцы [Berman 2009: 263].

Кейт Холланд полагает, что это прямая отсылка к роману Тургенева «Отцы и дети» и к тем дискуссиям, которые разгорелись вокруг него в 1860-е годы (2012, личная беседа). Таким образом, возможно, что Достоевский вслед за Тургеневым говорит о конфликте поколений — о символических отцах и детях, а не о собственных отношениях с отцом. Берман отмечает, что «для Достоевского крушение семьи — это признак общего социального вырождения» [Berman 2009: 263]. Она цитирует Уильяма Лезербарроу: «Отношения в семье Карамазовых нагружены символизмом, задача которого — показать разрыв в передаче ценностей и взаимную ответственность поколений».

Биограф Мочульский пишет: «Столкновения с отцом, страх перед ним и скрытое недоброжелательство рано развили в ребенке замкнутость и неискренность» [Мочульский 1980: 10]. Это отношение разделяли все братья и сестры Федора, потому что отец вел себя как восточный тиран. Его вспышки ярости заставляли детей каменеть от страха, отмечает Мочульский. Когда он присутствовал на уроках, они стояли «как истуканчики». Когда же доктор после завтрака уходил подремать, им полагалось отгонять от него мух.

Чтобы умиротворить его раздражительный и требовательный характер, Достоевский выбирает для своих писем из школы тон «слащавой восторженности», который некоторые считают знаком искренней нежности. Мочульский комментирует: «Чтобы растрогать крутого старика, юноша искусно играет на его слабых струнах» [Мочульский 1980: 10]. Так, например, в одном из писем Достоевский униженно умоляет отца выслать ему денег на книги и сундук, чтобы было в чем хранить свои жалкие школьные пожитки. Даже учитывая специфику той культуры и той эпохи, это письмо выглядит до абсурдного самоуничижительным. Достоевский был эмоциональным подростком с развитым воображением; эти качества ясно проявляются в его письмах брату Михаилу, написанных в то же самое время. Должно быть, ему было нелегко изображать перед отцом подобную покорность. Но мы никогда не сможем понять, как же на самом деле относились друг к другу Достоевский и его отец. Однозначно по письмам не складывается впечатления настоящей близости, как с братом или позднее с женой Анной.

Как бы то ни было, Достоевский тяжело пережил известие о смерти отца. Изначально утверждалось, что он был убит (точнее, задушен) местными крестьянами. Вероятнее всего, крестьяне не имели к его смерти никакого отношения, но все же так его ненавидели, что, по мнению комментаторов того времени, в теорию об убийстве поверить было несложно. Однако у Мочульского мы читаем: «В переписке Достоевского мы не найдем ни одного упоминания о трагической смерти отца. В этом упорном молчании в течение всей жизни есть что-то страшное» [Мочульский 1980: 11]. Пытаясь найти объяснение, Мочульский утверждает, что Достоевский был глубоко травмирован ужасающей гибелью отца. Самое меньшее, он чувствовал вину за то, что недостаточно его любил и время от времени позволял себе жаловаться.

Как же Достоевский относился к отцу? Увы, у нас нет данных, позволяющих однозначно ответить на этот вопрос. У Мочульского мы читаем: «...дочь писателя, Любовь Федоровна, пишет в своих воспоминаниях: "Мне всегда казалось, что Достоевский, создавая тип старика Карамазова, думал о своем отце"» [Мочульский 1967: 12]. С другой стороны, учитывая нежелание Достоевского говорить о личном и о чувствах к отцу, мы не можем полностью доверять свидетельству его дочери. Не будем забывать, что он умер, когда ей было всего 12 лет, так что вряд ли он когда-либо делился с ней переживаниями на этот счет.

Скорее всего, Достоевский и его братья и сестры понимали, что в суровости отца скрывалась забота об их благополучии. Он действительно часто выходил из себя и сурово отчитывал их за неподобающее поведение или ошибки на уроках, однако делал это ради их же блага. Кроме того, он постоянно напоминал им, что не сможет вечно их содержать. Поэтому настойчиво — возможно, слишком настойчиво — подталкивал детей к выбору хорошо оплачиваемых профессий, вне зависимости от того, нравились они им или нет. Пользуясь современными терминами, можно сказать, что отец Достоевского выбрал «тигриный» способ воспитания: заставлял детей добиваться большего и наказывал, если они не оправдывали его ожиданий.

Итак, в детстве Федор Достоевский наверняка понимал, что отец, каким бы резким и строгим он ни был, прежде всего заботился об интересах детей (как он представлял себе эти интересы). И все же, возможно, ему не хватало теплоты и любви. При этом в семейной атмосфере ему мерещились лицемерие и хаотичность. Мочульский пишет, что под гнетом строгих правил, царивших у них дома, у юного Федора выработалось чувство одиночества, неуверенность в себе и чутье на лицемерие [Мочульский 1967: 12]. В итоге он видел детство как опасное время, полное неустроенности, — и виной тому зачастую оказываются отцы. Эти наблюдения отражены в тексте его автобиографического романа «Подросток».

Мочульский завершает этот параграф фразой, от которой мурашки идут по коже: «Семья штаб-лекаря Достоевского, захудалого дворянина и мелкого помещика, вполне подходит под формулу "случайное семейство"» [Мочульский 1967: 12]. Отец писателя установил для своих детей невероятно высокую планку, но сам оказался всего лишь напыщенным ничтожеством.

Однако исследовательница Достоевского Кейт Холланд ставит эту точку зрения под вопрос. Она сомневается, стоит ли доверять работе Мочульского: «Тщательно проработав текст "Подростка", я должна сказать, что не вижу в нем ничего автобиографического. Достоевский часто пишет о семье на символическом уровне» (2012, личная беседа).

Возможно, отец Достоевского действительно был тираном, унижавшим детей, как предполагает Мочульский, но можно ли его обвинить в физическом насилии? Несмотря на его вспыльчивость и раздражительность, у нас нет однозначных свидетельств, что М. А. Достоевский избивал Федора или кого-то из его братьев и сестер, хотя некоторые исследователи отвечают на этот вопрос положительно. В те времена телесные наказания считались приемлемыми — и, возможно, именно поэтому он забрал детей из государственных школ и отправил в частный пансион. Так он мог быть уверен, что их не бьют. Однако с той же долей вероятности можно сказать, что Достоевский-старший выбрал частные пансионы, чтобы у детей было больше шансов добиться успеха в учебе и будущей карьере.

Достоевскому было тринадцать, когда отец отдал его учиться в пансион. Было решено, что Федор и его старший брат Михаил станут военными инженерами. Так что, как только они закончили базовый курс, отец отправил их в престижное Главное инженерное училище. Ни один из братьев не хотел для себя такой карьеры. Оба страстно любили книги, а Федор уже интересовался литературным трудом. В нем назревала обида на отца, толкавшего его к нежеланной профессии.

Общение с матерью позволяло ненадолго забыть о тяготах учебы и тяжелом характере отца. В отличие от своего сурового, временами даже жестокого мужа, М. Ф. Достоевская окружала детей теплом и любовью. Каждый год на протяжении четырех лет Федор и его брат Михаил проводили четыре месяца с матерью в маленьком имении Даровое, которое отец приобрел как знак своего дворянского статуса. Для юного Федора это были самые счастливые дни. Вдали от вечно недовольного отца, стремящегося все контролировать, он в полной мере наслаждался нежностью и заботой матери.

К сожалению, в шестнадцать лет он лишился ее поддержки. Осенью 1836 года у Марии Федоровны обнаружили туберкулез, а в феврале 1837 года она скончалась. После ее смерти М. А. Достоевский уволился из больницы и окончательно перебрался в Даровое. Потеря жены в достаточно молодом возрасте (сорок шесть или сорок семь лет) и резкая смена обстановки отрицательно сказались на его психическом здоровье: после смерти Марии оно начало быстро ухудшаться.

Как пишет Ланц, доктор Достоевский начал пить, и это быстро привело к эмоциональному и моральному выгоранию [Lantz 2004: 109]. Кроме того, он оборвал все социальные связи: вся его жизнь протекала в стенах крошечного трехкомнатного флигеля. Позднее брат Федора Андрей писал, что, по словам Алены Фроловны (няни детей), доктор «даже доходил до того, что вслух разговаривал, предполагая, что говорит с покойной женой, и отвечая себе ее обычными словами!.. От такого состояния, в особенности в уединении, не далеко и до сумасшествия!» [Достоевский А. 1990: 118].

Возможно, Федор не вполне отдавал себе отчет в том, что происходило с отцом, потому что к тому моменту он уже начал курс в Инженерном училище. Он находился там с 1838 по 1842 год и позднее говорил, что это было самое одинокое время в его жизни. Строгие правила, теснота, казарменный распорядок жизни — все это было ему ненавистно [Lantz 2004]. Большинство учащихся были немцами и поляками. У Достоевского не было с ними общих интересов, так что бо́льшую часть свободного времени он проводил в одиночестве за чтением. Кроме того, многие одноклассники происходили из обеспеченных семей, и разница в общественном положении только усугубила его отчужденность.

В те одинокие годы, проведенные в Инженерном училище, желание Достоевского стать писателем продолжало расти. Вместе с тем усиливалось и негодование на отца — ведь именно его воля удерживала сына от того, чтобы писать. Достоевский прилежно изучал положенный курс и получал высокие отметки даже по тем предметам, которые представлялись ему скучными. Однако когда в первый год он получил плохую оценку по «фронту», отец выразил недовольство его успехами [Frank 1979].

Достоевский, как всегда, чувствовал себя виноватым в его разочаровании. Он писал об этом: «...я бы не жалел, ежели бы слезы бедного отца не жгли души моей» [Достоевский 1972–1990, 28, I: 53]. Но даже чувство вины не могло заставить его сфокусироваться на учебе. В итоге отсутствие интереса к военным наукам заставило его сойти с пути, выбранного отцом.

### ДЕТСКИЕ ТРАВМЫ

В 1839 году, когда Достоевский получил известие о смерти отца, он все еще учился в Главном инженерном училище. В школьные годы единственным средством общения между отцом и сыном была переписка, причем письма сына большей частью состояли из просьб выслать денег. Достоевский не хотел отставать от одноклассников, происходивших из более обеспеченных семей, и это значит, что ему требовались деньги в дополнение к тем суммам, которые он регулярно получал от семьи [Frank 1979].

И все же их отношения не сводились только к деньгам. Ланц отмечает, что Достоевский действительно часто просил у отца денег, но в то же время они общались и на другие темы — например, обсуждали учебу и одноклассников (2012, личная беседа). Письма выдержаны в формальном и уважительном тоне, в них мало тепла. Но все-таки речь шла не только о деньгах. И, несмотря на стесненное финансовое положение, отец всегда высылал Федору деньги, которые тот просил. В последнем сохранившемся письме М. А. Достоевский объясняет сыну, что дела в Даровом идут очень плохо и что семья столкнулась с большими трудностями. Биограф Джозеф Фрэнк полагает, что Достоевский получил это письмо примерно в то же время, когда узнал о смерти отца.

Сам Достоевский всем рассказывал, что отец объезжал имение и на него набросились крестьяне. В некоторых версиях этой истории говорится, что он захлебнулся водкой, которую они пытались насильно залить ему в горло. Насколько нам известно, было проведено три отдельных расследования. Сейчас ученые соглашаются с выводами медицинской экспертизы, утверждавшей, что доктор умер от апоплексического удара.

Как отмечает Ланц, «немало написано об этом происшествии и о том влиянии, которое оно оказало на Достоевского, но выяснить подлинную правду попросту невозможно» [Lantz 2004: 109].

Раньше некоторые утверждали, что новость о смерти отца вызвала у Федора первый эпилептический припадок, как сообщает в своей книге дочь писателя Л. Ф. Достоевская, однако надежность этого источника ставится под сомнение. Сегодня мало кто верит в эту историю. Вместе с тем смерть отца наверняка глубоко повлияла на Достоевского.

Вероятно, ему было особенно тяжело узнать о случившемся, учитывая, что раньше он постоянно требовал денег, хотя и знал о тяжелом финансовом положении семьи. С точки зрения Фрэнка, Достоевский наверняка опасался, что отец каким-то образом спровоцировал нападение крестьян. Возможно, Федор решил, что из-за его постоянных просьб отец стал жестоко обращаться с крестьянами или заставлял их слишком много работать. Таким образом, он мог испытывать личную вину за предполагаемое убийство отца.

С другой стороны, он мог чувствовать вину за то, что ему не удалось преуспеть в выбранной отцом карьере. В августе 1839 года Достоевский пишет письмо брату Михаилу, где выражает горе из-за смерти отца и беспокоится о благополучии младших братьев и сестер. Но несмотря на чувство вины, он больше не считал себя обязанным исполнять желания отца. Он пишет брату, что освободился от сыновнего долга и может посвятить себя литературе [Достоевский 1972–1990, 28, I: 63]. Мы видим, что смерть отца отозвалась в нем конфликтом чувств: с одной стороны, скорбь и вина, с другой — свобода добиваться собственных целей.

Отец Достоевского — и при жизни, и после смерти — был источником тяжелых воспоминаний. Однако будущий писатель в детстве столкнулся и с другими травматичными ситуациями. Так, его девятилетнюю подругу жестоко изнасиловал пьяный незнакомец. Достоевский побежал за отцом, но тот пришел слишком поздно, и девочка скончалась [Lantz 2004]. Позднее Достоевский признавался, что память об этой трагедии преследовала его всю жизнь.

Еще одно травмирующее событие предположительно случилось, когда ему было шесть лет. (Не вполне ясно, действительно ли оно имело место, потому что Достоевский упоминает эту историю только в «Дневнике писателя», который является скорее художественным произведением, чем дневником в привычном смысле этого слова.) Когда маленький Федя играл в лесу возле Дарового, у него случилась слуховая галлюцинация. Он бросился за помощью к крепостному по имени Марей, который его успокоил, — и для Достоевского это стало доказательством, что у русских крестьян от природы доброе сердце. Возможно, чувство страха и облегчения сыграло свою роль в формировании националистических взглядов, сложившихся у него во взрослой жизни (мы вкратце затронем эту тему).

Что же Достоевский вынес из детства? Судя по сохранившимся письмам, прежде всего это любовь к чтению и близкая дружба с братом Михаилом. Братья постоянно обсуждали прочитанные книги и события из своей жизни. Неудивительно, что смерть Михаила стала для Достоевского тяжелым ударом, ведь их отношения были дороги ему и в интеллектуальном, и в эмоциональном плане. Можно предположить, что именно в детстве, под влиянием авторитарного отца, у Достоевского стало складываться определенное отношение к властям. Однако здесь мы вынуждены полагаться на его художественные произведения, потому что в сохранившихся письмах он ни разу не говорит о своем отце. Не сохранилось упоминаний, чтобы эта тема всплывала в разговорах. Если уж на то пошло, он также не упоминал о матери и других братьях и сестрах.

Но, как мы вскоре увидим, кое-чему он в детстве так и не научился: избегать проблем, заботиться о здоровье и справляться со сложностями личного и финансового характера.

## СТРЕССОВЫЕ СИТУАЦИИ ВО ВЗРОСЛОЙ ЖИЗНИ

На протяжении всей своей взрослой жизни Достоевский сталкивался с невероятными трудностями в сфере здоровья, финансов и личных отношений. Рассмотрим их по порядку.

### *Физическое и психическое здоровье*

Хорошо известно, что у Достоевского случались тяжелые эпилептические припадки. Нет точных данных, в каком возрасте это началось. В некоторых источниках говорится, что первый припадок случился, когда ему было всего девять лет, однако единственным подтверждением этой теории служит упоминание слуховой галлюцинации. Первый задокументированный приступ произошел в 1846 году, когда Достоевскому было двадцать пять. С тех пор приступы случались регулярно, и со временем ему становилось все хуже.

Помимо эпилепсии, Достоевский страдал и от других болезней. Его друг А. Е. Ризенкампф, студент-медик, с которым Достоевский в 1843 году снимал квартиру, упоминает его «землистый» цвет лица, хронический кашель, охриплость, повышенную возбудимость и частую бессонницу. Кроме того, Достоевского мучил страх, что он заснет слишком крепко и его примут за покойника. Однако Ризенкампф отмечает, что, несмотря на все проблемы со здоровьем, Достоевский отказывался принимать лекарства, неохотно обращался за медицинской помощью и не бросал курить, хотя табак вредил его самочувствию [Ризенкампф 1990: 177, 183–184, 186].

Из письма брату Михаилу очевидно, что Достоевский страдал от выраженной тревожности. По его собственным словам, он находился «при смерти» от «раздражения всей нервной системы» и «прилива крови в сердце» [Достоевский 1972–1990, 28, I: 121]. В августе 1849 года он снова пишет Михаилу, еще подробнее описывая свои недомогания, многие из которых связаны с тревожностью и нервным истощением. Он говорит, что живет на касторовом масле, страдает от геморроя и болей в груди. Кроме того, ему снятся «безобразные» сны. Но тяжелее всего, что он больше не может использовать «нервное время» для творчества, хотя раньше у него это получалось. Достоевскому приходится взять паузу в литературном труде, и поэтому он, возможно, чувствует себя еще хуже [Достоевский 1972–1990, 28, I: 159].

Тяжелые жизненные ситуации негативно сказывались на его здоровье. Так, после насмешек писателей из кружка Белинского[2] —

---

[2] В. Г. Белинский (1811–1848) был авторитетным литературным критиком и редактором двух крупнейших литературных журналов того времени. В плане идеологии Белинский поддерживал основные ценности западного либерализма и индивидуализма, критиковал царизм и крепостное право, а также выступал против нищеты, проституции, пьянства и жестокого об-

которых он считал своими друзьями — Достоевский стал еще более тревожным, несмотря на растущую литературную славу. Он жаловался доктору С. Д. Яновскому на перебои в работе сердца, высокое давление и нервную возбудимость. Вскоре после посещения Яновского у него начались приступы головокружения и обмороки, часто сопровождаемые галлюцинациями. Яновский заподозрил, что все эти симптомы были проявлениями эпилепсии.

В 1847 году его подозрение подтвердилось: у Достоевского случился острый припадок. Тем не менее официальный диагноз был поставлен только в 1857 году, и писатель воспринял его с некоторым облегчением. Все это время он боялся, что медленно сходит с ума, и этот страх стал дополнительным фактором стресса, ухудшавшим его самочувствие [Lantz 2004]. Эпилепсия для Достоевского была меньшим из двух зол.

Возможно, его проблемы со здоровьем были в той или иной степени спровоцированы образом жизни. Как уже упоминалось, Достоевский много курил. Работая над крупными литературными проектами, он часто отказывался от сна. Например, в 1865 году, в бытность редактором журнала «Эпоха», Достоевский писал другу: «Я стал печатать разом в трех типографиях, не жалел денег, не жалел здоровья и сил <...> просиживал до шести часов утра и спал по 5 часов в сутки» [Достоевский 1972–1990, 28, II: 118]. Одновременно с выполнением редакторских обязанностей Достоевский вел журнал, писал полемические статьи и работал над рассказом «Крокодил». Эта нагрузка, надо полагать, отрицательно сказывалась на его здоровье.

В последние пять лет его жизни частота и интенсивность припадков снизились, однако к эпилепсии постепенно добавились и другие заболевания. Достоевский стал жаловаться на легкие, и в конце концов ему диагностировали эмфизему — результат многолетнего курения. Он умер от легочного кровотечения, после

---

ращения с женщинами. На протяжении своей недолгой жизни Белинский — самый влиятельный критик и идеолог на либеральных позициях — поддерживал литературу, направленную на борьбу с социальными проблемами. Он высоко отозвался о первом романе Достоевского («Бедные люди»), однако вскоре после этого Достоевский прекратил общение с Белинским.

того как попытался сдвинуть с места тяжелый книжный шкаф у себя в кабинете. Возможно, причиной кровотечения был туберкулез [Lantz 2004].

Помимо различных физических недугов, во взрослом возрасте Достоевский столкнулся и с психическими расстройствами. Как пишут его биографы, он был подвержен депрессии и часто думал о самоубийстве. Обычно такие мысли возникали как реакция на публичную критику его литературных трудов. Когда его книги пользовались успехом, Достоевский был счастлив и уверен в себе, но если очередное произведение получало холодный прием, он погружался в многомесячную депрессию.

Многочисленные проблемы с физическим и психическим здоровьем одновременно являлись последствием стресса и еще больше его усугубляли. Однако этим неприятности в жизни Достоевского не исчерпывались. Еще одним источником стресса были отношения с законом.

### *Проблемы с законом*

В 1848 году молодой Достоевский был объявлен политическим заговорщиком и арестован за участие в кружке, где обсуждались радикальные политические идеи. Другой участник кружка Петрашевского, некий Н. А. Спешнев, убедил Достоевского войти в более узкую и более радикально настроенную группу, у которой имелся собственный печатный пресс [Lantz 2004]. Достоевский описывал группу Спешнева как «особое тайное общество с тайной типографией, для печатания разных книг и даже журналов» [Майков 1990: 256]. Естественно, конечной целью группы было свержение существующего режима [Lantz 2004: 409] — то есть переход к делу, а не занятие исключительно разговорами, как это было в кружке Петрашевского.

Участие в заговоре было не только психологически выматывающим, но и крайне опасным. Но даже если бы Достоевский и захотел его покинуть, это оказалось бы не так-то просто. Вечно в долгах, он занял у Спешнева пятьсот рублей и тем самым оказался в финансовой зависимости. В жизни Достоевского эта проблема возникала снова и снова. Кроме того, Спешнев обладал яркой, практически демонической харизмой — возможно, именно он стал прототипом Николая Ставрогина в романе «Бесы».

Какое-то время группа находилась под наблюдением. В 1849 году в нее был внедрен тайный агент, и далее последовали аресты [Lantz 2004]. Достоевского обвинили в чтении запрещенного письма Белинского к Гоголю, в котором критик выступал против дворянского деспотизма и крепостного права. (Фактически это статья, оформленная в виде письма; Белинский выступает против Гоголя, защищавшего авторитарный режим Николая I.) Кроме того, его обвинили в том, что он не донес о существовании другой подрывной статьи, написанной членом кружка [Lantz 2004: 312]. За эти преступления Достоевский и другие участники группы были приговорены к смертной казни. К царю обратились с прошением, и он, в конце концов, согласился смягчить приговор, однако ни члены кружка, ни представители власти ничего об этом не знали.

Достоевский выслушал свой смертный приговор, когда его и других членов кружка вывели на Семеновский плац и перед ними выстроился расстрельный взвод. На протяжении нескольких минут, которые показались ему очень долгими, он наблюдал, как ведется подготовка к казни первых трех заключенных, и был уверен, что его ждет неминуемая смерть. Но в последний момент церемония казни оказалась внезапно прервана [Frank 1987].

22 декабря 1849 года Достоевский был приговорен к ссылке в Сибирь, где его ожидали четыре года каторги и военная служба на неопределенный срок. Пять лет спустя его комиссовали из армии по состоянию здоровья (из-за эпилепсии). Часть времени, проведенного в Сибири, он был закован в кандалы, и у него нередко случались эпилептические припадки. Ссылка в Сибирь была наказанием за «преступное намерение свергнуть существовавший в России государственный порядок» [Lantz 2004: 310]. С 23 апреля по 23 декабря Достоевский находился в одиночной камере Петропавловской крепости — секретной тюрьмы, предназначенной для содержания самых опасных преступников. Любые посещения были запрещены; в его камеру разрешалось заходить только главе тайной полиции и коменданту крепости.

Как вспоминали другие члены кружка, в одиночном заключении их эмоциональная энергия быстро пришла в упадок — из-за отсутствия внешних стимулов они оказались один на один со своими мыслями. Сам Достоевский не оставил подробного описания своих чувств во время заключения, однако в письмах, адресованных Михаилу и Андрею, он жаловался на проблемы с желудком, геморрой, расстройство нервов и «болезненные сновидения» [Достоевский 1972–1990, 28, I: 157].

После этого краткого заключения Достоевский был приговорен к ссылке в Сибирь. В январе 1850 года он прибыл в Омский острог, где ему предстояло прожить четыре года в тесных промерзающих бараках. Достоевский таскал кирпичи, разгружал телеги, толок алебастр. Все это время ему было запрещено читать и писать. Единственной книгой, разрешенной в стенах острога, был Новый Завет. Однако главный лекарь Омского военного госпиталя И. И. Троицкий снабжал Достоевского книгами, чернилами и бумагой, а также помогал прятать его дневник. Таким образом, Троицкий нарушал тюремные правила, чтобы Достоевский продолжал работать, и защищал его от наказания.

Несомненно, стресс от участия в радикальном политическом движении ухудшил психологическое состояние Достоевского. Ему пришлось заниматься конспирацией, ожидать казни, переносить тяготы тюремной жизни. И хотя никаких свидетельств не сохранилось, мы предполагаем, что на каторге Достоевский мог участвовать в играх — как позднее он участвовал в них, будучи солдатом.

*Напряженная личная жизнь*

Даже в личной жизни Достоевский не находил утешения. Не будем забывать, что в детстве его опыт социального взаимодействия был крайне ограничен и у него было мало возможностей вести независимую социальную жизнь. Его родители, каждый по-своему, избегали общества. До брака с Анной Сниткиной главным человеком в жизни Достоевского был его брат Михаил.

Достоевский был женат дважды. Его первой супругой стала Мария Дмитриевна (урожденная Констант), однако этот брак оказался далеко не счастливым. Барон Врангель, друг писателя, отмечал, что Мария была не особенно высокого мнения как о Достоевском, так и о его книгах; кроме того, кажется, она его не любила. Через год после ее смерти Достоевский в письме Врангелю подтвердил, что они не были счастливы. Она утверждала, что любит его, но собиралась остаться со своим мужем в сибирском Кузнецке, на расстоянии в пятьсот километров. Более того, Мария писала Достоевскому о других мужчинах, которые за ней ухаживали, и радовалась своему успеху [Lantz 2004]. После смерти первого мужа она долго выбирала между Достоевским и другим своим поклонником.

Однако их совместная жизнь стала для Достоевского разочарованием и даже пыткой. Так, Мария насмехалась над ним из-за его возраста и эпилепсии. Это еще больше подрывало его здоровье: эпилептические припадки стали случаться чаще. Характеризуя отношения в семье, Ланц отмечает, что у Марии был сложный характер и ей нравилось вызывать у Достоевского ревность намеками на других поклонников (2012, личная беседа). Когда они поженились и вернулись в Петербург, ситуация не улучшилась. Марии не нравились друзья Достоевского, а сама она не понравилась его семье. Из-за туберкулеза ее здоровье стремительно ухудшалось, и через несколько лет супруги стали жить отдельно. Однако Достоевский обеспечил ей медицинскую помощь и провел с ней последние месяцы ее жизни.

Пытаясь справиться с тем стрессом, который вызывала у него семейная жизнь, Достоевский начал встречаться с Аполлинарией (Полиной) Сусловой. Она стала его любовницей в 1862–1864 годах, когда брак с Марией по существу уже распался. Юная, феминистических убеждений идеалистка, Полина придерживалась радикальных взглядов. Возможно, Достоевский полагал, что ее любовь поможет ему справиться с многочисленными трудностями жизни: идущий ко дну журнал (в конечном итоге его пришлось закрыть), хроническая нехватка денег, умирающая жена. Однако эти надежды не оправдались. Напротив, он чувствовал вину за то, что бросил Марию, когда ей было так плохо.

Примерно в это время Достоевский и начал играть. Они с Полиной запланировали совместное путешествие по Европе, и время от времени он заглядывал в казино. Сначала Достоевский провел несколько дней за рулеткой в Висбадене, где он выиграл 10 тысяч франков. Между тем Полина уже ждала его в Париже, где она успела влюбиться в другого мужчину. Однако через неделю ее новые отношения распались, и Достоевский согласился быть ей «как брат». К этому моменту он уже потерял все, что выиграл в Висбадене, и был вынужден просить денег из России. Вскоре после этого он вернулся на родину, к постели умирающей жены, но по-прежнему писал Полине, которая осталась в Париже.

Важно понимать, что роман «Игрок» (к которому мы еще вернемся) был написан, когда Достоевский пытался восстановить отношения с Полиной. Собственно, их мучительная связь непосредственно отражена в сюжете: главный герой Алексей страдает из-за подобной Полины [Lantz 2004]. На тот момент Достоевский нередко описывал в книгах непростые ситуации из собственной жизни, и они все чаще были связаны с игрой.

Однако Полина задержалась в его жизни ненадолго. Вскоре у Достоевского появилась стенографистка, Анна Григорьевна Сниткина, и они быстро сблизились. Она не только помогала ему в работе над книгами, но и обеспечила домашний уют. Однако их отношения в значительной степени омрачала его страсть к игре, из-за которой семейство оказалось в долгах, а Анне приходилось тратить множество времени и сил на заботу о муже. От возбуждения, связанного с игрой, приступы эпилепсии стали еще тяжелее [Frank 1995].

Ситуация повторялась раз за разом: Достоевский возвращался из казино, умолял Анну о прощении и отчаянно проклинал себя за проигранные деньги, а она боялась, что с ним опять случится припадок. Она не раз становилась свидетельницей его приступов и хорошо знала, как тяжело их переносить и ее мужу, и ей самой.

Поэтому Анна хотела избежать дальнейших эпизодов игромании и того, что за ними следовало, — необходимости снова и снова успокаивать своего возбудимого, нервного и раздражительного мужа, вернувшегося из казино без копейки денег. В своем обзоре очередного тома биографии Достоевского «Чудесные годы: 1865–1871», написанной Фрэнком, критик Станислав Баранчак перечисляет все проблемы, с которыми Анна была вынуждена столкнуться по вине мужа, который, кстати, был гораздо старше ее:

> Эпилепсия и игромания оказались только первыми проблемами, с которыми ей пришлось иметь дело. Ее муж был крайне возбудим и непредсказуем; он запросто мог начать ссору из-за пустяка <…> и продолжать ее с мелочным упрямством, пока Анна не начинала плакать и он не бросался вымаливать у нее прощение. Он был настолько погружен в работу, что с ним было не то что сложно жить — она вообще почти его не видела [Baranczak 1995: 36].

Однако Анна никогда не осуждала супруга за его слабость. Напротив, она была понимающей и мягкой; даже когда он проигрывал крупные суммы, дома его ожидало не наказание, а утешение. В те времена многие супруги игроков вели себя именно так; подобное поведение считалось правильным. В дальнейшем мы вернемся к этому вопросу при обсуждении исторического контекста игровой зависимости в XIX веке.

### *Смерти близких*

Достоевский женился на Анне Сниткиной в середине февраля 1866 года, вскоре после смерти его первой жены Марии. Несмотря на поддержку со стороны Анны, семейная жизнь по-прежнему оставалась для него источником стресса — большей частью из-за смерти детей. Первая дочь Анны, Соня, умерла в возрасте двух месяцев. Для обоих родителей это стало большим ударом. Анна очень переживала за мужа: «…отчаяние его было бурное, он рыдал и плакал, как женщина, стоя пред остывавшим телом своей любимицы, и покрывал ее бледное личико и ручки горячими поцелуями» [Достоевская 1987: 199].

После этого у Федора и Анны родилось еще трое детей: Любовь, Федор и Алексей, который умер в три года после тяжелого приступа судорог. Эта трагическая история причинила Достоевскому много боли. Анна снова отмечала, как повлияла на ее мужа смерть ребенка. Он любил Алексея «почти болезненною любовью, точно предчувствуя, что его скоро лишится, Федора Михайловича особенно угнетало то, что ребенок погиб от эпилепсии, — болезни, от него унаследованной» [Достоевская 1987: 345]. Итак, смерть старшей дочери и младшего сына усугубила и без того тяжелое нервное состояние Достоевского.

В 1864 году Достоевский пережил сразу две трагедии: смерть первой жены и, что сказалось на нем гораздо сильнее, смерть его брата и друга Михаила. Как мы отметили ранее, смерть Михаила стала источником не только скорби, но и резкого ухудшения финансового положения семьи. Не считая Анны, Михаил был для него самым близким человеком. По их переписке чувствуется, что братья очень любили друг друга. Кроме того, они были партнерами по издательской деятельности. После смерти Михаила финансовое положение Достоевского стало еще более шатким, поскольку он поклялся выплатить долги брата и поддержать его семью.

*Финансовые трудности*

Достоевский почти всю жизнь, еще со школьной скамьи, страдал от финансовых проблем. Как отмечалось ранее, он постоянно писал отцу с просьбой выслать больше денег. Вероятнее всего, он остро осознавал свое сравнительно низкое социальное положение и пытался выглядеть богаче, чем был на самом деле, чтобы не отставать от других учащихся.

Когда он вырос, финансовое положение стало гораздо хуже: теперь ему приходилось обеспечивать и себя, и свою семью. Ситуацию отягощала игромания Достоевского. В последние пятнадцать лет жизни ему приходилось выплачивать долги покойного брата.

Достоевский не хотел, чтобы репутация Михаила оказалась запятнана, поэтому он решил полностью выплатить 25 тысяч, которые тот был должен кредиторам [Lantz 2004]. Практически невозможно перевести рубли XIX века в современные доллары, однако покупательная способность этой суммы в шесть-семь раз превышала приличный годовой оклад того времени. Возможно, в современных деньгах она составила бы 600–700 тысяч канадских долларов.

Достоевский не только взял на себя обязанность выплатить долги своего брата и содержать его семью. Он по-прежнему оказывал поддержку многим другим людям. Ризенкампф, друживший с ним в 1830-е годы, отмечает, что «Федор Михайлович <…> принадлежал к тем личностям, около которых живется всем хорошо, но которые сами постоянно нуждаются» [Ризенкампф 1990: 189]. Теперь «около него» жила вдова его брата Эмилия Федоровна с четырьмя детьми, а также любовница Михаила и ее сын. Он также помогал деньгами Павлу, сыну своей первой жены от предыдущего брака.

Кроме того, даже в самые тяжелые времена Достоевский регулярно высылал деньги младшему брату Николаю, впавшему в нищету из-за алкогольной зависимости. И, наконец, он финансово поддерживал бездомную Марфу Браун, которую ему было жалко. Из-за его желания во что бы то ни стало помочь всем этим людям у Достоевского почти не оставалось денег на собственные нужды.

Анна, его жена, отмечает, что все они пользовались добротой Достоевского:

> Как только появлялись у Федора Михайловича деньги, одновременно у всех его родных, брата, невестки, пасынка и племянников появлялись всегда неожиданные, но настоятельные нужды, и из трехсот-четырехсот рублей, полученных из Москвы за «Преступление и наказание», на следующий день у Федора Михайловича оставалось не более тридцати-сорока рублей [Достоевская 1987: 121].

Его служанка у него воровала. Ризенкампф описывает эту проблему следующим образом: «Его обкрадывали немилосердно, но, при своей доверчивости и доброте, он не хотел вникать в дело и обличать прислугу и ее приживалок, пользовавшихся его беспечностью» [Ризенкампф 1990: 189].

Чтобы удержаться на плаву, Достоевскому приходилось закладывать свои вещи и вещи Анны и брать деньги у ростовщиков. Кроме того, он соглашался на кабальные контракты с издателями. Например, он предоставил Ф. Т. Стелловскому право опубликовать собрание его сочинений за жалкий аванс в три тысячи рублей. Одновременно Достоевский пообещал Стелловскому к 1 ноября 1866 года предоставить новый роман в 160 печатных листов (это был тот самый «Игрок», о котором упоминалось выше). По условиям контракта, если Достоевский не успел бы закончить работу к сроку, Стелловский получал право публиковать все его произведения в течение последующих девяти лет, не выплачивая автору никаких отчислений [Lantz 2004: 412].

Достоевский считал, что подобное давление плохо сказывается на его творчестве, и, вероятнее всего, был прав. В письме Михаилу он жалуется: «От бедности я *принужден* торопиться, а писать для денег, следовательно, *непременно портить*» [Достоевский 1972–1990, 28, I: 325]. Своему другу А. Е. Врангелю он пишет: «О, друг мой, я охотно бы пошел опять в каторгу на столько же лет, чтоб только уплатить долги и почувствовать себя опять свободным. <…> Работа из нужды, из денег задавила и съела меня» [Достоевский 1972–1990, 28, II: 119].

Из-за нехватки денег Достоевский был вынужден постоянно работать: ведь если бы он не выполнял условия контрактов и не заканчивал книги к сроку, он оказался бы не в состоянии обеспечить всех тех, кто от него зависел. Таким образом, ему казалось, что он не может написать по-настоящему хорошую книгу, — что было еще одним источником стресса.

По иронии судьбы, именно в этих тяжелых условиях Достоевский создал некоторые из лучших своих произведений. «Игрок», «Преступление и наказание», «Идиот» и «Бесы» были написаны, когда ему особенно сильно не хватало денег — большей частью из-за страсти к игре и семейных обязательств. Из всех «больших» романов только «Братья Карамазовы» оказались созданы в период финансовой стабильности. Тем не менее работа в таких условиях разрушала физическое и психическое здоровье писателя. Отчаянно работая ради денег, Достоевский чувствовал только тревогу, а не удовлетворение от творчества.

В целом на протяжении почти всей своей жизни Достоевский страдал от стресса, тревожности и нехватки денег. Комбинация этих факторов заложила основу для развития игровой зависимости. Сам писатель утверждал, что игра была для него способом быстро и просто получить много денег, чтобы выплатить долги и прокормить своих многочисленных нахлебников. Отсюда некоторые делают вывод, что главным фактором, подтолкнувшим его к игре, была нужда. В поддержку этой точки зрения можно привести цитаты из Достоевского, где он объясняет, что всегда надеялся на выигрыш, и рассказывает о придуманной им системе или стратегии, которая якобы гарантировала верную победу.

Но такое упрощенное объяснение его игровой зависимости оставляет без ответов множество важных вопросов. Во-первых, почему большинство людей, столкнувшихся с бедностью, — в России XIX века или где бы то ни было — не становятся игроками, тем более патологическими? Во-вторых, почему среди игроков, ставящих на кон больше, чем они могут себе позволить, — в России XIX века или где бы то ни было — столько обеспеченных людей? И, наконец, в-третьих, почему Достоевский продолжал играть, когда уже становилось очевидно, что игра не то что не решает его финансовые проблемы, а, напротив, усугубляет их?

Таким образом, постоянная нехватка денег сыграла важную роль в формировании игровой зависимости у Достоевского (в когнитивной психологии такой фактор назвали бы «триггером»). Однако ее нельзя считать единственным объяснением. Необходимо помнить, что он пробовал и другие стратегии борьбы со стрессом. Как мы увидим в конечном итоге, игровая зависимость стала очередным элементом в длинном ряду таких попыток. Но сначала рассмотрим альтернативные стратегии, к которым он прибегал.

### ДОСТОЕВСКИЙ И КОПИНГ-СТРАТЕГИИ

В предыдущих разделах мы описали различные проблемы, провоцировавшие у Достоевского тревожность и стресс. В их число входили различные болезни, эпилепсия и панические атаки; каторга и ссылка; напряженные отношения с женой и любовницей; смерть двоих детей, жены и любимого брата; а также постоянная нехватка денег.

В таких условиях, на фоне постоянного стресса, Достоевский ищет утешения и поддержки в религии и национализме. Разумеется, как и многие молодые люди того времени, вскормленные запретной революционной литературой из Европы, Достоевский имел весомую причину бунтовать против царизма. Его политические взгляды нельзя считать исключительно личными. Однако определенный элемент личного отношения исключать нельзя, потому что в большинстве своем молодые подданные Российской империи не становились ни активными революционерами, ни страстными националистами.

Итак, в этом разделе мы вкратце опишем религиозные и националистические взгляды Достоевского и постараемся обрисовать, каким образом они могли отвлекать его внимание от насущных проблем.

*Религиозные и националистические взгляды*

Ортодоксальные религиозные взгляды не были для Достоевского чем-то новым. Он родился в верующей православной семье. По его словам, религиозное обучение началось с самого детства — мать учила его, а также его братьев и сестер, читать по книге «Сто четыре священные истории Ветхого и Нового Завета». Поэтому дети в семье «знали Евангелие чуть не с первого детства» [Frank 2009: 24]. В дальнейшем они учились Закону Божьему у дьячка местной церкви. Начиная с 1831 года мать Достоевского стала брать старших детей в ежегодные паломничества в Троице-Сергиеву лавру, расположенную в ста километрах к востоку от Москвы. Позднее Андрей писал, что эти поездки оказали большое влияние на их жизнь [Достоевский А. 1990: 64–65].

У взрослого Достоевского религиозные взгляды тесно переплетались с националистическими славянофильскими убеждениями. Славянофильство — это интеллектуальное движение, возникшее в России в 30-е годы XIX века и основанное на православии [Lantz 2004]. Славянофилы мечтали о свободном и гармоничном союзе славянских народов, объединенных общей верой. Предполагалось, что они отринут эгоистические и индивидуалистические воззрения ради единства. Это был бы благородный, поистине христианский поступок [Lantz 2004]. В целом славянофилы утверждали, что русский народ способен образовать настоящую общину, поскольку православие означает отречение от эгоизма.

Хотя Достоевский никогда не признавал себя чистым славянофилом, некоторые исследователи обнаруживают черты «подсознательного славянофильства» в его произведениях. В 1877 году он писал: «Я во многом убеждений чисто славянофильских, хотя, может быть, и не вполне славянофил» [Достоевский 1972–1990, 25: 195].

По словам А. П. Милюкова, друга писателя, Достоевский верил, что у социализма благородная цель, однако считал социалистов «честными фантазерами» [Милюков 1990: 263]. Как и славянофилы, он ориентировался скорее на российскую идеологию, нежели на западную, — и эта тема, как мы увидим, прослеживается в его произведениях, в том числе и в «Игроке».

Достоевский расходился с социалистами не только потому, что они искали ответы за пределами России. Социализм был сугубо атеистической и материалистической идеологией. Поэтому, как он утверждал, «социалисты дальше брюха не идут», то есть отвергают духовную сущность человеческой природы [Достоевский 1972–1990, 20: 192].

Единственным социалистическим течением, которое он одобрял, был утопический социализм 1840-х годов, на который сильно повлияло творчество писательницы Жорж Санд. Тем не менее Достоевский отдавал предпочтение «русскому социализму», в котором он видит «неустанную жажду в народе русском, всегда в нем присущую, великого, всеобщего, всенародного, всебратского единения во имя Христово» [Достоевский 1972–1990, 27: 19]. Однако кровное единство народа имеет мало общего с реальным социализмом. Такой подход не позволил ответить на главный вопрос социализма: как быть с классовой борьбой внутри общества, пусть даже объединенного кровными узами.

Несомненно, Достоевский был скорее националистом, чем социалистом — причем страстным и с молодости. Еще до того, как познакомиться с идеями славянофильства, он уже был убежден, что русские очень отличаются от европейцев. Достоевский отмечал, что «возрос на Карамзине» [Достоевский 1972–1990, 29, I: 153]. В «Истории государства Российского», которую его отец читал детям, говорилось, что для защиты от врагов России нужна сильная централизованная власть. Возможно, именно из-за детских впечатлений Достоевский был глубоко убежден, что русские должны создать единую нацию на основе традиционных патриотических ценностей.

За четыре года, которые он провел в Европе (1867–1871), он еще больше укрепился в своих националистических убеждениях и стал склоняться к славянофильству. Например, он разделял мысль славянофилов о том, что в основе русской культуры лежит православие. Итак, в 1860-е годы Достоевский начал верить, что «спасение России — в возвращении к национальным принципам, из которых центральными он теперь считал православие и монархию» [Lantz 2004: 269]. Шатов, персонаж из романа-памфлета «Бесы», представляет собой самое яркое выражение этого национализма. Высказывая взгляды мыслителя-панслависта Н. Я. Данилевского, он утверждает, что сущность человека — это его религия. Именно поиск Бога толкает народ к развитию. Шатов — карикатура на националистическую идеологию, однако в романе он придерживается той же позиции, что и сам Достоевский, только в преувеличенном виде.

Позднее в своей знаменитой «пушкинской речи» Достоевский утверждал, что стать настоящим русским можно, только если ты полностью принял русский национальный дух, с братской любовью относишься к соотечественникам и живешь в полном соответствии с «Христовым евангельским законом» [Достоевский 1972–1990, 26: 148]. Итак, мы видим, что религиозные взгляды Достоевского тесно переплетались с его националистическими убеждениями, помогая сражаться против враждебной среды, поскольку и православие, и национализм придавали его жизни смысл и поддерживали в нелегкие времена.

Так, после смерти детей Достоевский боролся с чувством вины и скорбью, ища утешения в церкви. Кроме того, он пытался убедить себя, что его физические болезни полезны для духовной жизни, которую он не мог бы вести в полной мере, если бы был здоров. В трудностях и страдании он видел единственную дорогу к спасению. Национализм и религиозность помогли ему пережить каторгу и ссылку, справиться с физическими и эмоциональными испытаниями.

Сталкиваясь с космополитическими светскими идеями 1840-х годов, Достоевский невольно стал переосмыслять свои националистические воззрения. Однако сибирская ссылка постепенно укрепила его веру в традиционные русские ценности. Благодаря национализму ему было проще перенести каторгу и ссылку. Кроме того, там он близко познакомился с людьми, вообще не затронутыми западной идеологией, которые с настороженностью относились к представителям других наций. В письме поэту Аполлону Майкову он пишет, что благодаря сильно выраженной национальной идентичности он ощущал родство даже с «разбойниками», своими «братьями по несчастью» [Достоевский 1972–1990, 28, I: 208]. То есть националистические ценности помогали ему сосуществовать с другими заключенными.

Эти ценности помогали Достоевскому справиться с тяжелыми условиями каторги и ссылки. В течение четырех лет, которые он провел в Европе, сбежав от российских кредиторов, его националистические убеждения усилились. Он отмечал, что чувствовал себя изолированным от интеллектуальной жизни России, и это усугубляло его националистические идеи. Обращаясь к национализму, основанному на православии, Достоевский тем самым преодолевал чувство отчуждения, вызванное жизнью за границей.

Таким образом, эти националистические и религиозные убеждения были механизмами, с помощью которых Достоевский пытался справиться с различными проблемами медицинского, финансового и личного характера. Кроме того, его преданность этим идеям указывает на то, что Теодор Адорно и его соавторы называли «авторитарной личностью» [Adorno et al. 1950]. Национализм, этноцентризм, религиозность и антисемитизм — убеждения, которые Достоевский неоднократно высказывал в большей или меньшей степени, — служат признаками определенного типа личности, с которым коррелируют и другие любопытные факты его биографии.

Ярче всего эта авторитарная тенденция проявляется в статьях по «еврейскому вопросу», написанных Достоевским в марте 1877 года. К тому моменту его уже обвиняли в антисемитизме [Достоевский 1972–1990, 25: 74–88]. Достоевский обвиняет «жида» в том, что тот эксплуатирует русский народ, без конца жалуется на перенесенные страдания и отказывается сближаться с христианским населением. Разумеется, после холокоста этот документ читается иначе, однако и в те времена отношение Достоевского к «еврейскому вопросу» воспринималось вполне однозначно.

Взгляды Достоевского были авторитарными. Как продемонстрировали Адорно и его соавторы, такая позиция обычно коррелирует с готовностью подчиняться, неуверенностью в себе, суеверностью, склонностью к стереотипному мышлению и образованию проекций. Некоторые могут сказать, что все литературные произведения Достоевского — это в каком-то смысле попытка сублимации, проекция беспокоивших его чувств и убеждений относительно природы добра и зла.

В то же время в поведении Достоевского не прослеживается конформизм и готовность к подчинению в той мере, в какой можно ожидать от авторитарной личности. Тема свободы и ограничений преследовала его всю жизнь: ее можно заметить, например, в «Преступлении и наказании», «Записках из подполья», «Бесах» и «Игроке». Этот конфликт намекает на авторитарную атмосферу, в которой Достоевский вырос и которую пытался покинуть.

Кроме того, теория Адорно подтверждает нашу точку зрения на то, каким образом происходило развитие Достоевского — и как человека, и как писателя. В своем исследовании Адорно и его коллеги обнаружили, что авторитарная личность обычно формируется в холодной и суровой семье, где родители не терпят критики или непослушания. В сущности, авторитарный родитель передает авторитарную установку своим детям. И, как мог бы предположить Фрейд, в качестве реакции ребенок уходит в мир фантазий, где царят зло, опасность и сексуальные извращения. Ему кажется, что за пределами круга, очерченного четкими правилами, нет ничего кроме хаоса и морального разложения, поэтому он навязывает себе и другим определенный строгий порядок. Такой человек любой ценой стремится к конформности и подчинению; иначе он попадает во власть вины и фантазий.

Мы не стремимся доказать, что все литературное наследие Достоевского можно объяснить его авторитарными наклонностями. Но все же в его мышлении прослеживается устойчивая тяга к авторитарности, которую можно объяснить (здесь наша точка зрения совпадает с позицией Адорно) обстановкой его детства. Поэтому, если мы хотим понять произведения Достоевского, нельзя игнорировать его авторитарное воспитание — оно играет столь же важную роль, как и социально-культурный контекст того времени.

Хорошо известно, что Достоевский особенно критически относился к тому, что считал европейской (и в особенности еврейско-европейской) утилитарной моралью — с его точки зрения, это была форма «торгашеской культуры», где все продается и покупается. Таким образом, отвращение к моральной беспринципности легло в основу его антисемитизма, который формировался одновременно с национализмом и религиозностью[3].

Итак, националистические и религиозные идеи помогали Достоевскому справляться с трудностями повседневной жизни, и это многое говорит о его личности. Однако они оказались недостаточно эффективны, и он обратился к другим копинг-стратегиям. Игра помогала ему обрести уверенность, успокоить нервы и забыть о проблемах (а также обрести надежду, что их удастся разрешить). Короче говоря, Достоевский играл, чтобы заглушить стресс.

---

[3] Подробнее см. [McReynolds 2011].

*Игра*

Игровая зависимость появилась у Достоевского только в начале 1860-х годов, когда он отправился за границу. Однако на протяжении большей части своей жизни он так или иначе сталкивался с игрой. Кеннет Ланц отмечает, что с точки зрения Андрея, брата писателя, Достоевский начал играть в тот недолгий период, когда был офицером, еще в 1843–1844 годах (2012, личная беседа). Достоевскому всегда нравилось следить за игрой, хотя у него самого редко водились деньги; сообщается, что в 1844 году он спустил часть своего наследства, играя в бильярд.

Повторимся, Достоевский начал испытывать страсть к игре в 1844 году, когда он проиграл тысячу франков в бильярд. Во время сибирской ссылки он наблюдал за играющими солдатами, однако принять участие в игре не мог — у него не было денег. Позднее он рассказывал своей знакомой в Семипалатинске: «Ух, как играли жарко! Скверно, что денег нет. Такая чертовская игра — это омут. Вижу и сознаю всю гнусность этой чудовищной страсти... а ведь тянет, так и всасывает!» [Гроссман 1965: 286].

Во время первой заграничной поездки в 1862 году Достоевский посетил казино в Висбадене, где сразу же выиграл 11 тысяч франков. Следующим летом, хотя он и собирался отправиться к Полине в Париж, он снова поехал в Висбаден — и снова выиграл, на этот раз 10 400 франков. Однако ему не хватило силы духа, чтобы уйти от стола, и в итоге он проиграл половину выигрыша. После встречи с Полиной в Париже он вернулся в казино. На этот раз он проигрался вчистую, и ему пришлось просить денег у семьи, чтобы было на что вернуться в Россию [Lantz 2004].

В 1863 году Достоевский, находившийся на ранней стадии игромании, писал брату Михаилу, что изобрел систему, позволявшую выигрывать. Соблюдая ее принципы, он якобы выигрывал, но если отступался от нее, то терял деньги. Он пришел к тому же выводу, к которому приходили многие игроки до и после него — что благодаря своей системе он легко выиграет целое состояние. Таким образом он бы смог обеспечить жену и близких и спокойно заняться литературой [Достоевский 1972–1990, 28, II: 45; Lantz 2004: 157]. Достоевский продолжил играть, потому что отчаянно нуждался в деньгах, чтобы прокормить себя и своих нахлебников; однако, как и большинство игроков, он проигрывал куда больше, чем выигрывал, и его тяжелая финансовая ситуация становилась только хуже.

Как следует из упомянутого письма, Достоевский был убежден, что смог создать «систему», позволявшую ему постоянно выигрывать в рулетку (его любимую игру). В 1859 году он прочел статью, озаглавленную «Из записок игрока», на основе которой и создал свою «систему». Он решил не поддаваться жадности или страсти и каждый день уходить от стола с небольшим выигрышем. Однако, как и большинство игроманов, он постоянно нарушал собственные правила. Проигравшись вчистую, он справедливо корил себя и свою неспособность следовать правилу и прекращать игру сразу же после выигрыша.

Проблема с игроманией вернулась, когда Достоевский и Анна уехали в Европу. Летом 1867 года в Баден-Бадене он постоянно закладывал в ломбарде ее одежду и украшения, чтобы получить деньги для игры в рулетку. В конце концов он проиграл все деньги, какие у них были, и ему пришлось писать теще с просьбой выслать денег, чтобы он смог выкупить то, что заложил. В конце концов Анне пришлось отправиться вместе с ним, чтобы забрать их вещи [Lantz 2004].

Во многом Анна смотрела на проблему игры так же, как и ее муж[4]. В своих мемуарах она пишет, что ей сначала казалось странным, как человек, мужественно перенесший столько страданий, не может сопротивляться страсти к игре и не рисковать деньгами, которые были им так необходимы. Как отмечает Ланц, вскоре ее отношение изменилось. Она поняла, что игра была для ее мужа всепоглощающей страстью, которую он не мог ни контролировать, ни побороть.

И хотя во многих письмах к Анне Достоевский обещал, что никогда больше не сядет за игорный стол, в конце их пребывания в Европе он все же нарушил это обещание. Весной 1871 года он был в подавленном настроении: работа над новым романом

---

[4] Подробнее см. статью Кингмы [Kingma 2010].

«Бесы» продвигалась слишком медленно. Анна решила позволить мужу рискнуть и отдала ему половину их сбережений. По опыту она знала, что, как только Достоевский удовлетворит свой «игорный зуд», к нему вернется творческая сила [Lantz 2004: 157]. Как она и предполагала, Достоевский проиграл все до копейки, включая деньги, которые Анна выслала ему на дорогу домой.

Возможно, именно Анна Сниткина в своих дневниках и воспоминаниях первой смогла описать, как выглядит жизнь с человеком, страдающим от игровой зависимости. В записях, посвященных периоду с 1867 по 1871 год, регулярно встречаются упоминания страсти ее мужа к игре и проигранных им сумм. Анна постоянно предстает свидетелем, перед которым разворачивается трагедия. Например:

> ...у нас было теперь 50 золотых <...>, значит можно было надеяться прожить <...>. Я просила Федю исполнить мою просьбу, то есть не ходить сегодня на рулетку <...>. Но Федя просил у меня только пять золотых, чтобы попытать счастия; может быть, сегодня счастливый день, и удастся еще выиграть. Не дать денег не было возможности, и я дала и была уверена, что он непременно проиграет [Достоевская 1993: 130].

Можно ли сказать, что Анна, сама того не желая, «пособничала» его страсти к игре? О чем она думала, когда давала ему деньги, которые он просил? Она не могла отказать в этом своему мужу и попыталась убедить себя, что однажды ему может повезти — ведь он уже случайно выигрывал. Более того, она знала, что даже если он проиграет, то игра все равно поможет ему успокоиться, даст необходимые силы для работы над книгой. И, возможно, еще через несколько недель он снова отправится в казино, и если повезет, то компенсирует свой проигрыш. Обрадованный Достоевский отправился в Висбаден. Анна дала ему 120 талеров. Они договорились, что в случае проигрыша Анна вышлет ему денег на обратный билет. Достоевский провел в Висбадене неделю и, разумеется, все проиграл — или, как пишет об этом Анна, «игра на рулетке имела плачевный результат» [Достоевская 1987: 218].

Как пишет Иэн Хелфант, Анна постепенно смиряется с игровой зависимостью мужа и видит в ней результат пережитых травм и личных трагедий [Helfant 2003: 41]. Кроме того, она считаетироманию естественной и неотъемлемой частью его поэтического темперамента. Но в конце концов ему удается положить своей зависимости конец. В 1871 году Достоевский пишет Анне письмо, в котором просит у нее денег и клянется, что никогда больше не сядет играть. Он рассказывает, что видел страшный сон: ему приснился отец — «в таком ужасном виде, в каком он два раза только являлся мне в жизни, предрекая грозную беду, и два раза сновидение сбылось» [Достоевский 1972–1990, 29, I: 197]. Дальше он пишет:

> Аня, я лежу у ног твоих и целую их, и знаю, что ты имеешь полное право презирать меня, а стало быть, и подумать: «Он опять играть будет». Чем же поклянусь тебе, что *не буду*; я уже тебя обманул. — Но, ангел мой, пойми: ведь я знаю, что ты умрешь, если б я опять проиграл! Ведь я знаю, что сам тогда я пропал. Не буду, не буду, не буду и *тотчас приеду*! Верь. Верь *в последний раз* и не раскаешься: Теперь буду работать для тебя и для Любочки, здоровья не щадя, увидишь, увидишь, всю жизнь, И ДОСТИГНУ ЦЕЛИ! Обеспечу вас. <...> Теперь же все кончено! Это был ВПОЛНЕ последний раз! Веришь ли ты тому, Аня, что у меня теперь руки развязаны; я был связан игрой, я теперь буду об деле думать и не мечтать по целым ночам об игре, как бывало это [Достоевский 1972–1990, 29, I: 198–199].

Это унижение оказалось последним: Достоевский сдержал слово. Как он и обещал, после описанного эпизода в 1871 году он никогда не садился за игровой стол. Анна сообщает, что поначалу она сомневалась и отказывалась верить его обещаниям, но, к счастью, они оказались верны. Несмотря на то что в будущем у Достоевского открывались возможности для игры — в поездках и не только, — он никогда больше не заходил в казино и навсегда отказался от мечты о легком выигрыше. Он хорошо отдавал себе отчет, насколько резко изменились его представления: тяга к игре словно исчезла [Достоевская 1987: 218–219].

Современные игроки тоже описывают это болезненное отвращение к себе, которое пережил Достоевский после своего последнего проигрыша. И это хороший знак. Обычно с него начинается излечение от зависимости, как и произошло у Достоевского[5].

Но что случилось с потребностью играть, мучившей его на протяжении десяти лет? Неужели после 1871 года она просто исчезла? Куда он стравливал избыток воображения, жажду риска, потребность в провокации и выплески дурного настроения, если рулетка оказалась под запретом? Возможно, мы отыщем ответ у психиатра Ричарда Розенталя:

> У Анонимных Алкоголиков есть термин «сухой пьяница». Он означает человека, который бросил пить, но по-прежнему проявляет в поведении типичные для алкоголика черты. <...> Считается, что такие люди находятся в зоне риска и могут вернуться к алкоголю. И хотя концепция «сухого пьяницы» используется во многих других программах типа «помоги себе сам», для понимания психологии патологических игроков можно использовать другое выражение, возможно, более удачное — «не завязал». Автор описывает различные способы, к которым прибегают те, кто технически бросил игру, но по-прежнему думает как игрок: например, играть втайне, мысленно делать ставки, переключаться от одной зависимости на другую, прокрастинировать, рисковать и играть во власть [Rosenthal 2005].

Возможно, последнее крупное произведение Достоевского — «Дневник писателя», над которым он работал в промежуток с 1873 по 1881 год, — было своеобразным способом «не завязать». Эта книга — не столько настоящий дневник, сколько набор своеобразных интеллектуальных игр с читателем (где ставкой, разумеется, была власть). Достоевский как будто в последний раз попытался бросить вызов судьбе и всевозможным «гордецам», тем самым выражая свою подспудную жажду игры. Вероятно, эта книга стала для него заменителем рулетки.

---

[5] Подробнее о том, как близкие отношения и искреннее отвращение к своим поступкам помогают в процессе излечения от игровой зависимости, см. [Tepperman 2009].

# Глава 2
# Азартные игры в России XIX века

Было бы слишком просто рассматривать игроманию Достоевского исключительно как помрачение ума, глупый и недостойный способ борьбы с постоянными стрессами, трудностями и неудачами. В конце концов, Достоевский мог бы «выбрать» другую копинг-стратегию (или другой невротический симптом депрессии) — скажем, суицид, убийство, употребление наркотиков или анорексию. Если ему не хватало денег, он мог совершить кражу со взломом, ограбление банка или растрату государственного имущества.

Чтобы понять, почему Достоевский обратился именно к игре, нам необходимо прояснить роль игры в российском обществе XIX века. Поэтому мы вкратце исследуем культурные нормы и ценности, которые в то время ассоциировались с игрой. Именно культурным контекстом объясняется тот факт, что в тяжелой жизненной ситуации Достоевский выбирал рулетку. Ключевой работой по этой теме является диссертация Иэна Хелфанта «Высокие ставки идентичности: игра в жизни и литературе России XIX века» («The High Stakes of Identity: Gambling in the Life and Literature of Nineteenth Century Russia»), написанная в 1999 году и выпущенная как книга в 2002 году [Helfant 2002]. Следует отметить, что Хелфант занимается здесь скорее литературоведением, чем историей. Но эти две темы связаны между собой —

и порой настолько тесно, что их невозможно отличить друг от друга. Когда речь идет об изучении Достоевского, социология постоянно перетекает в историю, а та — в литературоведение[1].

**Причины для игры**

Хелфант пишет, что для европейцев начала XIX века игра была одновременно и развлечением, и способом заработать деньги. Более того, она уже пользовалась популярностью и в России у представителей почти всех социальных классов. Но особенно популярна была игра среди дворян. В результате у многих жителей Российской империи она ассоциировалась с положением в обществе, смелостью и готовностью идти на риск. Играть значило подражать аристократам, проявлять благородство.

Для многих игра была способом поддержать репутацию, и они становились «профессиональными игроками». Как Хелфант пишет в статье «Пушкин как иронический игрок» («Pushkin's Ironic Performances as a Gambler»), князь П. А. Вяземский, описывая

---

[1] В своем обзоре на книгу Хелфанта критик Марта Уинклер пишет: «В последнее время кажется, что история и литературная критика сближаются еще сильнее. На протяжении нескольких лет специалисты, занимающиеся историей культуры, используют в качестве источника художественные тексты. В то же время слависты, работающие в области литературной критики, все активнее погружаются в исторический контекст. Все меньше диссертаций посвящается теориям и моделям эстетики и нарратива. Вместо этого литературоведы обращаются к русской литературе как к источнику информации по культурным, социальным и политическим проблемам» [Winkler 2005: 417]. Уинклер признает, что азартные игры занимают важное место в изучении общества и культуры России XIX века, отмечая тщательный подход Хелфанта и его способность избегать редукционизма — обращаясь к историческому материалу, он не теряет нити литературоведческого анализа. В то же время, говорит Уинклер, у него широкий кругозор: «И хотя исследование Хелфанта основано по большей части на художественной литературе, ею оно не ограничивается. В качестве источников он использует также мемуары, современные критические разборы, тексты публицистического, дидактического и моралистического характера. Его подход включает в себя социологические и антропологические модели — такие как теория игры и теория риска. Хелфант гибко пользуется этими моделями и тщательно отбирает тексты, иллюстрирующие значение азартных игр в культурном контексте России XIX века» [Winkler 2005: 418].

аристократический образ жизни в России XIX века, даже утверждал, что стиль игры влияет на то, как вас воспринимают другие люди. Многие считали, что в игре отображается истинный характер человека [Helfant 1999: 375]. Уметь «приятно» проигрывать означало легко относиться к игре и не затягивать с выплатой долгов: таким образом вы показывали себя человеком честным, вежливым и воспитанным. Подобные характеристики помогали создать репутацию уважаемого человека — и все потому, что вы были «приятным» партнером в игре.

Существовало особое руководство, где указывалось, какие именно эмоции должен проявлять игрок. Согласно этому руководству, приличный человек во время игры демонстрирует самообладание, достоинство, спокойствие и уверенность в себе. Он продолжает играть и делает ставки, даже выиграв много денег, — тем самым он дает другим возможность отыграться. Кроме того, предполагалось, что карточный долг необходимо выплатить в течение суток. Итак, подытожим: в России XIX века игроки должны были следовать строгому кодексу вежливости, и только так они могли поддерживать хорошую репутацию.

В России играли представители всех классов, но чаще других — аристократы. Вероятнее всего, у них было больше денег и свободного времени. Поэтому игра стала способом продемонстрировать богатство и высокий социальный статус — статус человека, у которого есть время играть [Helfant 2002].

Другой чисто аристократической формой деятельности была дуэль. Участники дуэли рисковали жизнью ради сохранения своей репутации. Для русских дворян XIX века игра и дуэль были способами защитить честь и репутацию. Вызов на дуэль перекликается с предложением повысить ставки. И там и там отказ означал трусость, ставил под угрозу вашу честь и пятном ложился на репутацию. Кроме того, любой спор, касающийся игры (например, обвинение в шулерстве), мог закончиться дуэлью — защищая свою честь, дворяне сходились в поединке. Дуэль и игра были неотъемлемыми элементами аристократической социальной идентичности. Благодаря им дворянин чувствовал себя уважаемым и достойным.

Больше всего игроков и дуэлянтов было в армии, однако дворяне, которые не могли сражаться на войне, тоже часто дрались на дуэлях и сходились за карточным столом. Для них это была возможность выказать героизм и отвагу [Helfant 2002]. Дуэль зачастую заканчивалась смертью. Что касается игры, то она, на первый взгляд, ничем не напоминает войну. Но многие русские смотрели на игру как на «арену боевых действий», где требовалось одержать верх. Таким образом, и дуэль, и игра становились доказательствами храбрости и помогали создать репутацию благородного, уважаемого и достойного человека.

Кроме того, дуэль и игра давали возможность показать хороший вкус и статус. В обоих случаях на участника оказывалось большое давление. Способность сохранять «достоинство в любой обстановке» — то есть всегда оставаться спокойным, уверенным и хладнокровным — считалась признаком настоящего аристократизма. Сохранить лицо было непросто, особенно если на кону стояли большие деньги или сама жизнь. Поэтому тот, кто был на это способен, приобретал репутацию приятного в общении светского человека с отличным вкусом — и, как следствие, заслуживал уважения. С другой стороны, проявление страха или тревоги считалось признаком трусости и влекло за собой позор.

Поскольку за игорным столом появлялась возможность выказать такие достойные качества, даже проигрыш имел определенную социальную ценность — он как бы обнажал истинную суть человека. Если игрок выплачивал крупный долг своевременно и с достоинством, это улучшало его репутацию. Поэтому многие предпочитали платить по долгам, даже если они знали, что победитель сжульничал. Хелфант пишет об этом: «Тот, кто отказывался платить, ставил свою честь под угрозу, даже если игра велась нечестно, ведь победитель мог описать ситуацию иначе» [Helfant 2002: 15].

При этом правительство никоим образом не принуждало жителей Российской империи выплачивать долги. Тем не менее карточный проигрыш для русского дворянина был «долгом чести». Такое отношение было характерно для всей европейской аристократии. В своей книге об игре при дворе Людовика XIV в Версале

Томас Кавано пишет, что карты — как и дуэли — были способом продемонстрировать храбрость и презрение к опасности. Французский подход ничуть не отличается от российского. Хелфант напоминает нам, что закон не требовал оплачивать карточные долги, поэтому единственным, что заставляло игроков платить по счетам, было их собственное достоинство (и потребность в общественном одобрении) [Helfant 2002: 7].

В целом для игрока-аристократа хорошая репутация была куда важнее, чем выигрыш или проигрыш. Возможно, многие дворяне садились играть, именно чтобы показать безразличие к деньгам, которые они могли потерять (и зачастую теряли). Подобная небрежность служила признаком высшего класса. Тот, кто играл часто и делал большие ставки, всем своим поведением показывал, что может себе позволить жизнь, полную риска и роскоши. Не каждый русский дворянин был богат: общим признаком для этого сословия была служба царю, лежавшая в основе дворянской этики. И все же, хотя не каждый аристократ владел поместьями, как это было, например, в Британии, у многих имелись обширные земли и большие состояния.

Поэтому неудивительно, что в их поведении прослеживаются черты «потребления напоказ», о котором писал Торстейн Веблен в своем знаменитом исследовании американского «праздного класса» [Veblen 1912]. В книге Веблена «Теория праздного класса» («The Theory of the Leisure Class») критикуется «варварское поведение» западного общества в начале XX века. В особенности Веблен выступает против «демонстративного потребления», к которому склонен буржуазный высший класс. По словам автора, буржуа живут в роскоши и праздности и каждый день для них — выходной. Он утверждает, что символическая природа социального престижа, с ее вниманием к быстро меняющейся моде, требует бессмысленного, зачастую варварского расходования времени и товаров. В качестве альтернативного образа жизни он предлагает немецкое общество, заинтересованное в развитии науки, технологий, промышленности и изобретательства.

При этом Веблен показывает, что за демонстративным потреблением скрывается некая цель: подчеркнуть положение и силу тех, кто может себе позволить такой образ жизни. Готовность к обширным тратам как бы проводит границу между более и менее обеспеченными классами. Например, для фигурной стрижки деревьев требуются мастерство, время и деньги — поэтому наличие таких деревьев в саду доказывает, что у владельца есть деньги и доступ к рабочей силе. С той же целью представители высших классов устраивали балы-маскарады, специально для которых заказывались дорогие костюмы (например, костюм Марии-Антуанетты или кардинала Ришелье). Иногда хозяева даже нанимали знаменитостей, чтобы те посетили их бал в качестве гостей. Это стоило немалых денег, зато о таком событии потом вспоминали еще целый год.

С точки зрения Веблена, демонстративное потребление ярче всего проявляется в тех видах деятельности, которые требуют большого мастерства и при этом не несут в себе никакой ценности. Возьмем для примера изучение новых сложных танцев. Единственная их ценность в том, что это вид развлечения. Однако они настолько сложны, что освоить их могут только богатые люди, у которых достаточно времени для практики. В результате знакомство с такими более сложными танцевальными фигурами служит маркером социального положения человека. В основе этого механизма — потребление напоказ.

В России XIX века такие виды деятельности тоже ассоциировались с высоким положением в обществе. Игра была показателем статуса. Как пишет Хелфант, «пренебрежительное отношение к крупному проигрышу означало, что дворянин не зависел от материальных благ» [Helfant 1999: 376]. Разумеется, Достоевский знал об этом. Алексей Иванович, главный герой романа «Игрок», отзывается об игре следующим образом:

> Есть две игры, одна — джентльменская, а другая плебейская, корыстная, игра всякой сволочи. <...> Джентльмен <...> отнюдь не должен интересоваться своим выигрышем. <...> Одним словом, на все эти игорные столы, рулетки и trente et quarante он должен смотреть не иначе, как на забаву, устроенную единственно для его удовольствия [Достоевский 1972–1990, 5: 216–217].

Чуть ниже он пишет: «Настоящий джентльмен, если бы проиграл и все свое состояние, не должен волноваться. Деньги до того должны быть ниже джентльменства, что почти не стоит об них заботиться» [Достоевский 1972–1990, 5: 217].

Разумеется, не каждый игрок может позволить себе подобный стиль игры. Итак, поскольку игра являлась знаком богатства и высокого социального положения, некоторые амбициозные мужчины (а иногда и женщины) использовали ее как инструмент для создания более благородного образа. (Аристократкам разрешалось играть в карты ради развлечения, однако в целом предполагалось, что женщина должна вести себя скромно и удерживать супруга от чрезмерного пьянства, участия в кутежах и, разумеется, от игры.) В отличие от аристократов, такие люди не могли относиться к проигрышу легкомысленно. Поэтому, когда молодые люди такого типа проигрывали крупную сумму денег, они часто кончали с собой, чтобы избежать позора. Суицид помогал стереть пятно недостойного и безответственного поведения — и посмертно восстанавливал их честь и репутацию [Reyfman 1999: 16].

В этом плане игра напоминала дуэль. И то и другое было вопросом чести — и, следовательно, вопросом жизни и смерти. Тот, кто сохранял спокойствие и уверенность за карточным столом или с пистолетом в руке, пользовался репутацией достойного и благородного человека. Напротив, отказ от дуэли (или от слишком высокой ставки) считался трусостью и ложился на репутацию несмываемым пятном. Лучше было умереть на дуэли, чем жить с репутацией труса; покончить с собой, чем жить, не имея возможности выплатить карточный долг. На дуэли и в игре смерть была предпочтительнее бесчестия.

Кроме того, игра и дуэль становились формами протеста против авторитарного правящего режима. Поскольку дуэли были запрещены, дуэлянтов порой считали мятежниками — и точно так же относились к игрокам, ведь игра на протяжении долгого времени тоже находилась вне закона. Итак, игра расценивалась как способ бросить вызов несправедливым властям, запретившим играть — из-за чего аристократы лишились возможности похвастаться богатством, статусом и благородным воспитанием.

Однако, как показывает Хелфант, XIX век был эпохой аристократии, и дворянам, в отличие от разночинцев, рабочих и крестьян, позволялось многое [Helfant 1999: 374]. Сражаясь на дуэли или играя, дворянин того времени игнорировал правила и моральные стандарты общества. Именно в таком контексте игра в карты приобрела популярность среди богатого и праздного класса.

Существовало два вида игр: коммерческие, в которых требовался трезвый расчет (или умение играть), и азартные, где выигрыш зависел от удачи. Аристократы большей частью предпочитали игры первого типа, поскольку у них было достаточно времени, чтобы совершенствовать навыки игры. Типичным примером служит игра в дурака, известная, наверное, каждому взрослому жителю современной России и Восточной Европы. Ее цель — не остаться «в дураках», то есть скинуть все карты в отбой. В XIX веке были популярны такие коммерческие игры, как вист, рокамболь и «три на три». Для победы требовалось собрать карты с определенным количеством очков или определенной масти. Зачастую в них играли в командах или с партнерами, поэтому игрокам нужно было уметь выстраивать общую стратегию ставок и внимательно следить за перемещениями карт.

Чтобы успешно играть в коммерческие игры, необходимо знать правила и много тренироваться [Helfant 2002]. Поэтому они считались более сложными, чем игры азартные, и пользовались большим уважением. Что еще важнее, они были — используя термин Веблена [Veblen 1912] — формой демонстративного потребления: не каждый мог потратить столько времени на обучение игре, которая не несла в себе никакой ценности, кроме демонстрации социального статуса.

Итак, в коммерческие игры чаще играли пожилые, опытные и состоятельные дворяне и представители высшей аристократии. «Приятная» партия была способом показать свой статус, умение играть, а также способность легко и быстро расплатиться по долгам. Вместе с тем они показывали, что у них было достаточно денег — а значит, и времени, — чтобы оттачивать свое мастерство.

Умение играть в коммерческие игры было признаком истинной аристократичности: чтобы стать хорошим игроком, нужно было родиться в благородной семье и получить достойное воспитание. Кроме того, именно в коммерческих играх ставки были наиболее высоки — и, значит, у участников была идеальная возможность продемонстрировать уверенность и спокойствие в самой непростой обстановке. Итак, коммерческие игры ассоциировались с *прирожденным благородством*. Те, кто играл в азартные игры, могли в лучшем случае продемонстрировать *благородные качества* и тем самым повысить свое социальное положение. И, поскольку в царской России коммерческие игры не были под запретом, партия в вист или рокамболь не считалась мятежом против правительства.

В отличие от коммерческих игр, азартные игры (например, рулетка или кости) основаны исключительно на удаче и не требуют предварительной практики. Чаще всего в них играли молодые мужчины, в особенности военные. Поскольку такая игра не требовала ни умения, ни опыта, она никак не отражалась на чести и респектабельности. Законы Российской империи запрещали некоторые азартные игры низшего класса — например, рулетку. Поэтому многие игроки, включая Достоевского, играли за границей.

### Почему играли представители других классов, в том числе Достоевский

Поскольку в России XIX века играли почти все — во всяком случае, почти все мужчины, — существовало множество противоречивых представлений о том, кто такой «типичный игрок». Разумеется, не каждый игрок был «благородным» или «уважаемым» человеком, равно как не каждый «благородный» или «уважаемый» человек был игроком. Игрока, который делал большие ставки и не беспокоился, что проиграет, могли счесть аристократом — или дураком. Хелфант отмечает, что бедных игроков вроде Достоевского считали неразумными и расточительными — ведь они проигрывали деньги, заработанные собственным трудом [Helfant 2002]. Если для аристократа игра была способом подчеркнуть свое богатство и знатность, то для таких людей, как Достоевский, эта возможность была закрыта: игра не позволяла им даже *улучшить* социальное положение.

Вряд ли кто-то мог принять Достоевского в казино за беспечного аристократа. У него были большие долги, и он взял на себя ответственность не только за свою семью, но и за семью покойного брата. Он играл, чтобы получить необходимые деньги. После крупных проигрышей ему, скорее всего, не удавалось сохранить уверенность и спокойствие, — да его это и не интересовало. Каждый проигрыш угрожал ему огромными финансовыми проблемами. И все же он как будто не мог остановиться.

Поскольку Достоевский играл ради выигрыша, он попытался составить специальную «систему». Наблюдая за другими игроками, он убедил себя, что разгадал тайну рулетки. В сентябре 1863 года Достоевский пишет В. Д. Констант:

> Их там понтирует несколько сот человек, и, честное слово, кроме двух, не нашел умеющих играть. <…> Играла там одна француженка и один английский лорд; вот эти так умели играть и не проигрались, а напротив, чуть банк не затрещал. <…> Секрет-то я действительно знаю; он ужасно глуп и прост и состоит в том, чтоб удерживаться поминутно, несмотря ни на какие фазисы игры, и не горячиться. <…> Но дело не в том, а в том, что, постигнув секрет, умеет ли и в состоянии ли человек им воспользоваться? [Достоевский 1972–1990, 28, II: 40].

Достоевский искренне верил, что сможет вести себя рационально, если не будет эмоционально реагировать на события игры. Тогда ему бы удалось вести себя расчетливо и спокойно — а это, с его точки зрения, и был ключ к выигрышу в рулетку [Carter 2006].

Возможно, контроль эмоций действительно помог бы ему меньше проигрывать — если бы он научился уходить из казино с выигранными деньгами, как только полоса везения подходила к концу. В таком случае ему бы удалось снизить риск, связанный с азартными играми. И если бы он смог снизить риск, следуя правилам собственной «системы», игра превратилась бы в способ зарабатывания денег. Но, как ни странно, Достоевский любил рисковать. В романе «Игрок» он пишет:

...мною вдруг действительно без всякого вызова самолюбия овладела ужасная жажда риску. Может быть, перейдя через столько ощущений, душа не насыщается, а только раздражается ими и требует ощущений еще, и все сильней и сильней, до окончательного утомления [Достоевский 1972–1990, 5: 294].

Это совершенно не похоже на спокойный, разумный и систематический подход к игре.

Где же была его несчастная вторая жена, пока Достоевский проигрывал все семейное состояние? Как большинство русских женщин, она терпеливо сносила страсть своего мужа к игре. Анна Достоевская соблюдала культурные нормы своего времени и не выказывала неодобрения. Она не пыталась полностью отвратить мужа от игры, а вместо этого всего лишь его ограничивала. Например, именно она распоряжалась семейными финансами и потому могла выдать Достоевскому ограниченную сумму для поездки в казино [Helfant 2002]. Таким образом она стремилась сократить потери и при этом не поссориться с ним — что неминуемо бы произошло, если бы она категорически запретила ему играть.

Поддерживая мужа, Анна вместе с тем подпитывала его зависимость. Такое понимающее отношение благотворно сказывалось на атмосфере в доме, однако не улучшало их финансовое положение. Приняв на себя ответственность за семью покойного брата, Достоевский столкнулся с сильной нехваткой денег. Этому способствовали и долги, связанные с проигрышами.

И все же он продолжал играть, даже если ему приходилось закладывать вещи в ломбарде. «Несколько раз они оказывались на грани разорения, когда Достоевский закладывал не только украшения и шубу жены, но и оба обручальных кольца. Их спасли деньги, присланные из Петербурга матерью Анны» [Helfant 2003: 237]. Достоевский начал привыкать к мысли, что Анна и время от времени ее мать придут ему на помощь.

Как отмечает Хелфант, Достоевский, подобно другим игроманам, строил свои отношения с женой на сочетании лжи, слез, поцелуев и насилия. Заверения в любви сменялись угрозами: он даже утверждал, что выпрыгнет из окна или застрелится, если она не отпустит его в казино.

Кроме того, Хелфант приводит отрывок из дневника Анны, где она описывает, как Достоевский вернулся домой, проиграв все взятые у нее деньги [Helfant 2003: 238]. Он встал перед ней на колени, целовал ей руки и, умоляя о прощении, клялся, что лучше нее нет никого на свете [Достоевская 1993: 146].

Достоевский умело манипулировал женой, поэтому его страсть к игре практически не встречала сопротивления. Подобное отношение к женщинам и их имуществу было типичным для России того времени. Формально российские дворянки получили право распоряжаться собственностью уже в середине XIX века. Так, жене принадлежало приданое и любое имущество, доставшееся ей по наследству, причем в случае развода и то и другое оставалось за ней [Helfant 2003]. Тем не менее чаще всего это право существовало лишь на бумаге. Хелфант цитирует Уильяма Вагнера, который подчеркивает, что об этих законах мало кто знал, за их соблюдением почти не следили и в целом они мало влияли на жизнь общества [Helfant 2003: 231].

Таким образом, на практике имуществом женщин полностью распоряжались мужчины. Из-за такого положения дел — а также из-за мягкого характера Анны — Достоевский мог манипулировать женой и получать от нее деньги для игры. В результате Анна, как и другие российские женщины, находилась в финансовой зависимости от мужа, — а его игромания делала ситуацию еще хуже.

### Почему игрокам приходилось ездить на большие расстояния

Зачастую страсть к игре оказывалась настолько сильна, что игроки были готовы отправиться в длительное путешествие, лишь бы удовлетворить ее. Поскольку в России азартные игры (в том числе и рулетка) были запрещены, многим игрокам, включая Достоевского, приходилось ездить за границу. Достоевскому нравилось играть в Германии — в Висбадене, Баден-Бадене и Бад-Хомбурге. Раньше эти городки на водах пребывали в запустении, но благодаря деньгам французских инвесторов они превратились в роскошные курорты [Carter 2006].

В начале XIX века Висбаден стал столицей азартных игр и отдыха на водах. Он пользовался большой популярностью среди туристов из разных уголков света. В 40-е годы в Германии появились железные дороги, и добираться до немецких казино стало гораздо проще [Carter 2006] — похожая ситуация сложилась в Северной Америке в XX веке, когда благодаря авиасообщению любой житель континента получил возможность легко попасть в Лас-Вегас. Итак, жители Российской империи, которые не могли играть в азартные игры у себя дома, часто отправлялись в Германию с ее популярными казино.

Знакомство с немецкими игорными домами сыграло большую роль в жизни Достоевского, поскольку он никогда не играл в домашней обстановке, а только в казино [Carter 2006]. Поездки в Германию были для него все равно, что для ребенка визит в кондитерскую. Хелфант пишет, что спустя три месяца после свадьбы Достоевский оставил жену в дрезденском отеле и отправился играть в Хомбург [Helfant 2003: 235]. Вскоре после возвращения они поехали в Баден-Баден, где он играл по десять часов подряд, оставив беременную Анну в одиночестве. Итак, «в Германии Достоевский познакомился с рулеткой, которая полностью его поработила» [Hayer, Meyer 2009: 85].

Однако вскоре после первых поездок за границу у Достоевского стали проявляться типичные проблемы, связанные с игровой зависимостью.

### ЛЮДИ ИСКУССТВА И ТЯГА К ИГРЕ

Достоевский был не единственным русским писателем, который использовал свою страсть к игре как материал для литературного труда. Другие авторы (включая Пушкина) тоже писали об игре и связанных с ней проблемах. Для многих это было своеобразной терапией: таким образом они могли открыто признать свои сложности. Так, И. А. Паперно в своей книге «Самоубийство как культурный институт» пишет: «В девятнадцатом веке, в особенности в России, литература бралась за разрешение вопросов, которые остались недоступными религиозной, общественной и научной мысли» [Паперно 1999: 8]. В литературе XIX века рассматривались проблемы писателей, которые (подобно Достоевскому) попадали в неприятности из-за азартных игр. Критик А. В. Аникин отмечает, что писатели XIX века задумывались над вопросом, на какие шаги готов пойти человек ради мгновенного обогащения. В качестве примера он приводит героя пушкинской «Пиковой дамы» — молодого офицера, который настолько одержим идеей мгновенного обогащения, что в конце концов невольно совершает убийство. С точки зрения Аникина, эта ситуация во многом предвосхищает сюжеты романов Достоевского, где встречаются отсылки и на «Пиковую даму», и на «Скупого рыцаря» [Anikin 1993: 103].

Достоевский был не единственным русским писателем XIX века, который проигрывал свои гонорары. Такое случалось и с Пушкиным. В своей работе «Пушкин как иронический игрок» («Pushkin's Ironic Performances as a Gambler») Хелфант пишет, что Пушкин продал рукописи нескольких ранних стихотворений своему приятелю Н. В. Всеволожскому в качестве оплаты карточного долга в пятьсот рублей [Helfant 1999: 375]. Позднее он выкупил их обратно, а потом еще не раз продавал многим другим знакомым. В сущности, он закладывал свои стихи — как Достоевский закладывал украшения жены, — чтобы оплатить долги. Итак, мы видим, что другие классики русской литературы XIX века тоже были знакомы с оборотной стороной игры. Даже Л. Н. Толстой, с его состоянием и графским титулом, в молодости был вынужден продать часть фамильного имения в счет оплаты карточного долга.

### КАКИМ ХОТЕЛ СЕБЯ ВИДЕТЬ РОССИЙСКИЙ ИГРОК

Подведем итоги. В России XIX века участие в игре могло создать вам репутацию честного и уважаемого человека, оно было признаком богатства, престижа и высокого социального положения. В то же время игра позволяла обычным людям (в особенности тем, кто не мог участвовать в сражениях или драться на дуэлях) продемонстрировать отвагу — и тем самым, опять же, заработать достойную репутацию. Но Достоевский преследовал другую цель. Даже в те времена игра приводила к разным последствиям (и имела разное значение) среди представителей разных социальных классов. Существовало множество причин, почему люди начинали играть.

При этом в интересах нашего исследования важно понимать российский культурный контекст. Даже у небогатых людей (к которым принадлежал и Достоевский) игры ассоциировались с аристократией — и это придавало игорным практикам оттенок достоинства и благородства, отчасти компенсируя критическое отношение к игроку как к человеку, напрасно тратящему время и деньги. Такой контекст способствовал развитию игровой зависимости. И хотя азартные игры были запрещены, игромания казалась благородной страстью, свойственной творческим натурам, — или, во всяком случае, не вызывала удивления. В атмосфере патриархальной культуры, где от жены ожидалось, что она будет покорной, мужчины имели возможность сколько угодно закладывать в ломбард семейные драгоценности — или рукописи стихов.

Чтобы играть, житель Российской империи отправлялся за границу. Но поездка в Висбаден, Баден-Баден или Хомбург сама по себе была захватывающим приключением; точно так же сейчас игроки с удовольствием проводят время в Лас-Вегасе. Возможно, уже тогда любители азартных игр говорили себе: «Что происходит в Висбадене, остается в Висбадене».

Но, разумеется, мы можем только предполагать, что Достоевский разделял нормы и ценности, типичные для России того времени, и на основании этого делать выводы о его взглядах, убеждениях и мотивах. К счастью, у нас есть возможность ближе познакомиться с его собственной позицией — проанализировать его книги, и прежде всего роман «Игрок». Однако, как станет понятно из следующего раздела, такой анализ не только дает ответы, но и порождает новые вопросы.

# Глава 3
# О чем рассказывают романы Достоевского?

Существует три основных источника, позволяющих проанализировать игровую зависимость Достоевского: роман «Игрок», его письма и дневник его жены. В этой главе мы сосредоточимся на рассмотрении романа. Но можем ли мы использовать сцены игры (и семейной жизни) из книг в качестве обоснования для нашей теории об «эффекте Достоевского»? Такой вопрос неминуемо возникает, когда исследователь обращается к изучению литературных героев сквозь призму биографических источников — и наоборот.

Как именно нам следует трактовать литературные труды Достоевского в контексте его собственного опыта игромании и тяги к игре? Насколько его книги отражают личные взгляды и личные проблемы автора?

Конечно, у нас нет надежных доказательств того, что Достоевский создавал своих персонажей, всецело опираясь на собственное отношение к игре или воспоминания о ней. Поэтому здесь нам необходима осторожность: делая выводы об авторе на основании анализа его книг, мы должны понимать, что прийти к абсолютно точным выводам здесь невозможно.

При этом определенные паттерны кажутся очевидными. Например, многие сторонники традиционного достоевсковедения, ярким проявлением которого служит пятитомник Фрэнка, прослеживали тесную связь между персонажами Достоевского и реальными событиями его жизни. Поэтому если мы рассматриваем его героев практически как реальных людей, то тем самым следуем многолетней традиции, сложившейся в литературоведении. (Однако, как отмечала Кейт Холланд в личной беседе в 2012 году, все литературоведы отдают себе отчет, что, даже «если литература — зеркало жизни, из-за определенных законов и принципов изображение в этом зеркале искажается».)

Достоевский не понаслышке знал, что такое игра, и у него были определенные взгляды на этот счет. Поэтому ему удалось создать лучшее в мировой литературе описание того, как изнутри ощущается игровая зависимость. Главной темой его короткого романа «Игрок» служит игра с ее губительными последствиями. Как упоминалось ранее, из-за финансовых обстоятельств Достоевскому пришлось написать эту книгу всего за двадцать шесть дней. Но ее ценность не исчерпывается простым описанием игровой зависимости: как мы увидим, здесь автор приближается к социологическому анализу, разворачивая перед читателем социокультурный контекст игровой зависимости того времени. В частности, мы можем узнать об основном «поведенческом кодексе», связанном с игрой[1].

**Насколько автобиографичен роман «Игрок»?**

Исследователи по-разному подходят к этому произведению и выделяют в нем разные аспекты. Несмотря на небольшую длину и сравнительно бессобытийный «сюжет», роман представляется сложным для интерпретирования. Отчасти дело в намеренной ненадежности рассказчика. И хотя мы знаем, что в тексте содержатся подсказки, которые помогут лучше понять отношение Достоевского к игре, нам непросто выбрать какую-то одну интерпретацию. Питер Рабинович пишет об этом:

> «Игрок» [хотя читать его непросто] — это не столько о сложности чтения. Прежде всего, это книга об игре, о сложных отношениях между мужчинами и женщинами, о деньгах,

---

[1] Этот аргумент рассматривает Кингма в своей блестящей работе об игромании у Достоевского [Kingma 2010].

о судьбе русских в Европе, о «женском вопросе», о том, как унижение и саморазрушение парадоксальным образом ведут к свободе [Rabinowitz 2001: 207].

Какую бы интерпретацию мы ни предпочли, автобиографичность этого романа не вызывает сомнений. Джозеф Фрэнк упоминает письмо Достоевского, написанное приблизительно во время работы над «Игроком», где тот подтверждает биографический характер своей новой книги [Frank 1993: 303]. Рассмотрим факты. В 1863 году Достоевский путешествовал по Европе со своей бывшей любовницей Полиной. Она только что рассталась с другим мужчиной и постоянно то приближала Достоевского к себе, то отталкивала — вероятно, это помогало ей убедиться в собственной привлекательности. На грани отчаяния, Достоевский находил утешение в игре. В этом отношении (и не только в этом) Достоевский и Полина похожи на персонажей романа — Алексея Ивановича и его возлюбленную, тоже Полину, которая тоже доводит его до отчаяния. Вряд ли такое сильное сходство можно считать случайным.

Однако Фрэнк выступает против того, чтобы рассматривать этот роман как едва прикрытое автобиографическое повествование [Frank 1993]. В тексте есть и другие аспекты, которых не могло бы там оказаться, если бы речь шла исключительно об истории из жизни автора с измененными именами. Обратимся к восьми литературоведам, составившим предисловия к различным изданиям «Игрока»: Амойя [Amoia 1993], Андреев [Andreyev 1962], Коулсон [Coulson 1966], Джонс [Jones 1991], Манн [Mann 1945], Мейерс [Meyers 2001], Пивиэр [Pevear 2007] и Василек [Wasiolek 1972]. В целом все сходятся на том, что в книге присутствует выраженная автобиографичность. Следовательно, мы можем использовать этот текст, чтобы лучше понять отношение Достоевского к игре и узнать о его опыте.

Все исследователи соглашаются, что дневник Полины Сусловой и письма Достоевского, написанные во время их европейской поездки, во многом перекликаются с событиями романа (например, [Wasiolek 1972]). С точки зрения Николая Андреева, книгу можно считать практически выдержкой из жизни автора [Andreyev 1962]. Сам Достоевский утверждал, что стремился как можно правдивее изобразить игру в рулетку. Так, он писал Н. Н. Страхову: «А это описание своего рода ада. <...> Хочу и постараюсь сделать картину» [Достоевский 1972–1990, 28, II: 51; Andreyev 1962: IX].

В качестве подтверждения автобиографичности комментаторы часто ссылаются на персонажей книги, в особенности на Полину. Альба Амойя утверждает, что этот персонаж полностью создан по образцу Полины Сусловой [Amoia 1993], и большинство исследователей с этим согласны.

Однако Эдвард Васиолек отчасти возражает против такого подхода [Wasiolek 1972]. По его мнению, было бы ошибкой полагать, что Полина полностью списана со своего прототипа. В то же время было бы неверно думать, что все героини Достоевского со сложным характером срисованы исключительно с Сусловой. Во-первых, говорит Васиолек, женщины такого истеричного типа появлялись в его книгах и до встречи с ней. Во-вторых, по свидетельству современников, Полина Суслова была гораздо менее сложной и умной личностью, чем таинственная Полина из «Игрока». На основе дневника Сусловой и ее короткой повести «Чужая и свой», где она описала отношения с Достоевским, вырисовывается образ недалекой самовлюбленной женщины. Васиолек даже утверждает, что источником вдохновения для создания образа книжной Полины могла послужить Мария — первая жена Достоевского, которая во многом обходилась с ним так же жестоко, как и Суслова. Но все-таки мы не можем утверждать, что Мария стала единственным прототипом этой героини.

Ограничимся следующим утверждением: очевидно, Достоевского привлекал определенный тип женщин с непростым характером, идеальным воплощением которого стала воображаемая Полина.

Что касается прочих персонажей романа, то их принято считать не столько реальными людьми, сколько воплощением философии Достоевского. Например, некоторые из них выражают идеальные качества «русскости». В том, как Алексей описывает других героев, сквозит ксенофобия автора. Алексей с наслаждением перебирает стереотипы о поведении немцев, французов и поляков — стереотипы, в которые верил и сам Достоевский [Meyers 2001]. Другой персонаж, генерал, воплощает мысль Достоевского о том, что русские за границей, будучи оторваны от всего русского, превращаются в перекати-поле [Wasiolek 1972].

Еще одно сходство между книгой и реальностью, на которое чаще всего ссылаются исследователи, — это иррациональное обращение с деньгами, характерное как для Достоевского, так и для его главного героя. Оба постоянно думают о деньгах и изо всех сил стремятся выиграть, но как только деньги оказываются у них в руках, сразу же спешат с ними расстаться. В этом проявляется скрытая тяга Достоевского к бунту против рассудочности [Wasiolek 1972]. И в книге, и в реальной жизни выражением этой тяги становятся две его страсти — игра и Полина. Неудивительно, что больше всего ему нравится играть в рулетку — абсолютно иррациональную игру, где выигрыш зависит от чистой удачи и игрок никак не может на это повлиять. Отношения с Полиной Сусловой тоже были иррациональными: она вызывала у него страсть и тут же отвергала без всякой видимой причины.

Анна Достоевская в дневнике пишет, что очевидная тяга ее мужа к иррациональному нашла свое воплощение в рулетке и в отношениях с Полиной. Эта потребность была настолько сильна, что, даже когда Достоевский начал спокойную жизнь с Анной, порвав и с Полиной, и с рулеткой, время от времени он пытался воссоздать накал драматизма. Однако Анна, спокойная и рассудительная, отказывалась его в этом удовлетворять [Wasiolek 1972].

Алексей Иванович, главный герой романа, тоже бунтует против рассудочности. Он влюблен в свое стремление к Полине — в чувство страдания, отвергнутости и неопределенности. Но как только Полина сама к нему приходит, он тут же обращает все свое внимание на рулетку: он ищет в игре ту иррациональность, которая исчезла из поведения его возлюбленной. Подобные поступки совершал и сам Достоевский: вспомним, как он поспешил в казино в Баден-Бадене, вместо того чтобы отправиться напрямую в Париж, где его ждала реальная Полина.

И все же, несмотря на очевидное сходство, ни один роман не является простым пересказом собственной биографии. Работая над «Игроком», Достоевский обращался не только к своему висбаденскому опыту, но и к воображению. В конце концов, сам он писал, что эта книга должна была стать «наглядным и подробнейшим изображением рулеточной игры» [Достоевский 1972–1990, 28, II: 51]. Работа над романом шла быстро: Достоевский надиктовывал текст своей новой стенографистке Анне Сниткиной и практически ничего не планировал заранее. При этом в тексте есть сложная структура и глубокое понимание игровой зависимости.

**ОПИСАНИЕ РОМАНА**

«Игрок» — это история образованного и легковозбудимого молодого человека по имени Алексей. Он работает учителем в путешествующей по Европе русской семье, которая останавливается в курортном городке Рулетенбурге, очень похожем на Висбаден.

В одном любопытном отрывке из мемуаров Анны мы читаем описание творческого процесса у Достоевского. Она вспоминает, как именно он придумал название своего вымышленного города. Анна только что прошла собеседование на место его стенографистки — в сущности, едва успела познакомиться с Достоевским. Становилось поздно, и она хотела пойти домой, как обещала матери. Но в то же время ей хотелось приступить к новой работе. Она пишет: «...я очень обрадовалась, когда он сам о ней [цели ее визита] вспомнил и предложил мне начать диктовать» [Достоевская 1987: 73].

Далее без какой бы то ни было подготовки Достоевский «принялся ходить по комнате довольно быстрыми шагами, наискось от двери к печке, причем, дойдя до нее, непременно стучал об нее два раза». Наконец он попросил Анну перечитать надиктованное и почти сразу остановил ее. Читая свои записи, Анна произнесла слово «Рулетенбург» — название того города, где находилось вымышленное казино. Достоевский не помнил, чтобы он произносил это слово, и все же оно оказалось записано. Не отдавая себе отчета, он придумал идеальное название. Довольный таким решением, Достоевский продолжил диктовать [Достоевская 1987: 73–74].

Когда Алексей приезжает в Рулетенбург, он ничего не знает об игре. Но вскоре рулетка его завораживает. Прежде всего, он хочет выиграть денег для своей возлюбленной Полины, чтобы спасти ее от участи стать любовницей циничного французского псевдоаристократа.

Вскоре прибывает пожилая родственница его нанимателя, которая сразу же с головой погружается в игру. Она невероятно богата. Сначала она выигрывает 12 тысяч флоринов, а потом проигрывает все подчистую. Раскрывается основная тема романа: изобразить притягательную, потустороннюю природу игровой зависимости. Как мы видим, игра для Достоевского — это страсть. Игрок полностью отдается на милость удачи; поставив на кон все, что у него есть, он выходит за пределы здравого смысла и человеческого расчета. Идеальный игрок в представлении Достоевского не обращает внимания на обстоятельства и всецело доверяется року.

Разумеется, мы не можем утверждать наверняка, что через действия Алексея и других героев автор выражал собственное отношение к игре. И все же у Достоевского и Алексея много общего. Давайте проведем несколько параллелей между писателем и его героем, а также между их манерой игры. Начнем с того, что возлюбленную Алексея зовут Полина — в точности как женщину, в которую был влюблен Достоевский, когда задумывал этот роман.

Кроме того, в «Игроке» прослеживается тот факт, что Достоевский знал и понимал нормы и ценности, которые в России XIX века ассоциировались с игрой. В сущности, в тексте обсуждаются многие аспекты поведенческого кодекса, описанного в предыдущей главе. Например, Достоевский критикует идею, согласно которой игра предназначена для *демонстрации* богатства: он утверждает, что для других людей это способ *получить* деньги.

Еще одна черта, сближающая Достоевского с его героем, — они оба сбегают в игру от реальности. И в романе, и в реальной жизни игрок (будь то автор или персонаж) обращается к игре, чтобы спрятаться от своей повседневной действительности, которая подавляет его волю, словно тюрьма. В то время Достоевский находился под гнетом финансовых обязательств: он должен был обеспечивать семью, выполнить условия контракта с издателем Стелловским и т. д.

Но в волшебном мире казино Достоевский был свободен — его судьба зависела лишь от капризов удачи. Никто не мог диктовать рулетке: ни жена, ни деловые партнеры, ни члены семьи. Поэтому ему казалось, что все решения он принимает сам. В рецензии на книгу Беттины Кнапп «Игровая зависимость, игра и психика» («Gambling, Game and Psyche») [Knapp 2000] Алекс Блащински, известный эксперт в области азартных игр, пишет:

> Несомненно, в образе игрока Достоевский очень точно передает необоримую притягательность риска и связанное с ним изысканное наслаждение. Это ярчайшее описание того, как низменные потребности могут одержать верх над интеллектом и привести к абсолютному моральному уничтожению [Blaszczynski 2000: 1109].

И Достоевский, и Алексей теряют в игре собственное «я»: это особенный вид свободы, которым они наслаждаются. Вот как Алексей описывает свою страсть к игре: «Что я теперь? Zéro. Чем могу быть завтра? Я завтра могу из мертвых воскреснуть и вновь начать жить! Человека могу обрести в себе, пока еще он не пропал!» [Достоевский 1972–1990, 5: 311]. Возможно, Достоевский тоже верил, что в игре он может мгновенно обрести свободу и независимость, — но при этом он понимал, что существует и опасность потерять себя в игре навсегда.

Кроме того, они оба верили, что смогли разгадать тайну рулетки. Как уже говорилось в предыдущей главе, Достоевский полагал, что нашел систему, позволяющую постоянно выигрывать. Требовалось всего лишь контролировать себя, чтобы не скатиться в «погоню за проигрышем», как это называют современные исследователи, — состояние, когда игрок отчаянно (и иррационально) пытается отыграть свои деньги назад.

Вера Достоевского в «систему» перекликается с убеждением Алексея, что он может выиграть, только если играет для себя. Алексей говорит: «Я совершенно убежден, что когда начну играть для себя <…>, то я выиграю» [Достоевский 1972–1990, 5: 311]. Ранее он объясняет: «…для других не могу играть не потому, чтоб не желал, а потому, что наверное проиграю» [Достоевский 1972–1990, 5: 219]. Таким образом, и у Достоевского, и у Алексея имелась сверхъестественная «система», которая, по их убеждению, должна была обеспечить им победу в азартных играх.

И Достоевский, и Алексей нуждались в деньгах. Именно эта потребность толкала их к игре. Алексей хочет выиграть деньги, чтобы впечатлить и защитить Полину — женщину, которую он любит. Игра для него становится разновидностью карьеры, способом заработать. Он прямо спрашивает: «И почему игра хуже какого бы то ни было способа добывания денег, например, хоть торговли?» [Достоевский 1972–1990, 5: 216].

Достоевский тоже считал игру простым и быстрым способом заработать деньги, которые были ему так нужны. Он пишет брату Михаилу: «А мне надо деньги, для меня, для тебя, для жены, для написания романа. <…> Да я ехал с тем, чтоб всех вас спасти и себя из беды выгородить» [Достоевский 1972–1990, 28, II: 45]. Из всех способов получить деньги он обращается именно к игре, поскольку, как говорит Алекс де Йонге, Достоевский «как будто действительно верил, что рулетка может сделать его богатым. В игре он видел решение своих финансовых трудностей» [De Jonge 1975: 81]. Отчаянно нуждаясь в деньгах, и Алексей, и Достоевский делают выбор в пользу игры.

И, наконец, они оба, играющие из-за нехватки денег, противопоставляют себя аристократам, которые приходят в казино, исключительно чтобы похвастаться богатством и статусом, а также заработать себе репутацию уважаемых людей. Алексей — игрок, не заинтересованный в повышении своего социального положения; создавая такого персонажа, Достоевский бросает вызов нормам, господствовавшим в российском обществе XIX века.

В описании того, как Алексей впервые входит в казино, прослеживается стремление обесценить этот аристократический кодекс.

Автор подмечает, что в зале почти отсутствуют приметы роскоши и богатства [Достоевский 1972–1990, 5: 215]. Таким образом, он отказывается рассматривать игру как исключительно аристократический вид деятельности. Казино, в котором разворачивается действие книги, выглядит довольно неприглядным, а собравшиеся там игроки — кто угодно, но не богатые и элегантные аристократы. Кто-то играет нечестно, на кого-то неприятно смотреть, а другие, как и Алексей, явились туда, чтобы выиграть денег. Никто в этом казино не делает огромных ставок, чтобы похвастаться богатством. Итак, Достоевский подвергает сомнению общепринятую точку зрения на азартные игры как на вид досуга для тех, кто настолько богат, что может не беспокоиться о проигрыше.

Эта тема звучит особенно ярко в том знаменитом отрывке, где Алексей разделяет «две игры, одна — джентльменская, а другая, плебейская, корыстная, игра всякой сволочи». Джентльмен играет ради удовольствия, и результат его не интересует. «Сволочь» играет в (тщетной) надежде на выигрыш [Достоевский 1972–1990, 5: 216–217]. Вскоре после этого он описывает два вида игроков и «искренно и добросовестно причисляет себя ко всей этой сволочи» [Достоевский 1972–1990, 5: 218]. Он прямо говорит, что не видит «ничего грязного в желании выиграть поскорее и побольше». Более того, он полагает, что именно это желание отличает его от «джентльменов», которым все равно, выиграют они или проиграют [Достоевский 1972–1990, 5: 216]. Итак, Достоевский проводит черту между теми, кто играет ради выигрыша, — ради денег, которые нужны им, чтобы выжить, — и теми, кто играет ради хорошей репутации.

Несмотря на отчаянную потребность в деньгах, стоит Алексею выиграть — и он спускает эти деньги почти так же быстро, как приобрел их. То же самое делал Достоевский. Кажется, спокойнее всего Алексей ведет себя, пока живет с мадемуазель Бланш, обратившей на него внимание после крупного выигрыша. Его совершенно не беспокоят ее безумные требования, и он не обращает внимания, что она тратит все выигранные им деньги. Когда мадемуазель Бланш спрашивает Алексея, не жалеет ли он, что деньги уходят так быстро, он отвечает: «Ну их, поскорей бы уж!»

[Достоевский 1972–1990, 5: 305]. Как отмечает Василек, Достоевский был категорически неспособен копить деньги [Wasiolek 1972: iv]. Едва выиграв, он торопился их проиграть. Он презирал деньги подобно аристократам, которыми восхищался. Достоевский играл, пока не проигрывал все, что у него было, и тогда, примирившись с собой, уходил из казино.

Эту точку зрения поддерживает и Кэрол Аполлонио: «На протяжении всей своей жизни Достоевский никогда не был в состоянии копить и хранить деньги, даже когда получал солидный доход. Его знакомые пишут, что он почти сразу же был готов отдать любые наличные деньги, попадавшие ему в руки, тем, кто больше нуждался» [Аполлонио 2020: 92].

В потребности как можно быстрее избавиться от денег есть нечто ироническое, учитывая, каких усилий Достоевскому стоило их заработать. Однако это противоречие обретает смысл, если мы рассмотрим, как именно Достоевский относился к деньгам и с чем он их ассоциировал. Рациональное и систематическое накопление денег ассоциировалось у него с цивилизованным миром Запада, а отсутствие материализма, спонтанность и любовь к жизни — с Россией, которую он так любил. Аполлонио пишет: «В мире Достоевского деньги являются символическим обозначением средств, с помощью которых мертвящее рациональное, математическое мировоззрение применяется к живым человеческим отношениям…» [Аполлонио 2020: 85].

### Мировоззрение в романе

Достоевский выступал против «западного» взгляда на мир, сводящегося к рациональному расчету. Это противопоставление проявляется в романе «Игрок», когда Алексей говорит французу де Грие, что стремление приобрести капитал стало главной заботой и главной добродетелью в западной культуре. Русские, напротив, от природы неспособны к накоплению капитала. И чтобы подчеркнуть, что он все же предпочитает русский образ мысли, Алексей утверждает: «Неизвестно еще, что гаже: русское ли безобразие или немецкий способ накопления честным трудом» [Достоевский 1972–1990, 5: 225].

Критик Алекс де Йонге пишет: «Достоевский не может не восхищаться тем отчаянием, с которым русские отбрасывают всякую осмотрительность в погоне за остротой чувств. В этом он видит любовь к жизни и эмоциональность — лучшие качества русского характера» [De Jonge 1975: 168].

Если это действительно так, то некоторые решения Алексея Достоевский рассматривал бы как отречение от русских ценностей — особенно когда тот начал играть систематически, хладнокровно стараясь выиграть как можно больше денег. Алексей отказывается от любви, Полины и спонтанности в пользу денег, рациональности и расчета; иными словами, вместо русских ценностей он выбирает западные. Это перекликается с темой замечательной повести Пушкина «Пиковая дама», где главный герой — наполовину немец, наполовину русский. С одной стороны, он хочет следовать немецкой модели успеха, в основе которой лежат труд и расчет, но другая часть его души — русская часть — готова рискнуть и поставить все на карту.

В «Игроке» эта тема видна особенно ярко в той сцене, где Полина ждет Алексея в гостинице, чтобы признаться ему в любви. Она пришла к нему в комнату одна, и он понимает, что для нее это большой риск. Однако вместо того, чтобы принять ее, он отправляется в казино — а когда возвращается, предлагает ей деньги в обмен на любовь. Что это значит? Аполлонио пишет об этой сцене:

> Отвернувшись от любви и погрузившись в мир игры, Алексей отвергает то, что для Достоевского является исконно русскими ценностями: любовь, общинность и духовность. Его домом теперь становится отель — переходное пространство, максимально удаленное от русской почвы [Аполлонио 2020: 105].

Таким образом, Полина в романе символизирует традиционные русские ценности — любовь и спонтанность. Игра в казино, напротив, символизирует ценности западные, такие как деньги, рациональность и логика. Отправляясь в западный мир казино, Алексей отказывается от принципов русскости.

Однако затем в его манере игры проявляются качества русского характера — спонтанность и иррациональность. Алексей утверждает, что играет ради денег, чтобы произвести впечатление на Полину, но при этом быстро забывает о своей любви. Он признается:

> Не помню, вздумал ли я в это время хоть раз о Полине. <...> ...я уже едва вспомнил о том, что она мне давеча говорила, и зачем я пошел, и все те недавние ощущения, бывшие всего полтора часа назад, казались мне уж теперь чем-то давно прошедшим, исправленным, устаревшим [Достоевский 1972–1990, 5: 294–295].

Алексей даже не помнит, что именно заставило его пойти в казино. Едва он начинает выигрывать, любовь к Полине отступает перед лицом страсти к игре. Перебирая деньги, которые он выиграл якобы для нее, Алексей признается себе: «Огромная груда билетов и свертков золота заняла весь стол, я не мог уж отвести от нее моих глаз; минутами я совсем забывал о Полине» [Достоевский 1972–1990, 5: 295–296]. И когда Полина наконец уходит, ему как будто совершенно не хочется понять, что именно ее оттолкнуло, или вернуть ее назад. Возможно, он отправился в казино из любви к ней, но его страсть к игре быстро перерастает то чувство, которое он испытывал к Полине.

Розеншильд утверждает, что «Игрока» лучше всего рассматривать как ответ на классическую повесть Пушкина «Пиковая дама». Достоевский предлагает собственную трактовку того, как любовь соотносится со страстью к игре. В следующем отрывке Розеншильд возражает против тех интерпретаций, которые мы приводили выше:

> Героя пожирает любовь к женщине или страсть к игре — или некая комбинация этих сил. Я склоняюсь к тому, что это любовь. Однако автор, намеренно или нет, вводит в роман еще больше неоднозначности, что влияет на истолкование концовки. Алексей рассуждает о русском национальном характере, и это как будто подтверждает идею о том, что

русский человек — это архетипический игрок, который обречен, стоит лишь ему заразиться страстью к игре. Взаимосвязь русскости с игроманией стала общим местом в работах, посвященных этому роману. Но Алексей сам признается, что иногда сгущает краски, чтобы ярче показать свою точку зрения — или просто шокировать слушателей [Rosenshield 2011: 225].

### АЛЬТЕРНАТИВНЫЕ ТОЛКОВАНИЯ

С точки зрения Розеншильда, «Игрок» — это, прежде всего, история обреченной любви, а такие темы, как национальный характер и игра, занимают в книге второстепенное место. С этой точки зрения роман можно считать либо итогом неудачных отношений с «реальной Полиной», либо отсылкой к повести Пушкина, но не глубоким исследованием природы игромании. Как утверждает Розеншильд, Достоевский превращает азартную игру в объект страсти, выражая таким образом отчаяние от неудачи в любви — или даже в жизни [Rosenshield 2011: 226].

Алексей теряет интерес не только к любви и к Полине, но и к деньгам: он не сопротивляется, когда мадемуазель Бланш тратит его деньги направо и налево. К этому моменту он играет не ради выигрыша и не для того, чтобы впечатлить Полину. У него уже выработалась полноценная игровая зависимость, когда в игре важен сам процесс. Алексея больше не интересуют любовь, общественное положение или даже деньги. Он теряет все былые привязанности и все планы на будущее.

Его полностью поглощает тяга к игре. Такого взгляда на игровую зависимость придерживались Фрейд и Анна Достоевская. Итак, Алексею больше не нужна рациональная причина: он наслаждается иррациональностью игры, где все зависит от удачи. Таким образом, Достоевский выражает свое убеждение в том, что человек испытывает глубокую потребность сражаться против доводов рассудка и выходить за пределы дозволенного. И хотя подобные действия могут быть опасны, в них выражается достойное желание обрести независимость от собственной судьбы [Wasiolek 1972: xv].

Как утверждает критик Эдвард Васиолек, Алексея завораживает, что в игре все зависит от воли случая [Wasiolek 1972]. Ему не хочется пробиться в высшее общество или защитить свою честь. Игра обретает самостоятельную ценность, становится единственным источником наслаждения в пустом и бессмысленном мире. Сначала Алексей играет, чтобы изменить свою судьбу или взять ее под контроль, но под конец он наслаждается ее иррациональностью. Игра становится воплощением случайности и полностью вырывается из-под человеческого контроля. Где еще можно выказать столько храбрости и уверенности в себе или обрести такую свободу!

Однако концовку можно трактовать иначе. Роберт Джексон в своей книге «Искусство Достоевского: безумие и ночные кошмары» («The Art of Dostoevsky: Deliriums and Nocturnes») утверждает, что «сама игра становится сознательным или бессознательным утверждением бессмысленности вселенной и любого человеческого решения» [Jackson 1981: 210]. У. Дж. Лезербарроу придерживается того же мнения, но описывает свою позицию более красочно:

> В его великих романах периода зрелости знаки [демонического начала] играют значительную структурную роль, а также помогают определить тот идеологический ландшафт, в котором развивается сюжет. В частности, их задача — проявить и выставить в наиболее неприглядном свете мотивы интеллектуального отчуждения, духовного бунта и потери веры в русского Христа [Leatherbarrow 2005: 599].

При таком прочтении можно предположить, что казино — или даже весь вымышленный Рулетенбург — служит демоническим воплощением отчуждения, бунта и даже потери веры у самого Достоевского. Несколько десятилетий спустя норвежский художник Эдвард Мунк в коротком письме (1891) описал казино, в котором он побывал, как «заколдованный замок, где дьявол устраивает празднество, — азартный ад Монако»[2].

---

[2] Цит. по: [Stang 1977: 86].

Позднее в романе Алексей хочет переломить судьбу: он надеется, что Полина увидит, что он «выше всех этих нелепых толчков судьбы» [Достоевский 1972–1990, 5: 312]. Он объясняет, что не мог уйти из казино, потому что у него «родилось какое-то странное ощущение, какой-то вызов судьбе, какое-то желание дать ей щелчок, выставить ей язык» [Достоевский 1972–1990, 5: 224]. Однако к концу романа Алексей уже не считает, что игра — это способ бросить вызов судьбе. Вместо этого он принимает иррациональную природу судьбы, которая и придает игре ее случайный, непредсказуемый характер [Там же].

В конце книги Алексей осознает, что потребность человека понимать, контролировать и предсказывать судьбу сама по себе иррациональна. Единственный способ играть — это признать иррациональную и случайную природу игры. Достоевский утверждает, что попытка высчитать и предсказать удачу смешна и парадоксальна; тем самым он бросает вызов популярному мнению, что любители коммерческих игр обладают каким-то особым мастерством. Если игра требует мастерства, то это не игра. Когда победа зависит от удачи, мастерство не поможет.

**РОМАН КАК КАРНАВАЛ**

Поскольку в «Игроке» отрицается множество социальных условностей, норм и популярных убеждений, некоторые исследователи видят в нем карнавальную природу. Карнавальная литература обращается к юмору и хаосу, разрушая иерархические социальные отношения. Малькольм Джонс, автор предисловия к «Игроку» (издание 2008 года), пишет:

> Средневековый карнавал <...> предоставлял узаконенную возможность временно перевернуть все нормальные иерархические отношения в обществе. Короли становились нищими, а нищие королями, на мезальянсы смотрели сквозь пальцы, и можно было безнаказанно нарушать правила благопристойности — при условии что после завершения карнавала все возвратится на свои места. Бахтин рассматривает «Игрока» как ярчайший пример карнавализации

в мире Достоевского, потому что за рулеточным столом все социальные отношения меняются, хоть и временно [Jones 2008: xviii].

Карнавальная природа игры в романе проявляется в том, что один из персонажей (Алексей) становится богат, а другой (бабушка) теряет все деньги. Кроме того, карнавальный характер прослеживается в отношениях Алексея с мадемуазель Бланш. Она не обращает на него внимания, пока он не выигрывает целое состояние. Алексей охотно — можно сказать, безучастно — принимает такое положение вещей. Таким образом, герои Достоевского свободно перемещаются между социальными классами в зависимости от капризов удачи. Случай снова и снова вмешивается в социальное устройство, что и делает «Игрока» карнавальным романом.

В других романах Достоевского тоже прослеживается его отношение к игре. Например, в «Записках из Мертвого дома», где автор рассказывает о собственном опыте пребывания в тюрьме, накопление денег становится формой выражения свободы. Достоевский описывает, с каким трудом каторжникам удавалось скопить крошечные суммы — которые они потом зачастую в пьяном угаре проигрывали в карты. Они копили деньги не из любви к деньгам как таковым, а ради того короткого момента свободы, который можно купить на эти деньги. Возможность потратить их так, как хочется, была глотком свободы внутри удушающей и подавляющей системы [Lantz 2004: 146].

Верил ли сам Достоевский, что деньги могут подарить чувство свободы? Или для него все финансовые аспекты были лишь грузом, проявлением низменной стороны бытия? Будучи в каком-то смысле узником издателя Стелловского и своих нахлебников, Достоевский, скорее всего, чувствовал, что крупный выигрыш позволил бы ему освободиться от финансовых обязательств.

Между писателем и его героем существуют определенные — возможно, глубокие — различия. Но в конечном итоге игра для них означает свободу, порожденную магией случайности. Именно поэтому они снова и снова возвращаются в казино, несмотря на неизбежные и болезненные проигрыши. С точки зрения исследователя игромании, эти двое настойчиво искали возможность проиграть. Но Достоевский и Алексей, вероятно, сказали бы, что они, подобно другим русским, преследовали небывалую мечту — свободу.

С другой стороны, можно сказать, что игра в романе становится противоположностью свободы: она порабощает игрока, уничтожая само представление о прогрессе и развитии. Такую точку зрения активно отстаивает Джефф Лав:

> Отрицание темпоральности как линейного осмысленного движения становится подходящей нарративной эмблемой для того особого мира, в котором живут обитатели Рулетенбурга, — мира, где начало и конец то и дело меняются местами и параметры структурности понемногу растворяются. Отсюда принятие неизбежной скуки, постоянной невозможности разрешить конфликт, что одновременно и ограничивает, и освобождает [Love 2004: 361].

Как пишут Мартин, Садло и Стью, Достоевский, как и многие писатели-классики XIX века, очень интересовался темой скуки [Martin et al. 2006]. Лав ставит знак равенства между скукой, стазисом и невозможностью разрешить конфликт: герой оказался в ловушке, попал во вселенную, которую он не контролирует [Love 2004]. Возможно, именно это составляет тему «Игрока».

Короче говоря, этот небольшой и обманчиво простой роман оставляет пространство для множества интерпретаций и множества теорий относительно мотивов, стоящих за игровой зависимостью. Следовательно, мы не можем расценивать его как однозначное объяснение игромании и потому должны рассмотреть ряд научных (и гуманистических) теорий.

# Глава 4
# Традиционные подходы к проблеме игромании у Достоевского

Как различные исследователи объясняли тягу Достоевского к игре? Переместимся на пятьдесят лет вперед — в эпоху, когда началось изучение навязчивых желаний и зависимостей, в том числе и игровой зависимости. Поведение Достоевского нельзя объяснить наследственностью, поскольку (предположительно) ни один из его родителей не страдал игроманией. С другой стороны, как уже было сказано, его отец злоупотреблял алкоголем. Можно предположить, что Достоевский унаследовал склонность к формированию зависимости, пусть и не алкогольной. Но вопрос по-прежнему требует ответа: почему именно игра, а не алкоголь?

Итак, давайте рассмотрим несколько альтернативных ответов на этот вопрос. Мы сосредоточимся только на тех ученых (а именно исследователях и терапевтах), которые говорили конкретно о Достоевском.

Первый подход основан на психологической интерпретации, предложенной отцом психоанализа Зигмундом Фрейдом. Как мы увидим, большинство последующих ученых были знакомы с идеями Фрейда и использовали их как отправной пункт для собственных теорий.

## Психологическое объяснение Фрейда

Фрейд излагает свою теорию игровой зависимости — в том числе на примере Достоевского — в эссе «Достоевский и отцеубийство», опубликованном в 1928 году. Как обычно, его мысль двигалась в нескольких направлениях, и Достоевский был всего лишь одним из них. В заглавии эссе заявлена и другая тема: отцеубийство. Фрейд пишет[1]:

> Вряд ли случайно, что три шедевра мировой литературы разрабатывают одну и ту же тему — тему отцеубийства: «Царь Эдип» Софокла, «Гамлет» Шекспира и «Братья Карамазовы» Достоевского. Во всех трех обнажается и мотив действия — сексуальное соперничество из-за женщины [Фрейд 1995: 291].

В этом эссе Фрейд называет Достоевского художником, равным Шекспиру, и в то же время — несчастным невротиком, страдающим от игромании [Фрейд 1995: 285–291]. Он утверждает, что и эпилепсия, и игровая зависимость были для Достоевского

---

[1] Для полноты картины следует отметить, что существуют и другие подходы к прочтению «Братьев Карамазовых». Так, Мэдиган рассматривает эту книгу как притчу об отношениях между Люцифером и Богом — или, возможно, человеком и Богом, — и эта тема также была интересна Достоевскому. Мэдиган пишет: «Достоевский явно убежден, что отец [в "Братьях Карамазовых"] подталкивает сыновей к этому поступку и в каком-то смысле они делают это вместе. Подобно Люциферу, они стремились уничтожить отца, не соответствующего своему положению. Только Алеша благодаря религии защищен от мыслей об убийстве. Он единственный избегает этого яда. Остальные, хоть отец перед ними и согрешил, так или иначе несут в себе унаследованное зло, вредя всем, кто приближается, в том числе и друг другу. Едва Смердяков совершает свою месть, он, не раздумывая, кончает с собой» [Madigan 2011: 749]. Итак, мы не обязаны видеть в этом акте отцеубийства мотивы сексуальной зависти. Однако именно такова была интерпретация Фрейда. К моменту публикации его эссе в 1928 году теории Фрейда (в том числе и теория детской сексуальности) были хорошо известны в Европе и Северной Америке, а сам ученый пользовался прекрасной репутацией. В этом эссе, как и во многих других, он стремился развить свои исходные теории, выстроенные на основе изучения клинических случаев, и для этого обращался к биографиям крупных деятелей культуры, религиозным и культурным проблемам и в целом к «цивилизации».

способами наказать себя и тем самым заглушить чувство вины. В начале эссе Фрейд заявляет, что не считает Достоевского настоящим эпилептиком. С его точки зрения, Достоевский испытывал желание убить своего отца (отсюда «отцеубийство» в заглавии эссе) и «наказывал» себя за это судорожными припадками. Кроме того, с точки зрения Фрейда, эти припадки были наказанием за проигрыши в рулетку. Достоевский играл не ради выигрыша — иначе приходится признать, что он раз за разом терпел сокрушительное поражение. На самом деле, утверждает Фрейд, он хотел проиграть — и в этом добивался успеха. После проигрыша он наказывал себя и сразу же переставал чувствовать вину за то, что хотел убить отца.

Расставим точки над «i»: мы предполагаем, что у Достоевского была настоящая эпилепсия, которая с возрастом становилась все более выраженной, причем его заболевание отчасти объясняет страсть к игре. Вероятно, за рулеточным столом Достоевский надеялся забыть о своих проблемах, в том числе и связанных со здоровьем. Он верил, что может хотя бы ненадолго сбежать от тягот, полностью отдавшись игре. Далее, мы полагаем, что Достоевский никогда не испытывал желания проиграть все деньги или «наказать» себя за проигрыш. К игре его подталкивали другие факторы — в том числе желание легко и быстро выиграть денег, чтобы рассчитаться с долгами. Возможно, он полагал, что разработал идеальную систему для выигрыша.

Однако Фрейд считал, что почти за каждой формой человеческого поведения — в том числе ошибкой, случайностью, оговоркой и т. д. — стоят сознательные или бессознательные мотивы. С его точки зрения, ни один человеческий поступок не является полностью случайным.

Следовательно, по Фрейду, даже самые мучительные страхи и неврозы — это результат «выбора», обусловленного некоей экзистенциальной целью. Они заставляют человека действовать или бездействовать, служат наградой или наказанием, заставляют заново пережить ситуацию стыда или стирают травмирующие воспоминанияи т. д. Итак, с его точки зрения, у игромании была цель — проиграть деньги и почувствовать боль, а не выиграть и избежать боли. Поэтому терапевт, практикующий фрейдистскую теорию, задал бы вопрос: почему игроман хочет страдать? Что скрывается в его прошлом? Чаще всего ответ ищут в глубинах младенчества и детства.

Фрейд начинает свое эссе с описания ключевых составляющих личности Достоевского, в числе которых он выделяет «невротический» аспект. По мнению Фрейда, этот аспект проявлялся у Достоевского в виде судорог. Сам Достоевский считал свои припадки симптомами эпилепсии, однако Фрейд видит в них проявление невроза или истерии. С его точки зрения, когда у Достоевского случалось то, что сам писатель считал эпилептическим припадком, на самом деле он пытался избавиться от невротического возбуждения, с которым не справлялся его организм. Итак, судороги были всего лишь симптомом истерии — своеобразным клапаном для сброса давления, вызванного неосознанной психической проблемой.

Далее Фрейд объясняет, почему со временем судороги становились все тяжелее. Первые несколько приступов, которые Достоевский пережил в юности, были вызваны «страхом смерти» [Фрейд 1995: 288]. Тогда у него еще не было судорог: он всего лишь испытывал сонливость, апатию и меланхолию. Эти чувства сопровождались летаргическим сном, «совершенно сходным с настоящей смертью» [Фрейд 1995: 288]. Фрейд утверждает, что эти ранние припадки символизировали смерть: таким образом Достоевский выражал желание умереть. С точки зрения Фрейда, подобный припадок означает отождествление с кем-то, кто уже умер, или с кем-то, кто жив, но кому пациент желает смерти.

Здесь впервые появляется мотив эдиповской ненависти, которую Достоевский предположительно испытывал к своему отцу. Эта концепция основана на знаменитой теории о детской сексуальности, которую Фрейд впервые сформулировал в 1897 году. В Европе рубежа веков она подвергалась всеобщей критике, поскольку отрицала идею детской невинности. В отличие от Фрейда, большинство европейцев XIX века считали, что дети обладают моральной и духовной чистотой и свободны от любых дурных помыслов, а уж тем более — дурных действий. Однако Фрейд не разделял подобных иллюзий; с его точки зрения, ни одно человеческое существо не свободно от дурных помыслов. Задача психоанализа и состояла в том, чтобы обнаружить эти помыслы и вытащить их на поверхность. Это естественное состояние человека — нечто вроде первородного греха, от которого можно избавиться, исповедуясь психоаналитику.

Проще говоря, Фрейд в рамках теории детской сексуальности утверждает, что каждый мальчик с раннего детства испытывает сексуальные желания и мечтает о смерти отца, чтобы занять его место в качестве любовника матери. В силу семейных отношений мальчик идентифицируется с «фигурой отца». Таким образом, он хочет занять место отца, потому что тот «вызывает восхищение; хотелось бы быть таким, как он» [Фрейд 1995: 288]. Итак, в силу этих двух причин мальчик хочет, чтобы отец умер. Но если отец что-то заподозрит, то в качестве наказания завистливого сына ожидает кастрация. Страх кастрации служит сдерживающим началом.

Таким образом, мальчик хочет защитить свою пробуждающуюся маскулинность и для этого подавляет в себе желание убить отца и стать любовником матери, вытесняя сексуальное желание в глубину, в область бессознательного. Там оно продолжает незримо воздействовать на его психику.

Всякий раз, когда желание выходит на поверхность, вместе с ним возникает чувство зависти и ненависти, а заодно — вина и стыд. Поэтому, утверждает Фрейд, вина становится неотъемлемой частью взросления в семье — и, более того, неотъемлемой частью социальной жизни и самой цивилизации. Цивилизация немыслима без семьи, без подавленных желаний и вины, поэтому все общественные отношения несут отпечаток этих чувств. В свою очередь, подавленные желания и чувство вины становятся источником неврозов, фантазий и сублимации, которая в своей высшей форме способствует созданию великих произведений искусства. Такая трансформация либидо — от подавленного желания до шедевра — означает, что при создании своей теории Фрейд во многом ориентировался на людей искусства, таких как Достоевский.

Повторимся: по Фрейду, Достоевский чувствовал вину за то, что хотел убить своего отца. С этой точки зрения эпилептические припадки, похожие на смерть, были способом наказать себя. Возможно, Фрейд пришел к этой идее, прочитав реплику Мармеладова в «Преступлении и наказании»: «Для того и пью, что в питии сем сострадания и чувства ищу. <...> Пью, ибо сугубо страдать хочу!» [Достоевский 1972–1990, 6: 15]. Возможно, Достоевский, подобно некоторым его героям, тоже испытывал чувство вины и потребность в страдании.

Кроме того, Фрейд утверждает, что Достоевский был бисексуален. По его мнению, латентная гомосексуальность у Достоевского проявлялась «в роли мужской дружбы в его жизни, в его до странности сердечном отношении к соперникам в любви и в его отличном — как показывают многочисленные примеры из его повестей — понимании ситуаций, объяснимых лишь вытесненной гомосексуальностью» [Фрейд 1995: 288].

Можно предположить, что идея о латентной гомосексуальности вытекает у Фрейда из мысли об истерической природе судорог Достоевского и их связи с чувством вины. Европейские врачи того времени считали истерию исключительно женским заболеванием. Поэтому прослеживается логическая связь: эпилептические припадки вызваны истерией; истерия — это женская болезнь; значит, в характере Достоевского есть нечто женское; отсюда следует, что он бисексуален.

В качестве доказательства, что Достоевский действительно хотел убить отца, Фрейд приводит роман «Братья Карамазовы». Описывая убийство Федора Карамазова, Достоевский воплощает мечту о смерти своего собственного отца. Фрейд утверждает, что таким образом Достоевский нашел способ раскрыть свою подсознательную тягу к отцеубийству в социально приемлемой форме. Поэтому, с точки зрения Фрейда, «Братья Карамазовы» — это признание автора в том, что он действительно испытывал вину за желание убить своего отца.

Согласно теории Фрейда, самоидентификация с отцом, а также желание убить отца и занять его место в постели матери постепенно превращаются в Сверх-Я и занимают устойчивое место в психике ребенка. Поскольку отец Достоевского был «суров, властен, жесток», то именно эти черты закрепляются в Сверх-Я писателя [Фрейд 1995: 289]. Подсознательно он считает их достоинствами. Чтобы уравновесить это «садистское» Сверх-Я, его Я — область холодного рассудка — становится пассивным и женственным. Итак, в подсознании Достоевского постоянно велась война между предположительно садистским маскулинным Сверх-Я и мазохистским феминным Я. Этот постоянный конфликт, утверждает Фрейд, был источником психического возбуждения и стресса.

С точки зрения Фрейда, глубинной причиной истерических (эпилептических) судорог у Достоевского является его самоидентификация с отцом. Отсюда чувство вины за то, что он желал отцу смерти. Под воздействием этих факторов Я Достоевского приобретает пассивные и мазохистские черты, а Сверх-Я принимает функцию наказания. Со временем припадки постепенно становились все хуже и все больше напоминали настоящие эпилептические приступы. Как видно из источников, невроз Достоевского достиг «эпилептической» формы, только когда ему исполнилось восемнадцать и он узнал об убийстве отца [Фрейд 1995: 287][2]. Эта ужасающая новость вызвала необычайно сильный припадок.

Фрейд утверждает, что Достоевский продолжал бессознательно ненавидеть отца и желать ему смерти, хотя на протяжении всего детства подавлял в себе эти чувства. Следовательно, когда отец действительно умер, сын по-прежнему отождествлял себя с ним — или мечтал занять его место. Его припадок, похожий на смерть, стал отражением реальной смерти отца.

Кроме того, Фрейд полагает, что во время подобных припадков пациент ощущает «миг высшего блаженства» [Фрейд 1995: 290].

---

[2] В [Frank 1979] Фрэнк приводит новые данные об убийстве М. А. Достоевского. Как выяснилось, версия убийства была, вероятнее всего, не более чем сплетней, которую запустил сосед Достоевских в надежде отобрать себе их земли, если живших там крестьян сошлют в Сибирь за убийство помещика. Однако, вне зависимости от того, что на самом деле случилось с Михаилом Андреевичем, Федору сообщили, что его отец был убит, и это оказалось для него большим ударом.

Возможно, известие о долгожданной смерти отца приносит радость, пускай и бессознательную. Однако за мгновением удовольствия следует еще более жестокое наказание: мало того, что ты пожелал отцу смерти, ты еще и обрадовался ей.

Если бы эта теория была верна, то во время ссылки и тюремного заключения приступы должны были бы стать менее мучительными: Достоевскому больше не требовалось наказывать себя, поскольку его наказывали другие. Однако нам известно, что на каторге ему не стало легче. Напротив, Достоевский писал, что в Сибири припадки стали еще хуже. Но Фрейд не принимает его свидетельство всерьез: «К сожалению, есть основания не доверять автобиографическим высказываниям невротиков. Опыт показывает, что их воспоминания подвержены фальсификациям…» [Фрейд 1995: 288].

Есть несколько причин, почему мы так подробно описываем отношение Фрейда к эпилептическим припадкам у Достоевского. Во-первых, это хорошо иллюстрирует общий стиль фрейдистского нарратива. Во-вторых, становится очевидно, как Фрейд игнорирует факты, которые не вписываются в его теорию, и выставляет их чем-то скорее предположительным, нежели окончательным. В-третьих, здесь прослеживается важная связь между эпилепсией и игровой зависимостью: с точки зрения Фрейда, и то и другое суть проявления чувства вины и желания быть наказанным. Фрейд полагал ошибочным мнение Достоевского относительно природы его судорог (связь с эпилепсией) — и точно так же считал, что попытки Достоевского объяснить свое игровое поведение были всего лишь отговорками и «оправданиями» [Фрейд 1995: 292].

Точку зрения Фрейда разделяли некоторые выдающиеся читатели «Игрока». Так, великий немецкий писатель Томас Манн, автор предисловия к изданию 1945 года, предлагает абсолютно фрейдистское прочтение этого романа. Интерпретируя игровую зависимость Алексея, он обращается к той же амбивалентности, которую Фрейд обнаруживает в эпилепсии Достоевского. Манн считает, что в основе произведений Достоевского лежат болезнь и страдание, что объединяет его с Ницше [Mann 1945].

Это сходство выглядит обоснованным: идеи Достоевского сильно повлияли на Ницше, который называл русского писателя своим «великим учителем». Достоевский, как мы уже видели, действительно придавал болезни большое значение и описывал свою эпилепсию как нечто практически сакральное — источник невероятного удовольствия, за которым следует сокрушительное чувство вины. Вероятно, Достоевский испытывал подобное ощущение «сакральности» во время игры: предчувствие выигрыша, отчаяние от проигрыша [Mann 1945].

Фрейд не верил, что Достоевский играл, чтобы выиграть деньги, вернуться в Россию и расплатиться по долгам. С его точки зрения, игра была наказанием за желание смерти отцу. Мы знаем, что Достоевский не уходил из казино, пока не проигрывался подчистую. По утверждению Фрейда, угроза нищеты, нависшая над его семьей, даже доставляла ему удовольствие, поскольку усугубляла чувство вины. Вина за те неприятности, которым он подвергал своих близких, тоже была частью желанного наказания. Пока его сознание было занято собственным недостойным поведением, бессознательное могло отдохнуть от гнета тяжелых воспоминаний.

Другой формой наказания было самоуничижение перед женой. Подобно другим игроманам, он постоянно ругал себя за безответственность и опрометчивость, приведшие к очередному огромному проигрышу. Таким образом ему удавалось «разгрузить» свое подсознание и на время освободиться от изнуряющего чувства вины, связанного с неразрешенным эдиповым комплексом. Однако, как полагает Фрейд, после краткого облегчения он снова испытывал необходимость наказать себя — и снова возвращался к игре.

В поиске аргументов для своей теории Фрейд обращается к воспоминаниям Анны Достоевской. Например, она отмечает, что после крупных проигрышей ее мужу было легче писать. Возможно, Достоевский старался как можно скорее получить гонорар и выплатить долги. Однако, с точки зрения Фрейда, это подтверждает, что проигрыш помогал Достоевскому избавиться от чувства вины. Но рано или поздно это чувство возвращалось, и Достоевский вновь отправлялся в казино, надеясь с помощью страдания избавиться от этого груза.

Но почему из всех путей, ведущих к страданию, Достоевский выбрал именно азартные игры? Отвечая на этот вопрос, Фрейд вновь возвращается к теме детской сексуальности и подавления сексуальных желаний. Он утверждает, что тяга к игре «эквивалентна старой тяге к онанизму» [Фрейд 1995: 293]. Иными словами, тяга к азартной игре у взрослого — это отражение тяги к мастурбации у подростка.

По словам Фрейда, у игры и мастурбации много общего. Оба вида деятельности связаны с возбуждением и наслаждением; в обоих случаях важную роль играют руки. Фрейд пишет, что «акцент на страстной деятельности рук» у игрока, играющего в карты, напоминает о движениях во время мастурбации. Кроме того, слово «игра» является эвфемизмом для мастурбации, поскольку «никаким другим словом <...> нельзя назвать манипуляции с гениталиями в детской» [Фрейд 1995: 292].

Итак, Фрейд объясняет игровую зависимость не только желанием наказать себя, но и стремлением к самоудовлетворению посредством мастурбации, вне «взрослого» контроля. По этой логике, невроз и игромания у взрослого Достоевского стали результатами желания мастурбировать, подавленного отцом, которого он ненавидел. Игромания Достоевского, утверждает Фрейд, становится абсолютно понятной, если мы примем за факт, что стремление к игре у взрослого человека — это выражение подростковой тяги к автоэротическому удовлетворению.

Однако всемогущий и ненавистный отец всякий раз пресекает акт мастурбации — как раньше пресекал детское желание обладать матерью. Фрейд пишет об этом: «...связь между попытками его [стремление к мастурбации] подавить и страхом перед отцом слишком хорошо известна, чтобы требовалось что-либо, кроме короткого упоминания» [Фрейд 1995: 294]. Мальчик боится, что если он будет мастурбировать, то отец его кастрирует, поэтому старается подавлять эту тягу — что, в свою очередь, укрепляет желание убить отца. Отсюда Фрейд делает вывод, что судорожные припадки могут быть формой наказания не только за мечту о смерти отца, но и за подавленное желание мастурбировать.

### НЕДОСТАТКИ ТЕОРИИ ФРЕЙДА

Очевидно, что в теории Фрейда есть слабые места. Во-первых, он сводит к стереотипам любой конфликт между отцом и сыном и любую форму сублимации. Однако, как утверждает психоаналитик Луи Брегер в своей книге «Достоевский: автор как психоаналитик» («Dostoevsky: The Author as Psychoanalyst») [Breger 1989], произведения Достоевского — это нечто большее, нежели простая сублимация эдипова комплекса. Воображение писателя превращает болезненные события реального мира в литературные шедевры мирового уровня. Кроме того, у него были и другие, не такие шаблонные причины испытывать гнев. Брегер перечисляет, почему этот конкретный сын мог злиться на этого конкретного отца, не уходя в стереотипную эдиповскую драму.

Кроме того, Брегер полагает, что Достоевский, как и он сам, обладал замечательными навыками психоанализа. Отсюда название книги. Не следует искажать или недооценивать идеи Достоевского, приписывая ему эдиповский гнев, — ведь мы же не поступаем так с идеями самого Фрейда.

Во-вторых, теория Фрейда никоим образом не объясняет, почему в произведениях Достоевского отсутствует мотив соперничества между братьями. Если Достоевский действительно страдал от эдипова комплекса, то он должен был считать своих сиблингов соперниками. По Фрейду, отношения между сиблингами — в особенности между братьями — основаны на соперничестве и вражде. Однако, как напоминает критик Анна Берман, в произведениях Достоевского прослеживается другая динамика:

> Если вертикальные отношения между отцами и сыновьями терпят крах, то латеральные, неиерархические связи между сиблингами предлагают альтернативную модель любви, поддержки и понимания. Критики часто уделяют слишком много внимания иерархическим отношениям и упускают из виду второй, горизонтальный уровень в произведениях

Достоевского. Однако братья постоянно упоминаются в романе, начиная от заглавия и заканчивая последними строками. Отношения с сиблингами компенсируют неудачу в отношениях с отцами [Berman 2009: 263].

В-третьих, нам представляется сомнительным, что люди играют ради проигрыша — или, если сформулировать более широко, что люди испытывают удовлетворение и тем паче удовольствие, наказывая себя. С точки зрения Фрейда, Достоевский *хотел* страдать и ради этого *сам решил* стать игроманом и проигрывать крупные суммы денег. Это противоречит современному представлению об аддикции, согласно которому Достоевский в течение определенного времени не мог себя контролировать. Его поведение определялось его зависимостью, которую он осознавал лишь частично.

В-четвертых, Достоевский — далеко не единственный европейский писатель, обращавшийся к теме патрицида, однако было бы весьма неразумно предположить, что в основе всей этой литературной традиции лежит подавленная детская сексуальность. Литература подчиняется собственной логике — логике искусства. Поэтому «Братья Карамазовы» — это всего лишь одно звено в той традиции, которая началась за две тысячи лет до Достоевского с создания греческой трагедии «Царь Эдип». Со времен древнегреческого театра отцеубийство было одним из самых распространенных литературных тропов. Как отмечает Лакурсьер, фантазии о патрициде по-прежнему то и дело возникают в литературе, психотерапии и расследованиях реальных преступлений [Lacoursiere 2003]. Поэтому Фрейд, несомненно, был в чем-то прав, когда сосредоточил свой недюжинный ум на этой проблеме. Однако мы задаемся вопросом, к верным ли заключениям он пришел.

В-пятых, некоторые выкладки Фрейда можно проверить инструментами современной науки, и выясняется, что его теория неверна. В частности, современные эксперты не разделяют его точку зрения на причины эпилепсии у Достоевского. Этот вопрос рассмотрели три швейцарских невропатолога в статье «Страдал ли Федор Михайлович Достоевский от мезиальной височной эпилепсии?» («Did Fyodor Mikhailovich Dostoevsky suffer from mesial temporal lobe epilepsy?»). Они пришли к следующему выводу: «Вопрос о точной классификации эпилепсии у Достоевского остается открытым. Однако мы убеждены, что многие признаки указывают на наличие у этого знаменитого писателя мезиальной височной эпилепсии» [Baumann et al. 2005: 330]. Дело в том, что и в книгах, и в письмах Достоевский правдоподобно описывает симптомы, характерные именно для этой формы эпилепсии.

К похожему выводу приходит и американский невропатолог Джон Р. Хьюз:

> Последние данные о рисках, связанных с наследованием эпилепсии от отца, подтверждают, что эпилепсия у Достоевского, скорее всего, носила наследственный характер. Вероятно, у него была идиопатическая генерализованная эпилепсия с небольшим затрагиванием височной доли. Прослеживается взаимосвязь между эпилепсией и тяжелой игровой зависимостью. Наконец, Ф. М. Достоевский служит классическим примером «височной личности» [Hughes 2005: 531].

Результаты этих исследований ставят под сомнение точку зрения Фрейда о том, что эпилепсия Достоевского не имела органической природы и была вызвана исключительно чувством вины. Более того, они заставляют усомниться в том, что эпилепсия была для него наказанием. Совсем наоборот: возможно, болезнь повышала творческую производительность писателя.

Исходя из данных, полученных методом функциональной визуализации, фармацевтических исследований и анализа патологических изменений, невропатолог Элис Флаэрти делает следующие выводы:

> Изменения в височной доле мозга — как, например, при графомании — часто способствуют повышенному генерированию идей, иногда в ущерб их качеству. Недостаточная активность лобной доли может помешать генерированию идей — отчасти за счет повышения критичности при их оценке. <...> Необходимый баланс между деятельностью

> лобной и височной долей достигается за счет взаимного ингибирования кортико-кортикальных взаимодействий. Дофамин, который производится в мезолимбической зоне, отвечает за интерес ко всему новому и творческую энергию. <…> Наличие творческой энергии еще не означает мастерства: оно больше зависит от деятельности неокортикальных отделов. Однако успешная творческая деятельность больше определяется энергией, чем мастерством [Flaherty 2005: 147].

Флаэрти не предполагает, что Достоевский стал великим писателем только потому, что у него была эпилепсия, однако она утверждает, что эпилепсия оказала благотворное влияние на его творчество. В конце концов, его литературные навыки должны были неминуемо улучшиться, поскольку он испытывал неудержимую тягу к литературе [Flaherty 2005: 148]. И, что особенно важно в контексте нашего исследования, Бауман и его коллеги приходят к следующему выводу: «Теория, что Достоевский не страдал от межприпадочного нейропсихологического расстройства, неверна» [Bauman et al. 2005: 329]. Короче говоря, Фрейд ошибся — по меньшей мере в этом пункте.

Эпилепсия у Достоевского не была невротическим симптомом, вызванным чувством вины и лишенным органической основы. Более того, вероятно, писатель унаследовал эту болезнь от отца. Ричард Фриборн, автор биографии Достоевского, утверждает, что его отец умер не от рук крестьян, как полагал Фрейд, а от приступа эпилепсии [Freeborn 2003]. Это позволяет предполагать, что эпилепсия Достоевского — как, возможно, и его нервная возбудимость — носила наследственный характер.

### ДОСТОЕВСКИЙ-ИГРОК: ВЫМЫСЕЛ И РЕАЛЬНОСТЬ

Что мы можем с уверенностью сказать о Достоевском и его отношении к игре на основании его романов? Вероятно, литературоведы подходят к этому вопросу более строго, чем Фрейд, и требуют больше обоснований. Например, рассмотрим еще раз случай Мармеладова (персонажа «Преступления и наказания», о котором мы говорили выше). Кеннет Ланц полагает, что в этом образе автор хотел изобразить алкоголика, который сам себя наказывает (2012, личная беседа). Однако ни Мармеладов, ни Достоевский не ищут наказания, как представлял это Фрейд, — скорее, он бунтует против удушающей действительности повседневной жизни. Это его путь к свободе, каким бы ошибочным и разрушительным он ни был.

Однако в теории Фрейда может быть крупица истины. Во-первых, не приходится сомневаться, что Достоевский испытывал глубокую неприязнь к своему отцу и с детства чувствовал себя его жертвой. Возвращаясь к вопросу о семейной жизни в «Братьях Карамазовых»: Лори Лангбауэр убедительно доказывает, что Достоевского глубоко волновала тема «страданий ребенка». Она пишет следующее:

> Отрывок о Великом Инквизиторе [в «Братьях Карамазовых»] — это, в сущности, истолкование или объяснение всего, о чем Иван до этого говорил Алеше. Испытывая глубочайшее отвращение к окружающему его миру, он безжалостно заставляет своего кроткого юного брата выслушивать подробные истории об убийствах детей, пытках, всевозможных издевательствах. Подробности этой «высшей утонченности» насилия тем более шокируют, что Достоевский взял случаи из современных ему газет, из историй, случившихся здесь и сейчас, которые мы воспринимаем как реальные [Langbauer 2008: 96–97].

Еще одно свидетельство того, насколько волновала Достоевского тема насилия над детьми, — это его эссе, озаглавленное «Дело родителей Джунковских с родными детьми», которое было опубликовано в «Дневнике писателя» в июле и августе 1877 года [Достоевский 1972–1990, 25: 182–188]. Здесь Достоевский описывает судебное разбирательство, предметом которого стало жестокое избиение детей Джунковских. Сам факт случившегося, пишет он, не вызывает удивления: подобное происходит в девяти семьях из десяти. Неудивительно и то, что родителей оправдали. Но Достоевского изумляет, что это дело вообще стали рассматривать в суде, учитывая всеобщую терпимость к насилию над детьми в российском обществе. С его точки зрения, насилие было неотъемлемой частью жизни ребенка в России.

Во-вторых, даже если Достоевский не стремился к наказанию, он все равно чувствовал себя наказанным. Игромания действительно становится источником серьезных проблем, в том числе долгов и межличностных конфликтов. Как мы уже выяснили, из-за игровой зависимости он еще больше запутался в долгах и его брак оказался под угрозой. Он не только постоянно закладывал вещи Анны в ломбарде; ей было больно смотреть, как он мучит себя и умоляет ее о прощении. Кроме того, после каждой поездки в казино ей приходилось успокаивать его, потому что возбуждение, связанное с игрой, часто вызывало у Достоевского припадки.

Все это позволяет рассматривать игроманию как элемент саморазрушительного поведения. В этом смысле Достоевский действовал в рамках культурного климата своего времени, когда самоубийство считалось актом мятежа против общества. Мориссы писал об этом:

> А. Н. Радищев, первый знаменитый радикал России и самый известный самоубийца того времени, предложил философское обоснование политического суицида. <...> Утверждая, что мир, и в особенности Россия, погрузился в беспросветное рабство, противоречащее природе человека, он выдвинул следующую теорию: просвещенный философ должен воплотить [истину свободы и гражданственности] в жизнь. Чтобы помочь переходу от рабства к свободе, было необходимо заставить народ осознать свое рабское состояние [Morissey 2004: 277].

В-третьих, как и утверждает Фрейд, азартные игры действительно помогают освободить либидо от обычных ограничений. Часто этому способствуют алкоголь, громкие звуки, секс и другие факторы праздничной обстановки. Чтобы увидеть этот механизм в действии, достаточно отправиться в Лас-Вегас. Игра — и даже ее болезненные формы — зачастую связана с необходимостью освободиться от ограничений повседневности. Фрейд прав, когда полагает, что повседневность заставляет нас подавлять свои импульсы. Игра же ассоциируется с возможностью вырваться на волю.

В-четвертых, исходя из этого, мы можем предположить, что люди, нуждающиеся в игре, больше обычного хотят освободиться от повседневной рутины. Что бы ни было мотивом этого желания — вина, депрессия или тревожность, — его основными причинами бывают несчастливое детство и недостаток социализации во взрослом мире. Фрейд подчеркивает очевидную связь между приступами игромании и продуктивностью литературной работы у Достоевского. Он пишет, что в 1860-е годы тот работал наиболее продуктивно после того, как проигрывал в казино. Из этого Фрейд делает вывод, что после проигрыша Достоевскому уже было не за что себя наказывать и он мог вернуться к работе.

Джозеф Фрэнк, автор самой подробной биографии Достоевского, предполагает, что этот повторяющийся паттерн работы и игры мог быть отражением его двойственности. Достоевский колеблется между тяготением к русскому характеру (творческому, страстному и честному) и европейскому (корыстолюбивому, элегантному и светскому). Фрэнк отмечает, что после каждого крупного проигрыша Достоевский с новыми силами возвращался к литературе [Frank 1993: 321–322], как если бы ему приходилось напоминать себе, что он слишком русский — и оттого не может рассчитывать на выигрыш, а вместо этого должен дисциплинировать себя (и добиваться успеха) трудом.

Сравнив несколько романов XIX века, посвященных теме денег и спекуляции, Пайсак пришел к такому же выводу — что для Достоевского азартные игры ассоциировались с русским характером и свободой:

> Рациональному расчету в «Игроке» противопоставлена иррациональная, непредсказуемая и нематериалистическая тяга к свободе и искренности, которую можно обрести в игре. Эта структура отражена в том, что Алексей воспринимает свое «я» как незавершенную и оттого свободную субъективность. <...> Однако свобода, порождаемая игрой, равно как и чувство своего «я», воспринимаемое как множество вариантов, становится иллюзорной, когда игра обращается зависимостью [Pisak 1997: 5].

Ланц предлагает несколько иное объяснение, основанное на прочтении всех трудов Достоевского (2012, личная беседа). С его точки зрения, игра была источником творческой энергии, помогала Достоевскому забыть о своих писательских проблемах и в то же время заставляла его возвращаться к литературной работе. Помимо этого, многие исследователи склонны думать, что Достоевский играл в благородной, хоть и обреченной на неудачу, попытке обрести свободу или отвлечься, а не ради банального выигрыша. Если это действительно так, то Фрейд ошибался, полагая, что Достоевский играл, чтобы проиграть и тем самым наказать себя.

Итак, у теории Фрейда есть свои плюсы и минусы: она вся состоит из оппозиций и противоречий. Отчасти это объясняется тем, что жизнь Достоевского была очень непростой, а любая зависимость, равно как и любое психическое заболевание, формируется в несколько этапов. Кингма утверждает, что психологический и социологический анализ игровой зависимости у Фрейда и Достоевского (соответственно) сосредоточен на противоположных и противоречащих друг другу аспектах этой проблемы. В сущности, продолжает он, разница между подходом Достоевского и подходом Фрейда предвещает возникновение двух научных направлений, занимающихся изучением игровой зависимости:

> Из психоаналитического подхода к игровой зависимости выросло клиническое направление, основанное большей частью на рассказах самих игроков, проходящих терапию. Понемногу этот подход стал шире и превратился в более общую модель заболевания, которую, в свою очередь, дополнила модель психологического контроля «игровой зависимости». <...> С этой точки зрения азартные игры воспринимаются как приемлемая форма досуга, которой противопоставляется патологическое игровое поведение с его разрушительными последствиями [Kingma 2010: 17].

В рамках социологического или субкультурного подхода становится очевидно, что у азартных игр есть свои правила. Эту сферу нельзя считать полностью патологической и лишенной стандартов.

Действительно ли Достоевский «играл ради денег», как он иногда утверждал? Страдал ли он игровой зависимостью, вызывавшей чувство беспомощности и утраты контроля? Или у его игрового поведения были смысл и структура? Мы полагаем, что в поведении проблемных игроков, включая и Достоевского, всегда присутствует некий смысл. Игра становится способом хорошо провести время или сбежать от неприятностей. Она помогает отвлечься от проблем. Речь не идет о зарабатывании денег как таковом; главным вопросом всегда остается использование времени [Dostoevsky 1914: 119].

Рассуждая о «компульсивных игроках», Олдман тоже утверждает, что для понимания игрового поведения — в том числе и патологического — необходимо учитывать, что оно является социальным (и социально значимым) событием. Он цитирует классическую формулу Ирвинга Гофмана, который сказал, что игроки — это люди, которые хотят быть «в гуще событий»:

> Гофман утверждает, что элемент неуверенности, свойственный игре, позволяет человеку продемонстрировать <...> силу характера. <...> Для Гофмана главные элементы игры в казино — это игрок, неизвестность и аудитория. Однако действие заключается не только в этом, особенно учитывая обстановку <...>, в которой уже сложилось ядро «постоянных посетителей», а крупье и игроки отлично изучили друг друга [Oldman 1987: 364].

Таким образом, игра — это противостояние со случаем, принявшее организованную социальную форму. Подобной точки зрения придерживается Мэлаби, описывая игроков в кости, за которыми он наблюдал в Греции. В их игровом поведении заметны похожие тенденции:

> Подобно пуританам Макса Вебера, греческие игроки читают в случайных комбинациях костей мимолетные намеки на свое положение в мире: простирается ли на них благодать, хотя бы на мгновение. Поэтому то, что стоит на кону, не имеет никакого отношения к «развлечению», «досугу» или

«приятному времяпрепровождению». Многие игроки испытывают экзистенциальную связь с игрой, подобно главному герою романа Достоевского «Игрок» [Malaby 2007: 99].

То, что со стороны кажется зависимостью, изнутри воспринимается как преданность, самоотверженность или ревностное служение. В таком случае сама идея «зависимости» превращается в социальный конструкт — воображаемое состояние потери контроля, — навязанный экспертами, подходящими к социальному поведению с медицинскими рамками. Кингма пишет об этом: «Игрока называют зависимым только с того момента, как на него приклеивают этот ярлык. Считается, что важную роль играет степень пристрастия к игре и социальная легитимность игр» [Kingma 2010: 17]. В настоящей книге мы утверждаем, что существует феномен, который удобно рассматривать как «зависимость», хотя он далеко не так прост. В то же время мы разделяем точку зрения Кингмы, что игровое поведение, в том числе и патологическое, необходимо анализировать в его субкультурном и историческом контексте.

## Позднейшие объяснения игрового поведения Достоевского

На протяжении значительной части XX века в психоаналитическом подходе к игромании по-прежнему господствовала теория Фрейда. Так, ее важность подробно описывают Болен и Бойд в своем обзоре литературы по вопросу игромании, выпущенном в 1968 году (то есть спустя сорок лет после публикации знаменитого эссе об игромании и отцеубийстве). Кроме того, они рассматривают работы Эдмунда Берглера, психотерапевта середины XX века, который разделял точку зрения Фрейда и полагал, что патологический игрок играет ради проигрыша и связанного с этим чувства вины.

Ричард Розенталь и Рагл справедливо указывают, что Фрейд и Берглер сыграли важную роль в формировании психодинамического подхода к игровой зависимости:

> С появлением психоанализа на рубеже веков компульсивное игровое поведение начали рассматривать как болезнь. В дальнейшем статьи Эдмунда Берглера, публиковавшиеся в газетах и популярных журналах в пятидесятые годы, сделали многое для просвещения широкой публики относительно этого заболевания и, возможно, поспособствовали основанию Анонимных Игроков. Сегодня работы ранних психоаналитиков <...> зачастую игнорируют [и] сводят к отдельным афоризмам: так, утверждается, что Фрейд приравнивал игру к мастурбации, а Берглер был убежден, что все игроки хотят проиграть [Rosenthal, Rugle 1994b: 22].

Берглера, как и Фрейда, интересовали причины саморазрушительного поведения, а именно вина и невроз. Зачастую они оказывались результатом детского конфликта между социальными нормами (Сверх-Я) и антисоциальными (либо несоциальными) импульсами. Берглер написал обширную работу, в которой исследовал компульсивных игроков и их поведение. На ее основе была создана первая систематическая модель поведенческих черт, ассоциирующихся с патологическим игровым поведением. По его мнению, компульсивные игроки обладали следующими шестью особенностями:

1. Игрок постоянно рискует.
2. Игра превалирует над всеми прочими интересами.
3. Игрок полон оптимизма и не извлекает уроков из проигрыша.
4. После победы игрок всегда продолжает играть.
5. Сначала игрок может вести себя осторожно, но рано или поздно он ставит на кон сравнительно крупную сумму.
6. Когда ставка уже сделана, а результат еще не известен, игрок чувствует возбуждение[3].

Достоевский подходит под все шесть пунктов, хоть они и основаны на результатах исследований, проводившихся в XX веке. По Берглеру, весь смысл игры связан с удовольствием и возбуждением от ее неопределенности, и зачастую эти чувства даже перевешивают желание (или необходимость) выиграть. Отсюда

---

[3] Цит. по: [Rosecrance 1985: 276].

Берглер делает вывод: если компульсивный игрок не заинтересован в выигрыше, значит, подсознательно он хочет проиграть. Что бы его ни мотивировало — будь то чувство вины, мазохизм или стремление к смерти, — такой игрок не остановится, пока не проиграется подчистую.

Однако в рамках фрейдистской теории Берглер не мог проверить, насколько верна его идея, что в основе игровой зависимости лежит подсознательное и саморазрушительное стремление к поражению. Поэтому Берглер ограничивается рассуждениями, пускай и интересными, предлагая обширный комментарий к позиции Фрейда. Более того, он, как и другие сторонники этой теории, исходит из предпосылки, что любое поведение контролируется силами бессознательного. (См. теорию Фрейда о том, как бессознательное проявляется в ошибках и описках — когда случайность обнажает подсознательные желания, — а также в шутках и каламбурах.)

Десять или двадцать лет спустя, в эпоху Болена и Бойда, научное сообщество уже располагало более солидным массивом психиатрических данных. И, что особенно важно, эти авторы обратили внимание, что при анализе таких данных необходима методология. Как сообщают Болен и Бойд, в большинстве случаев запрос на терапию поступал либо от судебных органов, либо от родственников или друзей. Сами компульсивные игроки редко обращались за помощью. Это означает, что субъектом терапии и последующих клинических исследований становились игроки определенного (и довольно специфического) типа. Именно на этой выборке и основывалась вся фрейдистская теория.

Болен и Бойд отмечают, что в тех случаях, когда компульсивные игроки сами обращаются за психиатрической помощью, игромания оказывается всего лишь одним из симптомов [Bolen, Boyd 1968: 628]. Общий комплекс может включать деперсонализацию, импотенцию, сложности в браке, попытки самоубийства или мысли о самоубийстве. Отдельно хочется выделить три замечания, которые и сейчас представляют интерес. Во-первых, авторы отмечают: «Единственным эффективным видом терапии считается психоанализ. Именно психоанализ и его разновидности чаще всего упоминаются в литературе, при этом сообщается, что показатель его эффективности довольно высок» [Bolen, Boyd 1968: 628]. В наши дни подобные заявления практически не звучат, поскольку исследователи игрового поведения и психотерапевты предпочитают когнитивную терапию.

Во-вторых, как отмечают Болен и Бойд, со времен Фрейда исследователям удалось выявить связь между дисфункциональной обстановкой в семье и склонностью к игромании:

> Родители напоминают семью Достоевского: холодный, суровый, моралистический, критически настроенный отец, воплощающий власть, и слабая, подчиненная и преданная ему мать, к которой у сына — будущего игрока — формируется избыточная привязанность [Bolen, Boyd 1968: 628].

Как станет понятно из следующей главы, в ходе нашего собственного исследования мы обнаружили множество фактов, подтверждающих эту идею.

Наконец, Болен и Бойд отмечают следующее: «Практически у каждого нашего пациента, страдающего от игровой зависимости, в семье были социальные или компульсивные игроки — как минимум один из родителей и часто братья или сестры» [Bolen, Boyd 1968: 629]. Это замечание не относится к Достоевскому, однако справедливо по отношению ко многим современным игрокам, которых мы изучали.

На протяжении всего XX века авторы, рассуждавшие о Достоевском в контексте психотерапии, были склонны повторять друг друга. Приятным исключением является Ричард Геха с его обзором психиатрической литературы, посвященной игромании [Geha 1970]. Он начинает с Эрнста Зиммеля, для которого игра означала предварительные ласки, выигрыш — оргазм, а проигрыш — эякуляцию, дефекацию и кастрацию. Далее он быстро переходит к привычному обсуждению эссе Фрейда о Достоевском и отцеубийстве, а потом — к менее изученным материалам других выдающихся психоаналитиков, таких как Теодор Райк, Отто Фенихель и Эдмунд Берглер. Все они соглашаются, что игровая зависимость Достоевского, равно как и его роман «Игрок», полностью укладывается во фрейдистскую или неофрейдистскую модель игромании.

В итоге Геха приходит к выводу, что в биографии Достоевского и других компульсивных игроков прослеживаются определенные паттерны, прежде всего потеря матери — нежной, теплой и беззаветно любящей. Это не только создает постоянное чувство утраты и поражения, но и закладывает основу для последующих сложных отношений с женщинами.

Геха подчеркивает, что компульсивный игрок испытывает потребность спасать женщин. Далее, по неясным причинам, следует «эдиповское стремление к знанию; общая тайна становится актом любви, секрет приравнивается к гениталиям; и, наконец, необходимость физически воплотить эту тайну» [Geha 1970: 296]. Фантазии о спасении включают в себя возможность «отдать долг матери, но при этом окончательно расставить точки над "i" в отношениях с отцом» [Geha 1970: 299].

В конце своего эссе Геха еще раз выражает традиционное для фрейдистской (то есть психоаналитической) школы убеждение, что главный смысл игры состоит в наказании — игрок наказывает (или хочет наказать) отца, угрожающего ему кастрацией, и оказывается наказан за это сам. Геха цитирует глубокую мысль Марселя Пруста:

> Все романы Достоевского <...> могли бы называться «Преступлением и наказанием». <...> В его жизни, безусловно, имеется как преступление, так и наказание <...>, но он предпочел разделить их: возложить впечатления о наказании на себя <...>, а преступление — на других [Пруст 1999: 179; Geha 1970: 300].

Наконец, Геха утверждает:

> Хотя игрок в конце концов проигрывает, это не означает, что он хочет проиграть. Возможно, с помощью наказания он хочет утолить чувство вины. Однако его надежды и его мечты, прежде всего, заключаются в том, чтобы выиграть доступ к телу матери <...>, этому рогу изобилия времен его детства [Geha 1970: 288].

Однако не все авторы, изучавшие игроманию Достоевского, разделяют методы или идеи психоанализа. Джун Котт в своем этнографическом исследовании утверждает, что существует множество мотивов для игры: некоторые являются инструментальными (например, выиграть деньги), а другие — экспрессивными (или «нацеленными на себя») [Cotte 1997]. Одни игроки обращают внимание на внешние объекты (игра, выигрыш), а другие — на себя и тех, кто их окружает. Котт отмечает, что все эти мотивы уже становились предметом обсуждения у исследователей.

Многие компульсивные игроки, которых мы изучали (в том числе и Достоевский), считают, что их мотивы большей частью являются инструментальными — то есть они играют ради денег или риска. Но на самом деле речь идет об эмоциональном, или экспрессивном, мотиве: испытать лихорадку, связанную с риском. Как пишет Котт, некоторые игроки, играющие исключительно ради удовольствия, «хотят испытать эмоциональные взлеты и падения, почувствовать "лихорадку" реакций». Некоторые игроки описывают желание оказаться целиком «в моменте», забыть обо всех посторонних поводах для беспокойства [Cotte 1997: 394].

Анализ Котт особенно интересен тем, что в нем рассматривается работа исследователей, действовавших за пределами как психоаналитической модели, так и модели «патологической тяги к игре». Отчасти именно из-за этого автор упоминает исследования «нормальных» игроков в «нормальной обстановке», а не только игроманов в кабинете у психотерапевта.

Обращаясь к теме, о которой мы упоминали выше, Саллаз также утверждает, что игра — это преимущественно социальное поведение, поскольку играют в компании других людей и в организованной социальной обстановке [Sallaz 2008]. Поэтому ее необходимо интерпретировать в определенном социальном контексте. Чтобы проиллюстрировать этот тезис, он следует за антропологом Клиффордом Гирцем [Geertz 1973], сравнивая игру в южноафриканском казино с петушиными боями в Индонезии. Он подчеркивает различия даже между самыми вовлеченными игроками:

> Вырисовываются три различия: положение игры как регламентированного вида деятельности внутри более крупной социальной матрицы, организация отдельных игр и субъективность, связанная с участием в соревновании. <...> Социально-политические аспекты игры здесь включены в экономическую модель действий и понятий [Sallaz 2008: 5].

Психоаналитик Питер Шабад предлагает еще одну точку зрения на ситуацию Достоевского, возможно, помогающую объяснить его игровую зависимость. В статье под названием «Отдавая должное дьяволу» («Giving the Devil His Due») Шабад утверждает, что подобное «враждебное поведение» является формой «реактивной пассивности», возникающей как ответ на детское «чувство стыда, беспомощности и связанный с этим фатализм». Вместо того чтобы заявить о себе и вступить в прямое противодействие с угнетателем — или попытаться скрыть свою неудачу и боль, — человек такого типа стремится «восстановить свое личное достоинство через оппозицию к власти». В наилучших обстоятельствах такая форма саморазрушения приводит к «пробуждению и наказанию совести у власть имущих, эксплуатирующих других» [Shabad 2000: 690].

Вряд ли рулеточное казино терзают угрызения совести от мысли о печальной участи игромана. В конце концов, игрок сам делает одну ставку за другой, пока не проиграет все деньги. Однако идея «враждебно настроенного» игрока по меньшей мере перекликается с точкой зрения самого Достоевского, выраженной в «Записках из подполья». Там он пишет: «...все дело-то человеческое, кажется, и действительно в том только и состоит, чтоб человек поминутно доказывал себе, что он человек, а не штифтик!» [Достоевский 1972–1990, 5: 117]. Эта мысль приводится и в другом месте: «Человеку надо — одного только самостоятельного хотенья, чего бы эта самостоятельность ни стоила и к чему бы ни привела» [Достоевский 1972–1990, 5: 113].

С этой точки зрения даже проблемная игра — до того момента, пока это выбор, а не зависимость, — является декларацией свободы. Если так, то в ней проявляется человечность, каким бы жестоким и непобедимым противником ни казался случай.

### Социологическая интерпретация игрового поведения Достоевского

В данной книге мы предлагаем альтернативную интерпретацию игрового поведения Достоевского — а именно социальную или социально-психологическую. Есть три фактора, обосновывающих этот подход (эту теоретическую модель). Во-первых, такая трактовка логически вытекает из существующей исследовательской литературы по вопросам проблемного игрового поведения. Во-вторых, она совпадает с глубоко детализированными данными, которые мы собрали в ходе опросов. В-третьих, ее подкрепляет статистический анализ общей модели с использованием различных форм множественного регрессионного анализа. Таким образом, эта модель основана на достаточных количественных данных, как того и требуют общепринятые статистические стандарты.

Наша теоретическая модель выстроена вокруг тех социологических факторов, которые объясняют передачу проблемного игрового поведения от родителей к детям. Таким образом, мы ставим в один ряд личностные факторы — импульсивность, поиск новых ощущений, возбуждение — и факторы генетики. Мы признаем, что и то и другое играет важную роль в понимании проблемного игрового поведения и механизмов его передачи по наследству, хотя генетическая наследуемость, вероятно, невысока [Walters 2001]. Однако мы утверждаем, что данные факторы взаимодействуют с социальными условиями, которые создают предрасположенность для реализации этого личностно-генетического потенциала к проблемному игровому поведению, вытаскивая склонность к игре на поверхность.

В полученных нами результатах все же видно, какую важную роль играют личность и генетика. Возможно, что отдельные истории, которые не соответствуют нашей модели, обусловлены особым взаимодействием между социальными условиями и генетическими или личностными факторами. Так, например, эти факторы могут влиять на восприятие. В свою очередь, восприятие определенного события как источника стресса может сыграть важную роль в формировании проблемного игрового поведения.

Кроме того, восприятие своего «я» (самооценка) влияет на склонность к возникновению игромании (далее мы рассмотрим этот вопрос в контексте эмоциональной уязвимости).

До нашего исследования в науке не существовало достаточного понимания тех социологических механизмов, которые обусловливают передачу проблемного игрового поведения между поколениями. Некоторые факторы уже были определены социологами, однако в литературе нет четких указаний на то, какие именно факторы или группы факторов делают передачу более вероятной. В рамках своей модели мы рассматриваем все эти факторы одновременно, чтобы выявить их роль в процессе наследования.

Наша модель начинается с проблемного игрового поведения у родителей. От родителей (или одного родителя) игре обучаются дети. Процесс обучения включает знакомство с формами игрового поведения и характерными убеждениями, формирование положительного отношения к игре в семейном кругу и постоянную возможность играть с членами семьи. Кроме того, игровая зависимость у родителей делает детство более сложным: ребенок берет на себя роль родителя (парентификация), страдает от насилия и недостатка родительского внимания. Ранее парентификацию редко включали в число факторов, влияющих на развитие игровой зависимости, так что мы обращаем на нее особое внимание. Эмоциональные проблемы, характерные для детей из подобных семей, создают почву для психических расстройств, в том числе для депрессии и тревожности.

В дальнейшем слабое психическое здоровье усугубляется стрессовыми факторами взрослой жизни. Чтобы справиться с ними, дети проблемных игроков часто выбирают неэффективные копинг-стратегии, которые они усвоили в детстве, — например, пытаются уйти в игру. Эмоциональная уязвимость, возникающая вследствие психических заболеваний и высокого уровня стресса, а также недостаточная эффективность копинг-стратегий приводят к тому, что они и сами зачастую становятся проблемными игроками. Исходя из этой теоретической модели, мы предполагаем, что взаимодействие происходит между тремя

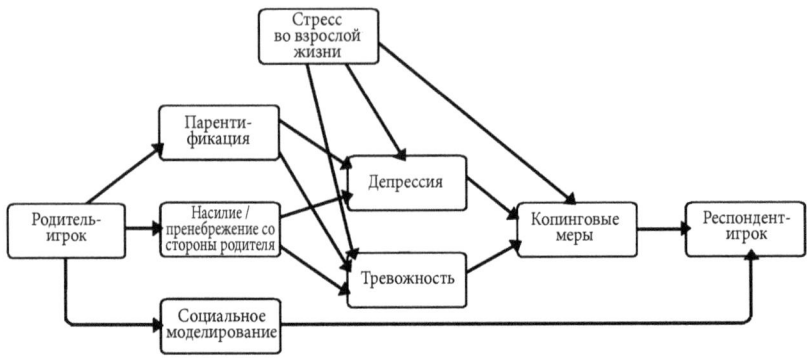

Рис. 1. Теоретическая модель наследования проблемного игрового поведения

ключевыми переменными, то есть проблемное игровое поведение передается по наследству, когда уязвимость, обусловленная 1) сложным детством и 2) знакомством с игрой как частью социального моделирования, активируется 3) стрессовой ситуацией во взрослой жизни.

Наша модель, объясняющая наследование игрового поведения, логично встраивается в основную концептуальную модель развития проблемного игрового поведения — «модель различных путей» Блащински и Науэр [Blaszczynski, Nower 2002]. Согласно этой теории, проблемное игровое поведение всегда начинается с того, что у человека появляется возможность играть, он принимает игру и усваивает иррациональные убеждения. С этого момента общий путь разделяется на три ответвления, на каждом из которых действуют дополнительные факторы риска. Для проблемных игроков первого типа (так называемые игроки с заданным поведением) фактором риска является иррациональная вера в выигрыш. Проблемные игроки второго типа (эмоционально уязвимые) страдают от биологических и эмоциональных рисков вследствие сложного детства и психических расстройств. У игроков третьего типа (диссоциативные импульсивные игроки) биологические и эмоциональные риски усугубляются импульсивностью, диссоциативным расстройством личности и дефицитом внимания.

В рамках модели Блащински наша модель ближе всего ко второму пути (эмоционально уязвимые игроки). Дело в том, что в центре обеих моделей находится социальное привыкание к игре (доступность и принятие), а также эмоциональная уязвимость, связанная со стрессовой обстановкой в детстве. Однако лучше представлять нашу модель как результат взаимодействия между всеми тремя путями. Нас интересуют и путь 1 (социальное привыкание), и путь 2 (эмоциональная уязвимость), поскольку у каждого пути своя роль в наследовании проблемного игрового поведения. Итак, между нашими моделями есть определенное сходство — мы одинаково определяем набор факторов, важных для понимания проблемы. Однако, в отличие от Блащински и Науэр, мы рассматриваем эти факторы не как отдельные «пути», а как условия, взаимодействующие друг с другом.

В основу нашей модели легли данные, полученные в ходе исследования современных игроков. Исходя из их анализа, мы предполагаем, что передача проблемного игрового поведения между поколениями и в рамках одного поколения может быть обусловлена такими факторами, как раннее обучение игре и стрессовая обстановка в детстве и во взрослом возрасте. Мы обнаружили, что почти все проблемные игроки, участвовавшие в нашем контент-анализе, — а именно 97 % — столкнулись как минимум с одним из этих трех факторов. 87 % проблемных игроков, у которых мы брали интервью, столкнулись как минимум с двумя факторами.

Количественный анализ ответов показывает, что наша модель объясняет 42,3 % случаев наследования проблемного игрового поведения. Вероятно, оставшееся число приходится на переменные факторы генетического и личностного характера, а также на дополнительные социальные переменные, которые мы установили в рамках анализа интервью. Сюда относится обучение игре за пределами семейного круга во взрослой жизни, а также близость к игре. Кроме того, количественный анализ показывает, что (как и предполагалось) большая часть факторов являются косвенными: это отдельные этапы длительного процесса.

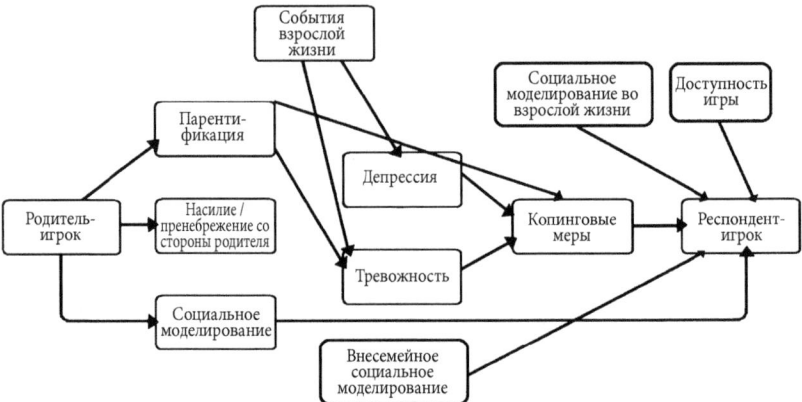

Рис. 2. Теоретическая модель наследования проблемного игрового поведения: новая версия. Источник: авторы

Однако были и факторы, которые не удалось обнаружить в нашей выборке. Так, например, парентификация, родительское пренебрежение и насилие необязательно ведут к возникновению психических расстройств. Стрессовая обстановка во взрослом возрасте необязательно приводит к формированию неэффективных копинг-стратегий (между тем связь между психическими проблемами и неэффективными копинг-стратегиями действительно существует). Наконец, проблемное игровое поведение у детей не объясняется приучением к игре: вероятно, дело в том, что знакомство с игрой может быть как положительным, так и отрицательным (об этом речь пойдет ниже). Исходя из полученных данных, мы предлагаем пересмотренную модель.

Мы признаем, что детские травмы (например, пренебрежение или насилие со стороны родителей) могут сыграть важную роль в формировании проблемного игрового поведения, как об этом пишут Фрейд и сторонники его подхода. Однако на этом останавливаться нельзя: как социологи мы не можем не признавать, что любая человеческая мотивация существует в контексте социальных ограничений и возможностей. Это означает, что теория должна затрагивать и факторы, возникающие во взрослом возрасте. Именно эти факторы обусловливают различия между людьми, в детстве страдавшими от родительского насилия: у одних проявляется тяга к патологическому игровому поведению, у других, например, — склонность переедать, а третьи вырастают и становятся абсолютно нормальными членами общества.

В рамках нашей пересмотренной модели отправной точкой служит детская травма. Но чтобы этот фактор вступил в игру, необходим контекст — стрессовая обстановка во взрослой жизни (в которой проявляется уязвимость, сформировавшаяся в детстве). Кроме того, важны факторы, помогающие бороться со стрессом; мы имеем в виду, с одной стороны, копинг-стратегии, а с другой — сети социальной поддержки. Им противостоят стимулы и возможности для выражения невротических импульсов, например патологического игрового поведения. Переменные в нашей модели мы часто называем «факторами риска».

Как показывают современные исследования, существует много факторов, обусловливающих более высокий риск развития патологической тяги к игре. К ним относятся: эмоциональные проблемы; наличие родственника — патологического игрока; крупный выигрыш в самом начале знакомства с азартными играми. Однако свою роль может сыграть и доступность игровой среды. Дополнительным фактором риска может послужить отсутствие хобби и общения с друзьями и членами семьи.

Как нам известно, Достоевский столкнулся со многими из этих факторов. Однако при этом он категорически отрицал патологическую составляющую своего поведения: по мнению самого Достоевского, он играл, чтобы выбраться из бедности, расплатиться по долгам и поддержать тех, кто от него зависел. Он верил, что способен легко и быстро выиграть крупную сумму денег, в чем и заключалась для него притягательность игры. Его убеждения подкреплял тот факт, что в первый же раз, когда Достоевский сел играть в рулетку, он сорвал крупный выигрыш.

Мы уже указывали выше, что Анна не смогла удержать мужа от игры. Оказавшись в Европе, Достоевский столкнулся с нехваткой социального контроля и социальной поддержки. Именно там, вдали от дома, его игровая зависимость приняла свою худшую форму. Возможно, он даже не понимал, какую важную роль играли его друзья и близкие в борьбе с проблемным игровым поведением. Он и так не получал достаточной поддержки, а со смертью его первой жены и любимого брата ее стало еще меньше.

Игровая зависимость Достоевского стала источником многих других проблем в его жизни, но в то же время, возможно, она помогала ему справиться с жизненными невзгодами. Так, например, депрессия могла быть и причиной, и следствием игровой зависимости. Различные стрессовые факторы, с которыми он сталкивался, — нехватка денег, смерть жены и брата, неудачи с изданием журнала, кабальный издательский контракт — скорее всего, усугубляли эту депрессию. Возможно, он играл, чтобы на время забыть о своих бедах. Однако чем больше он проигрывал, тем глубже залезал в долги. Возник замкнутый круг: депрессия подталкивала его к игорному столу, но последствия игры усиливали стрессовые факторы (такие как бедность), ведущие, в свою очередь, к депрессии.

Кроме того, прослеживается закономерность: после долгих и насыщенных периодов работы Достоевский чувствовал психическое истощение и обращался к игре. Как уже отмечалось выше, Анна быстро поняла, что рулетка помогала ее мужу восстановить эмоциональный баланс и творческую силу [Lantz 2004]. После длительной тяжелой работы Достоевский нуждался в отдыхе, которым становилась игра. Например, он обращался к игре, чтобы избавиться от стресса, вызванного необходимостью работать в жестких условиях с издателями вроде Стелловского.

В конечном итоге, несмотря на склонность к безрассудной игре, Достоевский выполнил обещание, данное Анне, и перестал играть в рулетку. Кеннет Ланц (2012, личная беседа) отмечает, что к тому моменту все долги были уплачены и супруги получили возможность вернуться в Россию без риска оказаться в долговой тюрьме. В своем падении Достоевский достиг низшей точки — после этого он мог наконец вернуться домой и зажить спокойно.

Фрейд был уверен, что Достоевский играл из-за чувства вины. Но, возможно, дело обстояло ровно противоположным образом, и именно чувство вины заставило его бросить рулетку. Как минимум Достоевский начал волноваться за здоровье жены. Анна страдала от его ненадежности и постоянных проигрышей, и Достоевского беспокоило, что она становится им недовольна. В письме к ней он пишет: «...я знаю, что ты умрешь, если б я опять проиграл!» [Достоевский 1972–1990, 29, I: 198].

В этот период жизни Достоевского преследовали кошмарные сны: он боялся, что его игровая зависимость может стоить Анне жизни. Он описывает страшный сон, где Анна поседела [Достоевский 1972–1990, 29, I: 197]. Достоевский испытывал такое чувство вины за те страдания, которые он причинял жене, что эта мысль преследовала его даже во сне. Учитывая, какую важную роль в его жизни играла вина, можно предположить, что именно из-за этого он наконец поборол свою привычку играть.

Однако нельзя свести всю социологическую картину исключительно к чувству вины. Крайне важно, что Анна была для него источником поддержки и контроля. В начале 70-х годов его семейная и финансовая жизнь обрела стабильность, и Достоевский уже не так сильно нуждался в том, чтобы искать в игре защиты от жизненных невзгод.

Большую роль в этом сыграли близкие отношения с преданной и рассудительной Анной. В ее неизменной любви Достоевский обрел ту поддержку, которой ему так не хватало. Во время непростой жизни в Европе супруги сблизились еще больше. Из-за долгов они не могли вернуться домой и потому искали утешения друг в друге всякий раз, когда чувствовали «тоску по родине» [Достоевский 1972–1990, 29, I: 198]. Эти близкие отношения помогли Достоевскому наконец справиться с игровой зависимостью.

Критик Галя Димент пишет:

> Чтобы спастись самой и спасти мужа из той бездны несчастья и нищеты, откуда так и не смогли выбраться многие его персонажи, Анна Достоевская вскоре превратилась в фею-крестную, которая на протяжении всей жизни Достоевского старалась отвести его от катастрофы. <...> Она быстро поняла, что, если хочет сохранить разум в окружающем ее мире, она не может больше позволить себе роскошь разыгрывать роль сказочной Золушки [Diment 1997: 444].

С определенной точки зрения Анна была образцом поддержки. Несмотря на финансовые и эмоциональные сложности, которым то и дело подвергался их брак по вине мужа, она оставалась для Достоевского точкой опоры, центром стабильности, предсказуемости и творческой продуктивности. Наградой за это стал его отказ от игры. Вот как пишет об этом Александра Попофф в своем исследовании, посвященном биографиям жен шести русских писателей:

> Достижения Достоевского были <...> немыслимы без Анны. Он называл ее своим ангелом-хранителем, помощницей и скалой, на которую он мог опереться. <...> Анна помогала ему пережить игровую зависимость и эпилептические приступы. Будучи стенографисткой, она также помогала мужу в создании книг и утверждала, что часы, проведенные за диктовкой, были самыми счастливыми в ее жизни. <...> Достоевский всегда признавал вклад Анны; он называл ее своим идолом и единственным другом [Popoff 2012].

Часть вторая

## «ЭФФЕКТ ДОСТОЕВСКОГО»

# Глава 5
# Трудное детство

В этой части книги речь пойдет о том, что нам удалось выявить в ходе исследования с участием патологических игроков, проживающих в Большом Торонто (Канада). В приложении 1 описана теоретическая база, а в приложении 2 — три метода, которые мы использовали для сбора данных. Основой для статистического анализа стали данные, полученные с помощью анкет. Чтобы глубже проникнуть в мысли наших респондентов, мы прибегли к индивидуальным интервью.

Однако каким бы образом ни были собраны данные, в них постоянно прослеживалась выраженная тенденция. В начале этой книги упоминался феномен, который мы назвали «эффектом Достоевского»: модель развития игровой зависимости, описывающая как поведение Достоевского, так и поведение современных игроков.

«Эффект Достоевского» формируется еще в детстве, когда ребенок переживает травмирующее или глубоко беспокоящее событие, которое порождает тревожность и другие психические нарушения, а также тормозит развитие копинговых навыков. Вырастая, такой человек сталкивается с новыми стрессовыми факторами, снова испытывает тревожность и прибегает к копинг-стратегиям, освоенным в детстве. Если стратегии оказываются неэффективными и дезадаптивными, это может привести к росту тревожности и депрессии — а потенциально и стать толчком к возникновению новых проблем, которые придется как-то решать.

В последующих трех разделах мы поочередно рассмотрим каждый из трех факторов, способствующих развитию проблемного игрового поведения: тяжелое детство, стрессовую обстановку во взрослом возрасте и дезадаптивные копинг-стратегии — и увидим, как именно они взаимодействуют друг с другом. В четвертом разделе мы выясним, как игровая зависимость губительно влияет на повседневную жизнь игроков, а также их друзей и близких. Мы убедимся, что поведение современных патологических игроков во многом напоминает поведение Достоевского, описанное в предыдущем разделе. Наконец, в последнем разделе мы заострим внимание на конкретных чертах, объединяющих Достоевского с современными игроманами.

В начале 2000-х годов центры по контролю и профилактике болезней США и страховая компания *Kaiser Permanente* провели совместное крупномасштабное исследование, в котором приняли участие более 170 тысяч американцев среднего класса. Задачей было установить, как тяжелое детство связано с формированием зависимостей. Руководитель исследования, доктор Винсент Фелитти, пришел к следующему заключению: «Как правило, основной причиной зависимости становятся события, пережитые в детстве» [Felitti 2003].

Существуют две причины, почему тяжелое детство толкает человека к развитию игровой зависимости. Во-первых, возникает долгосрочный психологический ущерб, из-за чего человек в течение всей жизни может страдать от тревожности, депрессии или сочетания этих расстройств. Во-вторых, замедляется развитие положительных и эффективных копинг-стратегий. Мы увидим, что многие люди, ставшие проблемными игроками, в детстве сталкивались с таким глубоко травмирующим опытом, как физическое насилие, пренебрежение, крайняя нищета, развод родителей и смерть близкого человека. По их поведению заметно, что им был нанесен психологический вред; в разговоре с интервьюерами они выражают гнев, сожаление и боль от утраты. Им пришлось столкнуться с ситуациями, к которым они еще не были готовы, и это замедлило их способность постепенно сформировать взрослые копинг-стратегии. У большинства таких людей взрослые копинг-стратегии вообще отсутствуют. В результате в их повседневную жизнь постоянно вторгаются отрицательные эмоции, становящиеся новым источником депрессии и тревоги.

В рамках настоящего исследования мы рассматриваем стресс как субъективный опыт. Модель Ричарда Лазаруса и Сьюзен Фолкман определяет стресс как уникальное взаимодействие между человеком, его окружением и внешним стрессором [Lazarus, Folkman 1984]. Если человек считает, что это взаимодействие угрожает его благополучию, ресурсам и способности справляться с ситуацией, то, значит, он испытывает стресс. Эта модель удобна для нашего исследования, поскольку она допускает индивидуальное толкование стресса и травмы. Получается, что два человека могут воспринимать одинаковую ситуацию по-разному. В контексте настоящей книги это значит, что один человек может превратиться в патологического игрока, в то время как второй избежит игровой зависимости.

В ходе исследования мы выявили большое количество стрессовых событий и ситуаций, которые подтолкнули наших респондентов в сторону игры. В данной книге мы рассмотрим те из них, которые встречаются чаще всего. Речь пойдет как об отдельных стрессовых (тревожащих) событиях, так и о длительных ситуациях, сохранявшихся на протяжении детского возраста у многих участников исследования: например, длительные периоды физического, эмоционального или сексуального насилия, а также хроническая нехватка внимания. Другим примером служит парентификация, которая сама по себе является формой родительского пренебрежения, когда ребенок вынужден принять на себя роль взрослого — скажем, столкнувшись с бездомностью или отсутствием денег. В последующих главах мы подробно рассмотрим и объясним все эти типы детских травм.

Большинство травмирующих ситуаций, пережитых участниками нашего исследования, имели место в кругу родственников; всего 2 % таких случаев произошли вне семьи. Это еще раз указывает, что семья может быть опасным пространством — местом, где ребенок с большой долей вероятности может оказаться жертвой. Так было во времена Достоевского, и сейчас ситуация осталась прежней. Будущие проблемные игроки часто рождаются в так называемых «дисфункциональных» семьях. Под этим термином понимаются семьи, которые — зачастую несмотря на значительные усилия — постоянно оказываются в замкнутом кругу патологических отношений, вредных привычек и социально уязвимых ситуаций. У людей, выросших в таком окружении, детские травмы связаны с мыслями о семье. Чтобы подавить эти воспоминания, многие обращаются к игре. В этой главе мы постараемся ответить на вопрос, почему именно игра стала для них способом избавиться от стресса.

Одним из стрессовых факторов, о которых время от времени упоминали наши респонденты, была игровая зависимость у родителей. Как мы выясним, жизнь с родителем-игроманом повышает уровень стресса в жизни ребенка и способствует дальнейшему нарушению связей внутри семьи. Неудивительно, что дети проблемных игроков чаще сталкиваются со стрессом и хуже умеют с ним бороться, чем те, чьи родители не проявляют патологической тяги к игре. Это значит, что и у них самих больше риск превратиться в игроманов.

Однако у многих участников нашего исследования родители не были проблемными игроками. В этом отношении они похожи на Достоевского: в детстве они жили в обстановке стресса, а когда выросли, у них возникла игровая зависимость.

Давайте рассмотрим пример Мэрилин (имя изменено). Ее родители были не игроманами, а алкоголиками. Мэрилин сообщила нам, что в детстве ей было нелегко. С ее точки зрения, алкоголизм родителей повлиял на развитие ее игровой зависимости. «Оба моих родителя были алкоголиками, — говорит она. — Так что если зависимость передается по наследству, то я думаю, что это из-за них я не смогла научиться иначе справляться со стрессом». В этой главе мы увидим, почему жизнь с родителями-алкоголиками была для Мэрилин настолько тяжелой. В двух словах, их зависимость стала для нее источником стресса и тревоги, и чтобы справиться с этими факторами, она научилась у родителей неверным копинг-стратегиям.

Далее мы перейдем к конкретным случаям травмирующего опыта, о которых рассказали наши респонденты, и постараемся понять, как эти ситуации заложили основу для грядущего развития игромании. Сначала мы выслушаем истории тех, кто в детстве столкнулся с единичным травмирующим событием. Помните, что стресс, который они пережили в детском или подростковом возрасте, продолжает играть важную роль даже во взрослой жизни и тем самым способствует проявлению патологической тяги к игре.

**Травма**

Почему некоторые события или ситуации становятся травмирующими? Как и в случае со стрессом, травма (результат глубокого потрясения) определяется субъективным восприятием. «Травмирующее происшествие» — это конкретное событие, вызывающее у ребенка устойчивое чувство стресса и отчаяния. Такие события часто случаются неожиданно, поэтому вы не успеваете мысленно или физически к ним подготовиться. Поскольку вы не можете отреагировать адекватно, в результате вы чувствуете изумление, огорчение и беспомощность. Итак, травма и стресс понимаются субъективно; поэтому травму можно считать результатом крайнего стресса. Зачастую воспоминания об особенно травмирующем происшествии остаются с человеком на всю жизнь.

Есть много данных, позволяющих предположить, что многие патологические игроки в детстве переживали ситуацию стресса — из-за чего в дальнейшем они используют нездоровые копинг-стратегии, такие как игра. Джулиан Табер, Ричард Маккормик и Луис Рамирес обнаружили, что 23 % игроков, посещающих психотерапевта, сообщали о тяжелой травме, в том числе сексуального или физического характера [Taber et al. 1987]. У этих участников исследования сильнее проявлялись депрессия и тревожность, что, как мы знаем, связано со степенью выраженности игровой зависимости. Нэнси Петри и Карен Стейнберг выяснили, что проблемные игроки чаще оказывались жертвами родительского пренебрежения, а также эмоционального и сексуального насилия [Petry, Steinberg 2005]. Чем более жестоким было насилие, тем раньше жертва начинала играть и тем сильнее проявлялись связанные с игроманией проблемы. К подобным результатам также пришли Отто Кауш, Лорин Рагл и Дуглас Роланд [Kausch et al. 2006]. Как сообщается в их исследовании, 64 % патологических игроков, получающих терапию, столкнулись с эмоциональной травмой, 40,5 % — с физической, а 24,3 % — с сексуальной, причем все травмирующие инциденты произошли в детском возрасте.

Оуэн Волковиц, Алек Роу и Аллен Доран предположили, что развитию игромании часто предшествует значительный стресс — например, болезнь, травма или смерть одного из родителей [Wolkowitz et al. 1985]. Вне зависимости от конкретного типа, подобные события накладывают отпечаток на психическое и физическое здоровье человека на много лет вперед. Многие исследования показывают, что у детей, рано столкнувшихся со стрессом, выше вероятность развития психических патологий. Это объясняется и физиологическими изменениями в нейробиологических системах, отвечающих за реакцию на стресс, и психологическими факторами — ребенок оказывается не в состоянии выработать здоровую стратегию для борьбы со стрессами в будущем.

Одной из травм, о которых сообщали наши респонденты, была смерть близкого человека.

### СМЕРТЬ И/ИЛИ ПОТЕРЯ БЛИЗКОГО

Как обнаружил Чарльз Немерофф, у детей, столкнувшихся со смертью одного из родителей, в дальнейшем больше риск развития депрессивных и тревожных расстройств [Nemeroff 2004]. В рамках нашего исследования мы обнаружили, что оба вида расстройств тесно связаны с выраженностью игровой зависимости. Неудивительно, что некоторые наши респонденты в детстве потеряли близкого человека. В очень раннем возрасте им пришлось ощутить чувство покинутости и одиночества, и это повлияло на их дальнейшее психологическое развитие. Например, Дениз было четырнадцать лет, когда умерла ее мать.

> Когда мне было четырнадцать, все изменилось. Моя мать умерла от осложнений после обычной операции язвы желудка. Диана [старшая сестра] окончила школу и уехала. Еще через два года отец женился снова, и мы вместе с мачехой

переехали во Флинт, расположенный в часе езды к северу от Детройта. Я потеряла маму, сестру и остальных родственников, поэтому злилась и бунтовала.

Для Дениз весь мир внезапно перевернулся. Не приходится сомневаться, что неожиданная смерть матери — это травмирующее событие. После переезда она оказалась вдали от тех, кто мог бы помочь ей справиться с этой потерей. Гнев, возмущение и протест, которые испытывала Дениз, привели к формированию неэффективных копинг-стратегий, одной из которых стали азартные игры.

Билл родился в Мельбурне (Австралия). Он тоже пережил смерть близкого человека. Его отец умер, когда тот был совсем ребенком, и последствия его смерти преследовали Билла на протяжении многих лет. «Когда мой отец умер, мне было всего <...> шесть лет. Это действительно изменило мою жизнь. <...> Мне всегда было очень-очень тяжело, я всегда испытывал что-то вроде депрессии, всегда чувствовал себя одиноким — потому что я, в сущности, остался один». Травма от смерти отца повлияла на то, как он в дальнейшем воспринимал события своей жизни. Пессимизм и склонность к самоуничижению, которые сопровождают депрессивное состояние, не позволили ему выработать способность адекватно справляться со стрессом. Билл начал играть ради положительных эмоций — ради адреналиновой лихорадки, связанной с возможностью выиграть, и общей атмосферы радостного возбуждения. Но в результате он снова и снова чувствовал себя побежденным, в то время как игровая зависимость порождала новые проблемы, которые невозможно было решить за игорным столом.

Билл такой не один. Многие другие участники нашего исследования обнаружили, что не могут справиться с болью от смерти отца или матери. Некоторые признаются, что им даже сейчас тяжело об этом думать. Так, у Нэнси оба родителя умерли от диабета, когда она была подростком, и воспоминания по-прежнему причиняют ей боль. «Мне и сейчас тяжело [думать об их смерти], мне хочется с кем-то поговорить, а их нет уже больше десяти лет». Потерять настолько важного человека, особенно в юности, нелегко. Для Дениз, Билла и Нэнси эта ситуация стала источником стресса. Чтобы справиться с негативными чувствами, они начали играть.

Тим тоже был глубоко потрясен, когда из его жизни исчез отец. Ему было всего десять лет, когда отец от них ушел, и двенадцать — когда покончил с собой. Тим еще не умел справляться с подобными эмоциональными ситуациями. Ему казалось, что отец покинул его дважды. Сначала отец бросил его и всю семью, как если бы Тим был недостаточно хорошим сыном. Самоубийство, последовавшее два года спустя, означало, что Тим никогда больше его не увидит. «Он покончил с собой в машине, — вспоминает Тим. — Закрыл окна и задохнулся угарным газом. Он так и не смог бросить пить, и еще он был на войне. Думаю, у него было посттравматическое стрессовое расстройство».

Оглядываясь назад, Тим отчасти понимает, чем объяснялось поведение отца. И все же эти аргументы его не убеждают, и сложившаяся ситуация продолжает причинять ему эмоциональную боль. Чтобы справиться со стрессом, Тим отправляется играть. Игра ассоциируется у него с выигрышем и развлечением, которые на время помогают отвлечься от боли и обиды, связанных с потерей отца.

Отсутствие родителя в жизни ребенка тоже в чем-то напоминает смерть. Так, когда Лиам был ребенком, его мать надолго поместили в психиатрическую больницу. И, что было еще болезненнее, он подозревал, что причиной этому могла стать попытка суицида. Без нее его семья поверглась в хаос, и никто не смог восполнить нехватку стабильности и структурированности, чтобы помочь ему справиться с отсутствием матери. Вот как он описывает то время:

> Я не знаю, действительно ли мама пыталась покончить с собой или она просто была тяжело больна. Мне тогда было лет девять или десять... хотя скорее тринадцать-четырнадцать. В общем, это было тяжелое время: никто не знал, что будет дальше. Ну и отцу вроде как полагалось взять на себя ее обязанности, но он этого делать не стал. Он скорее прятался от всех.

В отсутствие матери семья утратила стабильность. Оказавшись в одиночестве из-за действий отца, Лиам чувствовал себя испуганным и покинутым; поскольку отец не смог взять на себя родительские обязанности, которые раньше выполняла его жена, сыну не оставалось ничего, кроме как найти свой собственный выход из ситуации.

Смерть или потеря близкого человека — это опыт, который никогда не стирается из памяти. Такие воспоминания продолжают преследовать наших респондентов даже во взрослой жизни. Потеряв родителя, ребенок теряет одну из важнейших точек опоры, причем в уязвимом возрасте. Жизнь становится нестабильной и непредсказуемой, а значит, степень стресса растет. Многие такие дети так и не могут найти здоровые способы бороться со стрессом. Во взрослом возрасте у них вырабатывается игромания. Часто она дополняет другую зависимость — например, от никотина или алкоголя. Все это помогает спрятаться от проблем.

Многие проблемные игроки сталкивались со смертью или потерей близкого человека. Исследователи часто включают это событие в перечень факторов риска, способствующих развитию игровой зависимости. Например, исследование Дэвида Хьюитта показало, что 75 % патологических игроков, происходящих из коренных народов Канады, пережили смерть друга или члена семьи [Hewitt 1994]. Почти половина из них столкнулись с потерей другого типа. Когда человек переживает горе, гнев или обиду из-за потери близкого, ему хочется спрятаться от этих чувств. Наши респонденты спасаются в игре. Яркая обстановка, сам процесс игры, чувство общности с другими игроками, возбуждение и адреналиновая лихорадка — все это притягивает и в конечном счете подавляет их волю.

### ПЕРЕЕЗД И ИММИГРАЦИЯ

Еще одним типом детской травмы является переезд и в особенности иммиграция.

За последние девяносто лет ученые-социологи уже познакомились с негативными последствиями миграции. Все началось с книги Уильяма Томаса и Флориана Знанецки «Польский крестьянин в Европе и Америке» («The Polish Peasant in Europe and America», 1918–1920), признанной классическим трудом по проблеме переселения польского крестьянства в Америку [Thomas, Znaniecki 1958]. Позднейшие исследования показали, что иммиграция особенно тяжело сказывается на молодежи: многие молодые иммигранты сталкиваются с кризисом идентичности и проблемами психологического характера.

Так, исследователи обнаружили, что, когда польские крестьянские семьи перебирались во Францию, отношения внутри семьи радикально менялись. Дело в том, что отцу приходилось заниматься менее престижной работой. Это не только отражалось на его самооценке и вредило отношениям с женой и детьми; отныне семья не могла рассчитывать на прежний уровень материального комфорта. Нехватка денег порождала напряжение.

Многие члены таких семей рассчитывали, что быстро привыкнут к новой культуре, но на самом деле это оказывалось гораздо труднее. Кроме того, иммиграция зачастую означала, что человек обрывал связи с дальними родственниками, которые раньше служили источником поддержки. В результате иммигранты чувствовали себя изолированными и отвергнутыми.

Одна из участниц нашего исследования, Лена, пережила подобные сложности, когда ее семье пришлось переехать:

> Когда мы уехали, шла война во Вьетнаме. Мы потеряли все. Пришли коммунисты и все у нас забрали: отныне все принадлежало государству. Мы бросили дом и переехали. Мои брат и сестра... они как бы есть, и их как бы нет, потому что они живут в другой стране, и мама тоже. Я приехала сюда с отцом, мачехой и сестрой.

Она «потеряла все» в мгновение ока. Родственники остались в другой стране, что вызывает чувство потери: «их как бы нет». Вместе с тем у семьи отобрали ее имущество, и ей пришлось переезжать в другую страну. Стабильность пошатнулась. У Лены отобрали чувство дома и семьи.

Многие игроки, принявшие участие в нашем исследовании, в детстве переезжали на большие расстояния — зачастую в другую страну или на другой континент. «Мне нравилось жить в Эфиопии, — вспоминает Бриэнн, — и, когда мы уехали, там осталось множество моих друзей. В детстве я всегда хотела жить в своей родной стране. [Но] я уехала, и это было тяжело». Потеря друзей означала, что жизнь в новом «доме» ассоциировалась у Бриэнн с одиночеством и изолированностью. Она чувствовала себя чужой, и новая страна не казалась ей домом.

Вань тоже столкнулся со сложностями, когда в молодости перебрался в Канаду. «Я ничего не понимал: не умел ни читать, ни писать», — говорит он. Для Ваня, как и для других, иммиграция обернулась изолированностью и отсутствием стабильности. Покидать свой дом нелегко, но ему оказалось еще труднее, потому что он был вынужден учить новый язык и знакомиться с новой культурой.

Но даже те, кто всего лишь переехал из одного канадского города в другой, признаются, что это было непросто. В чем-то их воспоминания перекликаются с рассказами людей, которым в детстве пришлось эмигрировать в чужую страну. Некоторые участники постоянно переезжали с места на место. Каждый раз им приходилось прощаться с домом, соседями и друзьями, заново привыкать к школе и новому району. В такой нестабильной обстановке они не чувствовали себя в безопасности — не чувствовали себя «дома».

Когда ты постоянно переезжаешь, каждый раз адаптация требует все больших усилий. Такие семьи никогда не задерживались на одном месте достаточно долго, чтобы почувствовать себя уверенно, и в результате дети страдали от стресса. Это становится очевидным в интервью Тейлор, когда она рассказывает, как в ее семье проходили постоянные переезды:

> Когда мой отец покупал дом... и он никогда не покупал какую-нибудь развалюху... я имею в виду, это всегда был хороший дом... он сразу же сдирал старые обои и клеил новые. И, как только ремонт был закончен, он словно говорил себе: «Отлично, а теперь переезжаем снова».

Из-за постоянных переездов жизнь Тейлор была слишком шаткой. Ей казалось, что она никогда не сможет обосноваться в одном месте надолго, чтобы завести друзей и почувствовать себя как дома. Эти чувства были источником стресса и неуверенности.

Еще раз подчеркнем, что постоянные переезды и иммиграция могут стать важным фактором в развитии проблемного игрового поведения, поскольку они сопряжены с изменением в положении семьи и многими организационными трудностями. Возникает тревожность, которую ребенок неспособен побороть. Ситуация становится особенно сложной в отсутствие поддержки — дальних родственников и друзей, с которыми из-за переезда приходится расстаться. Кроме того, родители тоже страдают от стресса и тревожности и потому не могут поддержать ребенка и привнести в его жизнь стабильность. Лена, Вань и Тейлор служат яркими примерами проблемных игроков, которые в детстве пережили переезд, не имея возможности эффективно справиться со стрессом. В итоге это стало одним из факторов возникновения игромании.

### ДИСФУНКЦИОНАЛЬНАЯ СЕМЬЯ И РАЗВОД

Стрессом является не только смена окружающей обстановки, но и изменения в структуре семьи. Об этом говорили многие участники нашего исследования, упоминавшие семью в качестве источника стресса. Люди, выросшие в нестабильных семьях, чаще сами вступают в нестабильные отношения. Между тем в рамках нашего исследования обнаружилась корреляция между нестабильными отношениями и проблемным игровым поведением. Развод и другие проявления семейного разлада негативно сказываются на психологическом развитии ребенка и способствуют возникновению психических расстройств в будущем. Особенно часто они возникают у детей, чьи родители сами были патологическими игроками (это относится ко многим участникам нашего исследования). Например, Дайан Хоган пишет, что дети проблемных игроков сталкиваются с непоследовательным воспитанием, нехваткой родительского участия и отсутствием эмоциональной связи с родителями [Hogan 1997]. Кроме того, в таких семьях царит напряженная атмосфера, родители часто ссорятся, расходятся, раздражаются друг на друга, возникают физические и вербальные конфликты различной степени. Если родители постоянно ссорятся, детям часто не хватает внимания, поскольку родители погружены в собственные проблемы. Дэвид Вашон и его соавторы обнаружили, что нехватка надзора и дисциплины оказывается связана с возникновением патологического игрового поведения у подростков [Vachon et al. 2004]. С другой стороны, и это соответствует ранее приведенным данным, подростки из семей с внимательными и заботливыми родителями играют меньше и реже становятся проблемными игроками [Magoon, Ingersoll 2006]. Нехватку дисциплины и родительского надзора саму по себе можно считать источником стресса. В такой ситуации ребенок недополучает социального воспитания, так как родительские фигуры отсутствуют и возможности социального моделирования по их образцу резко ограничены.

Многие наши респонденты жаловались на дисфункциональные семьи. Так, из рассказа Мелиссы вырисовывается яркая картина стресса и неуверенности в завтрашнем дне:

> У моей старшей сестры действительно были проблемы, и она рано ушла из дома, всего в шестнадцать... Родители развелись... так что у нас появилась мачеха... когда мне было примерно пять лет. <...> Но трем моим старшим сиблингам было трудно к ней привыкнуть! [смеется] Я сразу приняла ее как маму, но старшим было сложнее, они были подростками, особенно самая старшая сестра, которая ушла из дома в шестнадцать. Так что в каком-то смысле я росла без нее... и мои старшие братья, что я о них помню... я еще была очень маленькой, а они выросли и тоже съехали от нас. Так что у меня были братья, но они ушли... и я росла единственным ребенком... пока не родилась сестренка, на одиннадцать лет меня младше!

Мы видим, что Мелисса «приняла [мачеху] как маму», но в семье возникло напряжение, в особенности среди старших детей. Она была ребенком, и резкие изменения в составе семьи были источником стресса, сбивавшим ее с толку. Как мы выясним позднее, это стало толчком к возникновению проблем во взрослом возрасте — и одной из этих проблем была игромания.

Зачастую причиной изменений в семьях наших респондентов был развод родителей. Такая ситуация часто причиняет детям стресс: например, им приходится жить на две семьи или наблюдать, как родители выясняют, кому достанется опека. Кроме того, многие респонденты были детьми в те времена, когда разводы случались не так часто и сама тема развода считалась табуированной — поэтому они чувствовали себя непохожими на других детей. К ощущению распадающейся семьи добавлялось чувство изоляции от ровесников. Так, когда мы спросили у Стейси, была ли ее семья похожа на другие семьи, она ответила: «Нет, потому что у нас была особая структура... и после развода все очень изменилось». Стейси пришлось принять тот факт, что ее родители развелись. Но вместе с тем она чувствовала себя чужой среди сверстников. Не имея возможности обратиться к ним за поддержкой, она оказалась один на один со стрессом, порожденным и ситуацией развода, и чувством непохожести на других детей.

Многие участники исследования упомянули, что перед разводом родители часто ссорились. Такие ссоры неминуемо становятся для ребенка источником тревожности и смятения. Тяжелее всего, если ребенок верит, что родители ссорятся из-за него. В других случаях разводу предшествует физическое насилие: подобный опыт всегда оставляет после себя эмоциональные и физические шрамы. Прежде всего, стресс сам по себе вреден для психики. В отсутствие поддержки со стороны семьи ребенок не может выработать здоровые поведенческие модели и копинг-стратегии. Кроме того, в подобных дисфункциональных семьях возникает атмосфера крайнего стресса, способная вызвать или усугубить аффективные расстройства у детей. В итоге повышается вероятность, что ребенок станет патологическим игроком [Darbyshire et al. 2001].

## ПЛОХОЕ ОБРАЩЕНИЕ С ДЕТЬМИ

Джон Брайер, ведущий исследователь в этой области, полагает, что человек, подвергшийся в детстве плохому обращению, в будущем страдает от поведенческих расстройств и обращается к адаптивным психологическим тактикам [Briere 1992]. Однако степень влияния этого фактора зависит от типа плохого обращения, его выраженности, а также от добавочных стрессоров и общего уровня развития ребенка. Самые типичные формы плохого обращения — это насилие (физическое, сексуальное и эмоциональное) и пренебрежение родительскими обязанностями (на физическом и эмоциональном уровне). В литературе, посвященной проблеме плохого обращения с детьми и патологического игрового поведения, содержится много актуальных данных. Так, Дэвид Ходжинс и Дон Шопфлохер провели исследование с участием 1145 взрослых жителей провинции Альберта [Hodgins, Schopflocher 2010]. Они обнаружили, что люди, подвергавшиеся плохому обращению, чаще играют в азартные игры и с большей вероятностью становятся патологическими игроками. Эта связь прослеживается даже с учетом других индивидуальных и социальных факторов (например, возраст, пол, употребление наркотических веществ, наличие психопатологий и т. д.), и это позволяет предположить, что жестокое обращение с детьми напрямую связано с развитием игровой зависимости. Дженнифер Фелшер, Джеффри Деревенски и Рина Гупта тоже выявили явную линейную связь между жестоким обращением и игровой зависимостью [Felsher et al. 2010]. В их исследовании принимали участие 1324 респондента в возрасте от семнадцати до двадцати двух лет. Игроки чаще всех сообщали, что подвергались в детстве жестокому обращению, в то время как наименьшее число таких случаев было зафиксировано среди респондентов, не играющих в азартные игры. Эта связь сохраняется для всех форм насилия и пренебрежения. Среди молодых людей, попавших в группу патологических игроков (или рискующих стать патологическими игроками), 14,8 % сообщили, что в детстве подвергались жестокому обращению и это до сих пор негативно влияет на их взрослую жизнь. Отсюда можно предположить, что и сам подобный опыт, и воспоминания о нем становятся источником стресса, влияющего на повседневное поведение человека. Такой вывод не противоречит результатам других исследований (например, [Blaszczynski, Nower 2002; Derevensky, Gupta 2004]), согласно которым патологические игроки играют, чтобы справиться с негативными мыслями и эмоциональными состояниями. В любом случае жестокое обращение в детстве — это фактор долгосрочного влияния, причиняющий значительный вред психологическому здоровью и снижающий стрессоустойчивость в будущем. Для участников нашего исследования это стало еще одним толчком в сторону игры.

### НАСИЛИЕ

Наши респонденты часто упоминали различные ситуации, связанные с насилием. Однако о какой бы форме насилия ни шла речь, результат всегда остается прежним: страдание, отчаяние и чувство собственной бесполезности. Сталкиваясь с физическим, сексуальным и эмоциональным насилием, ребенок чувствует себя преданным, униженным и ненужным. Часто такие дети вынуждены скрывать свое «я» из страха перед агрессором. Это негативно влияет на их уверенность в себе и отношение к собственной личности.

Кроме того, анализ количественных данных показал, что дети, чьи родители были патологическими игроками, в пять раз чаще рисковали столкнуться с пренебрежением или насилием. Как неоднократно доказывается в нашем исследовании, последствия насилия продолжают проявляться даже во взрослой жизни. Респонденты, подвергавшиеся насилию, чаще обращаются к нездоровым и неэффективным копинг-стратегиям — в том числе у них развивается игровая зависимость и зависимость от наркотических веществ (включая алкоголь).

Наши респонденты в основном сталкивались с двумя видами насилия: они были либо свидетелями семейного насилия (то есть видели, как мать подвергается насилию со стороны отца), либо его жертвами. Когда ребенок видит, как один родитель причиняет боль другому, ему самому может ничего не угрожать — однако после этого его всю жизнь преследуют травматические воспоминания. Наши респонденты реагировали на такие ситуации по-разному. Чаще всего они описывали чувство беспомощности, напряженности и страха.

Например, Ронда видела, как ее отец избивал мать, но была слишком напугана, чтобы вмешаться: «Я не убегала... если он [отец] начинал бить маму. Я кричала на него, но не приближалась. Мне было страшно, что он и меня ударит. Я сразу же бежала в полицию. И я... приводила полицейского, но не заходила [обратно в дом]».

Будучи ребенком, Ронда понимала, что отец не имел права бить мать, но она боялась вступать с ним в конфликт, поэтому искала помощи у полиции. Легко представить, какое чувство вины и сожаления она испытывала во взрослом возрасте, когда думала, что не смогла помочь матери и оказалась беспомощной перед отцом. Эти чувства — беспомощность, страх и боль — продолжали преследовать ее много лет. Многие участники нашей выборки вспоминают, что в детстве они ощущали себя беспомощными перед лицом опасности.

Детство Стивена тоже было непростым. Его родители постоянно ссорились, и он ничего не мог с этим сделать. Хуже всего, что временами родители как будто мирились, и ему казалось, что они даже любят друг друга, пока между ними внезапно не разгоралась новая ссора: «Наша семья была [словно] Джекилл и Хайд. Сегодня у нас бушует Седьмая мировая война, отец и мать орут друг на друга. А на следующее утро он спрашивает как ни в чем не бывало: "Слушай, а можно мне яичницу с беконом?" И я такой: "Что вообще происходит?"».

Непредсказуемость пугала Стивена больше всего. Отношения между родителями могли измениться в любой момент. Стивен всегда нервничал, потому что никогда не мог заранее угадать, в какой момент разразится следующая ссора. Подобная нестабильность преследовала его и во взрослой жизни; вот почему он не был уверен в собственных решениях и постоянно ошибался, в особенности в игре.

Когда ребенок становится свидетелем семейного насилия, в его отношениях с родителями появляется напряженность. Респонденты отмечали, что напряженные детско-родительские отношения стали для них крупным источником стресса и подорвали доверие к родителям и другим взрослым, к которым они могли бы обратиться в поисках стабильности и поддержки. Например, конфликт между родителями Джонатана привел к появлению напряженности в его отношениях с отцом:

> Мои родители никогда не были счастливы вместе. Он [отец] был вечно недоволен и иногда вымещал это на мне. Между нами всегда сохранялось напряжение. И я иногда думаю, что отец вымещал... это называется «сместить агрессию». Допустим, вы пинаете собаку, потому что злитесь на кого-то. Так что, когда он был несчастлив, бывало, он вымещал это на мне.

Отец выплескивал свой гнев на Джонатана, пока тому не начало казаться, что он неспособен справляться с проблемами — неспособен ничем помочь ни себе, ни своей семье.

Некоторые патологические игроки, принимавшие участие в нашем исследовании, были жертвами прямого физического насилия со стороны родителей. В детстве они боялись тех самых людей, которым полагалось их защищать, и потому не научились ощущать безопасность и ценность своего «я». Подобно детям, наблюдавшим за насилием со стороны, они чувствовали себя одинокими и неспособными изменить жизнь к лучшему.

Став взрослыми, они зачастую страдают от того же самого чувства отчаяния, одиночества и беспомощности. Рейчел вспоминает один случай: «Она меня била. Как-то раз мы с мамой сильно поругались, и она пригрозила, что отрежет мне руку мясницким ножом. В другой руке у нее была разделочная доска. И она принялась бить меня этой доской, пока я не упала». Рейчел была ошарашена происходящим — и, как мы знаем, это делает ситуацию еще более тяжелой, потому что она никак не могла подготовиться к такому повороту событий, физически или психически. «Думаю, была очень стрессовая ситуация, — объясняет она. — Я была совсем маленькой и не поняла, что сделала не так». Мы уже упоминали, что непредсказуемость насилия увеличивает степень стресса. Рейчел казалось, что мать от чего угодно может прийти в ярость и начать ее избивать. Непредсказуемость заставляла бояться еще сильнее. И в детстве, и во взрослом возрасте Рейчел попросту не могла понять, почему ее мать вела себя так жестоко.

Крис признается, что родители наказывали его каждый раз, когда он подводил их или оказывался недостаточно хорошим. «День, когда выдавали учебный табель, всегда был очень тяжелым. Всегда. Обычно отец на меня кричал, если я приносил плохие оценки. А пока я был маленьким, он мог меня за это побить».

Для Робби плохие оценки тоже означали физическое наказание. «Если я получал оценку ниже А+, то это было недостаточно хорошо. В качестве наказания я должен был полностью переделать домашнее задание. Он был по-настоящему жестоким. В наши дни его бы привлекли по закону. Пару раз он сильно толкал меня, [хотя] очень редко».

Некоторые респонденты изо всех сил старались соответствовать родительским ожиданиям. Однако рано или поздно вместо стыда за свое поведение они начинали испытывать гнев. Так, например, случилось с Райаном. Его возмущало, что вместо здоровых форм поощрения его родители предпочитали давить на него. Райан описывает, как с возрастом стыд уступал место гневу:

> Когда я был маленьким, мне было либо очень грустно, либо очень страшно. Грустно, потому что я хотел, чтобы все изменилось, и страшно, потому что я вечно думал: «Черт, меня снова побьют». Когда я стал старше, я уже не так боялся, потому что они уже не так сильно меня били, ведь я мог дать сдачи. Какое-то время я думал, что проблема во мне, но потом до меня дошло: «Нет, вы сами виноваты, что не можете себя контролировать, надо было держать себя в руках».

Райан научился давать сдачи, но когда он вспоминает свое детство, он до сих пор чувствует гнев. Большинство участников нашего исследования, столкнувшихся в детстве с насилием, тоже по-прежнему испытывают гнев, смятение и возмущение. Однако многие даже во взрослом возрасте не смогли избавиться от чувства стыда и вины. В детстве они привыкли чувствовать себя недостаточно хорошими, и это запустило механизм ненависти к себе, который искажает картину мира. В результате такие люди чаще испытывают стресс. Игра помогает им на время укрыться от отрицательных эмоций.

Что касается сексуального насилия, то таких случаев было меньше, но все же некоторые наши респонденты столкнулись в детстве именно с этим. Дебби, одна из участниц, рассказывает ужасающую историю о том, как ее с сестрой насиловал отчим. Он воспользовался ею и в эмоциональном, и в сексуальном смысле, потому что она была недостаточно взрослой и не понимала, что он делает. Мать Дебби страдала от алкоголизма и игровой зависимости и поэтому не могла защитить дочерей. Дебби родила от отчима двоих детей, когда ей самой едва перевалило за двадцать, и теперь дети служат постоянным напоминанием о том, что он с ней сделал:

> Все было хорошо, пока отчим не переспал со мной... Сначала с моей сестрой, а потом и со мной... Он говорил, что любит меня и все такое, и я поверила, потому что еще ни с кем не встречалась. Я ничего не знала о сексе. Потом я в него влюбилась. Я даже не понимала, что это было насилие, пока мне не объяснили. Это продлилось три года. Потом они с моей сестрой уехали... Я ушла из дома, когда мне было лет двадцать, и я была беременна — родила от него двоих детей. Сестра родила троих. Такой вот получился треугольник.

Не приходится сомневаться, что этот травмирующий опыт останется с Дебби навсегда. Она старается осмыслить свои воспоминания и осознать, что случившееся с ней было действительно насилием. Ей был причинен психологический вред, который мог перерасти в серьезную психологическую патологию. Чтобы справиться с болезненными воспоминаниями, Дебби играет в азартные игры, потому что это позволяет ей сконцентрироваться на чём-то помимо травмы.

От любого эпизода насилия остаются эмоциональные следы. В сущности, физическое и сексуальное насилие обычно сопровождается эмоциональным. Например, когда Адама избил отец, он чувствовал себя опозоренным, и это нанесло вред его самооценке. Он вспоминает:

> Я помню, что сильнее всего отец избил меня, когда я взял из холодильника две засахаренные вишни для коктейля. После этого мне было стыдно переодеваться на физкультуру, потому что пришлось бы снимать шорты или брюки, а у меня все ноги были в синяках. Для меня это было тяжёлое событие.

Адам вспоминает не столько физическую боль, сколько стыд, связанный со зрелищем синяков. Это было «худшее наказание», потому что от него остались следы, которые могли заметить другие люди, — следы, напоминавшие ему, что отец им недоволен. Само событие давно осталось в прошлом, однако воспоминание со временем только сильнее укореняется в его памяти, так что Адаму не становится легче. Игра позволяет ему отвлечься от чувства боли и стыда, связанного с той ситуацией насилия.

Однако эмоциональное насилие не всегда связано с физическим или сексуальным. В сущности, это самая распространённая форма насилия, о которой сообщали наши респонденты: её результатом становится чувство отвержения, униженности, страха и одиночества. Многие патологические игроки в детстве сталкивались с негативными последствиями эмоционального насилия.

Как и в ситуации с Адамом, многие жертвы эмоционального насилия чувствовали себя недостаточно хорошими. Им казалось, что родители никогда не будут ими довольны. Постоянный стыд отрицательно влиял на их самооценку. Во взрослом возрасте низкая самооценка стала фактором, подталкивающим к выбору нездоровых копинг-стратегий, таких как игра.

Отдельные участники вспоминают, как их обзывали, обманывали и унижали. Например, Амрит рассказывает об одном случае из детства, связанном с ее матерью, которая страдала от алкоголизма и игровой зависимости:

> У меня была рыбка... в маленьком аквариуме, и я забыла его почистить, так что она включила свет, когда я спала, и выплеснула на меня воду из аквариума, и рыбка умерла прямо у меня на глазах. И это было действительно жестоко. Она сказала: «Я тебе говорила, чтобы ты почистила этот чертов аквариум». Она вылила его мне на голову в три часа ночи. И сказала: «Теперь тебе не надо его чистить». Она была очень пьяна. [На следующее утро] моя рыбка мертва, а она меня будит в школу.

Мать Амрит часто прибегала к вербальному насилию — например, говорила: «Тебе надо было родиться мальчиком». Всякий раз, когда дочь просила у нее помощи, она называла ее «ублюдком». И хотя Амрит теоретически понимала, что ее мать пьяна и что в трезвом состоянии она не стала бы так ее обзывать, эти слова все равно оставляли эмоциональные рубцы.

Другие респонденты тоже приводят примеры вербального насилия со стороны родителей. В случае Софи это был ее отец. «Он кричал на меня, что я глупая, робкая, толстая... Я постоянно это слышала... Что я не уверена в себе, что я мало стараюсь, [я] должна быть лучше, сильнее, не обращать на это внимания... пустые слова!»

Помните Дебби, ставшую жертвой сексуального насилия отчима? Как мы упоминали ранее, многие наши респонденты сталкивались одновременно с разными видами насилия. Дебби подвергалась эмоциональному насилию со стороны многих членов своей семьи. «Они каждый день говорили, какая я дура. Я слышала это каждый день. Меня постоянно унижали. Именно меня, а не братьев или сестру». Поскольку с ее сиблингами так не обращались, Дебби считала, что она сама виновата — что с ней наверняка что-то не так и что другого она не заслуживает. Она чувствовала смятение и стыд, ведь ее семья считала ее неудачницей. Сейчас Дебби страдает от выраженной игровой зависимости. Когда ее переполняют стыд и чувство поражения, она находит утешение в игре. Вероятно, другим мотивом служит возможность выиграть много денег и тем самым «добиться успеха».

Многие участники нашего исследования страдают от неуверенности в себе, вызванной эмоциональным насилием в детском возрасте. Примером может послужить Меган, которой сказали, что она была нежеланным ребенком и «ошибкой» для матери:

> Я всю жизнь знала, что родилась по ошибке. Сколько себя помню, может быть, лет с семи... Она [мать] не хотела за него [отца] замуж, но из-за меня ей пришлось... Я чувствовала себя одинокой, потому что не знала ни одного другого ребенка, который тоже был ошибкой. Кажется, большинство моих друзей были желанными детьми, и даже если нет, то их семьи казались стабильными, так что со стороны все выглядело хорошо. Да, так что мне было тяжело понимать, что я ошибка.

Мать постоянно напоминала ей об этом. В результате Меган чувствовала себя оторванной не только от родителей, но и от ровесников, потому что все остальные дети, которых она знала, были желанными. Каждому ребенку необходимы безусловная любовь и принятие как залог здорового эмоционального развития и доверия к другим людям. Меган оказалась этого лишена. К ней относились как к ошибке, и это негативно повлияло на ее эмоциональное развитие. Эмоциональную незрелость Меган выдает решение использовать в качестве копинг-стратегии азартные игры.

Дети, подвергавшиеся физическому, сексуальному и эмоциональному насилию, не чувствовали себя в безопасности рядом с родителями (ни в физическом, ни в эмоциональном смысле). Вместо этого на них вылился океан негатива — чувства собственной бессмысленности, стыда, вины, неудачи, никчемности, несостоятельности, гнева и возмущения. Им казалось, что они недостаточно хороши для родителей и для кого бы то ни было — и, следовательно, они не заслуживают любви. По мере взросления такие чувства не ослабевают. Зачастую они сопровождают человека на протяжении взрослой жизни и мешают заводить здоровые отношения. Это служит еще одним негативным фактором, поскольку, как мы знаем, здоровые отношения защищают от развития игровой зависимости.

Теплые и сочувственные отношения помогают пережить тяжелые времена. В отсутствие таких отношений у наших респондентов возникают нездоровые поведенческие стратегии — например, патологическая тяга к игре. Пережитое в детстве чувство беспомощности находит новую форму: теперь человек оказывается бессилен перед притяжением патологических видов деятельности и наркотических веществ. Этот опыт постоянно описывается в транскрибированных текстах интервью и в материалах статистического анализа нашего исследования.

### ПРЕНЕБРЕЖЕНИЕ РОДИТЕЛЬСКИМИ ОБЯЗАННОСТЯМИ

В дисфункциональных семьях детям живется нелегко. Многие участники нашего исследования рассказали о случаях, когда родители не обращали на них должного внимания — например, проводили много времени вдали от дома. Особенно часто об этом вспоминали те, чьи родители страдали каким-то видом зависимости (игровой, алкогольной и т. д.). Эта находка, сделанная в ходе анализа интервью, соотносится с данными, опубликованными в профессиональной литературе. Так, например, Йон Грант и Сук Вон Ким в своем ретроспективном исследовании определили, что проблемные игроки в детстве реже получали от родителей заботу и защиту и чаще сталкивались с родительской безразличностью [Grant, Won Kim 2002]. Карен Хардун, Джеффри Деревенски и Рина Гупта обнаружили, что «молодые люди, сообщающие о проблемах в семье и не считающие, что близкие оказывают им поддержку, больше подвергаются риску выработать игровую зависимость» [Hardoon et al. 2002: 61].

Как правило, в первые годы жизни между ребенком и родителями формируются прочные и стабильные эмоциональные связи, необходимые ребенку для эмоционального развития. Это называется процессом формирования привязанности. Согласно теории социального контроля, привязанность и доверие к семье, а также вовлеченность в ее дела коррелируются с более низким риском развития игровой зависимости. С точки зрения социального развития семья является базовой системой: она служит одновременно источником риска для развития девиантного поведения (такого как игра) и защиты от него [Kalischuk et al. 2006]. В рамках этой модели такие факторы, как привязанность к родителям, выполняют роль защиты. Однако для формирования привязанности родители должны играть важную роль в жизни ребенка, но, к сожалению, многие наши респонденты оказались этого лишены. Для детей патологического игрока, например, нехватка родительского внимания сама по себе является формой стресса. Как следствие, ребенок подвергается риску тоже стать патологическим игроком. Мы уже упоминали, что нехватка родительского контроля и необходимой дисциплины статистически коррелирует с развитием игромании у молодежи [Vachon et al. 2004].

Иногда родители отсутствуют в жизни ребенка, потому что им приходится много работать. В других случаях причиной служит зависимость. Зачастую эти факторы дополняют друг друга: один родитель проигрывает семейные деньги, а другой вынужден брать сверхурочные, чтобы вывести семью из финансового кризиса, и тоже сталкивается со стрессом. В результате оба родителя постоянно находятся далеко от ребенка и не могут предоставить ему достаточно внимания, необходимого для здорового психоэмоционального развития.

В случае если один из родителей нашего респондента был игроманом, такой родитель редко бывал дома, поскольку вся его жизнь состояла в чередовании работы и игры. Филип Дарбишир, Кэндис Остер и Хелен Кэрриг описывают чувство «вездесущей утраты», которое испытывают дети патологических игроков. Это «утрата родителя-игромана, как в физическом, так и в экзистенциальном смысле, утрата отношений с дальними родственниками, утрата безопасности и доверия, а также вполне материальная утрата денег» [Darbyshire et al. 2001: 32]. Страсть к игре не оставляет таким родителям времени на семью. Кроме того, их дети принимают определенные виды патологического поведения (игромания, пренебрежение, эгоизм) за норму и в дальнейшем сами их используют.

Дети, столкнувшиеся с пренебрежением со стороны родителей, часто чувствуют себя ненужными, нежеланными и не заслуживающими любви. Поэтому пренебрежение в целом вызывает у ребенка те же негативные последствия, что и насилие: и то и другое является типом жестокого обращения, но пренебрежение встречается чаще [Hooper 2007]. Ребенок, которым пренебрегают, тоже чувствует себя недостаточно ценным по сравнению с азартными играми (или другими аддиктивными привычками родителя). В результате у него формируется чувство собственной ненужности и ничтожности, которое не только отражается на отношениях с родителями, но и мешает в дальнейшем заводить стабильные отношения с другими людьми.

Поскольку родитель-игроман постоянно отсутствует, ребенок чувствует себя одиноким и постоянно страдает от стресса. Джон, один из наших респондентов, вспоминает: «Я не помню, чтобы мы что-то делали вместе — наверное, это можно считать провалом в плане моего воспитания». Когда такие дети вырастают, они стараются отвлечься от чувства одиночества и тревожности, и некоторые из них обращаются к тем же типам занятий, которым предавались их родители в ущерб времени с семьей, — то есть к алкоголю и азартным играм.

Как ни странно, но в детстве такие дети часто не видят в своих отношениях с родителями ничего особенного. Они привыкают, что родителей постоянно нет дома. Многие участники исследования признаются, что в детстве даже не знали, что может быть иначе. Ноэль, например, даже не подозревал, как постоянное отсутствие отца скажется на его взрослой жизни. В интервью он поясняет:

> [Мой отец был] прорабом на стройке, и после [работы] он часто отправлялся на скачки или в трейлерный парк, и он там пил и играл, а дома мы его никогда не видели, только разве что на выходных или утром в субботу. Я понятия не имел, когда его ждать домой: может быть, в час или два часа ночи, и потом он просыпался в шесть и отправлялся на работу. Так что я его почти не видел. Но такова жизнь.

Очевидно, Ноэль научился не задавать вопросов и быстро привык, что отца нет дома. Если бы у него были дети, цикл родительского пренебрежения мог повториться. Вероятно, он даже не осознает, насколько вредно для ребенка отсутствие родителя.

Джексон тоже столкнулся с похожей ситуацией. Его отец тоже был игроком и проводил больше времени за игрой, чем дома с детьми. Джексон вспоминает своего отца:

> Он возвращался домой поздно ночью, в четыре или пять часов утра, потом спал и вставал на следующее утро. А потом снова отправлялся играть. Иногда он ходил на работу — если мать его заставляла. Но если работы не было, то он шел к одному приятелю, потом к другому и, разумеется, шел играть.

Эван говорит о постоянных отлучках отца как о чем-то обычном: «Когда я жил с ним, он <...> уходил из дома примерно в шесть <...>, заканчивал работать в шесть, но потом шел играть в подпольные казино часов с семи до десяти. Потом возвращался домой примерно в одиннадцать и ложился спать». У Джексона и Эвана формально были отцы, однако их присутствие в жизни сыновей никак не проявлялось.

Многие респонденты азиатского происхождения рассказывают, что в детстве родители оставляли их без присмотра: такая практика считается приемлемой в их родной культуре, однако в Канаде это запрещено законом. Например, некоторые респонденты родом из Китая сообщают, что там родителям разрешается оставить маленького ребенка дома одного. После переезда в Канаду некоторые родители продолжали делать то же самое, не задумываясь, насколько это одобряется законом (и культурой) их новой страны. Но когда ребенок выяснял, что в Канаде так поступать нельзя, он начинал чувствовать себя отличающимся от своих одноклассников. Возникало ощущение одиночества и брошенности, которое преследовало его не только в детстве, но и во взрослом возрасте. Для таких респондентов игра стала способом заполнить пустоту внутри.

Уже отмечалось, что некоторые дети, столкнувшиеся с нехваткой родительского внимания, во взрослом возрасте поступают так же, как их родители, и тоже не проводят достаточно времени с семьей. Из числа наших респондентов, у которых есть дети, больше половины признавались, что они пренебрегали их воспитанием ради игры. Так, Элейн признается, что она бросала своих детей, чтобы играть, потому что ее меньше волновало их благополучие. «Из-за игры я была раздражительной, эгоистичной и не интересовалась своими детьми. Я все время была как в тумане». Из-за игровой зависимости она забыла о своих обязанностях матери.

Однако физическое отсутствие — это не единственная форма родительского пренебрежения. Иногда родители не удовлетворяют базовые потребности ребенка, не обеспечивают достаточный контроль или необходимую дисциплину. В других семьях ребенок чувствует, что он как человек родителей не интересует.

Примером могут послужить детские воспоминания Крейга. Они с отцом постоянно ссорились из-за всего — от компьютерных игр до его друзей и того, что он употреблял алкоголь, но чаще всего предметом конфликта была учеба.

> Отец решил, что тем летом я просто трачу время впустую. И он такой: ты будешь заниматься по четыре часа в день или я вышвырну тебя из дома. Я сказал, что это просто смешно, ведь сейчас лето и мне нечего учить. А он ответил: «Ничего, я найду, что тебе учить». И я: «Это сумасшествие какое-то».

Пытаясь понять, в чем была причина этого конфликта, Крейг рассуждает:

> Я думаю, моих родителей гораздо больше волновало, как я учился, а не то, как я жил. В других семьях, наверное, интересовались и тем и другим. Но мне редко задавали вопросы типа «Как там твоя девушка?», или «Тебе нравится в этой школе?», или «Какие у тебя хобби?», или «Может, вашей спортивной команде нужно что-то купить?». Они всегда спрашивали: «Ты наберешь высший балл по математике? А по естественным наукам? Все предметы нормально сдал?»

Учеба стала источником конфликта, потому что родители игнорировали все остальные потребности Крейга. Хотя они уделяли внимание его оценкам, остальные стороны его жизни не имели для них значения, и сам он как личность их тоже не интересовал. Крейгу отчаянно не хватало общения с родителями, и в результате он полностью погрузился в компьютерные игры — занятие, которым можно заниматься в одиночестве. Компьютерным играм свойственно возбуждение и соревновательный дух, поэтому логично, что от них Крейг скоро перешел к играм азартным.

Тед в детстве столкнулся с похожей ситуацией. Родители записали его в школу для одаренных детей, где ему было одиноко и некомфортно. Тем не менее они настаивали, чтобы он продолжал учиться в этой школе, и у него сложилось впечатление, что им неважно, счастлив он или нет: «Считалось, что я получаю хорошее образование, я входил в верхние 5 % нашего города. Вот что было важно... какая разница, что я там чувствовал или думал».

В других случаях родители были настолько заинтересованы в спортивных победах ребенка, что он чувствовал себя несчастным и брошенным. Например, Макс вспоминает, как его отец внушал ему мысль, что «победа или поражение зависит только от него». Наказание (отмена ужина) еще больше усиливало чувство, что он должен выиграть любой ценой:

> Однажды, когда мы ходили на плавание, отец сказал мне, что если я не выиграю, то он будет очень недоволен. И соревнования по плаванию — это не как хоккей, где только от тебя зависит, выиграешь ты или проиграешь. Вся семья очень переживала. Я помню, мы планировали тогда пойти в «Джентльмен Джим» [ресторан], и он сказал: «Никуда мы не идем», и мы не пошли, потому что не выиграли.

Многие участники вспоминают, что в детстве они должны были соответствовать нереалистичным ожиданиям. Однако то, чего хотели от них родители, не совпадало с их собственными целями, возможностями и потребностями. В семье возникал эмоциональный разрыв. Во взрослой жизни такие дети не могут создавать позитивные и стабильные отношения, а некоторые из них стараются преодолеть одиночество и скуку с помощью азартных игр. Им кажется, что вся юность была потрачена на попытки вести себя хорошо и выполнять требования родителей относительно учебы или занятий спортом.

В этом смысле их чувства перекликаются с тем, что ощущают дети, которым пришлось самим заботиться о родителях или взять на себя обязанности взрослого. Речь идет о феномене парентификации, с которым столкнулись некоторые наши респонденты.

### Парентификация

Когда мы представляем здоровую стабильную семью, перед нами возникает образ двух родительских фигур, любящих друг друга и своих детей. В такой семье родители стараются поддержать ребенка. Если вместо этого он подвергается насилию или пренебрежению, то очевидно, что родители не справляются со своими обязанностями. Физическая и эмоциональная боль — это полная противоположность здоровых семейных отношений. Другая форма боли возникает, когда родитель часто или надолго исчезает из жизни ребенка.

Третий вариант жестокого обращения с детьми известен как парентификация — ситуация, когда ребенок вынужден заполнить пустоту, вызванную тем, что родитель отсутствует, не выполняет свои обязанности или обращается к насилию. В своей знаменитой книге «Трущобные семьи» («Families of the Slums») Сальвадор Минухин и его соавторы сформулировали термин «ребенок-родитель», означающий ребенка, вынужденного принять на себя родительские обязанности в семье из-за сложных социально-экономических условий [Minuchin et al. 1967]. Вскоре после этого термин получил дальнейшее развитие в работах Ивана Бузормени-Надя и Джеральдин Спарк [Boszormenyi-Nagy, Spark 1973]. Тогда же был описан процесс парентификации, при котором родительская фигура ожидает от ребенка, что он возьмет родительские обязанности в семье на себя. Парентифицированные дети часто помогают зарабатывать деньги и распоряжаться семейным бюджетом, готовят еду и воспитывают младших братьев и сестер.

Для описания этого феномена существует и другой термин: реверсия ролей. Он относится к ситуации, когда ребенок ведет себя как родитель по отношению к собственным родителям и/или братьям и сестрам. Другая форма парентификации подразумевает, что взрослый относится к ребенку как к доверенному другу, приятелю или лицу, принимающему решения [Earley, Cushway 2002]. Парентифицированный ребенок часто должен заботиться о других членах семьи, в том числе и о младших братьях и сестрах. Предполагается, что он должен оказывать поддержку, давать утешение и советы всем, включая собственных родителей. В такой ситуации роли родителей и детей оказываются перевернуты: подросток (или даже маленький ребенок) должен заботиться о взрослых, то есть стать родителем для себя и для других членов семьи. Например, от него ждут, что он будет мирить отца с матерью или будет выслушивать и утешать одну из сторон конфликта.

Некоторые исследователи различают два вида парентификации: инструментальная и эмоциональная. В случае инструментальной парентификации ребенок должен готовить еду, выполнять множество обязанностей по дому и управлять семейным бюджетом. Это скорее укладывается в модель «ребенок как родитель», нежели «ребенок как приятель». С другой стороны, существует эмоциональная парентификация, когда ребенок удовлетворяет эмоциональные потребности родителей и/или братьев и сестер — если те, например, страдают от низкой самооценки. В других ситуациях ребенок вынужден выступать в роли посредника или миротворца во время конфликта (об этом часто рассказывали участники нашего исследования).

Ключевой признак парентификации состоит в том, что подвергающиеся ей дети еще не готовы в эмоциональном и психическом плане принять роль взрослого, которую им навязывают. Поэтому парентификация считается патологическим состоянием, ведущим к проблемам эмоционального, физического и психологического характера. В такой ситуации ребенку не хватает заботы и наставлений со стороны родителя; между ними не формируется прочная привязанность, необходимая для развития ребенка [Jurkovic 1997]. Ребенок отказывается от собственных потребностей во внимании, заботе и защите, чтобы обеспечить инструментальные и эмоциональные потребности родителей и/или братьев и сестер.

Обратимся к одной из наиболее известных психологических теорий — теории Эрика Эриксона об этапах психосоциального развития «я» [Erikson 1950], которая помогает понять негативные последствия парентификации. Согласно теории Эриксона, когда ребенок сталкивается с несоразмерными требованиями, которые он по естественным причинам не может выполнить, он испытывает чувство никчемности, несостоятельности и вины. Поскольку родитель не предоставляет необходимого утешения и поддержки, ребенок не может выразить эти эмоции в безопасной форме. Это негативно отражается на его способности справляться со стрессом в будущем: он не может выработать взрослые и адекватные стратегии для борьбы со стрессом. Итак, парентификация приводит к серьезным психологическим проблемам во взрослой жизни и негативно отражается на отношениях с другими людьми. Она связана с созависимостью, то есть с избыточной физической или психологической потребностью контролировать другого человека или удовлетворять его нужды. Ребенок, столкнувшийся с парентификацией, чаще испытывает стыд; возможно, это связано с укоренившимися в его психике воспоминаниями о том, как он не мог соответствовать ожиданиям родителя, какими бы нереалистичными и неуместными они ни были. Было доказано, что существует очевидная связь между принятием на себя роли взрослого человека в детстве и эмоциональным страданием [Earley, Cushway 2002].

Брианн Барнетт и Гордон Паркер описывают обстоятельства, способствующие возникновению парентификации [Barnett, Parker 1998]. В этот список входят развод, злоупотребление наркотическими веществами и сексуальное насилие. Все три фактора постоянно всплывают в рамках нашего исследования, поэтому неудивительно, что многие респонденты упоминают случаи парентификации. Барнетт и Паркер также отмечают, что нельзя определить влияние парентификации на жизнь человека, пока цикл его развития не подошел к концу. Поэтому наши ретроспективные интервью позволяют оценить, насколько этот фактор повлиял на развитие игровой зависимости.

Мы обнаружили, что респонденты, чьи родители были патологическими игроками, подвергались парентификации гораздо чаще (более чем в два раза). Это соответствует исследованиям об отношениях с родителями-алкоголиками, где тоже отмечается повышенная вероятность парентификации инструментального и эмоционального типа, а также несправедливости в прошлом [Kelley et al. 2007]. Родители, страдающие от наркотической, алкогольной или игровой зависимости, поощряют развитие парентификации, поскольку они часто отсутствуют, оказываются не в состоянии выполнять свои обязанности или слишком заняты другими делами. Вся их энергия направлена не на семью, а на удовлетворение своей зависимости.

Оказавшись в такой ситуации, ребенок вынужден слишком быстро повзрослеть. Он сталкивается с проблемами, к которым еще не готов, и берет на себя слишком большую ответственность. Результатом становится эмоциональная травма, чувство тревожности и собственной никчемности. Зачастую ему не хватает социальных навыков, потому что он не имел возможности общаться с другими детьми. В других случаях дети, наоборот, слишком сильно зависят от поддержки сверстников, потому что семья не оказывает необходимой помощи в борьбе с типичными проблемами развития.

Парентификация часто ассоциируется с пренебрежением. Можно сказать, что это форма пренебрежения, потому что родители, требующие от ребенка выполнять роль взрослого, игнорируют его потребность в любви, привязанности и эмоциональной поддержке. Участники нашего исследования рассказывают, что им приходилось заботиться о себе и своих сиблингах, выполняя гораздо больше обязанностей по дому, чем можно ожидать в их возрасте. Некоторые дети были вынуждены это делать, потому что один из родителей был игроманом и его постоянно не было дома. Другие стремились помочь второму родителю, боясь, что иначе от семьи ничего не останется. Многие даже не подозревали, что в их семье что-то идет не так: это была единственная модель отношений, с которой они были знакомы. И все же им было тяжело справляться с ролью взрослого. Стресс помешал им освоить здоровые копинг-стратегии. Итак, в результате парентификации у ребенка развивается склонность к нездоровым копинг-стратегиям и, как следствие, возникает больший риск развития игромании.

Например, Барбара подверглась насилию, но никому об этом не рассказала, в том числе и своим родителям, страдавшим от алкогольной зависимости. Осмысливая свой опыт, она говорит, что ее словно лишили детства: она не только стала жертвой насилия, но и слишком рано взяла на себя взрослые обязанности. Оба ее родителя были алкоголиками; они не могли (или не хотели) заботиться о своих детях. В итоге воспитанием братьев и сестер занималась Барбара. Оглядываясь назад, она понимает, что из-за этого не смогла подружиться с другими детьми своего возраста. В ответ на вопрос, много ли у нее было в детстве друзей, она отвечает: «Скорее нет — я ходила в школу, возвращалась домой, а там заботилась о брате и сестрах».

В случае с Барбарой очевидно, как парентификация повлияла на ее способность к отношениям. Из-за изоляции от ровесников — своеобразного домашнего ареста — ее социальные навыки недостаточно развились и она не научилась создавать и поддерживать здоровые отношения. Для нее и для других респондентов, подвергшихся парентификации, игра стала способом социального взаимодействия, источником приятного возбуждения, которого не хватает в обычной жизни. Кроме того, у нее нет друзей, которые могли бы удержать ее от игры — или хотя бы помочь понять, в какой момент ее интерес к игре перерос в игроманию.

Вспомним Стейси, чьи родители развелись, когда она была ребенком. В те времена разводы случались еще очень редко, и Стейси казалось, что она очень отличается от других детей. Она страдала от смятения, депрессии и тревожности, однако не получала от семьи помощи и поддержки. Напротив, ей пришлось поддерживать свою мать. Хуже того — после развода Стейси пришлось выполнять больше работы по дому. В итоге она чувствовала себя одинокой и непохожей на ровесников.

Навид тоже столкнулся с парентификацией. Родители часто оставляли его присматривать за маленьким братом, пока сами отправлялись играть. Ему было всего восемь лет. Сам еще ребенок, Навид был вынужден заботиться о младенце: «Это было непросто... часто я не знал, что делать. [Ребенок] все время плакал, но это было не страшно, потому что, если он плакал, значит, он хотел есть или ему нужно было сменить пеленки. Но иногда он плакал не переставая, и я не знал, что делать». В данном случае парентификация непосредственно связана с тем, что у родителей Навида была игровая зависимость и они оставляли его одного.

Родители Грейс не были игроками, но ее все равно заставили взять на себя слишком много ответственности. Мать и бабушка требовали, чтобы она выполняла всю работу по дому. Ей приходилось делать гораздо больше, чем другим детям ее возраста:

> Я протирала пыль, мыла ванную, мыла плиту, пылесосила, готовила ужин, и что было потом? Мать говорила, что наденет белую перчатку и проверит, не осталось ли где-то грязи. Она приходила домой и проверяла, вымыла ли я под кроватью, вымыла ли я здесь, вымыла ли я там. И всегда оказывалось, что сделанного недостаточно. Ко мне приходили подруги, моя подруга Джанет приходила после школы, когда мы учились в старших классах, и она сидела в углу и смотрела на меня. «Ты всю работу по дому сделала?» Каждую пятницу, без исключений. А по воскресеньям полагалось стирать и гладить. Это тоже была моя работа.

Иногда с парентификацией сталкиваются дети, чьи родители не являются патологическими игроками. Например, ребенок вынужден взять на себя больше обязанностей, если у одного из родителей хроническая болезнь. Ему приходится заботиться о больном родителе, и он быстро становится практически независимым, потому что если он не позаботится о себе сам, то этого не сделает никто. В эту категорию, например, попала Ханна. Ее мать страдала от депрессии и часто была неспособна позаботиться даже о себе, не то что о дочери. Ханна предоставляла матери эмоциональную поддержку и с детства научилась самостоятельности:

> Она все равно что инвалид. Она может иногда [позаботиться о себе], но в другие дни не может вообще ничего. Это сложно, учитывая, что отчима вечно не было дома, а биологического отца не было вообще. Иногда мне приходилось о ней заботиться. Было трудно, но это помогло мне быстрее повзрослеть, я думаю. <…> В основном мне нужно было заботиться о себе, а не о матери — делать то, что обычно делает мать. Например, собираться в школу по утрам [или] самой добираться до школы, не спрашивая у нее, как это сделать, даже когда я была маленькой.

Ее отец и отчим физически отсутствовали, то есть не могли и не хотели предоставить Ханне какую бы то ни было поддержку, а матери не хватало на это эмоционального ресурса. Ханна была вынуждена заботиться о ней и справляться со стрессом, вызванным ее психическим заболеванием. Большинство детей никогда не сталкиваются с такими проблемами. В отсутствие заботы, поддержки и положительной ролевой модели Ханна не смогла освоить эффективные копинг-стратегии.

Дария жила в похожей атмосфере: ей тоже пришлось заботиться о матери, потому что отца часто не было дома. Ее матери диагностировали рассеянный склероз, и без посторонней помощи она не могла даже ходить. Дария помогала ей, однако она была слишком маленькой, чтобы полностью осознавать ситуацию с болезнью матери, поэтому часто чувствовала смятение и страх. Она вспоминает это время:

> Иногда ей было сложно спускаться по лестнице и идти к машине, так что мне приходилось помогать. <…> Однажды она вообще не могла двигаться, лежала на полу. Я не понимала, что происходит, но думаю, что сейчас понимаю. Ей нужно было принимать таблетки и так далее.

Многие дети воспринимали такую ситуацию как нечто нормальное, но некоторые понимали, что у них отбирают детство, и относились к ежедневным обязанностям без энтузиазма. Пауло сначала думал, что все идет своим чередом, потому что привык выполнять работу по дому. У его матери была тяжелая форма астмы, и каждый месяц она на несколько дней оказывалась в постели. Во время таких приступов ее обязанности переходили к Пауло:

> В конце концов это [выполнять работу по дому, когда мать была больна] стало чем-то настолько нормальным, что я не замечал разницы. Думаю, если у тебя нет [никаких обязанностей] и тебе вдруг приходится этим заниматься, это может оказаться шоком, и ты чувствуешь себя неловко, если откажешься. Но если ты всегда работаешь по дому, это становится привычкой: ты уже не видишь разницы и считаешь это нормой.

Шарлин, в отличие от Пауло, не считала нормальным, что ей приходится ухаживать за пожилым дедом. Она рассказывает: «Я помогала по дому, потому что дедушке было уже за семьдесят, а мои родители работали. Так что мне приходилось кормить его и готовить еду, а мне было всего двенадцать. Я даже для себя не готовила, а для него — приходилось». В ее голосе слышится возмущение: уход за дедом она воспринимала как тяжелую обязанность. С ее точки зрения, было несправедливо заставлять ее ухаживать за ним, когда остальные дети ее возраста играли на улице.

Пауло и Шарлин лишились детства, потому что им пришлось ухаживать за больным родственником. Однако, несмотря на все тяготы, никто из них не обвиняет того человека, которому требовалась их помощь. Некоторые участники нашего исследования, напротив, ставят родителям в вину, что им пришлось вырасти слишком быстро. Зачастую в таких семьях отец был патологическим игроком, а мать была вынуждена много работать по дому и справляться с финансовыми трудностями. Те проблемы, на которые у нее не хватало времени, она перекладывала на детей. Иногда дети ошибочно обвиняют мать, потому что именно она теоретически должна была выполнять возложенные на них обязанности.

Возможно, эта склонность обвинять того родителя, который не был игроком, отчасти объясняет, почему у них тоже появилась игровая зависимость, хотя они видели своими глазами, насколько она опасна. В глазах ребенка проблемы ассоциировались не с игроманией отца, а с неспособностью матери самостоятельно выйти из сложившейся ситуации. Чаще всего этот феномен — обвинять мать, хотя от игромании страдает отец — встречается в традиционных нуклеарных семьях, где жена должна была выполнять всю работу по дому и терпеливо сносить все слабости мужа. Ребенок в такой семье чувствовал, что на него обрушились дополнительные обязанности, потому что мать не могла выполнить всю работу, как от нее ожидали.

Типичным примером такого подхода может служить Ронда. Она вспоминает, что ее мать зарабатывала деньги, а ей приходилось работать по дому:

> Нам приходилось готовить и делать всю домашнюю работу, которой должна была заниматься мать. Но она с четырех утра была на рынке, так что мы выполняли ее обязанности вместо нее. <...> Это была ее роль — мы делали ее работу. Мне сейчас пятьдесят четыре, и, оглядываясь назад, я понимаю, что этим должна была заниматься она. Это была ее работа!

Если бы ее отец не был игроманом, матери не пришлось бы взять вторую работу и уходить каждое утро на рынок. Однако Ронда не винит отца за то, что ей и ее сиблингам приходилось выполнять обязанности по дому. В те времена она была слишком маленькой и не могла связать одно с другим. Став взрослой, она не изменила свою точку зрения, и это во многом ей вредит. Возможно, если бы она винила в этой ситуации отца, то у нее самой не развилась бы игровая зависимость.

Михаилу тоже приходилось иметь дело с обязанностями, которые обычно выполняют родители. Его отец был игроком и отличался вспыльчивым характером, поэтому они с матерью часто ссорились. А Михаил, в свою очередь, старался помирить их и для этого выполнял обязанности по дому. Он вспоминает о своем детстве:

> Я должен был готовить себе еду. Я понимал, что должен убираться, поддерживать везде чистоту. Дело в том, что, если отец по-настоящему злился, он уходил из дома, а мама закрывалась у себя в комнате. Так что все осталось бы как есть, им было без разницы, я так думал. То есть я уверен, что ей было не все равно, просто у нее были свои дела.

У других респондентов игровой зависимостью страдали матери. В таких случаях парентификация проявляется сильнее, потому что матери, как правило, выполняют больше работы по дому, чем отцы. Мать, страдающая игровой зависимостью, все реже бывает дома и перестает выполнять свои обязанности. В итоге она не справляется с тем, чтобы удовлетворять и собственную тягу к игре, и потребности членов своей семьи.

Так, у одной из наших респонденток девять детей и муж, который жестоко с ней обращается. Она страдает игровой зависимостью, но при этом готовит еду три раза в день. У другой шесть детей, и она играет по вечерам, когда вся работа по дому закончена. В обеих семьях дети замечают, что мать постоянно переживает стресс, и из-за этого тоже чувствуют себя не в своей тарелке. Их дискомфорту способствует и беспорядочный домашний уклад, особенно если мать жалуется детям на жизнь и рассказывает о том, что ее тревожит.

Мать Мэй была патологическим игроком и часто чувствовала себя некомфортно из-за предъявляемых ей ожиданий. Об этом она постоянно рассказывала дочери. Мэй была вынуждена стать эмоциональной «сиделкой» для своей матери:

> Мама вечно жаловалась, сколько всего ей приходится делать. <...> Всегда переживала. Даже самая крохотная работа была для нее слишком тяжелой. Она вечно напоминала нам, сколько у нее дел [и] как плохо она себя чувствует. Думаю, она была из тех людей, которые любят преувеличивать. Я ее совершенно не жалела, в отличие от других родственников. Они очень сочувствовали, что она такая больная.

Как и Ронда, Мэй возмущена поведением матери, однако в собственной взрослой жизни она прибегает к тем же выученным негативным стратегиям. И хотя игра стала одной из причин, почему ее детство оказалось таким тяжелым, Мэй играет, чтобы пускай ненадолго, но все-таки забыть о мрачных сторонах своей жизни.

В рамках нашего исследования сильнее всего этот вид парентификации проявляется у респондентов азиатского происхождения. Например, Крис по происхождению китаец и в детстве сталкивался с высоким уровнем стресса. Его родители ожидали, что он будет отлично учиться и помогать им по дому. Крис вспоминает:

> Они рассчитывают, что ты будешь работать по дому, хорошо учиться [и] помогать братьям и сестрам. <...> Мои родители — китайцы, и, поскольку я родился в Канаде, они не хотели, чтобы мы потеряли связь с родной культурой, и поэтому послали нас в китайскую школу. Там было еще труднее, чем в английской школе, потому что нам каждый вечер нужно было делать домашнее задание — по три часа. Но английский язык [тоже] нужно было знать хорошо, сдавать на хорошие оценки. И ты просто... всего слишком много: домашнее задание, учеба, стресс, работа по дому, и ты никак не можешь справляться везде. <...> У меня был занят весь день. <...> В китайской школе ты должен учиться шесть дней в неделю, с понедельника по субботу, так что у меня был только один свободный день, воскресенье. Но еще остаются домашние дела, которые ты обязан выполнить. Так что на самом деле у тебя даже одного выходного нет... Семь дней в неделю. Я понимаю, что мы должны были учиться и делать домашнюю работу, верно? Было очень сложно. И если ты заваливал какой-то предмет, тебя ждали неприятности.

Вместо того чтобы играть с друзьями и общаться с семьей, Крис занимался учебой, домашними заданиями и работой по дому. С его точки зрения, родители были черствыми людьми, которые обращали больше внимания на оценки сына, чем на его благополучие. Возможно, пережитый в детстве стресс поспособствовал развитию игровой зависимости во взрослом возрасте. Крис обнаружил, что играть — это весело и интересно, а именно этих эмоций ему недоставало, пока он был ребенком.

Во многих семьях детям приходилось быть миротворцами. Ранее в этом разделе мы упоминали о такой форме парентификации. Джонатан, который часто становился мишенью для отцовской агрессии, был вынужден играть роль миротворца, вмешиваясь в конфликты между родителями. «Я помню, как однажды встал между ними и сказал: "Перестаньте". Не знаю, сколько мне тогда было лет, но я был еще маленьким. Я просто сказал им, чтобы они перестали ругаться».

Луке пришлось разнимать драку между отцом и матерью:

> Когда мне было одиннадцать... они как с катушек съехали. Они собирались расстаться, [и] мать накинулась на отца с ножницами. <...> Мне тогда было двенадцать. В итоге я их мирил, заставил обоих сесть и успокоиться. Я сейчас вспоминаю об этом и думаю, что это было совершенно неправильно.

В результате такой формы парентификации ребенок вынужден выполнять роль, к которой он не готов. Зачастую дети даже не понимают, из-за чего разгорелась ссора. Они просто хотят прекратить ее.

Количественный анализ подтверждает тот вывод, который мы сделали на основании свободных интервью: парентификация в любой форме вредит развитию ребенка. Опыт парентификации — например, если ребенок был вынужден регулярно заботиться о больных родителях или выслушивать их жалобы — увеличивает риск развития игровой зависимости почти в пять раз. Стресс, связанный с парентификацией, остается с человеком на всю жизнь, мешает нормальному развитию и не дает создавать здоровые отношения.

### Беспризорность

Беспризорность связана со многими факторами, негативно влияющими на психическое здоровье. Среди них низкая самооценка, одиночество, чувство загнанности в ловушку и суицидальные настроения. Кроме того, бездомные подростки страдают от чувства вины, которое сильно сказывается на их психическом здоровье [Kidd 2007]. Оказаться бездомным в детстве — это тяжелый опыт, который иногда приобретает форму парентификации, поскольку ребенок вынужден заботиться о себе сам. Оказавшись на улице, дети сталкиваются со множеством опасностей и стрессовых ситуаций; им приходится самим себя обеспечивать и бороться за выживание. Им бывает сложно найти работу, и в результате они обращаются к попрошайничеству, торговле наркотиками или проституции. Если у них нет возможности получить убежище и поддержку, такие дети часто становятся жертвами насилия. Среди бездомных детей и подростков процветают различные зависимости, о чем свидетельствует высокая частота психических расстройств, включая депрессию, посттравматическое стрессовое расстройство (ПТСР) и суицидальные наклонности [Greene, Ringwalt 1996; Kidd 2004]. К сожалению, уровень смертности в этой социальной группе практически в сорок раз превышает средний по популяции [Shaw, Dorling 1998]. Проблема не только в присутствии отрицательных факторов, но и в отсутствии положительных — такие дети и подростки часто не имеют возможности ходить в школу и лишены досуга, поскольку в силу устойчивой социальной стигмы и низкой самооценки они не обращаются в учреждения социальной помощи [Kidd 2007]. Рассмотрим пример одного из наших респондентов.

Блейк ушел из дома в шестнадцать из-за постоянных ссор с родителями и прожил месяц на улицах и в ночлежках. Он вспоминает: «Первые несколько дней бездомной жизни были очень тяжелыми, я спрашивал себя: "Где мне добыть еды?"». Когда он больше не мог жить на улице, то вернулся домой, где снова стал свидетелем ожесточенных споров между отцом и матерью. «Началось все то же самое. Но к тому моменту я уже использовал угрозу, что уйду из дома, и даже выполнил ее, и уходить снова не имело смысла». Блейк оказался в ловушке. Если бы он вернулся на улицу, ему пришлось бы искать еду и убежище, что очень непросто для шестнадцатилетнего подростка. Оставаясь дома, он постоянно наблюдал за ссорами родителей, с которыми ничего не мог сделать. Ему пришлось просто смириться и постараться их игнорировать.

Другие респонденты описывали похожие ситуации: их родители постоянно ссорились, и это вынуждало детей уходить из дома. Марк понял, что не может больше терпеть атмосферу, которая сложилась у них в семье: «В общем, я ушел из дома, когда мне было шестнадцать, как только окончил старшую школу. Я не мог работать в таких условиях, и практически каждый месяц обстановка ухудшалась. Был трехмесячный промежуток, когда дела шли все хуже и хуже».

В конце концов, все они понимали, что жизнь на улице ничем не лучше жизни в семье, так что рано или поздно они возвращались домой, где у них были по меньшей мере еда и кров. Кто-то может подумать, что благодаря опыту бездомной жизни такие подростки приобретали более эффективные навыки для борьбы со стрессом, ведь на улице им в одиночку пришлось столкнуться с опасностями и тяжелейшими испытаниями. Однако на самом деле все в точности наоборот: бездомная жизнь часто способствует возникновению неэффективных копинг-стратегий. И когда подросток возвращается домой, ситуация становится еще хуже. На улице он выяснил, что не может справиться без помощи родителей, хоть они и воюют между собой. И теперь он страдает от стыда, неловкости и низкой самооценки. Ему кажется, что он обречен быть неудачником, что он оказался в ловушке. Это очень опасная эмоциональная комбинация. Беспомощность и отчаяние, из которых складывается чувство, что ты в ловушке, способствуют проявлению суицидальных наклонностей среди детей и подростков, имеющих опыт бездомной жизни [Kidd 2004].

Эти подростки уже столкнулись со множеством вызовов и стрессовых факторов. Побег из дома, равно как и стыд, вызванный сначала жизнью на улице, а потом необходимостью вернуться к жестоким родителям, еще больше усугубляет проблемы с психическим здоровьем. Во взрослом возрасте многие становятся игроманами в попытке сбежать от проблем, которые, как мы уже поняли, сопровождают их всю жизнь.

### Нехватка денег

Многие участники нашего исследования с ранних лет сталкивались с финансовыми проблемами своей семьи, оказывавшими влияние на их жизнь на протяжении всего их детства. Иногда стрессом становилась сама нехватка денег, но чаще всего главной проблемой были родительские ссоры.

Нехватка денег зачастую означает, что родители не могут позволить себе подходящее жилье — и сравнительно большой семье приходится жить в маленькой квартире. Учитывая общий фон нездоровых отношений, насилия и пренебрежения, характерный для наших респондентов, такая жизнь означала нечто большее, чем просто недостаток комфорта. Из-за нехватки денег и тесноты в семьях постоянно вспыхивали конфликты, от которых было не скрыться. Когда начиналась ссора, детям было некуда спрятаться. С такой ситуацией, в частности, столкнулась Дебби. Оба ее родителя были алкоголиками, а мать еще и страдала от игромании. Нехватка денег означала нехватку личного пространства. «Это было тяжело. Семья была очень большая, и все жили в квартире с двумя спальнями. Когда-то у нас был дом, но из этого ничего не вышло».

Дебби чувствовала, что у нее нет никакого личного пространства — ни физического, ни эмоционального. Без возможности укрыться в своей комнате, найти тихий уголок вдали от криков и подумать о своем она постоянно испытывала тревогу. Кроме того, учитывая ситуацию с алкогольной и игровой зависимостью, в семье постоянно были конфликты, и Дебби не могла от них спрятаться.

Многие участники говорят, что финансовые проблемы семьи были вызваны игроманией у отца. Такие отцы проигрывали деньги из семейного бюджета, что оборачивалось стрессом для их жен и детей. Наши респонденты часто упоминают, что родители постоянно ссорились из-за денег. Чаще всего мать обвиняла отца, что он не может контролировать свои траты и жертвует благополучием семьи, чтобы сделать «еще только одну ставочку». Как правило, ответом служили вербальные оскорбления и попытки отомстить.

Таким, например, был отец Дастина. Он часто проигрывал и потом ссорился с матерью Дастина, когда ей требовались деньги на базовые домашние нужды. Мы спросили Дастина, какова была основная причина конфликтов между его родителями, и не удивились, услышав его ответ: «Деньги, деньги, деньги. Он просил у нее денег — думаю, у него ничего не осталось. А потом на следующее утро ему нужно то, а нам нужно это, и они продолжали выяснять отношения».

Когда родители вечно спорят о деньгах, дети превращаются в маленьких взрослых и тоже думают о финансовых проблемах семьи. Родители Михаила каждый день говорили о владении жильем и ставках на ипотеку, и денежный вопрос очень его беспокоил. Кроме того, в детстве он чувствовал себя нищим, потому что не мог позволить себе те виды отдыха, которыми занимались его друзья, например катание на лыжах. Михаил замечал тонкие социальные различия между собой и друзьями из более обеспеченных семей: например, как они вели себя за столом, как разговаривали. Когда вам не хватает денег на жизнь, вопрос денег, классовой принадлежности и положения в обществе может стать очень заметным. Известно, что ощущение «чуждости» может отрицательно сказаться на самооценке, а это, в свою очередь, вредит психическому здоровью.

Слушая споры о деньгах, ребенок приучается к мысли, что деньги играют очень важную роль. Возможно, этим объясняется аргумент, который используют многие патологические игроки, принявшие участие в нашем исследовании, — они играют в надежде выиграть «большие деньги», хотя большей частью проигрывают. В детстве они уяснили, что деньги важнее, чем здоровье или хорошие отношения, и эта точка зрения укрепляет их в намерении выиграть крупную сумму.

Однако дети не только присутствуют при подобных ссорах. Что еще вреднее, их заставляют принимать участие в финансовой деятельности семьи. Часто это значит, что они должны помогать родителям оплачивать счета — то есть брать подработки. Это наводит нас на мысль о парентификации: требование найти работу, чтобы финансово поддерживать семью, можно считать еще одной формой этого феномена.

Мать Дастина хотела, чтобы он очень рано научился оплачивать квитанции. «В двенадцать-тринадцать лет я узнал, как оплачивать квитанции. <...> Мама говорила, чтобы я сел рядом, и начинала объяснять: "Так, я должна оплатить вот эту", и она заходила в онлайн-банк». Подобные финансовые задачи не соответствовали его психологическому и эмоциональному развитию. Научившись оплачивать квитанции, он стал выполнять обязанность, которой должна была заниматься его мать, — и это означает, что он в раннем возрасте столкнулся со стрессом. Когда Дастину приходилось решать финансовые задачи, с которыми он не мог справиться, он чувствовал себя неудачником, и это подрывало его уверенность в себе.

На протяжении большей части своего детства Макс работал на семейный бизнес. «Это была не игра, а работа», — говорит он. Макс отдавал этой работе все время, свободное от уроков, и у него не оставалось возможностей общаться с друзьями или отдыхать. Макс похож на других патологических игроков, которых мы интервьюировали: он сообщил, что в детстве страдал от нехватки денег, и подчеркнул потенциальную возможность сорвать крупный выигрыш. Его завораживают стратегии, позволяющие выигрывать больше денег, и он даже посетил специальный семинар, чтобы узнать, как правильно делать ставки на скачках. В игре Макса больше всего интересует возможность выигрыша, и это еще раз доказывает, что у разных игроков разные цели. И хотя большинство играет, чтобы на время спрятаться от своих проблем, другие полностью сконцентрированы на выигрыше, надеясь, что им удастся выйти из бедности и забыть о тех тяготах, с которыми они столкнулись в детстве. Это тоже можно считать косвенным проявлением эскапизма.

Однако не все игроманы стараются компенсировать игрой нехватку денег, от которой они страдали в детстве. Для некоторых игромания стала формой бунта против финансового уклада их семьи. Например, Эвелин утверждает, что относится к деньгам абсолютно не так, как ее родители: «Они только и думают, что о работе и заработке — никаких развлечений, — а я их полная противоположность. Я стараюсь больше развлекаться, а деньги меня не волнуют. <...> Не вижу, какой смысл работать всю жизнь и не использовать деньги, которые ты накопил».

В детстве Эвелин не разрешали свободно тратить деньги, поэтому, став взрослой, она выработала беззаботное отношение к тратам. Ее поведение полностью противоположно тому, к чему ее принуждали, пока она была ребенком. Взбунтовавшись против экономности (и прижимистости) родителей, она открыла еще один захватывающий способ потратить деньги — делать крупные ставки в казино. Любая крайность, будь то неразумные траты или избыточная склонность к накоплению, является нездоровой и требует внимания.

Мы уже выяснили, что люди, страдающие от игровой зависимости, часто сталкивались в детстве с финансовыми проблемами. Важным фактором является сам стресс, сама постоянная обеспокоенность нехваткой денег, при этом ее причина (связана ли бедность с поведением родителя-игромана) имеет меньшее значение. Ребенок, наблюдающий за тем, как его родители ссорятся из-за денег, подвергается большей опасности в будущем стать патологическим игроком. Возможно, в родительской семье деньгам придавалось такое значение, что дети невольно приучались ставить финансовое благополучие на передний план. Возможно, они понемногу поверили, что крупный и легкий выигрыш позволит им решить все финансовые (и не только) проблемы. К сожалению, подавляющему большинству игроков остается об этом только мечтать.

### Комбинация стрессовых факторов

Факторы, которые мы описываем в настоящей главе, не возникают сами по себе; как правило, они вытекают один из другого. Подобная картина характерна для психических расстройств и зависимостей. Поэтому мы вынуждены отказаться от медицинской модели, в рамках которой возникновение зависимости объясняется исключительно биологическим сбоем. Однако этот процесс, как становится очевидно из настоящей книги, отличается сложностью и вариативностью. Он формируется в течение всей жизни под воздействием взаимодействующих между собой факторов. Например, насилие часто сопровождается парентификацией, а родительское пренебрежение связано с финансовыми проблемами.

Один из наших респондентов, Робби, столкнулся практически со всеми разновидностями детской травмы, которые нам удалось определить. Он подвергался эмоциональному и сексуальному насилию, парентификации и многим другим стрессовым факторам. Он вспоминает о случаях парентификации, когда ему приходилось разделять обязанности, которые, по идее, не должны были его беспокоить:

> Я был старшим из четырех детей, и мне постоянно говорили, что я должен быть «ответственным». Я считал, что несу ответственность за множество разных ситуаций, которые случались, пока я был маленьким. В четыре года мне пришлось расстаться с моим псом Тедди, он был моим лучшим другом. И я думал, что это я несу ответственность за то, что отдал его. В раннем детстве я несколько раз болел и получал травмы. Мне казалось, что это я виноват, что родителям приходится платить за лечение.

Далее Робби описывает, как он боялся оказаться «безответственным» и как страдал от стыда и вины, если вел себя слишком по-детски:

> Родители заставляли меня ходить в церковь. Бога там представляли как мстительное божество, которое насылает неприятности в наказание за плохое поведение. То есть я всегда был сам виноват. Мне было одиннадцать, и я учился в четвертом классе, когда ко мне стал приставать наш учитель. И хотя он признался, ему не запретили работать в школе. Наверное, со мной что-то было не так. В двенадцать ко мне приставал актер из заезжей карнавальной труппы. Когда мне было шестнадцать, меня поймали на том, что я пытался украсть двадцать долларов из магазина одежды, в котором работал. Тогда я впервые почувствовал такое смущение и стыд, что задумался о самоубийстве. Я подвел всех... я чувствовал, что из-за меня все расстроены и что они были бы рады от меня избавиться.

Робби прав, когда говорит: «Наверное, со мной что-то было не так». Его приучили к мысли, что он всегда отвечает за последствия своего поведения, и из-за этого он стал легкой добычей для учителя и того актера из карнавальной труппы. Он не понимал, что стал жертвой преступления, которому не может быть оправдания. В результате он постоянно испытывал смущение, стыд и чувство вины, которые привели к возникновению суицидальных мыслей, поскольку самоубийство — это самый надежный способ сбежать.

К сожалению для Робби, ситуация продолжала ухудшаться:

> А когда мне было шестнадцать, я выяснил, что меня усыновили. И это [еще раз] доказало, что я был не таким, как остальные. Если бы не моя девушка, я бы, наверное, покончил с собой. На следующий год она забеременела, и мы уехали в другой штат, чтобы пожениться. Мне было семнадцать.

Возможно, это нетипичная история для наших респондентов, однако нельзя отрицать, что детство Робби было эмоционально травмирующим. Он обвинял себя за все плохое, что с ним случалось, и поэтому жил с постоянным чувством стыда. Считая себя никчемным и недостойным, он был попросту не в состоянии справиться с возникающими стрессами, включая новость о том, что он приемный ребенок. Итак, в детстве Робби столкнулся с многочисленными факторами стресса, и это заложило основу для его будущей игровой зависимости. В его случае игра стала эмоциональным анестетиком, позволила ему облегчить дискомфорт и сбежать от стресса, предоставила противовес чувству собственной никчемности.

Кайли, еще одна участница нашего исследования, тоже столкнулась с различными типами травм. Ее родители постоянно дрались у нее на глазах. Из-за связанной с этим тревожности у нее возникли серьезные проблемы со здоровьем, которые негативно сказались на успеваемости — а это, в свою очередь, стало причиной физического насилия в семье.

У матери с отцом были бурные ссоры. Я ночами напролет пыталась их помирить. Это повлияло на мое детство. В детстве у меня была язва желудка. Меня много раз из-за этого госпитализировали. <...> Я не хотела, чтобы мать убила отца. Не хотела, чтобы о нас написали в газетах. <...> Серьезно, она могла разбить бутылку о его голову, и он был весь в порезах и в крови. Это было ужасно, ужасно. Когда я ложилась спать, то не могла заснуть, потому что была слишком напугана. Так что в школе меня постоянно клонило в сон. И у меня были неприятности. Учителя кричали на меня, звонили родителям и говорили, мол, ваш ребенок засыпает на уроках. А меня за это пороли.

На примере Кайли мы видим, как несколько травм дополняют друг друга. Зачастую такая комбинация приводит к непредсказуемому результату. Именно об этом пойдет речь в двух последующих главах.

В этой главе мы изучили некоторые варианты травм и проблем, с которыми в детстве сталкивались наши респонденты. Это первая составляющая «эффекта Достоевского». Все начинается в детстве, когда пережитый стресс закладывает основу для тревожности и других психических расстройств, а также мешает формированию копинг-стратегий, которые человек мог бы использовать во взрослой жизни. Мы увидели, что в определенных ситуациях у наших респондентов возникло чувство собственной никчемности и бесполезности, подрывающее самооценку и в экстремальных проявлениях ведущее к депрессии и возникновению суицидальных наклонностей. Многие участники с тревогой ожидали, когда в их жизни появится следующий фактор стресса, потому что знали наверняка, что за одним стрессом следует другой. В поведении этих людей явно видны последствия причиненного им психологического вреда. Общаясь с интервьюером один на один, они выражают возмущение, сожаление и чувство утраты. В соответствии с нашей моделью, во взрослом возрасте человек сталкивается с новым набором стрессовых ситуаций, что повышает уровень тревожности и заставляет обратиться к копинг-стратегиям, усвоенным в детстве. Если эти стратегии недостаточно эффективны, результатом может стать повышение тревожности и депрессия, особенно если в прошлом уже был опыт неудачных попыток справиться со стрессом или если налицо порочный круг, когда борьба с одним стрессовым фактором приводит к возникновению другого.

Мы не сможем понять суть игровой зависимости, если не определим, зачем люди вступают в игру — какую выгоду они преследуют или от какой угрозы скрываются. Как упоминалось выше, смысл игромании не столько в стремлении заработать деньги, сколько в попытке избежать стресса. И ключевой вывод этой главы заключается в следующем: игровая зависимость, как и любая другая, всегда берет свое начало в страдании — физическом или эмоциональном. Воспоминания наших респондентов пропитаны болью: они рассказывают о недостатке внимания, страхе, унижении, физических издевательствах и попытках безжалостно сломать личность. В детстве будущие патологические игроки наблюдали за нездоровыми и зачастую жестокими взаимоотношениями своих родителей, усваивали от них элементы аддиктивного поведения, неэффективные паттерны и плохие копинг-стратегии. Когда родителей не было рядом (речь идет как о физическом отсутствии, так и о символическом), им приходилось заботиться о себе, о братьях и сестрах, а иногда и о родителях. Эта ответственность стала огромным стрессом, с которым не должен сталкиваться ни один ребенок.

Наши респонденты часто вспоминают, что их детство было несчастным из-за нехватки денег и ссор между родителями. Однако многие из них не отдают себе отчета, что их собственные проблемы уходят корнями в прошлое — зачастую они связаны с игроманией или другой формой нездорового поведения у одного из родителей. Возможно, именно эта неспособность осмыслить причины своего несчастья заставляет их раз за разом совершать поступки, усугубляющие их нынешнюю ситуацию. Многие участники считают, что с ними не происходило ничего из ряда вон выходящего: «так уж мы жили». Поскольку они считают подобное положение дел нормой, ситуация может повториться в их собственной семье. В сущности, все, чему они научились в детстве, — это *не быть* здоровыми, и все же эти паттерны и поведенческие элементы могут казаться им нормой. И это представление о норме — в отношении себя и окружающего мира — по-прежнему проявляется в их взрослой жизни. Его можно проследить в их действиях, а также в осознанных и неосознанных убеждениях, полученных от родителей. Далее они оказываются в ловушке: стресс раз за разом повторяется, а они раз за разом прибегают к негативному поведению, чтобы его облегчить. Но, столкнувшись с серьезными стрессами взрослой жизни, они уже не могут так легко прийти в себя, потому что в замкнутом кругу нет исцеления — только временное облегчение. Единственным решением было бы разорвать порочный круг. Однако, как подтвердят сами зависимые, а также их друзья, родственники и специалисты по аддикциям, сказать проще, чем сделать.

# Глава 6
# Стресс во взрослой жизни

Проблемы, с которыми в детстве сталкивались наши респонденты, сильно отразились на их взрослой жизни. Мы по-прежнему уверены, что патологическими игроками не рождаются, а становятся. Однако не каждый ребенок, переживший трудности и травмы, становится игроманом. В то же время тяжелое детство не служит «прививкой» от игровой зависимости. Если в детстве человеку приходится нелегко, это не значит, что он защищен от игромании или, наоборот, обречен на нее.

Из-за пережитых в детстве травм у многих респондентов развились нездоровые копинг-стратегии, которыми они безуспешно пользуются по сей день. Однако во взрослой жизни им тоже пришлось столкнуться со многими тяжелыми ситуациями, значение которых нельзя недооценивать. Очевиден накопительный эффект. Об этом свидетельствует и количественный анализ полученных в ходе исследования данных: мы обнаружили, что с каждым новым стрессовым событием, пережитым во взрослой жизни, вероятность развития игровой зависимости возрастает почти втрое. Исследователи отмечают корреляцию между количеством и степенью стресса, с одной стороны, и проблемами со здоровьем — с другой. Однако это не означает, что стресс является прямой причиной болезни. Многие часто сталкиваются в течение жизни со стрессовыми ситуациями и выходят из них относительно счастливыми и здоровыми. На самом деле взаимосвязь между стрессом и болезнью регулируется индивидуальными и социоэкологическими факторами [Lazarus, Folkman 1984].

Как отмечают многие респонденты, нежелательные, неожиданные, нечастые и неконтролируемые события являются наиболее стрессовыми. Однако само представление о стрессе остается субъективным и сильно варьируется от человека к человеку. Ситуация, которую один человек находит крайне тяжелой, для другого оказывается простым неудобством. Существует множество факторов, определяющих нашу реакцию на стресс, например характер предшествующих событий, черты характера, копинг-навыки, социальная поддержка и общий уровень стресса в жизни конкретного человека в настоящий момент. Кроме того, стресс — это не всегда что-то плохое. Планирование свадьбы, рождение ребенка, переход на новую работу или повышение в должности — все эти ситуации, несомненно, связаны со стрессом, однако многие люди принимают их с радостью. Иногда можно говорить об адаптивном стрессе, когда человек оказывается вынужден показать все, на что он способен, — например, при приеме на работу. Итак, давайте приступим к обсуждению стресса и тревожности во взрослой жизни. При этом не будем упускать из виду, что стресс по природе субъективен и что у некоторых людей, оказавшихся в стрессовой ситуации, возникает игровая зависимость, в то время как у других — нет.

Мы выясним, что факторы стресса, вызывавшие проблемы с психическим здоровьем в детском возрасте, по-прежнему негативно сказываются на жизни наших респондентов. В некоторых случаях они подталкивают их к игровой зависимости. Но есть и другие факторы стресса, общие для многих респондентов, которые могут послужить спусковым крючком. К этой категории относятся проблемы с трудоустройством, финансами, личными отношениями и забота о близких. Кажется, что это типичные, распространенные трудности. Однако в сочетании с детскими травмами, которые есть у многих наших респондентов, они становятся дополнительным грузом — слишком тяжелым, чтобы с ним можно было справиться без помощи нездоровых копинг-стратегий. Для многих участников нашего исследования игра стала инструментом, помогающим справиться с этими ежедневными факторами стресса.

**Психическое здоровье**

В целом наши респонденты, пережившие тяжелое детство, не умеют эффективно справляться со стрессом, и потому во взрослой жизни их по-прежнему преследуют трудности. В соответствии с нашей теоретической моделью, подтвержденной количественным анализом, пережитые в детстве стресс, травма и парентификация предвещают появление стрессовых ситуаций во взрослой жизни — таких как болезнь и отсутствие трудоустройства. Эти ситуации, в свою очередь, тесно связаны с тревожностью и депрессией, которые, как мы увидим, непосредственно коррелируют с игровой зависимостью.

Существует множество литературы, исследующей связь игромании и психических расстройств. Например, патологические игроки больше склонны к тревожности, как в отдельных ситуациях, так и в целом [Ste-Marie et al. 2006]. Это означает, что они чаще, чем средний человек, стараются каким-то образом заглушить тревогу. Если в их распоряжении оказываются лишь незрелые и неэффективные копинг-стратегии, разработанные в детстве в ответ на стресс и травму, то результат не внушает больших надежд.

У патологических игроков отмечают более высокий уровень депрессии и более низкую мотивированность [Clarke 2004]. Кроме того, они чаще страдают от обсессивно-компульсивного расстройства и расстройств личности. В детстве у них бывает синдром дефицита внимания, который проявляется чаще и в более выраженной форме [Johansson et al. 2009; Carlton et al. 1987]. Эти факты остаются фактами, даже если рассмотреть другие возможные объяснения, например употребление наркотиков.

Психические расстройства негативно влияют на качество жизни. Отчасти тому виной связанная с ними социальная стигма. Многие работы, посвященные изучению социальной стигмы с точки зрения общественных наук, восходят к книге Ирвинга Гофмана, изданной в 1963 году, «Стигма: заметки об управлении испорченной идентичностью» («Stigma: Notes on the Management of Spoiled Identity»). По Гофману, стигма — это социально осуждаемые качество, поведение или репутация, из-за которых человека считают нежеланным и неприемлемым. Психические расстройства зачастую ассоциируются с нестабильностью; вместо того чтобы лечить, их замалчивают или высмеивают. В наши дни зависимость (в том числе и игровая) считается формой психического расстройства, и в нашем исследовании, например, многие респонденты соответствуют критериям диагностируемой игромании. Однако многие не согласны с этим подходом и полагают, что патологические игроки просто отказываются себя контролировать.

Гофман не считает зависимость психическим расстройством и выделяет три типа стигмы: физические дефекты, дефекты характера (например, психическое расстройство) и радикальные убеждения или зависимость. С учетом этой классификации становится очевидно, что патологические игроки, страдающие также от психических расстройств, вынуждены нести двойную стигму — и за психические проблемы, и за игровое поведение.

Стигматизация имеет множество отрицательных последствий, прямо и косвенно приводящих к дальнейшему ухудшению психического состояния. Стигма превращается в негативный ярлык, который служит основанием для дискриминации. Человека, подвергающегося стигматизации, могут считать некомпетентным и недостойным доверия, что ограничивает его возможности в плане доступа к работе, социальным взаимодействиям, жилью и медицинской помощи [Link, Phelan 2006]. Кроме того, постоянный негативизм со стороны общества неминуемо приводит к снижению самооценки и проявлению депрессивных симптомов. Поведение, связанное с низкой самооценкой и депрессией (например, абулия, то есть отсутствие мотивации и апатия), еще больше ухудшает качество жизни. В случае патологического игрока это может означать, что он с меньшей вероятностью обратится за терапией, идет ли речь о коррекции психического расстройства или проблемного игрового поведения. Стигма всегда подразумевает плохое отношение и отрицательные последствия, поэтому подвергающиеся стигматизации люди вынуждены разрабатывать копинг-стратегии для самозащиты. И, поскольку они плохо умеют справляться со стрессом, многие обращаются к игре — и проблемные игроки зачастую подтверждают стереотипы, связанные с игроманией. Возникает еще один замкнутый круг.

С учетом этой преамбулы неудивительно, что многие участники нашего исследования действительно страдают от психических расстройств. По степени выраженности их можно ранжировать от депрессивных симптомов до диагностируемых патологических состояний, включая посттравматическое стрессовое расстройство (ПТСР), большое депрессивное расстройство и биполярное расстройство. Зачастую эти расстройства и их последствия можно было отследить вплоть до детского возраста, однако они и теперь продолжают влиять на жизнь респондентов, в том числе на их решение играть. Среди патологических игроков, ставших участниками нашего исследования, ярко прослеживается тенденция, описанная в литературе по вопросам зависимости: игру используют как средство самолечения против депрессии и тревожности. Вспомним, что у этих состояний может быть собственная этиология. В дальнейшем их усугубляют стигма и негативные последствия патологического игрового поведения.

Лука, один из респондентов, рассказывает о стигматизации психических расстройств. Проблемы с психическим здоровьем у него начались, когда он работал парамедиком. Будучи травмированным в детстве высоким уровнем стресса, Лука так и не научился эффективно справляться со своими чувствами. В качестве парамедика он постоянно сталкивался со стрессовыми ситуациями, и у него началось ПТСР. Он страдал от кошмаров и воспоминаний, связанных с ситуациями на работе. Это было очень тяжело. Из-за расстройства руководители и коллеги относились к нему так, что Лука стал ощущать себя неполноценным, как если бы он не мог хорошо справляться со своей работой. Мы уже упоминали, что из-за стигмы человека могут считать некомпетентным.

Лука описывает свой опыт ПТСР:

> В конце концов я пошел к семейному доктору и сказал: «Привет, чувак, мне тут снятся страшные сны». А он послал меня к психиатру, там все и выяснилось. Что касается ПТСР у городского парамедика, я бы сказал, что с некоторыми вещами просто не справляешься. Нам тогда об этом рассказывали, но, естественно, нужно было поддерживать порядок, и если ты не справлялся, то тебя считали слабаком.

Лука боялся, что его кошмары сочтут глупыми, а его самого — слабаком, раз он им поддается. Поэтому он далеко не сразу обратился к врачу. Нежелание искать помощи, вызванное стигмой, еще больше ухудшило его состояние.

Из-за неэффективной копинг-стратегии Лука испытывал смущение и стыд, а между тем ситуация с ПТСР ухудшалась. Стыд, в свою очередь, мешал ему признать факт болезни и обратиться к врачу. Помимо кошмаров, у него были и другие симптомы, в частности воспоминания, которые мешали ему выполнять ежедневные задачи. В конце концов ему пришлось выбрать другую работу, связанную с меньшим количеством стресса. Но пока Лука не нашел новое место, он страдал от тревожности, отягощенной страхом остаться без работы. Стрессовая ситуация (и возможность выиграть деньги, ценная в силу вероятной безработицы) подтолкнула его к игре.

Многие другие участники сообщают, что во взрослом возрасте у них была депрессия. Они описывают чувства никчемности, одиночества и скуки, восходящие к детскому опыту насилия и пренебрежения. Чтобы подавить их, респонденты использовали азартные игры и другие формы саморазрушения. Так, Джонатану диагностировали депрессию в старшей школе, и она сопровождает его на протяжении взрослой жизни. В интервью он объясняет:

> С моей жизнью что-то не так — очень не так. Если случалось хоть что-то хорошее, оно всегда быстро заканчивалось. Будь то работа, отношения... это почти как... просто поверить невозможно. Если бы я был слабее, то покончил бы с собой много лет назад. Я серьезно. Что-то не так. И антидепрессанты мне не помогут. Я бы их никогда не стал принимать. Я читал о них жуткие истории.

Во взрослом возрасте Джонатан столкнулся с проблемами на работе и в личной жизни. Источником этих проблем была депрессия, которая, в свою очередь, объясняется стрессом и насилием, пережитым в детстве. Он привык чувствовать себя бесполезным и недостойным любви. Эти чувства продолжали присутствовать и во взрослой жизни, мешая ему и на работе, и в отношениях с близкими. Кроме того, в детстве у Джонатана не было возможности развить в себе умение справляться с негативными эмоциями. Тогда он был еще слишком маленьким и не понимал, что подвергается насилию и пренебрежению. Вместо этого он считал, что сам во всем виноват, привык презирать себя и ощущать собственную бесполезность. В итоге у него развилось большое депрессивное расстройство.

Взрослый Джонатан видит мир в черном цвете и поэтому считает, что его жизнь практически лишена смысла. Кроме того, он страдает от ошибочных представлений и социальных стигм, связанных с психическими заболеваниями. Из-за этих и других причин Джонатан отказывается принимать лекарства. Как и в случае с Лукой, его проблема усугубляется социальной стигмой. Поскольку он отказывается обращаться за лечением, ему приходится жить с депрессией и постоянно испытывать глубокое неудовлетворение собой и жизнью.

Анджела тоже ведет продолжительный бой с психическим расстройством. В интервью она признает, что пыталась принять свой стресс и надеялась на поддержку со стороны психиатра: «Я не рассказываю об этом [стрессе] никому, кроме терапевтов... даже мои дети не знают половины того, что происходит с тех пор, как родился второй ребенок, и мне пришлось с этим бороться». Анджела считает, что было бы эгоистично подключать семью к решению ее проблем с психическим здоровьем. Как и Лука, она оказалась в одиночестве перед лицом болезни и попыталась найти отдушину в игре.

Патологическое игровое поведение часто становится средством самолечения для таких людей, как Лука, Анджела и Джонатан. В игре они обнаруживают уникальный источник возбуждения и радости. Депрессия усугубляет эту проблему, потому что во время игры они испытывают хоть какие-то чувства. Поэтому они возвращаются снова и снова, несмотря на проигрыши и разрушительные последствия.

Некоторые участники нашего исследования страдают от биполярного расстройства, которое характеризуется чередованием маниакальной и депрессивной фаз. Для них игра становится средством борьбы с депрессией, а также способом слить избыточную энергию во время маниакального эпизода. Так, Питер играет, чтобы справиться с депрессивной фазой, и его поведение во многом напоминает поведение Анджелы и Джонатана. Как и другие люди, столкнувшиеся с депрессией, пациенты с биполярным расстройством ищут в игре возбуждение и приятное волнение, которое ненадолго заглушает депрессивные чувства.

Итак, люди с психическими расстройствами играют, чтобы заглушить ежедневный стресс и отвлечься от психических проблем — в особенности от депрессии и отсутствия эмоций. Зачастую именно психическое расстройство подталкивает человека к игре. Однако, как мы выяснили, их внутреннее состояние часто объясняется общественным окружением.

**Физическое здоровье**

У многих участников исследования есть физические заболевания, которые становятся дополнительным фактором стресса. Из-за этого они начинают или продолжают играть, хотя это негативно сказывается на здоровье. Например, Гэри Родин и Карен Вошарт обнаружили, что почти треть всех пациентов, получающих лечение в стационаре, страдают от депрессии [Rodin, Voshart 1986]. Депрессивное расстройство может быть вызвано физиологическими проявлениями физической болезни. Кроме того, физическая болезнь связана с функциональными и психологическими ограничениями, которые часто мешали нашим респондентам вести здоровую социальную жизнь и выполнять различные общественные и профессиональные роли. С физической болезнью (особенно хронической или тяжелой) приходит чувство утраты. Пациенты часто страдают от негативного образа своего тела, низкой самооценки, нарушенного чувства идентичности и недостаточной способности (в силу физических и/или психических причин) работать и поддерживать отношения [MacHale 2002].

Для некоторых участников было особенно тяжело, что из-за болезни они не могли участвовать в тех или иных формах досуга вместе со здоровыми друзьями. Дорин обратилась к терапевту, чтобы преодолеть наркотическую и алкогольную зависимость. Она пытается зарабатывать на жизнь для себя и двух своих кошек. У нее диагностирована хроническая обструктивная болезнь легких (ХОБЛ), которая ограничивает доступные виды активности. «Я не могу делать [то, что мне нравится], потому что у меня ХОБЛ... это эмфизема из-за курения. Я очень быстро устаю».

Эти ограничения вызывают у Дорин раздражение и скуку. Игра стала альтернативной формой досуга, которая развлекает ее, но не требует физических усилий. Многие наши собеседники тоже столкнулись с физическими ограничениями и, как следствие, со скукой и раздражением. У некоторых из них ситуация осложняется еще и проблемами с психическим здоровьем.

Например, Оделия страдает от болей, вызванных фибромиалгией и артритом. В то же время она чувствует себя обязанной преодолеть физические ограничения, стать активным членом семьи и помогать мужу по дому. «Если у меня хватает сил, я стараюсь помочь ему с определенными вещами, — говорит она. — Хотела бы я [делать больше], это гораздо лучше, чем постоянно болеть». Кроме того, она хочет быть здоровой в интересах детей и внуков: «Когда они [дети] все-таки приходят, я стараюсь не болеть. Стараюсь встать и не показывать, как мне плохо». Оделия старается прятать физическую боль от членов семьи и напоминает этим Анджелу, которая не хочет нагружать близких своими проблемами с психическим здоровьем. Она не рассказывает никому о своей болезни; ей не с кем поделиться, некому пожаловаться, никто не может предложить ей социальную поддержку. Кроме того, Оделия не принимает обезболивающие, потому что они искажают чувствительность. Однако всякий раз, когда приезжают в гости дети и внуки, она все-таки принимает таблетки, чтобы скрыть от них болезненные симптомы:

> Часто я не принимаю ничего обезболивающего, просто терплю. Мне все равно не нравится пить таблетки, потому что они просто заглушают чувство. [Но] если я знаю, что будут гости, приходится пить обезболивающее, чтобы не хромать. Особенно ради малышей. Я не хочу, чтобы они видели меня больной.

Оделия считает, что ее обязанности жены, матери и бабушки состоят в том, чтобы выполнять работу по дому и не волновать близких. В то же время она пренебрегает обязанностями перед собой. Скрывая физическую и эмоциональную боль, она чувствует себя одинокой, даже когда рядом находятся члены ее семьи. Ее жизнь становится ложью. Никто не понимает, с чем ей приходится иметь дело, и она не может никому рассказать о своих чувствах, потому что не хочет огорчать близких. Оделия несет свою ношу в одиночестве, и оттого та становится еще тяжелее. Азартные игры позволяют заглушить чувство изолированности. Эта форма социального взаимодействия не требует физических усилий и помогает ощутить эмоциональный подъем.

### Трудоустройство

Деньги важны для всех. Нам нужно покупать еду и оплачивать счета, и большинству ради этого приходится ходить на работу. Следовательно, вопрос трудоустройства важен почти для каждого. Но не у всех есть стабильная работа и постоянный доход. Многие участники нашего исследования — как и Достоевский — не имеют стабильного или достаточного дохода, который покрывал бы их базовые потребности. Разумеется, это вызывает большой стресс. Многие из них не могут найти работу, сталкиваются с проблемами на рабочем месте или попадают под сокращение. В таких ситуациях безработица и нехватка денег становятся источником стресса. Чтобы приглушить этот стресс, многие отправляются играть. Однако игра только усугубляет положение, поскольку в результате игроку часто приходится расстаться с крупными суммами денег.

У других участников есть работа, позволяющая зарабатывать достаточно для комфортной жизни, однако она сама по себе становится источником напряжения и стресса. Они описывают напряженную обстановку на рабочем месте, необходимость подчиняться и чувство неудовлетворенности своей карьерой.

Например, Чейс постоянно нервничает из-за излишне требовательного начальника. «Мне очень неприятно, когда коллеги или начальник контролируют, что я делаю. Меня это очень напрягает и злит. Ничего не могу поделать. Действительно очень раздражает». Он продолжает: «Если я занимаюсь упаковкой, или чем-то еще, или расставляю товар по полкам, и кто-то из коллег просит меня выполнить еще другие задания, я просто говорю: "Отвали!"» Чейсу особенно неприятно, когда от него ждут слишком многого. Кто-то может сказать, что подобная ситуация является нормой и ничего стрессового в ней нет. Однако Чейсу сложно действовать в обстановке, когда на него давят, и он чувствует, что не соответствует чужим ожиданиям. Игры помогают ему успокоиться.

Некоторым сложно выполнять большой объем работы. Например, Киран говорит, что быстро устает от больших заданий в университете. Кроме того, ему приходится много работать, чтобы оплачивать обучение:

> Прямо сейчас я учусь в университете. Самое стрессовое время, наверное, — когда накапливается много заданий, которые давно пора было сдать. И сейчас я пытаюсь работать в трех местах одновременно и при этом учусь. И все это вместе меня очень утомляет: нужно стараться ни о чем не забыть.

Физически и психологически Кирану сложно выстроить баланс между работой и учебой. За игрой он может ненадолго отвлечься — расслабиться и позволить себе забыть о том, сколько разных заданий ему нужно выполнить одновременно. А в случае выигрыша, возможно, ему больше не придется работать в трех местах сразу.

Другой стрессовый фактор, связанный с работой, — это нестабильное трудоустройство. Оно часто вызывает финансовые и эмоциональные трудности. Например, Ведран столкнулся с нехваткой денег, когда решил уйти с постоянной работы и начать независимую карьеру. «У меня была работа на полный день. В январе я оттуда ушел и сейчас пытаюсь запустить собственный бизнес. Так что мой главный стресс — это добиться финансовой независимости, просто зарабатывать деньги самому».

Решение уйти со стабильной работы выделяет Ведрана среди большинства наших респондентов, которые не могут найти постоянное рабочее место и из-за этого переживают эмоциональный стресс. Большинство людей, с которыми мы разговаривали, оказались в обстановке финансовой нестабильности не по собственному желанию — и зачастую внезапно.

Маргарет испытывает стресс, потому что никак не может удержаться на одном рабочем месте. Она постоянно меняет работу, пробует себя в разных сферах, но всякий раз ей приходится уходить. «Я работала в отеле... консьержем. На складе. Работала в графическом дизайне... на съемках фильма... и снова графический дизайн. Комплектовала книжные блоки, сшивала, складывала — это было частью работы в дизайне. Работала в ИТ». Хотя ей не удается найти постоянное место работы, Маргарет гордится тем, как она умеет находить новые вакансии. Она особенно отмечает те, на которых ей удавалось зарабатывать достаточно денег. Ей несложно отыскать стабильную и даже хорошо оплачиваемую работу. «У меня была стабильная работа. Не на день-два, а на пару лет».

Джонатану везет меньше: ему удается устроиться только на неполный рабочий день. Это значит, что он не может рассчитывать на соцпакет и его в любой момент могут уволить или заменить. Джонатан ищет постоянную работу, однако не уверен, что этот вариант ему подходит. В основном его интересуют деньги. «Я ищу что-нибудь на полный день. Не знаю точно, чем буду заниматься. Рассматриваю разные варианты — естественно, мне нужно что-то выгодное. Деньги всегда имеют значение».

Еще один участник нашего исследования, Гарольд, всю жизнь испытывает финансовую нестабильность и не смог накопить достаточно денег. Теперь он вышел на пенсию и живет на пособие по инвалидности, которого едва хватает на минимальные нужды:

> Мне платят по <...> ППИО [Программа поддержки инвалидов в Онтарио]. Серьезно, это все, что у меня сейчас есть. Я живу в доме для пожилых... потому что это все, что они платят в месяц. Пятьсот семьдесят восемь долларов. Это все, что ты получаешь, а тебе еще надо покупать проездной билет, еду, все остальное.

Дорин тоже беспокоится из-за нехватки денег. У нее сейчас нет работы, и она часто волнуется, что ей не хватает денег на себя и своих домашних животных. «Шестьсот долларов — на этом далеко не уедешь, а еще у меня две кошки, и я должна о них заботиться. Покупать им еду, воду, наполнитель для лотка». Как и Гарольд, она недовольна местом, в котором сейчас живет, и называет свою квартиру «клоповником». Ситуация Дорин и Гарольда еще раз напоминает (если мы нуждаемся в подобных напоминаниях), что нехватка денег часто означает плохие жилищные условия и некачественное питание, а эти факторы, в свою очередь, могут привести к возникновению новых источников стресса.

Респонденты, оказавшиеся без работы на момент интервью — или столкнувшиеся с подобным опытом ранее, — признаются, что безработица привнесла в их жизнь чувство стресса и смятения. Оставшись без работы, они не могли обеспечить даже самые базовые потребности. К сожалению, для многих из них в список базовых потребностей входила и игра. Постоянные опоздания или прогулы, связанные с игрой, способствовали потере работы и мешали дальнейшему трудоустройству. Перед нами снова возникает замкнутый круг. Человек не знает, где взять денег на еду или оплату аренды, и это очень его беспокоит. Чтобы успокоить нервы, он отправляется играть. Азартные игры одновременно смягчают эмоциональный стресс, связанный с отсутствием работы, и предлагают возможность выиграть много денег, тем самым решив проблему недостаточного дохода.

### Статус

Каждому важно, чтобы его уважали. Сегодня большинство людей связывает статус с положением на работе и уровнем дохода. Профессия и доход влияют на отношение общества и определяют место человека в социальной иерархии. Многие участники нашего исследования являются безработными либо трудятся на непрестижных и малооплачиваемых должностях. Поэтому они лично столкнулись с тем, как неуважение и стигма влияют на самооценку. Из-за низкого социального статуса они постоянно испытывают уныние и обеспокоенность. Об этих чувствах часто говорят респонденты без высшего образования и те, кто занимается нелюбимой работой.

Помните Джонатана, который работает на условиях неполной занятости и пока не решил, какая профессия подходит ему лучше всего? Проблемы, с которыми он столкнулся, стали для него источником серьезного стресса. Он чувствует, что находится на низших ступенях социальной лестницы. «Прямо сейчас у меня хуже всего с самооценкой, потому что она сейчас не на высоте. Я недоволен собой. И недоволен своим положением в жизни». Как минимум частично это недовольство объясняется тем, что Джонатан осознает, насколько неуважительно многие относятся к неквалифицированным сотрудникам и к тем, кто работает неполный день. Джонатан не может уважать себя, раз его не уважают другие.

Для некоторых респондентов счастье и успешность определяются не столько финансовой стабильностью, сколько социальным статусом. Например, Стивен почувствовал неудовлетворенность жизнью, когда потерял престижную и высокооплачиваемую работу. Все, что он хотел, — это вернуть свой статус. Игра превратилась для него в социальный маркер: со стороны казалось, что он достаточно богат, чтобы рисковать деньгами. Стивен объясняет:

> Когда я был директором, я получал примерно 110 тысяч долларов в год. Можно было не волноваться о деньгах или чем-то еще. Я не женат, так что мог летать в Вегас три-четыре раза в год с моим приятелем Майком. Брал две-три тысячи долларов и играл. Но меня понизили, а жить внизу пищевой цепочки куда сложнее.

Изменение (понижение) статуса беспокоит его гораздо сильнее, чем потеря в деньгах.

В случае Джонатана и Стивена давление, связанное с необходимостью повысить социальный статус и самооценку, исходит от них самих, но его источником могут быть также друзья и родственники. Например, Билл, перебравшийся в Канаду из Австралии много лет назад, рассказывает, что вопрос социального положения очень волнует его жену. Снижение статуса означало для него удар по самооценке. Но, что еще хуже, он боялся, что жена перестанет его любить, если он не сможет предоставить ей тот уровень жизни, который она хотела:

> Иногда моя жена сравнивает себя с другими. Иногда она видит других людей, особенно моих приятелей. Они миллионеры, у них много денег. Раньше мы были очень близкими друзьями, работали вместе, вели бизнес, и они разбогатели, а мы нет. В Канаде у меня обычная работа. Так что... когда она упоминает тех приятелей, а я занимаюсь обычной работой, мне становится не по себе.

Билл боится потерять работу. «[Когда] примерно десятерых сотрудников сократили... одна коллега подошла и обняла меня, и я почувствовал себя очень скверно. Это как если бы меня самого уволили, а она обнимала меня на прощание, [но] увольняли ее, а не меня». В конце концов ему удалось избежать этого кошмара. Но к беспокойству по поводу социального статуса примешивался еще и страх, что потеря работы приведет к расставанию с женой. Обеспокоенность Билла своим нынешним положением усугублялась тем, что, по мнению жены, он сильно уступал друзьям в успешности.

Действительно, для многих респондентов главной проблемой в жизни являются отношения с близкими. Хотя они не всегда отдают себе в этом отчет.

**Отношения**

Теплые, крепкие и доверительные отношения с близкими во взрослой жизни представляют собой надежную защиту от аддиктивного поведения. Однако пережитая в детстве травма помешала многим участникам нашего исследования сформировать здоровые связи. Иногда их отношения становятся сложными и болезненными, то есть превращаются в источник еще большего стресса. Это напрямую связано с развитием игровой зависимости, особенно у тех, чьи друзья или партнеры уже являются компульсивными игроками. Другие участники отмечают, что стресс, вызванный сложностями в отношениях с близкими, подтолкнул их к игре.

Рассмотрим пример Валери, у которой не сложились отношения с детьми. Она чувствует, что не смогла стать хорошей матерью:

> Я часто думаю: может быть, если бы меня воспитывали иначе, я бы научилась быть матерью. У меня было трое детей. Сын умер. Одной дочери двадцать шесть, она учится на юридическом, и я у нее во всем виновата. Второй двадцать, и она ненавидит моего нового мужа. <...> Я плохая мать. Все мои дети выросли успешными людьми, каждый по-своему, но отношения со мной у них не сложились. По иронии судьбы у меня были хорошие отношения с [покойным] сыном. Но вот дочери сейчас... с тех пор, как я ушла от их отца, все плохо.

Хотя дочери Валери не одобряют некоторые ее решения и поступки, они продолжают с ней общаться. Не все участники нашего исследования могут этим похвастаться. Иногда дети обрывают общение, потому что в детстве с ними плохо обращались. В других случаях детей забирают из-за поведения родителя или плохих жилищных условий. Так случилось со Сьюзен:

> Я была матерью-одиночкой и жила с детьми где-то до 1998 года, а потом начала пить, как мой отец. <...> У меня развился алкоголизм, так что я отдала их опеке. Потом у меня забрали родительские права, и мы долго не виделись. Я ушла в запой на три месяца, о детях тогда заботились мои друзья. Они сказали, что мне надо что-то делать [с алкоголизмом], так что я пошла на детоксикацию, позвонила в опеку, и они [снова] забрали детей. Я пошла в суд, и там сказали, что мне детей доверять нельзя. С тех пор я не пью.

Сьюзен удалось изменить свою жизнь, однако она всегда помнит, что подвела своих детей. Она больше не пьет, зато играет в казино, чтобы справиться со стрессом.

Многих участников нашего исследования очень беспокоят плохие отношения с детьми. Как правило, проблемы такого рода приводят к усугублению игровой зависимости: родитель чувствует, что лишается единственной радости в жизни. Вместе с тем ему больше не требуется быть ролевой моделью для ребенка, так что нет причины бороться со своим деструктивным поведением.

Отношения с романтическими партнерами тоже зачастую не складываются. Некоторые участники в детстве постоянно наблюдали конфликты между родителями и усвоили патологические семейные установки в качестве неизбежной нормы, а позднее стали их использовать в собственных отношениях. В целом они не умеют доверять другим людям. В результате почти половина участников никогда не вступали в брачные отношения или разводились по меньшей мере однажды. Даже те из наших собеседников, кто не страдал от патологического игрового поведения, сообщили, что на момент исследования или ранее они находились в напряженных личных отношениях, очень напоминавших отношения между родителями, которые они наблюдали в детстве.

Например, отец Луизы был патологическим игроком. Позднее Луиза стала встречаться с мужчиной, который тоже страдал от игромании, и в его поведении было много от ее отца.

> Я действительно встречалась с игроманом. Он не понимал, что у него была зависимость. Я, конечно, не врач, но мне казалось, что это была настоящая зависимость. Может быть, я просто накрутила себя, потому что плохо отношусь к азартным играм из-за того, что было в прошлом.

Луиза «обрубала связь», как только у партнера появлялись признаки игровой зависимости, однако она снова и снова вступала в отношения с людьми этого типа. И действительно, у многих наших собеседников прослеживалась тенденция выбирать в качестве романтических партнеров компульсивных игроков. Иногда они осознают, что их собственные отношения являются такими же дисфункциональными, как отношения их родителей. Однако в большинстве случаев респонденты считают такое положение дел нормальным и не удивляются, когда подобная ситуация воспроизводится в их взрослой жизни.

Типичным примером может послужить история Энн-Мари. Она была замужем дважды, и оба брака кончились разводом. Энн-Мари признает, что оба бывших супруга напоминали ее отца — они были типичными агрессивными «альфа-самцами».

> Хотя мы жили очень хорошо, мой второй муж был довольно агрессивным спорщиком. Он любил стоять на своем и немного давил на меня. Так что мне приходилось нелегко. Он был не таким сложным человеком, как папа, но все равно у меня с ним были сложности. Это было тяжело. <...> В каком-то смысле это было вербальное насилие, но не всегда. Не постоянно, и не только со мной. Он очень любил спорить. Если он с тобой не соглашался, то сразу же начинал: «Да что ты такая тупая?»

Пока они были женаты, муж постоянно оскорблял Энн-Мари, и ей приходилось вести себя очень осторожно. Вместо любви и сочувствия она обрела источник стресса, угрожавшего ее эмоциональному благополучию. Когда она была ребенком, ее родители постоянно ссорились. Во взрослой жизни Энн-Мари тоже оказалась в нездоровых отношениях.

За любой романтической историей всегда что-то стоит. В детстве Энн-Мари часто слышала, как отец оскорбляет ее мать — и даже угрожает, что он убьет ее, если она попытается уйти. Став взрослой, Энн-Мари могла выбрать любого партнера, но остановилась на том, кто оскорблял и унижал ее. В силу своего детского опыта она привыкла думать, что в таком отношении нет ничего особенного — или, возможно, что лучшего она не заслуживает. И все-таки она считает, что ее браки были неудачными. Чтобы справиться со стрессом, она выбрала нездоровую стратегию — азартные игры и случайный секс. У нее было множество приключений за те годы, что она снимала комнату с другой женщиной: «Ну, вот вам пример. Я отправилась с коллегой в поездку с Club Med и за неделю переспала с шестью разными парнями». Нездоровые отношения в родительской семье, а также ее собственный неудачный романтический опыт — все это подорвало ее самооценку, способность доверять другим людям и желание брать на себя какие-либо обязательства. Учитывая, что оба мужа плохо с ней обращались, Энн-Мари больше не хочет выходить замуж. В ее жизни не хватает опыта безопасных, надежных и поддерживающих отношений.

Для многих участников развод стал тем фактором, который подтолкнул их к игре (хотя зачастую ситуация складывается прямо противоположным образом). Брак Кевина начал разрушаться, когда брат и сестра его жены погибли в результате несчастного случая. Он вспоминает, что первые пятнадцать лет семейной жизни, пока дети еще не выросли, были счастливыми: «Я думаю, мы с женой хорошо их растили». Но после развода Кевин начал играть. Понемногу игра превратилась в своеобразный «костыль», который он использовал, чтобы избавиться от стресса, связанного с разводом.

> До [развода] это был просто вид развлечения, а потом по моей жизни словно катком проехались. <...> В общем, все началось, когда мы развелись. Мне пришлось делать все. У меня было много долгов, о которых она не знала. Я сильно вложился в акции, а они рухнули, так что дела пошли отвратительно.

Фрэнк, другой участник, признается: «Я не был таким уж игроком <...>, пока был женат. А когда брак развалился и я остался один, у меня оказалось много времени для игры». Игра помогала Фрэнку убить время и забыть о болезненном разрыве с женой.

Смерть члена семьи тоже становится большим стрессом, даже если это происходит не в детстве, а во взрослой жизни. Вспомним, с какой болью наши участники описывали подобный опыт в главе пятой. Так, для Дженис смерть матери стала большим ударом, и она до сих пор не может примириться с этой потерей: «Когда мама умерла, мне было хуже. Не поймите неправильно, я люблю их обоих, но я до сих пор не могу поверить, что мамы больше нет... До сих пор не могу с этим смириться, и неважно, что... Просто не могу с этим жить. Вот так. Это хуже всего».

Подобные чувства переживают и те, кому пришлось потерять мужа, жену, ребенка, брата или сестру. Трудно пережить неожиданную смерть близкого человека, и для многих такая ситуация становится ударом. Игра помогает ненадолго отвлечься от тяжелых мыслей и забыть о горе.

### Необходимость заботиться о других

Многие из наших собеседников столкнулись с необходимостью не только быть родителем, но и постоянно заботиться о ком-то из членов семьи. Речь может идти о больных супругах, братьях, сестрах, родителях и/или выросших детях. Участники признают, что это требует времени и физических сил. Что еще хуже, подобная деятельность очень затратна в плане эмоций: вы видите, что вашему близкому плохо, и при этом вам нужно постоянно поддерживать иллюзию бодрости, даже если вы испытываете стресс и усталость. В чем-то это напоминает парентификацию. Человек, уже страдающий от эмоционального напряжения, вынужден брать на себя еще больше ответственности, с которой он едва ли способен справиться. Все это становится источником еще большего стресса.

В подобной ситуации оказалась, например, Кэрол. У ее мужа выраженный артрит, и он не может выполнять работу по дому. Кэрол ему сочувствует, но при этом ее раздражает, что ей приходится в одиночку делать очень много работы: «Не то чтобы он много чего делал по дому. Я делаю кучу всего в квартире и так далее». Рассказывая о несправедливом распределении домашних обязанностей, она добавляет: «Наверное, муж считает, что так и надо».

Глубоко внутри Кэрол полагает, что многие обязанности, которые она выполняет, на самом деле должен был взять на себя ее муж. Получается, что болезнь ограничивает не только его жизнь, но и ее. Азартные игры помогают Кэрол подавить чувство стресса и возмущения. В казино она чувствует себя свободной: «Мне кажется, здесь, рядом с игровыми автоматами, мне дышится свободнее. Никто не говорит мне, что делать. Как бы я ни поступила, это мое решение». Дома Кэрол вынуждена постоянно принимать в расчет мужа. В игре она обретает свободу и независимость, которых лишена в семейной жизни.

Когда человек оказывается в ситуации Кэрол и ему приходится почти постоянно ухаживать за больным супругом, он часто считает, что жизнь обошлась с ним несправедливо. Никто о таком не мечтает. Подобная ситуация всегда оказывается неожиданной и нежеланной, а оттого создает еще больший стресс. С похожими сложностями сталкиваются родители тяжелобольных детей. Когда люди планируют родить ребенка, они понимают, что им придется вкладывать время и усилия в его воспитание. Однако если ребенок заболевает, ожидания меняются. От родителей требуется гораздо больше усилий, и на себя им уже не хватает времени.

Например, двое детей Дорин болеют диабетом первого типа. Из-за этого ее повседневная жизнь стала гораздо сложнее: «У них диабет почти с рождения. <...> Нужно проверять уровень сахара в крови три-четыре раза в день. Это нелегко... если бы не это, все бы сложилось по-другому». В конце концов Дорин привыкла проверять уровень сахара в крови у детей. Но все же дополнительные обязанности значительно изменили ее образ жизни. Все могло бы «сложиться по-другому» и жизнь была бы гораздо проще, если бы у ее детей не было диабета.

Азартные игры помогают Дорин избавиться от стресса. Понемногу она стала вовлекать в игру и других членов семьи.

> В последнее время казино предоставляет потрясающие условия. Они пишут: «Приезжайте к нам, мы вам оплатим бесплатную неделю проживания. Будете нашими гостями: бесплатная еда и все остальное». В конце концов я стала приезжать туда со всей семьей. Они идут плавать, а я играю в казино. <...> Я стараюсь им объяснить: «Мы тут хорошо проводим время, вы живете в роскошном пятизвездочном отеле... вкусная еда и все такое».

Подобные акции усугубляют игровую зависимость Дорин: теперь она может утверждать, что ее поездки в казино — это развлечение для всей семьи. Кажется, она в какой-то степени осознает, что детям не место в казино, однако ей удалось убедить себя (и их), что они «хорошо проведут время».

Итак, мы рассмотрели различные факторы стресса, проявляющиеся во взрослой жизни. Они отличаются по причинам возникновения и степени выраженности. Среди них безработица или работа не по специальности, нехватка денег, проблемы с физическим и психическим здоровьем, плохие отношения с близкими, необходимость заботиться о больных родственниках и т. д. Уровень стресса, вызванного каждым из этих факторов, может варьироваться в зависимости от индивидуального восприятия в контексте уникальной жизненной ситуации. Сталкиваясь со стрессом, участники исследования пытаются его побороть, и у кого-то получается лучше, а у кого-то хуже.

Все проблемные игроки, принявшие участие в нашем исследовании, сообщают, что постоянно страдают от беспокойства, сомнений и стресса. Некоторые постоянно сталкиваются с проблемами финансового характера, другим приходится иметь дело с болезнями или непростыми отношениями. Кажется, они острее других людей переживают жизненные неприятности. Отчасти это объясняется повышенной восприимчивостью. Как уже говорилось ранее, еще в детстве наши респонденты столкнулись с серьезными испытаниями, и в результате их мозг стал более уязвим перед стрессом. В сущности, раннее столкновение с факторами стресса как бы понижает физиологическую планку: в дальнейшем даже небольшого дискомфорта достаточно, чтобы организм вошел в стрессовое состояние. Вне зависимости от причин стресса, участники нашего исследования инстинктивно пытаются от него избавиться. Для этого они обращаются к азартным играм — и такое решение объединяет всех людей, о которых идет речь в настоящей книге.

Подобный эскапизм выражен особенно ярко среди тех, кто вынужден заботиться о членах своей семьи, поскольку такая забота, как правило, связана с дополнительными обязанностями, вызывающими стресс и тревожность. Однако есть и другие факторы, вызывающие желание сбежать от стресса: ограничение в рамках социальной роли, сравнение себя с другими людьми, проблемы со здоровьем.

Некоторые участники нашего исследования не смогли полностью или частично справиться с ролью супруга, родителя, друга, сына или дочери. Другие сравнивают себя с более успешными людьми не в свою пользу. С помощью азартных игр они поддерживают в себе оптимизм и на время забывают о проблемах.

Иногда респонденты признавались, что игра становится для них формой социального взаимодействия. Это особенно важно для тех, кто страдает от одиночества или сложных личных отношений. В казино игрок получает возможность пообщаться с другими игроками, которые понимают его интересы. Кроме того, здесь он оказывается «одиночкой в толпе»: его окружают такие же люди, как он сам.

Ряд участников надеется, что игра поможет им решить финансовые проблемы, вызванные, в частности, отсутствием трудоустройства. Для многих игра становится привлекательной «профессией», которая не требует больших усилий и дает возможность легко и быстро получить много денег. Человек, недовольный своей работой (или ее отсутствием), убеждает себя, что его жизнь может за один вечер измениться к лучшему. Чтобы сорвать большой выигрыш, не требуется ничего, кроме удачи и настойчивости.

Люди с небольшим доходом зачастую не могут себе позволить более привычные типы развлечений, поскольку они обходятся слишком дорого. Азартные игры становятся захватывающим и «доступным» видом досуга, потому что игрок всегда может решить, сколько денег он поставит на кон, и таким образом контролирует свои траты — или пытается себя в этом убедить.

И все же для большинства наших собеседников азартные игры оказались неэффективной копинг-стратегией. Так почему же они не выбрали другой способ борьбы со стрессом? И какие способы считаются эффективными? Об этом речь пойдет в следующей главе.

# Глава 7
# Нездоровые копинг-стратегии

Как мы неоднократно упоминали в двух предыдущих главах, азартные игры стали важным элементом в копинг-стратегиях наших респондентов. Еще в детстве будущие игроки сталкиваются с депрессией и тревожностью; чтобы справиться с этими негативными чувствами, которые преследуют их и во взрослой жизни, игроки снова и снова прибегают к испытанным копинг-стратегиям. Многие респонденты признавались, что игра помогает им забыться, сбежать от проблем или даже справиться с ними. При этом характер проблемы не имеет значения: речь может идти о неприятностях на работе, финансовых сложностях, проблемах со здоровьем или в отношениях с близкими, а также о комбинации нескольких факторов. Но почему же из всего огромного спектра копинговых механизмов, как здоровых, так и нездоровых, наши респонденты выбрали именно игру?

### Как пережитый в детстве стресс влияет на выбор копинг-стратегии

«Эффект Достоевского» предполагает, что человек, столкнувшийся в детстве со стрессом, имеет предрасположенность к игре, и эта предрасположенность проявляется двумя способами. Во-первых, ребенку наносится психологический вред, который часто сохраняется и во взрослом возрасте — вспоминая о своем детстве, наши респонденты испытывают гнев, сожаление и чувство утраты. Эти негативные эмоции по-прежнему влияют на их повседневную жизнь и становятся источником постоянного стресса. Часто такие чувства (страх, чувство утраты, одиночества, собственной никчемности и неполноценности) подпитываются за счет стрессовых факторов взрослой жизни, о которых шла речь в предыдущей главе.

Во-вторых, пережитая в детстве травма зачастую сочетается с нехваткой позитивного и здорового общения, способствующего психологическому росту. Парентификация, отсутствие внимания и заботы со стороны родителей, физическая и эмоциональная заброшенность — все это мешает ребенку выработать здоровую самооценку и ощущение того, что он способен эффективно справляться с трудностями. В результате у него меньше шансов освоить здоровые и эффективные копинг-стратегии, которые могли бы прийти на помощь в борьбе со стрессом. Ребенок оказывается лишен возможности вырасти здоровым и уверенным в себе. Столкнувшись с ужасами физического и эмоционального насилия, с семейными конфликтами и другими стрессовыми факторами, он теряется и не может ничего им противопоставить.

По идее, детство — это время, когда человек накапливает положительный опыт и учится верить в себя, чтобы в дальнейшем использовать наработанные навыки в борьбе со стрессами взрослой жизни. Но у ребенка, пережившего травму, нет положительного опыта и положительной ролевой модели. Ему негде научиться эффективным методам решения проблем. Перед ним постоянно стоит одна задача — выжить. И поскольку в детстве он был лишен возможности освоить базовые копинговые механизмы, более сложные стратегии тоже оказываются ему недоступны. В результате наши респонденты, теперь уже взрослые люди, сталкиваются со всем спектром проблем и не знают, что с ними делать.

Нездоровые и неэффективные методы борьбы со стрессом часто сами становятся источником новых проблем. Именно это происходит с теми, кто в попытке справиться с тревожностью и депрессией обращается к азартным играм (а также алкоголю, наркотикам и насилию): ситуация становится все хуже и хуже. И тем не менее множество людей продолжают играть, потому что другого способа справиться со стрессом у них нет.

### КОПИНГОВЫЕ СТРАТЕГИИ У ДЕТЕЙ

Для начала рассмотрим, каким образом наши респонденты справлялись со стрессом и проблемами в детском возрасте. Как уже говорилось выше, многие из них продолжают использовать те же самые стратегии и во взрослой жизни.

*Избегание*

Одной из самых типичных стратегий, которые в детстве использовали наши респонденты, было сбежать или спрятаться от проблемы. Многие научились такому поведению у своих родителей. Ярким примером служат различные виды зависимостей. Опыт подсказывает, что они передаются из поколения в поколение в силу социальных и психологических факторов. Мэрилин, которую мы уже упоминали, утверждает: «Оба моих родителя были алкоголиками, так что если зависимость передается по наследству, то я думаю, что это из-за них я не научилась эффективно справляться со стрессом».

Многие другие участники нашего исследования прибегали в детстве к похожим стратегиям, которые чаще всего оказывались неэффективными. Так, они игнорировали свои проблемы — или пытались от них спрятаться. Как правило, для этого они закрывались у себя в комнате, чтобы побыть в одиночестве, или уходили из дома. Некоторые дети даже сбегали и какое-то время жили на улице.

Такую стратегию использовал, например, Джеймс. Он вспоминает, что всякий раз, когда родители начинали ссориться, ему нужно было побыть одному, выйти на улицу: «[Я не] хотел это видеть».

Лиам тоже использовал подобный подход, когда в семье возникали конфликты. «Оглядываясь назад, я понимаю, что они [родители] никогда не решали проблем, просто ждали, что все наладится. <...> Мы [Лиам и его брат] прятались у себя в комнатах и ждали, пока буря не кончится». Его собственная стратегия (спрятаться и ждать, пока родители не прекратят ссору) основана на том, как справлялось с проблемами старшее поколение. Он научился прятаться и избегать конфликта. Родители отказывались «решать проблемы», ждали, пока «все наладится», и Лиам, как и другие участники, тоже освоил эту неэффективную стратегию.

Многие респонденты в детстве становились свидетелями семейных ссор. Как и Лиам, они научились избегать конфликта и ждать, пока ситуация «наладится». История Лиама перекликается со многими другими историями. «Меня никогда не было дома... потому что дома мне не нравилось. Родители вечно ругались».

Ту же самую технику применяла и Ярина. Ей часто приходилось прятаться от матери-алкоголички, чтобы избежать побоев. Она вспоминает детство:

> Я провела кучу времени, пытаясь перехитрить ее. У меня были свои потайные укрытия. Я отправлялась в лес или на ферму и притворялась, что там никого нет. Просто уходила, чтобы ни с кем не сталкиваться. <...> Я много читала. Просто уходила одна и где-нибудь пряталась. Каждый раз, когда у меня было время уйти в лес и ни о чем не думать, я так и делала.

Такая тактика — спрятаться или сбежать — помогала детям временно облегчить стресс, связанный с обстановкой в семье. И хотя зачастую они сбегали из сложившейся ситуации в буквальном смысле, в этой тактике присутствовали и психологические аспекты: например, не обсуждать больную тему или даже не думать о ней.

### *Отстранение и отрицание*

Другие дети реагировали иначе. Вместо того чтобы отчаянно бунтовать, они просто сдались и погрузились в полную апатию (отметим, что апатия сама по себе является симптомом депрессии). Им не хватало сил, чтобы пытаться изменить ситуацию, и в результате они просто замыкались в своих негативных переживаниях, утверждая, что им на все наплевать. Такую стратегию использовал Ноэль, бросивший школу в шестнадцать лет:

> Тогда меня мало что интересовало. Я имею в виду, некоторые люди вспыхивают из-за малейших пустяков, а мне было почти на все наплевать. <...> Меня задевали только ссоры

между родителями, так что я просто сбегал. Но кроме этого практически ничего. Я просто уходил, играл в хоккей или бейсбол с несколькими приятелями, а потом играл [в азартные игры], когда стал старше.

Ноэль не просто избегал родителей, когда они ссорились; чтобы справиться со стрессом, он также использовал психологическую технику отрицания. Он отказывался признавать, насколько его беспокоили ссоры между родителями и другие стрессовые факторы. Однако у этой техники был недостаток. Ноэль признает, что, пытаясь сбежать от ссорящихся родителей, он пристрастился к игре. Он играл с друзьями, чтобы не возвращаться домой. Итак, стратегия избегания и отрицания оказалась неэффективной. Более того, она способствовала развитию игровой зависимости, которая негативно сказалась на взрослой жизни Ноэля.

Мы описали пассивные формы нездоровых копинг-стратегий, однако попытками уйти из сложившейся ситуации в физическом или психологическом смысле список не исчерпывается. Некоторые участники активно протестовали против ситуации — например, употребляли алкоголь, наркотики или вступали в беспорядочные сексуальные связи.

*Бунт*

Эндрю использовал этот тип защиты, потому что его злили нереалистичные ожидания и то давление, которое на него оказывали родители. Бунтуя, он пытался вернуть себе чувство контроля над собственной жизнью. Именно тогда, во время «бунтарской» фазы, он познакомился с азартными играми. Понемногу он отвоевал себе право делать что хотел. «Когда я уходил из дома и делал что хотел, играл и подолгу не возвращался, мне казалось, что в определенном смысле я мог не думать о родителях. Меня не было дома, и они [редко] отслеживали, где я».

Сэмюэл тоже использовал похожую тактику. В девять часов утра он отправлялся в школу и после полуночи возвращался домой, только чтобы переночевать. Чем он занимался в остальное время? «Мы с друзьями довольно часто играли [в покер], потому что нам было скучно. <...> Нам было особенно нечего делать. Мы шатались по парку, пили, курили травку. Это быстро надоедает, так что мы вскоре шли к кому-нибудь домой и играли в карты». Это помогало Сэмюэлу избегать жизни в семье. Он не хотел возвращаться домой и сталкиваться с «нереалистичными ожиданиями» со стороны родителей, постоянно требовавших, чтобы он получал хорошие оценки. Для Сэмюэла покер с друзьями стал приятным видом досуга, позволявшим избежать общения с родителями.

Пытаясь справиться с различными видами стресса, некоторые участники использовали стратегии, создававшие иллюзию контроля. Одной из таких стратегий является расстройство пищевого поведения, которое можно рассмотреть на примере Тины. Мать постоянно ее критиковала, и между родителями вспыхивали ссоры. В качестве реакции у Тины развились анорексия и булимия: «Диагноза у меня не было, зато были все симптомы: несколько месяцев я страдала от анорексии, а потом еще два с половиной года — от булимии. Родители постоянно ссорились, и отец иногда мне признавался, что они могут даже развестись».

Расстройство пищевого поведения создало иллюзию контроля, которого Тине отчаянно не хватало с тех пор, как в семье воцарился хаос. Однако когда она стала старше, одна нездоровая стратегия сменилась другой: у Тины возникла игровая зависимость. Она пыталась бороться со стрессами взрослой жизни с помощью тех инструментов, которые освоила еще ребенком. Игровая зависимость тоже в какой-то степени давала чувство контроля. Отказываясь от еды, Тина контролировала свое тело; делая ставки, она чувствовала, что контролирует свои деньги и сама решает, на какой риск готова пойти.

Теперь рассмотрим, как респонденты справляются со стрессом во взрослой жизни, используя полученные в детстве навыки как часть своей взрослой копинг-стратегии.

### КОПИНГ-СТРАТЕГИИ У ВЗРОСЛЫХ

В предшествующих главах говорилось, что игра — это способ сбежать из неприятной ситуации. Она помогает временно избавиться от тревожности и заполнить пустоту, вызванную одиночеством или депрессией. Возбуждение от процесса игры, адреналиновая лихорадка в момент победы, чувство собственной компетентности (когда человек ощущает, что «умеет» играть) или социальное взаимодействие — все эти факторы способствуют приподнятому состоянию духа. В наших интервью постоянно прослеживаются несколько тем. Так, респонденты признаются, что игра: облегчает стресс; служит эмоциональным «анестетиком»; помогает бороться со скукой, усталостью или отчуждением; смягчает чувство собственной никчемности; защищает от одиночества. В настоящем разделе мы рассмотрим все эти идеи как единое целое. Мы полагаем, что никто из проблемных игроков, ставших участниками нашего исследования, не имел возможности справиться со стрессом с помощью непосредственных и эффективных стратегий — ни в детстве, ни во взрослой жизни. Игровая зависимость стала для них своеобразным «костылем», на который они опираются для поддержки.

*Избегание, интернализация и отрицание*

Сталкиваясь с проблемами во взрослой жизни, компульсивные игроки в первую очередь обращаются к неэффективным копинг-стратегиям, которым они научились в детстве. Так, все они (в особенности те, кто пережил травмирующие ситуации) знают, что от проблемы можно сбежать: это принесет мгновенное, хоть и недолгое, облегчение. Именно поэтому во взрослом возрасте они «сбегают» в игру, которая помогает скомпенсировать недостаток действенных навыков борьбы со стрессом. У игроков с опытом парентификации особенно часто встречаются стратегии избегания или эскапизма, подразумевающие выбор такого занятия, поведенческого паттерна или психического состояния, которые не требуют активно взаимодействовать с фактором стресса. Для этого игроки употребляют наркотические вещества, идут на риск или замыкаются в себе. Противоположностью стратегиям избегания служат активные копинг-стратегии, требующие либо прямо взаимодействовать с природой фактора стресса, либо изменить свое отношение к этому фактору.

В рамках нашего количественного анализа мы решили установить взаимосвязь между копинговыми навыками и психическим здоровьем. Мы предполагаем, что травматический детский опыт негативно повлиял на психическое здоровье наших участников и подтолкнул их к освоению вредных копинговых техник. Чтобы измерить взаимосвязь этих двух факторов, мы использовали популярный опросник Фолкман и Лазаруса (Ways of Coping Questionnaire, или WCQ) [Folkman, Lazarus 1988]. Кроме того, мы использовали стандартные метрики психического здоровья — в том числе шкалу депрессии, разработанную Центром эпидемиологических исследований (Center for Epidemiologic Studies Depression Scale, или CES-D), и шкалу тревожности Бека (Beck Anxiety Inventory, или BAI). CES-D позволяет определить депрессивную симптоматику среди населения в целом [Radloff 1977], а BAI оценивает степень тревожности [Beck, Steer 1993]. В результате было установлено, что вероятность обращения к стратегиям избегания и эскапизма в 2,6 раза выше среди участников, страдающих от депрессии, и в пять раз выше — среди участников, страдающих от тревожности.

Многие респонденты утверждают, что игра помогает им избавиться от стресса. Они упоминают и другие вредные копинговые инструменты: например, избегание проблем (то есть применение механизма, усвоенного еще в детстве) и злоупотребление алкоголем или наркотиками. Кроме того, как показали недавние исследования, есть связь между депрессией и выраженностью патологического игрового поведения. Как правило, чем ярче проявляются депрессивные симптомы, тем сильнее становится тяга к игре, при этом пациент играет дольше [Romer et al. 2009].

Некоторые из наших респондентов еще в детстве привыкли интернализировать свою боль и продолжают использовать эту стратегию по сей день. Например, Лоуренс признается, что предпочитает переживать тяжелые моменты в одиночестве: «Мне просто нравится быть одному. Вот как это на меня влияет. Не хочу, чтобы меня дергали. Просто хочется побыть в одиночестве».

Оскар делает все возможное, чтобы уйти от прямого конфликта, в особенности с женой. Как и многим другим респондентам, ему не хватает навыков решения проблем.

> Я не знаю, как решить проблему, так что не делаю вообще ничего. Она [моя жена] тоже не знает, что делать, или ей все равно. Так что мы не можем решить проблему, потому что не знаем, как с ней быть, и иногда я думаю, что нам нужна помощь семейного терапевта или врача. Но это меня никак не подтолкнуло обратиться за помощью. <...> Я ничего не хочу делать.

Оказавшись не в состоянии решить свои семейные проблемы, он опустил руки — и просто решил их избегать.

Часто эти техники избегания и интернализации появляются в жизни наших респондентов еще в детстве, когда им приходится наблюдать за конфликтами в родительской семье. Понемногу они входят в привычку и превращаются в бессознательный копинговый механизм, который трудно преодолеть, даже если ты знаешь о его существовании. Так, Виктор осознает, что его методы решения проблем неэффективны, и жалеет, что его родители не были достаточно открыты. На вопрос, что ему хотелось бы изменить в отношениях с близкими, он ответил: «Думаю, я бы больше с ними разговаривал на разные темы — например, о моих проблемах». Но он утверждает, что ему всегда неловко обсуждать с близкими проблемы, потому что в его родительской семье о подобных вещах никогда не разговаривали.

В результате позицию Виктора можно сформулировать так: «Зачем и пытаться?» Он перенял от родственников склонность избегать прямого решения проблем. Если бы в детстве у него была возможность освоить более эффективные способы борьбы со стрессом, то, возможно, во взрослом возрасте у него бы не развилась игровая зависимость.

Не всегда эта тенденция уходить от проблемы связана с выученной эмоциональной отстраненностью. Эвелин, например, выросла в очень открытой семье. Однако, хотя другие члены семьи обсуждали друг с другом свои проблемы, она не могла себя заставить делать то же самое. «Думаю, если какая-то тема вызывает у меня стресс, то мне не хочется ее обсуждать. Но было время, когда у отца были проблемы, или у брата, они более открытые по отношению друг к другу, так что они разговаривали об этом». На вопрос, почему она предпочитает не обсуждать свои проблемы, Эвелин ответила: «Мне не нравится, когда кто-то осуждает [мою проблему], а родители часто так делают». Эвелин боится, что родители ее «осудят», и не хочет показаться слабой и неспособной решать собственные проблемы — поэтому держит все при себе.

Брент тоже предпочитает интернализировать стресс и скрывать свои проблемы, поскольку не хочет выглядеть человеком, который вечно жалуется. Он боится испортить настроение другим людям и потому ни с кем не делится своей обеспокоенностью — напротив, даже в мыслях старается ее подавить. Например, он описывает, как справлялся со стрессом, возникшим из-за ситуации на работе:

> Я узнал, что меня не повысят в должности. Это было очень тяжело, потому что я был уверен, что заслуживаю повышения. Что я делал... я старался об этом не думать. Если бы я думал об этом на работе, это отразилось бы на моем поведении и все бы решили, что я недоволен. Так что я старался держать свои чувства при себе.

И хотя эта история осталась в прошлом и Брент утверждает, что больше она его не беспокоит, он выглядит взволнованным. Как он ни старался подавить в себе чувства, он все равно испытывает подавленность. Это заметно даже сейчас, несколько лет спустя. Получается, что его усилия спрятать эмоции за улыбкой полностью провалились.

Некоторые участники прибегают к избеганию и интернализации, потому что так было принято в родительской семье, другие — в попытке избегнуть осуждения. В рамках этой стратегии они стараются отвлечься от мыслей о проблеме, и на помощь приходит игра.

Игнорируя ситуацию, которая служит источником стресса, наши респонденты используют ту стратегию, которой научились в детском возрасте. Например, Лоуренс избегает всяческих контактов с другими людьми, потому что это его способ справиться со стрессом, вызванным невозможностью устроиться на работу. Оскар применяет похожую стратегию в своей семейной жизни — он боится ссориться с женой. Вместо того чтобы выбрать активную позицию, определить проблему и постараться решить ее, он избегает конфликтных ситуаций, потому что так ему проще. И даже когда участники рассказывают о нынешних отношениях с близкими членами семьи, многие признаются, что изо всех сил стараются избегать конфликтов. Некоторые не хотят вступать в конфронтацию или ждут, что первый шаг сделает другая сторона.

Некоторые компульсивные игроки, ставшие участниками нашего исследования, сообщают, что стараются использовать положительные и эффективные меры поддержки — например, обращаются к психотерапевту или священнику той или иной конфессии. Однако большинство находит облегчение в азартных играх. Несмотря на все усилия, они не могут сопротивляться притяжению игры и продолжают использовать ее в качестве копинг-стратегии — пускай и неэффективной.

*Отрицание*

Некоторые респонденты описывают игру как способ уйти от проблемы. Другие признаются, что для борьбы со стрессом применяют наркотики или алкоголь. Возможно, это не самая здоровая стратегия, однако они по крайней мере признают существование проблемы. Кроме того, такие участники, как правило, понимают, что для решения проблем есть и другие, более эффективные способы.

С другой стороны, есть группа участников, которые ведут себя так, словно их проблемы не представляют ничего особенного, — или даже делают вид, что проблем в принципе не существует. Как правило, эти люди не хотят признавать, что у них игромания, и тем более не хотят говорить об этом. Возьмем для примера Дорин. Она посещает психотерапевта в рамках борьбы с алкоголизмом и наркоманией. Когда мы спросили, не думала ли она о том, чтобы обсудить с терапевтом игровую зависимость, она ответила: «Пока нет. Думаю, еще не время. Я хочу сказать, что уже опустилась на самое дно с наркотиками и алкоголем, так что я знаю, что это такое, и с игрой я даже близко этого не достигла». Хотя игромания мешает ее повседневной жизни, Дорин все еще уверена, что эта проблема менее серьезна, чем депрессия, алкоголизм и наркозависимость. В результате она отказывается обращаться за помощью, которая ей необходима. Но все же Дорин признается, что иногда «отвратительно» себя чувствует из-за игры, потому что «лучше бы [она] купила продуктов на эти деньги».

Эван тоже страдает от психического расстройства и посещает психотерапевта, однако не хочет обсуждать проблему игровой зависимости — он боится, что его будут упрекать. «Я всегда обращался к врачу относительно всех проблем с психическим здоровьем, [но] я редко говорю об игромании, потому что мне всегда кажется, что меня тогда будут осуждать еще сильнее». Эван считает, что игромания табуирована еще сильнее, чем психические расстройства, и предполагает еще большее унижение:

> Мне стыдно говорить об этом с другими людьми, потому что это не как если бы у меня был рак, и люди бы, типа, хотели помочь. Если ты говоришь: «У меня игромания, и вот что из-за этого со мной произошло», они отвечают что-то вроде: «Ну, сам виноват». Честно говоря, я бы и сам так подумал, если бы мне такое сказали.

В этих словах ярко прослеживается влияние социальной стигмы, о которой говорилось в главе шестой. Социальная стигма — это негативное отношение к членам той или иной социальной группы, когда принято считать, что они в каком-то смысле не соответствуют моральным стандартам общества и заслуживают быть отвергнутыми. Мы также обсуждали, как и почему зависимости и психические расстройства становятся причиной стигматизации. Человек, столкнувшийся со стигмой, чувствует, что он сам в этом виноват, и зачастую интернализирует это чувство — а в результате стыдится своего поведения. Низкая самооценка, депрессия, апатия, отсутствие мотивации и т. д. снижают вероятность того, что он возьмется за решение проблемы и будет активно искать помощи. Таким образом, стигма превращается в серьезный барьер, мешающий нашим респондентам получить необходимую помощь, и в поисках облегчения стресса они снова отправляются играть. Возникает замкнутый круг.

Есть разные типы избегающего поведения и разные виды отрицания. Перед лицом повсеместной социальной стигмы отрицание становится тем механизмом, который помогает нейтрализовать отрицательную составляющую игровой зависимости — и для самого игрока, и для других людей. Хорошим примером может послужить позиция Мэй. Ее игромания причиняет вред ее семье, однако в интервью она старается преуменьшить ущерб: «Я опоздала с оплатой по некоторым счетам. Пару раз я проиграла часть денег, которые должна была отдать дочери для оплаты школы. Но это, в принципе, все». В дальнейшем разговоре она легко отмахнулась от проблемы проигранных школьных денег — как если бы потребности ее дочери ничего не значили.

Кроме того, Мэй отрицает, что это по ее вине у дочери не оказалось денег для оплаты школы. С ее точки зрения, не суть важно, насколько серьезной была эта проблема — в любом случае она не виновата. Таким образом Мэй старается преуменьшить масштаб случившегося. Многие другие участники нашего исследования тоже отказываются брать на себя ответственность за негативные последствия своей игровой зависимости. Как и Мэй, они часто используют эту технику, когда понимают, что игромания вышла из-под контроля: в этот момент они начинают утверждать, что игра непредсказуема и обвинять их в проигрыше нельзя — ведь такова жизнь.

Другая форма отрицания проявляется в том, что некоторые компульсивные игроки осуждают людей, не одобряющих их игровую зависимость, то есть как бы возвращают им их упреки. Такие игроки утверждают, что другие люди пытаются представить ситуацию хуже, чем она есть, или просто не понимают, о чем говорят. Например, Грег с неудовольствием вспоминает, как его девушка возражала против того, чтобы он играл. С его точки зрения, именно она виновата, что между ними возникло напряжение, хотя конфликты, о которых идет речь, были результатами его решений. «Она очень мелочная. И терпеть не может, когда я играю, потому что я проигрываю деньги. Иногда она отказывается идти в кино, потому что там слишком дорого, хотя это я за нее плачу». Грег считает, что она напрасно критикует его привычки, потому что даже с учетом игры он все равно в состоянии оплатить их развлечения — для него это проявление финансовой независимости. Так Грег оправдывает свое нежелание прекратить игру.

Такие люди, как Мэй (которая отказывается нести ответственность за свои поступки) и Грег (который осуждает тех, кто осуждает его), не всегда осознают всю серьезность своего положения. Возможно, они подавляют в себе чувство вины и стыда — как минимум во время интервью. Тем не менее отрицание мешает преодолеть зависимость. Только признав, что проблема существует, можно двигаться дальше. Если игрок надеется избавиться от зависимости, прежде всего, он должен осознать, как его поведение вредит ему самому и его близким.

*Алкоголь и наркотики*

Многие проблемные игроки, принявшие участие в нашем исследовании, также употребляют наркотики и алкоголь: это еще один способ ненадолго забыть о стрессе, скуке, проблемах в отношениях с другими людьми и т. д. В сущности, примерно половина проблемных игроков являются еще и алкоголиками. До 60 % имеют никотиновую зависимость. Исследования показали, что чем сильнее выражена игромания, тем ярче проявляется зависимость от алкоголя и сигарет [Potenza 2001]. Эти дополнительные зависимости сродни игромании: они служат копинговым механизмом, который, при всем своем несовершенстве, помогает быстро приглушить боль.

Одним из представителей этой категории игроков является Лиам. В прошлом он пережил депрессию и не раз думал о самоубийстве. В итоге он осознал, что и то и другое было связано с алкоголизмом:

> Тогда я постоянно думал о самоубийстве. <…> Я напивался, и после этого мне хотелось пустить себе пулю в голову, так что я старался заснуть. Но это было странно, потому что чувство было почти биологическим. Я спал, но при этом как бы думал: «Ну что ж, я не могу заснуть, потому что думаю о том, как застрелюсь».

С помощью алкоголя Лиам пытался заглушить чувство депрессии, которое было — как минимум отчасти — вызвано негативными последствиями игровой зависимости. Однако ему становилось только хуже. Он выбрал нездоровый и неэффективный способ для борьбы со своим психическим расстройством.

У Дарии тоже были проблемы с алкоголем. Она признается, что с семнадцати-восемнадцати лет почти каждый день выпивала 350-миллилитровую бутылку спиртного. В ответ на вопрос о причине такого поведения она сообщила, что алкоголь притуплял ощущение стресса и помогал ей лучше себя чувствовать, пускай и ненадолго. Кроме того, она отправлялась пить с друзьями, чтобы не общаться с матерью, страдавшей от игромании: «Думаю, я много пила. В старшей школе я напивалась, пока меня не начинало рвать, потому что я думала, что так и надо, все мои друзья так делали».

После брака и развода Дария несколько сократила употребление алкоголя. «Теперь, когда мы развелись, я ненавижу водку. Пью только пиво». Дария ставит знак равенства между алкоголизмом и отношениями с бывшим супругом. После развода она перестала пить водку, и это заставляет предположить, что водка могла сыграть определенную негативную роль в их браке. Хочется надеяться, что сейчас, когда Дарии удалось вырваться из нездоровых отношений, ей больше не придется искать утешения в алкоголе.

Линде тоже не удалось удержаться в рамках социально приемлемого употребления алкоголя. Она напивалась каждый день и буквально ходила по грани алкогольного опьянения. Как и многие другие, она пила, чтобы заглушить стресс. Однако такое «самолечение» было опасным и, в свою очередь, становилось источником стресса.

СМИ редко рассказывают о негативных последствиях игромании. С алкоголизмом ситуация обстоит прямо противоположным образом. Но даже зная о вреде алкоголя, многие участники нашего исследования все равно не могли справиться с этой зависимостью. Так, например, Ведран признается, что пытался отказаться от алкоголя, но часто не мог справиться с соблазном, потому что, когда он пьет, он забывает обо всех проблемах. Лиам осознал, что алкоголь только ухудшает его самочувствие, и потому в конце концов бросил пить. Однако Ведран и сейчас продолжает злоупотреблять алкоголем: он уверен, что таким образом может ненадолго облегчить стресс.

Мы считаем, что алкогольную и наркотическую зависимость можно считать дополнительным элементом избегающей копинг-стратегии. Зачастую потребители алкоголя и наркотиков стараются забыть о том, что причиняет им боль. Это хорошо видно на примере Ноэля, который пытался прийти в себя после тяжелого развода с помощью азартных игр и наркотических веществ. Он подтверждает эту взаимосвязь в интервью: «Мы развелись. Это было тяжело. Тогда я и начал употреблять наркотики и много пить».

Не все наши собеседники употребляют алкоголь или наркотические вещества для борьбы со стрессом. У некоторых просто развилась зависимость. И хотя они понимают, что употребление наркотиков вредит здоровью, им отчаянно необходима следующая доза. Но все же в основе физической зависимости лежит копинг-стратегия. Например, Адам начал принимать наркотики в попытке справиться со стрессом, вызванным проблемами на работе и в личной жизни. Так, в постоянной борьбе со стрессовыми факторами у него сформировалась физическая зависимость. Адам продолжает употреблять алкоголь и наркотики — просто потому, что не понимает, зачем бросать. Он не думает, что его жизнь может стать еще хуже (или лучше):

> Я стал употреблять алкоголь и наркотики, практически все, какие только есть. В прошлом это вредило моим отношениям, вредило работе, вредило практически всему, да и мне тоже. Я несколько раз опускался на самое дно [и] пришел к выводу, что ниже падать уже некуда.

Наркотическая зависимость разрушила почти все аспекты его жизни. И все же Адам не может порвать с этой привычкой и продолжает употреблять наркотики.

Некоторым участникам нашего исследования нравится употреблять алкоголь или наркотики в компании других людей, другие занимаются этим в одиночестве. Меган относится ко второй группе. Алкоголь и наркотики помогают ей успокоиться и отстраниться от окружающего мира и не служат способом социального взаимодействия:

> Я не пью и не употребляю наркотики в компании. Иногда я просто обращаюсь в LCBO (Liquor Control Board of Ontario — Совет по контролю над торговлей спиртными напитками Онтарио), потом возвращаюсь домой, закрываюсь в комнате и пью, пока не ложусь спать, потом просыпаюсь и делаю то же самое!

Однако многим респондентам нравится, когда к возбуждению от игры добавляется опьянение. Ник, например, признается: «Очень редко бывало, чтобы мы играли, но не пили». Многие игроки полагают, что лучше всего пить и играть одновременно. Так, Пэтти связывает свой алкоголизм с игровой зависимостью. Она отправлялась играть и пить практически каждые выходные: «Понимаете, я играла почти каждые выходные, в ночь на субботу и в ночь на воскресенье, играла вместе с друзьями, и ты просто попадаешь в струю — пьешь и проигрываешь слишком много денег». Для нее алкоголь был частью общего ритуала, и хотя с ним было особенно просто «попасть в струю», опьянение также усиливало ее тягу к игре.

Именно на таких людей, как Ник и Пэтти, которым нравится пить и играть одновременно, нацелена реклама казино и скачек, где продаются спиртные напитки. Все знают, что под воздействием алкоголя самоконтроль снижается и в результате человек играет чаще, дольше и делает более высокие ставки. Для казино это означает увеличение выручки. С другой стороны, сами игроки с удовольствием отправляются туда, где продаются спиртные напитки, чтобы приятно провести время и забыть о тяготах повседневной жизни. Алкогольная и наркотическая зависимости тесно связаны с игроманией: в сочетании они позволяют игроку еще быстрее забыть об источниках стресса и тревожности.

*Игра как механизм копинга*

Теперь, наконец, рассмотрим, как именно азартная игра становится копинговым механизмом — и для современных игроков, и для Достоевского. Некоторые из наших респондентов играют, чтобы не думать о своих проблемах, чтобы выиграть деньги для решения проблем или чтобы испытать азарт или удовольствие от социального взаимодействия. Однако для всех участников исследования игра становится способом борьбы со стрессом. Многие осознают и открыто признают тот факт, что игра — это их основной способ облегчить стресс, хотя есть и те, кто это отрицает.

Подобное отношение к игре — как к способу на время уйти от проблем — ярко прослеживается на примере Грейс:

> Мне нравится, что игра позволяет обо всем забыть. Я ощущаю мир и спокойствие. Казино — это единственное место, где я отключаю мобильный телефон. Мне нравится азарт, и я люблю наблюдать за игрой. Это сама неизвестность. Мне нравится смотреть, как идет игра, и нравится звук колокола. И я люблю это возбуждение. <...> Я отправляюсь в казино, чтобы побыть наедине с собой, и никто мне не докучает. Если я еду туда одна, то это способ сбежать от мира.

Помните Нэнси, у которой умерли родители, когда она была подростком? Нэнси признается, что игра помогает отвлечься от скорби. И все же облегчения хватает ненадолго: ей по сей день больно вспоминать о них. Получается, что азартные игры — это неэффективный способ борьбы с эмоциональными проблемами. Они лишь временно помогают забыть о проблемах, но в долгосрочной перспективе никак не облегчают эмоциональную боль, вызванную этими проблемами.

Эван тоже играет, чтобы справиться со стрессом, и признает, что игра стала для него формой эскапизма. В чем-то эта ситуация напоминает ему, как в детстве он сбегал от проблем: «У меня были проблемы [в университете]: у меня не получалось добиваться поставленных целей, я пропускал лекции, такое вот все. Это продолжалось три года. На втором и третьем курсе я пытался сбежать от проблем с помощью еды и азартных игр». Возможно, именно игровая зависимость мешала Эвану «добиваться поставленных целей», и в итоге это становилось еще одним источником стресса. И все же это была возможность забыть о трудностях, связанных с учебой.

Джошуа тоже осознает, что игра стала для него средством сбежать от трудностей. Однако, в отличие от Эвана, он хочет переломить ситуацию:

> Игра стала для меня зависимостью. Нельзя прятаться в нее от проблем. Раньше мне нравилось играть, а теперь уже не нравится — теперь я играю, чтобы справиться со стрессом. Мне очень не нравится это чувство — что я вынужден что-то делать в качестве психологической защиты. Для меня это и есть определение зависимости. Если какое-то занятие становится необходимым, то это и есть зависимость.

Джошуа отдает себе отчет, что у него возникла игровая зависимость, которая стала нездоровой копинг-стратегией. Привычка настолько вышла из-под контроля, что он не может с ней справиться. Он продолжает играть, потому что не знает других способов бороться со стрессом — или потому, что альтернативные методы оказались для него менее эффективными.

Другие респонденты играют, чтобы избавиться от скуки. Марсель, например, упоминает чувство радостного возбуждения, которое ассоциируется у него с игрой. По его словам, каждому стоит побывать в казино, потому что именно там можно «позволить себе расслабиться... ты как бы уже не дома». Игра позволяет ему вырваться из скучной домашней рутины. Кроме того, в казино он чувствует яркие эмоции, которых дома ему не хватает.

Дженис тоже нравится эмоциональная сторона игры. В ответ на вопрос, почему она снова и снова возвращается в казино,

Дженис объясняет: «Игра — это возбуждение... возбуждение от всего, что тебя окружает. Например, это могут быть игровые автоматы, вся эта музыка, освещение... все это очень возбуждает. Вот что притягивает меня больше всего».

Грэм в похожих выражениях описывает свои эмоции от игры в покер: «Ты рискуешь, и это потрясающее чувство — особенно когда выигрываешь». Для Дженис и Грэма, как и для многих других участников нашего исследования, важна именно эмоциональная сторона игры, помогающая им сбежать от того, что они считают скучной обыденностью.

Закери тоже считает, что игра — это захватывающая альтернатива скучной и ограниченной жизни:

> Для молодежи здесь недостаточно развлечений. Если вам скучно или плохо, пойти особенно некуда. Иногда хочется пойти куда-нибудь, чтобы сбросить стресс. Разные люди выбирают разные развлечения. Но если выбора мало, то азартные игры становятся одной из главных альтернатив.

В отличие от Джошуа, который считает эскапизм тревожащим признаком зависимости, Закери рассматривает игру как обычный вид досуга, который большинству людей пришелся бы по вкусу. Для Закери это «запасной выход», к которому он прибегает в отсутствие других способов «сбросить стресс». (Обращаем ваше внимание, что все участники нашего исследования прошли скрининг и соответствуют установленным критериям игромании.) Закери не считает, что нуждается в игре как в средстве против скуки и стресса. Он рассматривает ее как форму развлечения, популярную среди молодежи в его регионе, и для него это увлекательный и при этом модный вид досуга. Поэтому он чувствует себя членом социально одобряемого избранного круга.

Многие другие участники испытывают потребность в деньгах и надеются на быстрый легкий выигрыш. Когда Лоуренса сократили, он стал играть больше, потому что надеялся выиграть достаточно денег для инвестиций: «Меня уволили с работы. Ну, времена непростые. Так что я сказал себе: "Если я выиграю несколько сотен долларов, то смогу их куда-нибудь инвестировать". Иногда мне везло. Даже если удавалось выиграть всего двести баксов, я все равно был доволен». После увольнения Лоуренс попытался жить за счет выигрышей, однако ему это не удалось.

Дженис тоже начала играть из-за финансовых неурядиц, однако попытка решить их с помощью игры провалилась: «У нас были проблемы с деньгами — нечем было оплачивать счета. Я стараюсь выиграть немного денег. Ниже падать некуда, вы понимаете. Но все только становится хуже. Да, от этого определенно одни проблемы».

Хотя некоторые участники утверждают, что играют только ради денег, обратите внимание на выражение Лоуренса: он «был доволен», даже если выигрывал совсем немного. Это позволяет предположить, что игра удовлетворяла его потребность заглушать стресс. Таким игрокам кажется, что они решают свои проблемы, даже если усилия ни к чему не приводят. Дженис признается, что «все только становится хуже»: действительно, в большинстве случаев игровая зависимость имеет прямо противоположный эффект, поскольку ухудшение финансовой ситуации приводит к усугублению стресса.

Для Стивена, которого уволили с высокопоставленной должности, игра стала способом вернуть себе высокий социальный статус. Играя, он снова чувствует себя успешным. Выигрыш напоминает ему о тех днях, когда он мог легко позволить себе спустить пару тысяч долларов в Лас-Вегасе. Когда Стивен играет, он опять предстает богатым и успешным представителем высшего класса — как в собственных глазах, так и в глазах тех, кто его окружает. Вот тот «белый кролик», за которым он снова и снова ныряет в нору, словно Алиса в Стране чудес.

Однако игра не только помогает бороться с монотонностью обыденной жизни. Для некоторых участников это лекарство от одиночества. Так, Ингрид не хватает взаимодействия с другими людьми, а в игре она чувствует приятный элемент общения. Ей больше нравится играть в казино, чем сидеть дома в одиночестве. Она вспоминает, что влюбилась в игру во время первого же визита в казино: «Тогда, в первый раз, я выиграла и почувствовала...

что люди были дружелюбными... иногда. И даже если они недружелюбные, все равно там есть что-то особенное — что-то... подсознательное. Может быть, дело в еде... Но мне там лучше, чем где бы то ни было».

В казино Ингрид нашла для себя именно то, чего ей так не хватало: общение с «дружелюбными» людьми, которые готовы с ней взаимодействовать, хоть и недолго. Она идеализирует казино, рассматривая его как некую альтернативную реальность, и чувствует себя там «лучше, чем где бы то ни было». Многие другие участники тоже испытывают подобную тягу к чему-то большему, выходящему за пределы их обыденной жизни, и верят, что отыщут это «большее» в казино.

Этих игроков привлекает не возможность выиграть деньги, а шанс ускользнуть от проблем и скуки обыденной жизни. Играя в покер, сражаясь с игровым автоматом или ставя деньги на определенную лошадь, они как бы отправляются в короткое путешествие прочь из реальности. И это соответствует тому, о чем говорилось в настоящей главе.

Итак, чтобы преодолеть стресс, многие участники нашего исследования выбирают нездоровые и неэффективные копинг-стратегии. С помощью игры некоторые из них стараются интернализировать свои проблемы или сделать вид, что проблем не существует. В казино они остаются наедине с собой и могут с головой уйти в игру, забыв обо всех неприятностях. И если им того хочется, есть возможность приятного общения.

Однако избыточное увлечение игрой оборачивается новыми проблемами: так, Мэй сталкивается с нехваткой денег, а Грег — с конфликтами в личной жизни. Чтобы нейтрализовать эти проблемы, наши респонденты снова обращаются к неэффективным стратегиям, о которых мы уже упоминали.

Некоторые участники нашего исследования пытаются приглушить стресс и тревожность с помощью алкоголя, но эта стратегия тоже лишь ухудшает ситуацию. И алкоголизм, и игромания служат заменой для тех здоровых копинг-стратегий, которым эти люди не смогли научиться. Зачастую причина кроется еще в детстве: будущие игроки имитируют неудачные копинг-стратегии, которыми пользуются их родители. Это еще раз подтверждает, какую важную роль играет в жизни ребенка его семейное окружение.

И наконец, для большинства участников игра становится способом сбежать от мира. Во многих интервью снова и снова всплывала мысль о «чем-то большем». Для респондентов этого типа игра — это не способ заработать деньги (потому что они редко выигрывают) или улучшить свою жизнь (потому что жизнь не становится лучше). Это всего лишь способ сбежать, хотя бы на время, от тех проблем, которые делают жизнь невыносимой. Но у медали есть обратная сторона: в долгосрочной перспективе игровая зависимость разрушает их жизнь. И в следующей главе мы рассмотрим негативные последствия игромании.

# Глава 8
# Как игромания вредит жизни игрока

Выбор игры в качестве копинг-стратегии влечет за собой появление новых неприятностей: ухудшение финансовой ситуации, конфликты с близкими, проблемы со здоровьем и иногда с законом. Не все проблемные игроки отдают себе в этом отчет. Джейн обращается к таким людям с советом:

> Если бы меня попросили что-то посоветовать любому игроку, я бы сказала: вы вредите не только себе, но и вашему партнеру, вашим детям и детям ваших детей, потому что цикл продолжается. Вы плохой родитель — вас никогда нет рядом. Вы плохой партнер — вас никогда нет рядом. И раз вас нет рядом, вы заставляете вашего мужа или вашу жену... вы не позволяете этому человеку быть хорошей матерью или хорошим отцом. И в результате... у ваших детей нет ролевой модели, им неоткуда взять чувство безопасности и уверенности в себе, а без этого они тоже не могут стать хорошими родителями, и цикл продолжается. Так что вы вредите многим и многим поколениям.

Сравните игрока, потерявшего все — работу, дом, отношения с близкими, доверие, — и наркомана, оказавшегося в такой же позиции. Игрок верит, что существует вероятность, пускай и крошечная, что он выиграет крупную сумму денег, которая в какой-то степени облегчит проблему отсутствия работы, жилья и денег. Наркоман знает, что еще одна доза, возможно, облегчит его страдания, однако однозначно не поможет решить материальные вопросы. Поэтому он не возлагает на будущее никаких надежд. Если другие виды зависимости определяются безнадежностью, то движущей силой игромании становится надежда. И это очень важный момент, выделяющий игроманию среди прочих зависимостей как поведенческого, так и физиологического характера. Одна и та же форма поведения и приводит к проигрышу (что ухудшает ситуацию), и обещает возможное решение проблем в случае выигрыша. Из-за этого парадокса игроку особенно трудно перестать играть.

### Финансовые сложности

Вероятно, финансовые проблемы — это самое очевидное и самое тяжелое из негативных последствий игровой зависимости. Неудивительно, что у многих участников нашего исследования имеются серьезные финансовые проблемы, связанные с проигрышами, нестабильным трудоустройством и недостаточными доходами. Многие из них убеждены, что рано или поздно им удастся выиграть крупную сумму денег, которая покроет все долги и издержки. Когда наступает предсказуемый проигрыш («казино всегда выигрывает»), они, как правило, стремятся отыграть свои деньги и в результате проигрывают еще больше. Этот поведенческий паттерн прослеживается у многих респондентов.

Например, Крейг признается: «Я вам скажу, чему вредит игромания — моему бюджету. Он сильно просел из-за проигрышей. Это очень неприятно».

Энтони попросту планирует выиграть деньги, чтобы оплатить уже имеющиеся долги. Когда его спросили, как именно он хочет распорядиться своим предполагаемым выигрышем, он ответил:

> Закрыть долги по кредитной карте. Прямо сейчас я выигрываю недостаточно, чтобы заплатить за что-то серьезное. Я не покупаю выпивку или что-то типа того. Ничего подобного. Обычно эти деньги сразу идут на кредитный счет, а дальше я делаю с ними то же самое, что и другие студенты.

Энтони пытается оправдать себя тем, что выигранные деньги пойдут на благую цель — оплату обучения в университете. Он «не покупает выпивку или что-то типа того», поэтому ему кажется, что игра не создает финансовые проблемы, а помогает их решать.

Дженис тоже надеется, что выиграет крупную сумму и рассчитается по долгам. Однако, в отличие от Энтони, она понимает, что сама создает себе проблемы. «Я стараюсь выиграть немного денег, чтобы оплатить счета, — говорит она. — Ниже падать некуда, вы понимаете. Но все только становится хуже. Да, от этого определенно одни проблемы». И Энтони, и Дженис надеются выиграть большую сумму и тем самым обеспечить свои базовые потребности, однако они только проигрывают. Разумнее было бы инвестировать эти усилия в свою профессиональную деятельность. И все же они снова и снова возвращаются в казино, привлеченные мыслью, что однажды им удастся быстро и без усилий выиграть огромную сумму.

Другие участники хорошо понимали, что в попытке отыграться они попадают в замкнутый круг. Так, Джошуа объясняет: «У меня были проблемы с деньгами, потому я пытался отыграться, делал ставку за ставкой, но все равно проигрывал. На следующий день я возвращался к той же игре и проигрывал еще больше. Это была сложная ситуация».

Большинство наших собеседников разделяют мнение Джошуа относительно «сложной ситуации»: пытаясь вернуть проигранные деньги, они теряют вообще все. И тем не менее им трудно поступить иначе. Итак, многие респонденты волей-неволей продолжают играть, потому что чувствуют себя обязанными отыграться.

Ханна говорит, что сначала она играла онлайн только ради удовольствия, однако едва она начала проигрывать, как ей захотелось вернуть потерянные деньги. Так интерес к игре перерос в игровую зависимость. «Сначала мне просто хотелось приятно провести время, раз больше было нечем заняться. Но когда я стала проигрывать, у меня появилось чувство, что нужно отыграться. И чем больше я теряла, тем больше мне нужно было отыграть и тем больше я была взбудоражена». Невозможность прекратить игру истощает ее не только в финансовом плане, но и в эмоционально-психическом: Ханна упоминает свое «взбудораженное» состояние. Далее она описывает подробнее, как именно работает этот эмоциональный механизм:

> Чувство абсолютной подавленности! <...> Если я сделаю крупную ставку, то достаточно выиграть один раз, и я верну все, что проиграла. Поэтому я предпочитаю крупные ставки, чтобы выиграть быстрее и выйти из игры. Но этот момент, когда я могу выйти, никогда не наступает, и я никогда не чувствую удовлетворения. После игры мне всегда становилось хуже.

Ханна проиграла слишком много денег, и теперь она не может позволить себе сдаться. Она верит, что следующая крупная ставка окажется выигрышной и тогда она не только вернет все потерянное, но и останется в плюсе. Поэтому ей страшно выходить из игры: она не хочет пропустить тот самый шанс, который даст ей возможность вырваться из замкнутого круга.

Ингрид тоже чувствует себя пленницей, обязанной отыграться. Ей приходилось занимать деньги у друзей и родственников. Кроме того, она взяла кредит в Money Mart под высокий процент и из-за этого нервничала еще больше. Чем дольше она затягивала с выплатой, тем выше становился процент. В конце концов она проиграла все деньги. Не зная, что делать, Ингрид стала покупать лотерейные билеты, но и это не помогло: «Я слишком много потратила на азартные игры, а деньги я получаю [всего] раз в месяц. <...> Раньше я занимала деньги и потом отдавала долг. <...> Я пыталась принять какое-то конструктивное решение, но это трудно. Это абсолютный провал, ужасно глупое поведение».

Вань тоже утратил контроль над своим финансовым положением. Вместо того чтобы обеспечивать свои базовые потребности — например, покупать продукты, — он тратит каждый доллар на игровые автоматы. Он набрал множество займов, чтобы оплачивать свои долги по кредитной карте, и вынужден занимать все больше и больше. Эта схема — заем, проигрыш, снова заем — часто повторяется в биографиях наших респондентов.

Готовность занимать деньги, чтобы рассчитаться по долгам, тоже связана с общей избегающей стратегией. Вань вспоминает: «Я был слишком наивным и просто игнорировал эту проблему. Но мне нравилось ни о чем не думать. Я имею в виду: зачем беспокоиться, если от тебя все равно ничего не зависит?» Вместо того чтобы ограничить свои расходы в соответствии с реальной финансовой ситуацией, Вань игнорировал проблему, потому что ему нравилось так поступать. И он был уверен, что сможет занимать деньги снова и снова, пока не выиграет достаточно, чтобы рассчитаться по долгам. Это беспечное отношение прослеживается и в его манере игры: Вань полагается на удачу, верит в крупный выигрыш и отказывается думать о проигрышах, потому что все равно не может их контролировать.

Не все участники нашего исследования обращаются за деньгами в кредитные организации. Многие проблемные игроки берут в долг у родственников, что в результате негативно сказывается на отношениях в семье. Так, например, поступает Рейчел, когда ей нужны деньги для игры или для оплаты связанных с этим долгов: «Я занимала деньги у обеих моих сестер. <…> Как-то раз я заняла пятьсот долларов у брата: мне нужны были деньги для игры, чтобы выиграть и рассчитаться с долгами, и через месяц я вернула ему сто долларов».

Блейк тоже занимал деньги у брата, потому что иначе ему не хватало даже на оплату своих базовых потребностей. Он признается, что чувствует себя виноватым:

> Я начал занимать деньги у брата на базовые нужды — на то, что я должен был оплачивать сам, то есть на аренду и на еду. Я не проигрывал эти деньги, но занимать приходилось именно из-за проигрышей. Занимать деньги у брата было трудно, потому что... Мне пришлось объяснить ему, в чем дело. Я сказал: «Брат, у меня дела плохи, нужна помощь. Я остался без гроша». При этом я работал, а денег все равно не было.

Когда Блейк оказался не в состоянии оплачивать себе еду и жилье, он в полной мере осознал всю серьезность своего финансового положения. Ему было особенно стыдно обратиться за деньгами к брату, а не в крупную банковскую организацию, где его бы никто не знал, — ведь он позволил игре взять над собой верх.

Другие респонденты не могли обратиться за помощью к родственникам и поэтому занимали деньги у друзей. По словам Ронды, в те моменты, когда она просила у друзей денег взаймы, она чувствовала, что ниже падать некуда. Ей по сей день стыдно об этом вспоминать:

> Иногда после проигрыша я просила денег взаймы у друзей. Не очень много — может быть, пару сотен долларов... но я чувствовала себя очень неловко. <...> Они были немного удивлены. <...> Это было очень глупо... [но] мне нужны были деньги, чтобы жить. <...> Как-то я вернула им сто или двести долларов — они просто сделали вид, что ничего не произошло. Но я все равно чувствовала себя виноватой.

Как правило, друзья и родственники соглашаются дать игроку денег взаймы. Однако, несмотря на эту готовность помочь, многие респонденты испытывают смущение и стыд. В результате они дистанцируются от своих близких. Таким образом, финансовые проблемы отрицательно влияют на отношения с людьми, которых игрок ценит больше всего.

Крупные проигрыши также становятся причиной психической и эмоциональной нестабильности. Даже те, кто в обычной жизни отличается эмоциональной устойчивостью, начинают испытывать обеспокоенность и стыд. Например, Кэрол очень страдает из-за своей тяги к игре. Проиграв в короткий срок много денег, она чувствует себя несчастной, даже если кто-то другой сказал бы, что сумма того не стоит:

> Несколько раз я проигрывала, допустим, пятьсот-шестьсот долларов за ночь и очень из-за этого переживала. Я не могла заснуть: просто лежала и думала. Почему я такая глупая? Так что да, это повлияло на мое психическое здоровье, потому что я действительно очень злилась на себя.

Для Кэрол проигрыш связан с чувством гнева и отвращения. Отсюда у нее формируется негативный образ собственного «я» — она считает себя глупой и неспособной к самоконтролю. О подобных эмоциях рассказывают и другие респонденты: они испытывают вину, стыд и ощущение собственной никчемности из-за того, что проигрывают деньги и вынуждены просить в долг. Чтобы забыть об этих неприятных чувствах (или хотя бы перестать думать о проигрыше), многие респонденты снова обращаются к игре.

И цикл продолжается: человек играет, чтобы облегчить боль, вызванную игрой, но чем больше проигрывает, тем сильнее страдает. Стратегия, призванная помочь, только усугубляет ситуацию. Похожий цикл наблюдается у тех, кто пытается отыграться: они играют, чтобы восстановить потерянные деньги, но при этом проигрывают все больше и больше. Когда игрок попадает в подобный замкнутый круг, его зависимость вырывается из-под контроля.

Однако, даже проигрывая большие суммы, наши респонденты надеются, что однажды смогут все вернуть. Они понимают, что такая стратегия зачастую является причиной их финансовых проблем. Но они отказываются сдаваться, снова и снова возвращаются к игре и не могут покинуть пределы этого заколдованного круга.

### Сложности в отношениях

Для большинства наших респондентов игра стала источником проблем в отношениях с близкими людьми — зачастую она вбивала между ними клин и становилась причиной разрыва. Как правило, близкие выступают против игровой зависимости, поэтому отношения между игроком и его друзьями и родственниками становятся натянутыми и напряженными.

Больше половины участников признались, что из-за игры им было сложно сохранить хорошие отношения с родственниками и романтическими партнерами. Как и в случае с финансовыми проблемами, здесь возникает замкнутый круг, в котором проигрыши и конфликты как бы подпитывают друг друга. Игровая зависимость ослабляет семейные связи, поэтому игрок еще больше увлекается игрой, чтобы заглушить боль. В итоге он проигрывает еще больше денег, и отношения в семье становятся еще хуже.

Этот порочный круг не только угрожает существующим связям, но и мешает игроку вступать в новые отношения. Например, Ник вспоминает свою бывшую девушку, которой не нравилось, что он слишком много времени тратит на игру. Он играл в покер примерно пять раз в неделю, а она возражала против этого, и в результате их отношения становились все более натянутыми. Отчасти именно этим был вызван их разрыв. Когда они наконец расстались, Ник понял, что у него нет времени на поиски новой подруги — он был слишком занят игрой в карты. Игровая зависимость помешала ему как выстроить отношения с бывшей девушкой, так и найти новую:

> Игра повлияла на наши отношения... потому что я играл, у меня было меньше времени, меньше мотивации и меньше интереса в развитии наших отношений. Вместо пяти свиданий в неделю у меня было пять вечеров за покером. Это повлияло на те отношения, которые у меня были, и на отсутствие новых.

В высшей точке развития игровой зависимости Ник ценил игру выше, чем отношения с другими людьми. Такая расстановка приоритетов типична для наших респондентов.

По словам Пауло, игра стала причиной его развода:

> Игра сыграла очень большую роль в моем разводе, потому что я проводил больше времени на скачках или в казино, чем дома. Но в финансовом смысле все было хорошо. У нас был дом, я оплачивал все счета, просто меня никогда не было дома. По вечерам я сидел за карточным столом, а после обеда уходил на ипподром или куда-нибудь еще. Я зарабатывал очень хорошо. Иногда у меня получалось 150–160 тысяч долларов в год, но половину этого я спускал на игру. Но я платил за дом и за все остальное, так что это не та ситуация, когда детям нечего есть или у жены нет денег, я просто не помогал ей с детьми. Ну, вы понимаете.

Пауло не упрекает свою жену за то, что она его бросила. Напротив, в его голосе звучит облегчение, как если бы он понял, что холостяку ничто не помешает проводить много времени на скачках. Это типичная черта субкультуры игроков: у них практически не остается времени на «внешнюю» жизнь. Неодобрение жены как будто лишь подпитывало страсть Пауло к игре: «Чем больше моя бывшая ненавидела игру, тем больше мне хотелось играть — просто она ужасно меня бесила, и я цеплялся за любой повод сделать ставку. Когда она была настроена мягче, мне тоже меньше хотелось играть».

Между Пауло и его женой возникло напряжение, потому что ее представление об игре не совпадало с его собственными убеждениями и желаниями. Вспомним наше обсуждение таких копинг-стратегий, как отрицание и нейтрализация. Мы упоминали, что они возникают еще в детстве. У Пауло эти стратегии укоренились очень глубоко. В худшем своем проявлении они превращаются в непоколебимое убеждение, что игра — это достойный вид деятельности, а тот, кто протестует против нее, категорически неправ.

Многие проблемные игроки признаются, что игра отрицательно сказывается на их отношениях с близкими. Когда романтический партнер по каким-либо причинам осуждает игру, в паре возникает напряжение.

У других респондентов возникали проблемы в отношениях с друзьями. Например, Сэмюэл потерял контакт с несколькими близкими друзьями, потому что общению с ними он все чаще предпочитал поездки в казино. Постепенно он сблизился с теми приятелями, которым тоже нравилось играть, но прочие дружеские связи ушли в прошлое: «Я перестал общаться со многими людьми. У меня осталось всего два-три близких друга, с которыми я часто виделся, и они тоже были заядлыми игроками. А те, кто не особенно любит играть, — ты теряешь с ними контакт». Сэмюэл вспоминает и о проблемах в семье: «У меня уже были сложности с родственниками, потому что меня вечно не было дома. <...> Я уезжал в казино». Вместо того чтобы проводить свободное время дома с семьей, он предпочитал играть. В результате его связи с родными и друзьями ослабели.

Сэмюэл, Пауло и Ник распоряжаются свободным временем в соответствии со своими приоритетами, и неудивительно, что им не удаётся создавать и поддерживать устойчивые отношения. Они так охотно инвестируют время и энергию в азартные игры, что развитие отношений с близкими людьми их уже не интересует. Им неприятно общаться с теми, кто не разделяет их тяги к игре, потому что в это время они могли бы отправиться в казино или на ипподром. Однако мы знаем, что здоровые отношения с другими людьми защищают от развития игромании. Когда игрок теряет связь с близкими, он рискует завязнуть ещё глубже.

Многие участники нашего исследования признавались, что им случалось обманывать друзей, родственников и романтических партнёров. Зачастую игроки убеждены, что не могут рассказать близким правду. В результате они теряют доверие и оказываются в изоляции, наедине со своей зависимостью.

Типичной причиной для обмана является потребность избегать конфликта. Многие респонденты понимают, что близкие не одобряют их игровую зависимость, поэтому предпочитают лгать. Так, Ведран не рассказывал родителям, братьям и сёстрам, что играет в азартные игры, потому что не хотел столкнуться с их неодобрением. На вопрос, как бы отреагировали в семье, если бы узнали правду, Ведран отвечает: «Мои родители были бы очень недовольны, братья и сёстры — тоже, за исключением, может быть, одного или двух. Наша семья очень консервативна и религиозна. С их точки зрения, азартные игры — это нечто плохое, чему не место в нашем кругу».

Многие другие участники ведут себя аналогичным образом, отстраняясь от своих близких. Это позволяет избежать стыда, связанного с честным разговором об игровой зависимости. Друзья и родственники игрока принимают эту отстранённость на свой счёт и решают, что тот их не любит и не хочет с ними общаться. Понемногу отношения сходят на нет.

Часто проблемные игроки считают, что сами в этом виноваты — позволили своей зависимости зайти слишком далеко и тем самым разрушили крепкую связь с близким человеком. Они испытывают подавленность и стыд. Например, Навид признаётся:

«Думаю, я многих подвел. Я был недостаточно хорошим отцом и мужем. Теперь я начинаю за это расплачиваться».

Из-за своей игромании Навид часто отсутствовал. Его не было рядом с женой и детьми, когда они в нем нуждались, а если он и оказывался дома, то близкие постоянно упрекали его за страсть к игре. Навид утверждает, что они просто завидовали, ведь он выигрывал много денег. Но, вероятнее всего, их огорчало, что общению с ними он предпочитал казино.

И хотя в голосе Навида звучит сожаление, когда он говорит о тех, кого подвел, он все-таки считает, что их семья распалась по вине жены и детей. Игроки всегда ищут оправдание. Навид старается одновременно оправдать свою игровую зависимость и преодолеть стресс от разрыва с семьей. Его раздражает, что близкие «недовольны» его поведением, и он обвиняет их в зависти к выигранным деньгам. Подобно многим другим респондентам, Навид ставит игру выше, чем отношения с семьей, хотя близкие и объяснили ему, как сильно их огорчает его игромания.

Семья Навида знает, что он игрок, и не одобряет его. Сэмюэл, напротив, старается скрывать эту информацию от близких, но все равно возникают проблемы: «Они даже не знают, как часто я играю. <…> Они бы меня пилили: "Зачем ты тратишь столько денег?" И поэтому я не всегда признаюсь, что дело в игре. Это в какой-то степени мне мешает, но они не знают, что это из-за игры».

Игромания негативно сказывается на финансовом положении его семьи. Но, что еще хуже, она становится источником такого сильного стыда, что Сэмюэл не может заставить себя честно рассказать своим близким, на что он расходует столько денег. В отношениях возникает напряженность. Так Сэмюэл, Навид и другие игроки отдаляются от своих жен и детей.

Подобный конфликт может возникнуть в отношениях между родителями и детьми. Особенно часто эта ситуация прослеживается у респондентов, которые по-прежнему живут в родительском доме, в особенности если сами родители не являются игроками. Конфликт обостряется, если родитель пытается взять игровое поведение сына или дочери под контроль. Тим, например, рассказывает, что его родители, в особенности мать, пытаются вынудить его отказаться от игры посредством оскорблений. Когда речь заходит об игре, мать часто называет его «дебилом». Однако подобные унизительные практики редко приводят к положительному результату. В долгосрочной перспективе они, напротив, вредны.

> Моя мама очень злилась, что я проигрываю деньги, не раздумывая. Она спросила: «Ты что, дебил? Что с тобой не так?» Я сказал: «Не надо волноваться, мама, я в порядке». Она ответила: «Еще как надо! Думаю, ты дебил. Я запишу тебя к врачу».

Врач, к которому мать хотела записать Тима, — это психотерапевт, который мог бы помочь ему справиться с игровой зависимостью. Мы спросили, не думал ли он последовать ее совету и действительно встретиться с таким врачом, но Тим в ответ только рассмеялся: «Ну уж нет». Мать добилась прямо противоположного результата. Вместо того чтобы осознать всю опасность игромании, Тим еще больше отстраняется от родителей и, вероятно, от возможности получить профессиональную помощь.

Конфликт между Тимом и его матерью отражает разницу в их взглядах на то, что считать «нормальным» и приемлемым игровым поведением. Тим живет в доме родителей, и поэтому конфликт становится еще острее. Родители осуждают поведение сына, и он знает об этом, но ему некуда скрыться от их осуждения. По мере того как отношения в семье становятся все более напряженными и отстраненными, Тиму становится проще оправдывать свою игроманию: теперь он считает, что наносит вред только себе. Он отказывается признавать, что его родители тоже страдают от сложившейся ситуации. На самом деле он вредит и себе, и матери. Его игровая зависимость негативно влияет на жизнь семьи.

Однако игровая зависимость угрожает не только сложившимся отношениям. Часто она не дает игроку образовывать новые дружеские связи. И хотя некоторые респонденты говорят о социальном взаимодействии в процессе игры, другим участникам не удается сформировать крепкие отношения с друзьями. В подобной ситуации оказался Джонатан. Он признается: «У меня не так уж много друзей. Я теперь особо ни с кем не общаюсь».

Лиам утверждает, что игра открывает возможности для общения, однако общение это неглубокое — у него появляются не друзья, а «приятели». Он описывает свою беспорядочную социальную жизнь: «У меня были одноклассники... некоторые были моими приятелями. Но за последние сорок лет я с ними почти не поддерживаю связь». Из-за игровой зависимости человеку сложно вступать в близкие отношения, и это ограничивает объем получаемой социальной поддержки.

Так возникает еще один замкнутый круг, способствующий закреплению патологического игрового поведения. В случае Лиама круг образовался, когда он потерял контакт со своими старыми друзьями. Одиночество и скука подтолкнули его к казино, где он пытался заполнить образовавшуюся бездну свободного времени и забыть о неприятных эмоциях. Чем больше он играл, тем труднее ему было создавать отношения с людьми за пределами сообщества игроков — а именно такие отношения могли бы склонить его в сторону более здорового образа жизни.

Эта нисходящая спираль знакома многим проблемным игрокам, принявшим участие в нашем исследовании. Разрушение старых отношений сопровождается неспособностью создавать новые, и таким образом в жизни игрока не остается людей, которые могли бы защитить его от дальнейшего развития зависимости. Если игрок обращается за помощью и старается вести здоровый образ жизни, отношения с близкими способствуют закреплению здоровых поведенческих паттернов и служат источником социальной поддержки. Подробнее о важности социальной поддержки, отношений и ролевых моделей см. в главе девятой.

### Проблемы с законом

Многие наши собеседники открыто обсуждали проблемы финансового, межличностного и эмоционального характера. Кроме того, время от времени в интервью всплывали упоминания о более серьезных сложностях. Некоторые респонденты признались, что из-за игровой зависимости у них случались проблемы с законом. В нашей выборке таких случаев немного. Большей частью об этом говорили мужчины; также прослеживается корреляция со степенью выраженности игромании. Из-за проблем с законом сложнее найти работу, что, в свою очередь, приводит к нехватке денег — а поскольку нехватка денег подталкивает игрока снова отправиться в казино или на скачки, то конфликты с законом можно считать частью еще одного порочного круга.

В молодости Джереми предъявили обвинение в участии в незаконной игорной деятельности, и после этого ему было сложно найти хорошее рабочее место:

> Когда мне было семнадцать, они залезли в чужую квартиру, и мне выставили обвинение. Меня поместили под надзор: я должен был возвращаться домой не позднее чем в девять вечера и сообщать об этом сестрам. <...> И я отправился играть, и они снова нас поймали. <...> Сейчас я работаю в [название сети отелей]. У моего двоюродного брата есть друг, его родители работали в этом отеле еще до меня, и они порекомендовали меня, но когда я пришел на собеседование, они увидели, что у меня была судимость, и захотели со мной это обсудить. Друг моего двоюродного брата (он тоже там был) говорит: все нормально, он тогда был еще пацан. А мой будущий начальник мне сказал: «Повезло тебе с другом, потому что, будь моя воля, я бы тебя с судимостью не нанял».

Несмотря на неприятные последствия, Джереми все равно продолжает играть: с его точки зрения, ничего уже не исправить. Он убежден, что если попытается сменить работу, то из-за судимости это будет непросто. Получается, ему нет смысла прекращать игру — ведь ситуация все равно не изменится. Ему неприятно вспоминать, как его задержали во время игры, однако он отказывается признавать, что именно игра и стала причиной дальнейших проблем.

Некоторым респондентам случалось быть задержанными за участие в азартных играх до достижения совершеннолетия. Однако в большинстве случаев проблемы с законом сводятся к совершению краж. Более половины игроков, сообщивших о сложностях такого характера, объяснили, что кража была связана с игровой зависимостью. В некоторых случаях речь шла о растрате вверенных средств; иногда за этим следовало тюремное заключение. Пол — в прошлом игроман, избавившийся от игровой зависимости, — рассказывает, как он незаконно использовал деньги компании: «На протяжении двух лет я систематически воровал деньги у своего работодателя [казино]. У меня был определенный уровень доверия, и я им злоупотреблял. Суммарно я похитил у работодателя почти 500 тысяч долларов и отсидел [в заключении] девятнадцать месяцев».

Потребность в игре была такой сильной, что Пол злоупотребил оказанным ему доверием и преступил закон. Это крайний случай. Однако многие проблемные игроки, принявшие участие в нашем исследовании, признаются, что они воровали деньги на игру у родственников и друзей. Когда правда выходила на свет, отношения по очевидным причинам становились хуже, и это способствовало дальнейшей социальной изоляции игрока.

### Проблемы со здоровьем

Многие неприятности, вызванные игроманией, о которых уже шла речь, — нехватка денег, разрушение личных связей и проблемы с законом — вызывают стресс и тем самым вредят благополучию игрока. Некоторые участники исследования даже сообщили, что результатом их тяги к игре стало значительное ухудшение здоровья. Чаще всего в этом контексте упоминается хроническая усталость, появление нездоровых пищевых привычек и ухудшение физического тонуса.

Так, Ярина жалуется на нездоровое питание и увеличение веса. Она заметно набрала вес, потому что в казино часто питается фастфудом. Кроме того, большую часть времени она проводит сидя и практически не занимается физическими упражнениями:

> Из-за азартных игр толстеют. Поверьте мне. Я раньше весила всего шестьдесят восемь килограммов, а сейчас уже девяносто, потому что, когда играешь, приходится сидеть весь день напролет. Это приятное место, и ты прекрасно проводишь время, но при этом постоянно ешь и пьешь.

Но, несмотря на это, Ярина не готова бросить казино и записаться в спортзал. Наоборот, она еще меньше заботится о здоровье: все ее внимание принадлежит игре. Когда Ярина испытывает стресс — из-за лишнего веса или по другим причинам, — она старается отвлечься с помощью игры. Это тот самый паттерн, который мы описываем на протяжении настоящего раздела. Итак, вот еще один замкнутый круг: игровая зависимость способствует формированию нездорового образа жизни, он становится источником стресса, для борьбы со стрессом человек еще больше погружается в игру, и цикл повторяется снова и снова.

Кроме того, респонденты жалуются на появление психических расстройств, связанных с игроманией. Игрок постоянно думает об игре — даже за пределами казино он не может не думать, какой будет следующая ставка. Подобные обсессивные мысли являются одним из признаков игровой зависимости. Многие респонденты сообщают, что такие мысли мешают им работать и отрицательно влияют на продуктивность. Кроме того, они могут мешать общению с друзьями и родственниками, что ведет к разрушению личных отношений.

Еще один аспект — это проблемы эмоционального характера. Участники исследования часто признаются, что испытывают стыд и жалеют о своих поступках. Однако подобные чувства не всегда мотивируют их отказаться от игры. Зачастую игрок просто изо всех сил старается скрыть свою зависимость от близких. Подобная тактика приводит к образованию других проблем; в итоге чувство стыда, стресса и тревожности становится еще сильнее. Многие респонденты со стыдом вспоминают, как им приходилось «держать лицо» во время встречи с друзьями или родственниками, когда единственное, чего им хотелось на самом деле, — это вернуться в казино и отыграться.

Брианна говорит, что она часто испытывала подобные чувства:

> Из-за игромании ты теряешь все: мужа, детей, вообще все. Ты не хочешь, чтобы он [муж] знал, что все зашло слишком далеко, [потому что] ему это не нравится. Я надеялась, что

вернусь и отыграюсь, но это так не работает. Становится только хуже. Хуже, хуже и хуже, пока не наступает конец, и дальше уже все.

Чем больше такие игроки, как Брианна, думают об игре, тем сильнее повышается уровень стресса и раздражительности. Чтобы успокоиться, они опять обращаются к игре. Подобно алкоголикам и наркозависимым, игроки нуждаются в объекте своей зависимости, чтобы успокоить нервы.

В рамках нашей выборки обнаружены случаи и более серьезных психических расстройств, например депрессии. Это ожидаемо, поскольку ученые уже обнаружили, что для проблемных игроков в целом характерен высокий уровень депрессивности [Clarke 2004]. Как упоминалось в главе шестой, депрессия прямо коррелирует с выраженностью игровой зависимости. Чем более подавленным чувствует себя игрок, тем сильнее проявляется желание избавиться от негативных переживаний с помощью игры. В то же время, чем дольше продолжается депрессия, тем длиннее становятся отдельные игровые сессии [Romer et al. 2009]. Итогом становится усугубление игровой зависимости. Проиграв, игрок чувствует себя еще более несчастным и снова ищет облегчения в игре.

Как правило, все начинается с того, что игрок переживает из-за проигранных денег и разрушенных отношений с близкими людьми. Он чувствует себя потерянным и одиноким. Некоторые участники отмечают, что причиной депрессии стали долги, обусловленные проигрышем.

Мэй рассказывает, как она оказалась в тяжелой финансовой ситуации, которая и привела ее к депрессии:

> Я очень много играла в Интернете, и это было жестко. Меньше чем за полгода проиграла примерно две тысячи долларов. А к этому еще добавились университетские долги, студенческие займы. <...> Я тогда уже не училась, не думаю... И это просто вышло из-под контроля, потому что это же не наличка, и мне не удавалось отслеживать траты, и я не понимала, сколько потратила. И чем больше я забиралась

в долги, тем сильнее нарастала паника, и я хотела вырваться на свободу. Но я понятия не имела как — только если играть дальше. Из-за этого у меня была сильная депрессия. Было очень трудно из этого выбраться. Взять под контроль свои финансы и подавить зависимость, хотя бы до нынешнего состояния... это было очень трудно.

Многие участники, у которых из-за игромании развилась депрессия, обращались за помощью к психотерапевту. Однако, как правило, они стремятся избавиться от самой депрессии, но не от того, что стало ее причиной. Здесь мы снова видим, как работает социальная стигма. Большинство участников боялись, что столкнутся с осуждением, если расскажут о своей игровой зависимости. Поэтому они предпочитали не признавать существование этой проблемы и не обращаться за помощью. Кроме того, обычно игрок убежден, что сам виноват в сложившейся ситуации. Стыд и чувство собственной вины еще больше отвращают его от мысли о терапии.

Однако чтобы избавиться от отчаяния и одиночества, необходимо разобраться с первопричиной депрессии. У Мэй и многих других респондентов депрессия связана с игровой зависимостью и ее негативными последствиями. Но они не готовы честно говорить о своем игровом поведении, и это становится барьером на их пути.

Несомненно, участники нашего исследования сталкиваются с серьезными проблемами: от разрыва отношений с близкими людьми до финансового краха, физических и психических расстройств. Неэффективные и нездоровые копинг-стратегии, которые они используют, еще больше усугубляют ситуацию. Тревожность тоже вносит свой вклад. Проигрыш вызывает чувство вины и стыда, и игрок снова отправляется к карточному столу, чтобы подавить в себе эти неприятные чувства. Вместе с тем они считают, что обязаны отыграться, и потому снова и снова возвращаются в казино, где их ждет еще один круг отчаяния.

Мы отметили, что в поведении игроков, переживающих проблемы в отношениях с друзьями, родственниками или супругом, прослеживается типичный замкнутый круг (нисходящая спираль). Некоторые респонденты редко бывают дома и скрывают от близких правду о своей зависимости. И то и другое ослабляет семейные связи. С другой стороны, многие игроки возвращаются в казино, пытаясь справиться с болью от разрыва отношений.

Дружеские связи тоже страдают. В отсутствие друзей нашим участникам становится скучно и одиноко. В поисках веселья, шума и общения они отправляются в казино. Однако они инвестируют слишком много времени в игру, и потому им не удается построить более близкие отношения, которые могли бы способствовать более здоровому образу жизни. В итоге они снова прибегают к игре как к лекарству от скуки и одиночества.

Но какой бы фактор ни оказался решающим, игровая зависимость — это порочный круг, который сложно разорвать. Пытаясь приглушить стресс с помощью игры, наши респонденты причиняют себе еще больше вреда. Им становится все сложнее отказаться от своей привычки — а стресс после неудачной попытки снова становится причиной для возвращения в казино. В результате человек ходит по кругу. Однако опасность угрожает не только ему самому, но и его родственникам, друзьям и близким.

**Некоторые заключительные замечания**

В рамках метаанализа близнецовых исследований и семнадцати исследований семейной истории Гленн Уолтерс пришел к выводу, что доля генетического наследования в передаче склонности к игромании является небольшой и составляет приблизительно 16 % [Walters 2001]. Помимо генетической предрасположенности, медицинская модель игромании может включать в себя особенности работы мозга и личностные черты, характерные для компульсивных игроков. Так, в литературе описаны специфические отличия в выработке эндогенных опиоидов, а также такие черты характера, как тяга к ярким ощущениям и импульсивность [Blaszczynski et al. 1986a; Blaszczynski et al. 1986b].

Если генетические и психологические факторы играют определенную роль в передаче игромании из поколения в поколение, это не объясняет, откуда берется сама склонность к возникновению игровой зависимости. Дана Уэнсли и Майк Кинг полагают, что исследователи, высказывающиеся в пользу генетического происхождения игромании, должны принять в расчет влияние окружающей среды, культуры и социоэкономического фактора на поведение потенциального игрока [Wensley, King 2008]. По Уолтерсу, генетический фактор обусловливает всего 16 % [Walters 2001]; так чем же объяснить оставшиеся 84 %? Поскольку генетическая модель не может в полной мере объяснить механизм передачи игровой зависимости из поколения в поколение, мы обязаны принять во внимание роль семьи и социального окружения. Кроме того, нельзя игнорировать влияние стресса и копинговых механизмов на каждый из этих факторов.

Итак, в данном разделе мы проанализировали, каким образом детские травмы, стрессы взрослой жизни и неэффективные копинг-стратегии формируют порочный круг, где повышение уровня стресса приводит к усугублению игровой зависимости. Это справедливо как для Достоевского, так и для современных игроков. Часть третья посвящена другим факторам, способствующим развитию игромании. Они ярко проявляются в жизни современных игроков, однако в случае Достоевского сыграли значительно меньшую роль. Поэтому мы будем называть их факторами, не проявившимися у Достоевского.

Часть третья

## ФАКТОРЫ, НЕ ПРОЯВИВШИЕСЯ У ДОСТОЕВСКОГО

# Глава 9
# Доступность и приемлемость азартных игр

На формирование игромании влияет большое количество факторов. Как говорилось в предыдущем разделе, в этот список входят детские травмы, стрессы взрослой жизни и неэффективные копинг-стратегии. Однако есть и другие переменные, способствующие возникновению игровой зависимости, — например, наличие игромании у родителей, терпимое отношение к азартным играм, доступность азартных игр и обучение азартным играм в детском возрасте. Они не оказали влияния на формирование игровой зависимости у Достоевского, и потому мы не считаем их элементом «эффекта Достоевского».

Интересно, что игровое поведение Достоевского и те факторы, которые на него повлияли, в значительной степени противоречат типичным поведенческим паттернам русских игроков того времени. Как мы помним из главы второй, некоторые азартные игры требовали мастерства и пользовались популярностью среди русской аристократии XIX века, так как позволяли продемонстрировать высокий социальный статус, классовое положение и личную смелость. Однако Достоевский не стремился к подобным демонстрациям, предпочитал другие игры и не играл с русскими в России. Вместо этого он отправлялся в Германию, к чуждым ему меркантильным европейцам, чтобы выиграть деньги. Возможно, это нетипичное игровое поведение объясняется тем, что в детстве Достоевский не сталкивался с азартными играми, а во взрослом возрасте у него не было друзей или родственников с игровой зависимостью. Поэтому его десятилетний период игромании нельзя сводить исключительно к влиянию родительской семьи, местной игровой культуры или социума.

Эти факторы не оказали влияния на развитие игромании у Достоевского. И все же их следует принимать в расчет, если мы хотим разобраться, как возникает игровая зависимость у современных игроков. Наша модель развития игромании (см. начало части второй) включает в себя такие факторы, как доступность азартных игр, толерантное отношение к игре, а также привычка играть, выработавшаяся в детстве. Мы считаем, что все эти факторы влияют на игровое поведение взрослых людей, в особенности патологическое. Кроме того, зачастую возникает еще один отягчающий фактор — игромания у родителей.

В целом мы полагаем, что эти сторонние факторы (то есть особые аспекты социального контекста) влияют на решение человека начать и продолжить игру. С другой стороны, переменные, связанные с «эффектом Достоевского» (в особенности стресс и нездоровые копинг-стратегии), увеличивают вероятность того, что интерес к игре перерастет в игровую зависимость[1]. Поэтому важно понимать, почему люди начинают играть. Переменные, связанные с социальным контекстом, помогают объяснить первый этап процесса. «Эффект Достоевского» позволяет объяснить, почему некоторые игроки достигают второго этапа и склоняются в сторону игромании.

Некоторые из этих факторов, связанных с социальным контекстом, не присутствовали в изначальной модели развития игровой зависимости, а дали о себе знать позднее, в ходе интервью. Мы решили, что доступность азартных игр и толерантное отношение к ним можно классифицировать как часть социального научения, которое происходит в родительском доме. Родители

---

[1] Этот аргумент близок к мнению Джона Уэлта, который утверждал, что социальная среда влияет только на решение индивида начать играть, тогда как риск развития игровой зависимости определяется склонностью этого индивида к аддиктивному поведению, а также его неблагоприятным социальным положением [Welte et al. 2006].

демонстрируют определенное поведение и тем самым влияют на отношение ребенка к тем или иным видам деятельности. Однако эти два фактора проявляются и за пределами дома, поэтому они могут играть важную роль и во взрослой жизни.

В ходе интервью мы обнаружили, что отношение к игре как к чему-то приемлемому может формироваться под влиянием братьев, сестер, дальних родственников, ровесников и в целом культуры азартных игр. Кроме того, выяснилось, что игровое поведение дальних родственников, братьев, сестер и ровесников влияет на вероятность того, начнет ли человек играть. И наконец, было установлено, что игре можно «научиться» не только от родителей, но и от дальних родственников и ровесников, а также из материалов СМИ, причем процесс научения происходит не только в детстве, но и во взрослом возрасте.

В следующих двух главах мы выясним, как эти сторонние факторы влияют на формирование игрового поведения и игровой зависимости. Мы рассмотрим четыре группы. Первая группа — та, где и респондент, и по меньшей мере один из его родителей страдают игроманией. Вторая группа — респондент не страдает игроманией, в отличие от родителя. Третья группа — игроманом является респондент, но не родители. И четвертая — ни тот, ни другие не имеют игровой зависимости. Мы провели интервью с обычными и проблемными игроками, чтобы определить, чем различается их предшествующий опыт. В этой главе мы сосредоточимся на влиянии ролевых моделей и ровесников респондентов. Кроме того, мы проанализируем их возможности — насколько далеко они живут от казино — и рассмотрим, как в их родной культуре относятся к азартным играм. В следующей главе речь пойдет о том, сколько респондентов сформировали свое игровое поведение под влиянием одновременно и домашней атмосферы, и более широкого социума.

### Отношение к играм в культуре

В национальных культурах существует два типа отношения к игре: положительное и отрицательное. Канада скорее склоняется в сторону одобрения: большинство канадцев считают, что азартные игры — это нормальный вид отдыха, не противоречащий закону². В Канаде есть много возможностей для игры, и значительная часть населения увлекается играми, тем самым поддерживая общее положительное отношение к этому вопросу. Многие участники нашего исследования выросли в подобных культурах, что способствовало закреплению их игрового поведения. Вместе с тем существуют антиигровые культуры, которые отрицательно относятся к игре и предоставляют игрокам меньше возможностей. Это замедляет процесс развития игровой зависимости.

Оба типа культуры могут передаваться в семье из поколения в поколение, когда родители формируют у своих детей отношение к азартным играм³. Так, например, многие наши респонденты были канадцами китайского происхождения — иммигрантами в первом или втором поколении. По их словам, азартные игры являются традиционной и общепринятой частью китайской культуры (хотя до последнего времени коммунистический режим запрещал деятельность казино на территории материкового Китая). Эти люди росли в атмосфере, где азартные игры считаются нормальным поведением, и потому вероятность, что у них проявится интерес к игре — а в последующем и игровая зависимость, — была выше по сравнению с остальным населением Канады.

Закери, один из участников нашего исследования, описывает игру как обычный элемент семейного досуга:

> Это часть китайской культуры, и даже если ты вырос в Гонконге, почти все учат своих детей играть, особенно во время китайского Нового года. Все играют, и дети сами усваивают

---

² В обществах, где азартные игры считаются типичным видом социального взаимодействия и не подвергаются стигматизации, на них смотрят как на вид досуга [Cavion et al. 2008].

³ Ценности и убеждения, свойственные культуре, определяются историей этой культуры и передаются носителям прямо (с помощью родительского моделирования) или косвенно (через отношение родителей) [Raylu, Oei 2004]. В некоторых культурах общественные нормы, методы социализации, личные цели и мотивации могут способствовать формированию интереса к азартным играм [Walker et al. 2008].

правила, а родственники показывают, как надо играть. Этому просто учишься в семье.

Поскольку игры были неотъемлемой частью Нового года, у Закери они ассоциируются с атмосферой праздника и веселья, когда вся семья собирается вместе. Иными словами, его детские воспоминания о праздновании китайского Нового года заложили основу для положительного отношения к азартным играм, что способствовало формированию игровой зависимости.

Однако в подобных культурах игра является не только частью праздничного ритуала, но и формой ежедневного досуга. Некоторые респонденты вспоминают, что в их семьях регулярно играли в маджонг:

> Это практически национальный спорт, национальная китайская игра. Помню, каждые выходные мы с родителями отправлялись в гости к каким-нибудь друзьям семьи, и родители вчетвером усаживались играть, и играли как минимум четыре часа, а мы, дети, играли сами по себе. Иногда тоже в маджонг.

Мы видим, что в маджонг играют так часто и так подолгу, что эта игра превращается в аналог «национального спорта», который подходит для всех, включая детей. В этом отношении китайская культура расценивает азартные игры как нормальную разновидность досуга и поощряет активное участие.

Иногда подобное отношение к игре становится настолько распространенным, что сложно определить конкретную причину или мотивацию игрового поведения у того или иного человека. Один из респондентов рассказывает: «Каждый делает ставки, вы понимаете, о чем я. Так что все вышло само собой. Я даже не знаю, кто меня подтолкнул. Мы все знали, что это такое. Либо проиграешь, либо выиграешь». Игра воспринимается как нечто «естественное», глубоко укореняется в культуре и становится ее неотъемлемой частью — и поэтому носитель культуры даже не задается вопросом, как и у кого он научился играть. Он также не задумывается о негативных сторонах игры.

Разумеется, китайская культура — это не единственный пример положительного отношения к игре. С помощью контент-анализа опубликованных (в том числе и в Интернете) биографических историй мы установили, что у вьетнамцев тоже прослеживается связь праздников и азартных игр. Так, одна женщина пишет:

> Азартные игры всегда были нашей семейной традицией, как и у многих дегаров и вьетнамцев. Поскольку я выросла в США, я мало знаю о том, в какие игры было принято играть у нас в деревне, но мы соблюдаем вьетнамский обычай и во время праздника Тет — это наш Новый год — играем в бау-куа-ка-коп. Для этой игры используются особенные, очень красивые кубики: на них изображены рыбка, креветка, краб, петух, тыква-горлянка и олень. Иногда я вижу во сне, как мои родители держат их в руках.

Таким образом, игра может быть важной частью культурного наследия — настолько важной, что она сохраняет свою ценность даже для тех, кто вырос в другой стране и не погружался в эту культуру.

Жители Республики Тринидад и Тобаго тоже хорошо относятся к игре. В этой стране игры считаются важным элементом социального взаимодействия; есть возможность играть и в семье, и за ее пределами. Один из наших респондентов вспоминает о различных формах игры, с которыми он познакомился еще ребенком:

> Я помню, что многие наши соседи любили играть. Кое-кто играл в запрещенные карточные игры у себя дома. Соседи из дома напротив играли на улице в кости. Парни играли в карты, это запрещенная игра. Карты, кости, скачки... В нашем квартале все немного играли. Я сам не знаю, насколько сильно они этим увлекались. Но да, это сказывалось. Я видел своими глазами. Если уж некоторые погружались в игру, то сразу с головой — лотерейные билеты, кости, незаконные карточные игры.

Итак, азартные игры были неотъемлемым элементом культуры Тринидада и Тобаго. Поэтому дети, которые росли в таких кварталах, постоянно сталкивались с законными и незаконными проявлениями этого феномена. И хотя многие признавали, что у игры есть негативные последствия, люди все равно продолжали играть — потому что игра была доступна и к ней относились как к чему-то нормальному.

С другой стороны, среди наших респондентов были те, кто вырос в сообществах, не одобрявших азартные игры. Во взрослой жизни такие люди чаще воздерживаются от игры, поскольку в детстве они привыкли, что этот вид досуга пользуется всеобщим неодобрением. Так, Ширин выросла в Саудовской Аравии, где в силу культурных и религиозных факторов игру считают крайне вредным и опасным видом деятельности. Она говорит: «Желание рисковать — например, в игре — может разрушить человеку жизнь. Иногда эта страсть поглощает человека». Манприт, другая участница нашего исследования, тоже выросла в культуре, где большинство носителей выступают против азартных игр. В ее родном Кувейте любые азартные игры объявлены вне закона. «Кувейт — это закрытое общество, там никогда не было казино или чего-то подобного. Играть было запрещено». Поскольку в обществе, где выросли Манприт и Ширин, азартные игры либо считались чем-то недостойным, либо находились под запретом, обе женщины никогда не видели роскошных казино и не сталкивались с положительным отношением к игре, которое характерно для толерантных к играм культур. Азартные игры не были частью их детских воспоминаний — и потому не стали частью их взрослой жизни.

Причины этой глубокой и долгосрочной связи очевидны и хорошо изучены. В целом человеку проще принять и разделить убеждения, существующие в его родном обществе, чем пойти наперекор, рискуя столкнуться с остракизмом и насмешками. Кроме того, подобные убеждения и ценности обычно так глубоко укореняются в культуре, что даже после переезда в Канаду, страну с другим культурным контекстом, продолжают играть очень важную роль. Итак, человек, выросший в культуре с отрицательным отношением к игре, менее склонен к развитию игромании. У него нет теплых воспоминаний, связанных с азартными играми. В случае переезда в страну, где принято более толерантное отношение к игре, такой человек по-прежнему находится под влиянием изначальных культурных установок, даже если его нынешнее окружение не испытывает к азартным играм такой неприязни.

### Географическая доступность

Культурные воззрения относительно приемлемости азартных игр влияют на доступность игры. В обществе, где к игре в целом относятся положительно, у любителей игры есть много различных возможностей, которые не встречают критики со стороны родителей, родственников и ровесников игрока — может быть, те даже сами принимают участие в игре. Кроме того, зачастую в таких сообществах люди живут недалеко от ипподрома или казино либо ходят в гости к друзьям, у которых можно играть. Все это обусловлено общей толерантностью к азартным играм. Иногда общество даже подталкивает человека к игре — например, игра становится способом получить социальное принятие.

Что касается Канады, то на большей части ее территории действует много казино, ипподромов и других официально зарегистрированных учреждений для азартных игр. При этом есть возможности для игры и в более неформальной среде. Исследования показали, что физическая доступность подобных заведений повышает риск развития игровой зависимости[4]. Этот фактор играет важную роль в объяснении феномена, когда игровая зависимость появляется у людей, чьи родители не были игроками. В детстве они не сталкивались с какими бы то ни было формами игрового поведения, однако в дальнейшем стали посещать игорные заведения, расположенные по соседству, и познакомились с различными сторонами этого явления. Практически 70 % всех наших собеседников, в чьих семьях не было принято играть, сообщили, что росли неподалеку от подобных заведений — или, во всяком случае, знали, где их найти.

---

[4] Например, среди тех, кто живет в радиусе пятидесяти миль от казино, выраженность игромании и связанных с ней проблем увеличивается вдвое [LaPlante, Shaffer 2007].

Как именно близость казино влияет на формирование интереса к игре и в конечном счете игровой зависимости? Во-первых, игра становится доступной: человеку не нужно тратить на дорогу много времени и денег. Во-вторых, игра встраивается в местный социальный ландшафт, что формирует общее отношение к игре как к нормальному и приемлемому виду досуга. В рамках нашего исследования мы обнаружили, что если подросток уже проявляет интерес к игре, то доступность игорных заведений помогает ему перейти от любопытства к участию. Кроме того, это мягко подталкивает к игре тех, кто еще никогда не пробовал. Расположенные по соседству игорные заведения выглядят очень заманчиво; многие наши собеседники рассказывают, что начали играть, потому что искали варианты досуга. Один из респондентов подтверждает, что раннее формирование интереса к скачкам было связано с тем, что он жил неподалеку от ипподрома:

> Большей частью я просто играл с ребятами, а потом, когда мне исполнилось тринадцать, начал делать ставки. Дома я постоянно заполнял программки, а потом отправлялся на ипподром, он был расположен всего в пятнадцати минутах от нашего дома. Так что я всегда проводил там свободное время, а к девяти возвращался домой. В четырнадцать я начал работать на автомойке, так что у меня появились деньги, и я стал играть.

Географическая близость к ипподрому, наличие денег и избыток свободного времени поспособствовали развитию интереса к игре. Однако эта привычка часто переходит из подросткового возраста во взрослую жизнь.

Наконец, в-третьих, игорные заведения обладают собственным обаянием, под которое подпадают люди, живущие неподалеку. Особенно уязвимы в этом отношении подростки: их привлекает яркая, визуально насыщенная эстетика, свойственная казино. Им кажется, что за сверкающим фасадом скрывается нечто таинственное и желанное. Кроме того, азартные игры считаются «взрослым» видом досуга, и потому подросткам еще сильнее хочется погрузиться в эту будоражащую атмосферу.

Подобное отношение прослеживается в рассказе нашего респондента Брента. Он описывает, как в детстве был заворожен казино «Фолсвью» в городе Ниагара-Фолс: «Я помню, как зашел туда и увидел всех этих разодетых людей, прожекторы и все прочее. Тогда мне это очень понравилось». Это место показалось Бренту шикарным, и он решил, что именно там играют богатые высокопоставленные люди — а значит, и он сам может разбогатеть и зажить гламурной жизнью, предполагающей поездки в такие роскошные казино. Достигнув совершеннолетия, он начал играть.

Иногда ребенок рассматривает азартные игры как гламурное и увлекательное приключение, потому что его родители работают в игровой индустрии. Например, одна из наших участниц вспоминает, что ее отец работал на круизных судах:

> В 80-е годы было много пассажирских судов, которые ходили из Кувейта в Индию, и мой отец работал на таких судах, и нас постоянно приглашали туда на вечеринки. Там были игровые автоматы, которых мы никогда не видели на суше. На судне все было по-другому. Нам разрешали все что угодно. Мне говорили: «Иди, развлекайся», — хотя некоторые из моих друзей за всю свою жизнь не видели ни единого игрового автомата.

Эта возможность ненадолго заглянуть в мир игровых автоматов оказалась тем более соблазнительной, что ее друзья никогда такого не видели и завидовали девочке, которая имела доступ к такой непривычной форме игры. Таким образом, игра превратилась для нее в особую привилегию, и во взрослой жизни она продолжила играть в казино.

С другой стороны, некоторые участники нашего исследования выросли там, где у них не было доступа к игорным заведениям. В плане последствий для ребенка отсутствие подобных заведений можно сравнить с общим негативным отношением к игре: игра становится менее доступной и менее привлекательной, и в результате снижается вероятность, что человек захочет принять в ней участие. Так, Лора ничего не знала об азартных играх и не имела возможности играть, пока не стала «гораздо старше». Во взрослом возрасте она побывала в различных казино, однако осталась равнодушной к их «магии», потому что распознала трюки, рассчитанные на привлечение посетителей. Таким образом, отсутствие игорных заведений защитило Лору от возможного развития игровой зависимости.

**Ролевые модели**

Многие исследования показывают, что на формирование игрового поведения оказывают большое влияние «авторитетные близкие», то есть ровесники, друзья и члены семьи. Например, они могут создавать возможности для игры, говорить об игре как о чем-то приемлемом или обучать необходимым для игры навыкам. Первые два фактора (то есть возможности для игры и приемлемость этого вида деятельности) мы рассмотрим в двух ближайших разделах, причем уделим особое внимание влиянию ролевых моделей и ровесников. Далее мы перейдем к третьему фактору, то есть обучению игре.

Ролевая модель — это человек, чьи действия и взгляды влияют на формирование ценностей у ребенка. В ходе исследования мы выяснили, что ролевые модели крайне важны, поскольку именно они определяют будущее отношение человека к игре. Ролевая модель либо подталкивает человека к игре, либо заставляет его отказаться от этого вида досуга. Для многих наших собеседников ролевыми моделями были родители, однако эту функцию могут выполнять другие родственники, в том числе братья и сестры. В целом большинство наших респондентов ориентировались на близких людей: родителей, старших сиблингов или более дальних родственников, таких как дяди или кузены.

Если человек, ставший ролевой моделью, сам является игроком, ребенок часто копирует его или ее поведение и начинает играть. В такой ситуации ребенок привыкает к мысли, что игра — какой-то конкретный тип или вся игровая деятельность в целом — это допустимый, доступный и привлекательный вид досуга. Как правило, наши респонденты, которые теперь страдают от игровой зависимости, в детстве наблюдали за тем, как играют их родители, дяди, тети, бабушки, дедушки, братья и сестры — а иногда и все родственники[5]. Ребенок, выросший в атмосфере игры, привыкает ассоциировать ее с близкими отношениями. Поскольку в родительском доме игра объединяла всех членов семьи, ребенок часто приходит к мысли, что это нормальный и приемлемый вид семейного досуга[6].

У одной из наших собеседниц, Эвелин, игра ассоциируется с воспоминаниями об отце. Она с теплотой рассказывает, как они вместе покупали лотерейные билеты: «Мы были так близки. Вместе шли в банк, покупали билеты, а потом отправлялись в "Макдоналдс". Это очень нас сближало». Эти воспоминания особенно ценны для Эвелин, потому что ее отец умер от бокового амиотрофического склероза, когда она училась в старшей школе. За исключением совместных походов за лотерейными билетами, она мало что о нем помнит. Возможно, именно эти ассоциации вызвали у Эвелин интерес к игре. Став взрослой, она тоже начала покупать лотерейные билеты.

В случае Чейса похожую роль сыграла его мать. В детстве он с нетерпением ждал их еженедельных «совместных вылазок»; помимо прочего, они отправлялись играть в бинго, и Чейсу очень нравилось это занятие: «Было очень интересно. <...> Девушки приходили в такое возбуждение, если выигрывали, что буквально прыгали от счастья. Они действительно полностью отдавались игре. Вот что я об этом помню. Что было очень весело».

Итак, Чейс с детства привык хорошо относиться к игре, потому что регулярно наблюдал за довольными игроками в бинго. Однако прежде всего он, как и Эвелин, ценил эти вылазки за

---

[5] У подростков, играющих в азартные игры с родителями, сильнее проявляются патологическое игровое поведение и связанные с этим проблемы [Felsher et al. 2003].

[6] Родители и дети, вместе играющие в азартные игры, обычно считают игру приятным и интересным времяпрепровождением [Vachon et al. 2004]. В обществах, где азартные игры предстают социально приемлемым хобби, дети начинают играть в возрасте девяти-десяти лет и играют с родителями, братьями, сестрами и другими родственниками ради развлечения [Gupta, Derevensky 1997].

возможность провести время с матерью. Она работала полный рабочий день, а дома почти все время посвящала хозяйственным заботам. Поэтому походы в бинго-холл стали для него единственной возможностью по-настоящему с ней пообщаться. Отношения с отцом, напротив, у Чейса были прохладными. Во время интервью он рассказал, что его отец и брат тоже играли, однако не брали его с собой, поэтому он «везде ходил с мамой», в том числе и играл с ней в бинго. Итак, эти «вылазки» стали для него возможностью укрепить отношения с матерью и вместе с тем преодолеть чувство одиночества, связанное с поведением отца и брата. Поскольку в детстве у него сформировалось положительное отношение к игре, Чейс продолжил играть и во взрослой жизни. Возможно, он надеялся снова ощутить общность с другими игроками и радость от выигрыша.

Итак, родители играют важную роль в формировании положительного образа игры. На втором месте по популярности в качестве ролевой модели находится дядя. Его поведение сходным образом влияет на восприятие ребенком азартных игр. Билл, один из участников исследования, рассказывает о развитии своего игрового поведения и о том, как на него повлияло общение с дядей. Он поясняет, что родители не особенно им занимались: «Мои родители либо работали, либо пили, так что они с нами особо не возились. Ну, мы могли все вместе отправиться в парк на острове Торонто, но они там садились и начинали пить». Зато дядя Билла очень им интересовался, и они часто вместе играли: «Мне очень нравилось гулять с братом моего отца, когда он меня куда-то водил». Билл был благодарен своему дяде за это желание проводить время вместе. Постепенно он начал отдаляться от родителей, и его ролевой моделью стал дядя, у которого была игровая зависимость. Таким образом, тяга Билла к азартным играм в значительной степени объясняется симпатией и благодарностью, которые он испытывал в детстве к дяде.

На примере Джонатана тоже хорошо заметно, как ролевые модели, сформировавшиеся в семье, могут повлиять на развитие игрового поведения. Его отца постоянно не было дома, и из-за этого Джонатан сильно сблизился с матерью: «Мы с матерью были очень близки, потому что отец много путешествовал. Он всегда был далеко». Вместе с тем мать Джонатана тесно общалась со своим братом, который был игроком, поэтому они часто проводили время втроем:

> Когда мы были вместе, он постоянно во что-то играл: в карты, делал ставки на скачках и так далее. Разумеется, я с ним в карты не играл. Но если я шел с ним гулять, то мы обязательно ходили на скачки, и если я шел гулять с матерью, мы все шли на скачки, потому что они с ней были очень близки.

Когда Джонатан был ребенком, он вместе с матерью и дядей каждую неделю ходил на ипподром. Учитывая, что его отец постоянно отсутствовал и отношения между ними не сложились, такие походы стали для маленького Джонатана основным проявлением любви и заботы со стороны родственников. Кроме того, его отец был очень строгим человеком и насаждал суровые правила. В попытке противостоять ему Джонатан увлекся игрой и другими видами деятельности, которые тот не одобрял. Он объясняет свое поведение: «Ну, правила были такие жесткие, что тебе вроде как хотелось хоть немного развлечься». Итак, семья Джонатана оказала большое влияние на его отношение к игре — для него это веселая и беззаботная форма досуга, позволяющая побыть вместе с близкими.

Старшие братья и сестры тоже часто влияют на появление положительного отношения к игре. Как правило, наши респонденты являются младшими детьми в семье, поэтому в детстве они смотрели на своих старших сиблингов как на родителей, только более «крутых». Азартные игры позволяли им сблизиться со старшими братьями и сестрами, которые выступали для них в качестве ролевых моделей.

Один из наших собеседников, Лука, узнал об игре от своего брата, который был старше на двадцать четыре года. Они выросли в разных условиях, и их разделяла огромная разница в возрасте, однако даже когда Лука был еще подростком, братья играли вместе. Лука вспоминает:

> Я вырос там, где все любили играть. Мой брат был отчаянным игроком. Сейчас он живет в Чикаго. Когда я к нему ездил или когда он ездил к нам, с ним всегда было интересно. В основном он ставил на спорт, еще немного играл в карты, ставил на лошадей, но предпочитал все-таки спорт. Делал ставки, такое все.

Брат Луки был таким увлеченным игроком, что сам Лука тоже стал относиться к игре как к чему-то приемлемому. Кроме того, если бы не брат, видимо, у него не было бы таких возможностей для игры. Таким образом, игра превратилась в связующее звено между братьями; если бы не она, отношения между ними не сложились бы в силу большой разницы в возрасте и географической дистанции. Став взрослым, Лука по-прежнему ассоциирует игру с дружбой и братскими чувствами.

Некоторые наши респонденты начали играть, чтобы проводить больше времени с близкими родственниками. Другие, напротив, стремились досадить родителям. Однако в любом случае семья сыграла значительную роль в формировании их игрового поведения. Родственники — например, любящий родитель, «крутой» дядя, старший брат или сестра — часто становятся для ребенка ролевыми моделями. Поскольку ребенок стремится подражать своей ролевой модели, у наших участников сложилось такое же отношение к игре, какое было у их любимого родственника — положительное, если ролевая модель была игроком, или отрицательное, если он или она выступали против игры. Если ролевой моделью оказывался родственник, не увлекавшийся игрой, чаще всего он завоевывал доверие ребенка тем, что знакомил его с новыми навыками или идеями, помогая тем самым повысить самооценку. В результате у некоторых участников нашего исследования не возникло интереса к игре, который мог бы привести к формированию игровой зависимости. На самом деле у каждого респондента, чьи родители были проблемными игроками, но который при этом не унаследовал от них игровую зависимость, обязательно имелась ролевая модель — человек, не одобрявший азартные игры. Таким образом, прослеживается сильная связь между наличием положительной ролевой модели и способностью избежать патологического поведения, заданного родителями.

Иногда в качестве положительной ролевой модели выступает родитель, у которого нет игровой зависимости. В случае с нашими респондентами игроком часто был отец, а мать открыто выступала против того, чтобы дети играли в азартные игры. Подчеркивая негативные последствия игры, матери такого типа внушают детям мысль, что игра — это не полезное и интересное занятие (как полагает отец), а источник опасности. Такой подход приносил свои плоды в тех семьях, где ребенок идентифицировал себя с родителем без игровой зависимости и считал, что стрессовые ситуации возникают по вине родителя-игрока.

Типичным воплощением этой тенденции может служить Бриджит. Ее отец был заядлым игроком, а мать выступала против игры, и это серьезно повлияло на то, что у самой Бриджит не возникло тяги к игре. Она рассказывает о своем детстве:

> Маме это не нравилось, потому что она думала, что отец тратит на игру слишком много денег. Она думала, что вместо этого ему стоило работать, и тогда бы у нас было больше денег и мы жили бы лучше. Она никогда не одобряла игру, потому что именно в игре видела причину наших финансовых проблем.

Для ее матери было очень важно контролировать распределение денег в семье, и это помогло Бриджит распознать конкретные негативные последствия игровой зависимости отца. В семье велись разговоры о том, как важны деньги и финансовая стабильность. В результате Бриджит не унаследовала от отца склонность к патологическому игровому поведению. В целом эта схема именно так и работает: когда родитель, не имеющий тяги к игре, обсуждает с ребенком финансовые риски, это снижает вероятность развития у ребенка в будущем игровой зависимости.

Другой участник нашего исследования с похожей жизненной ситуацией — Тодд. Его отец был игроком, а мать придерживалась более здорового образа жизни. Тодд вспоминает, как мать уговаривала его не бросать школу: «Она говорила мне: "Не бросай школу, иначе будешь работать как я", а она тогда работала на заводе. И даже сейчас она мне говорит: "Да, продолжай учиться! Получишь профессию, будешь специалистом или руководителем!"». Поведение отца не оказало на Тодда отрицательного воздействия, потому что мать показала ему другой путь. Благодаря ей Тодд не унаследовал от отца отношение к игре как к приятному и полезному виду досуга.

Однако положительной ролевой моделью может быть не только родитель. Другие члены семьи тоже способны оказать большое воздействие на ребенка. В некоторых случаях респонденты сообщали, что им удалось найти такую фигуру за пределами круга ближайших родственников и ее влияние помогло компенсировать атмосферу толерантного отношения к игре, которая царила в доме.

Например, Луизе в подобной ситуации помогли дальние родственники, которые предупреждали ее об опасности азартных игр и помогали найти другие области интереса. Она вспоминает их слова: «"Это дурная привычка, которая может перерасти в опасную зависимость. Если зайдет слишком далеко, то можно потерять вообще все", — вот что они мне говорили». Предупреждая о потенциальной опасности игр, родственники Луизы помогли ей избежать этой ловушки, и во взрослом возрасте у нее не развилась тяга к игре.

Другим примером может послужить история Рошель. Ее мать была компульсивным игроком, но, к счастью, в семье все-таки нашелся человек, ставший для девочки положительной ролевой моделью. Финансовые проблемы, связанные с игровым поведением ее матери, оказали большое травмирующее воздействие на детство Рошель. В семье постоянно не было денег, и Рошель обсуждала эту тему с тетей: «Она говорила, что мне обязательно надо учиться в университете, чтобы не оказаться в нищете». Таким образом Рошель научилась ценить финансовую стабильность и высшее образование. Кроме того, тетя оказывала ей эмоциональную поддержку и помогала справиться с проблемами, вызванными игровым поведением матери. На вопрос, что она делала, если дела дома шли совсем плохо, Рошель ответила: «Разговаривала с тетей. Она замечательная. Она жена моего дяди, и мы с ней виделись каждый день. Я к ней все время ходила. <...> Ночевала у нее, если не могла переночевать дома». Итак, тетя сыграла важную роль в жизни Рошель — она стала источником эмоциональной поддержки и объяснила ей, как важна финансовая стабильность. Благодаря ей Рошель удалось избежать негативного влияния, которое могло бы подтолкнуть ее к развитию игровой зависимости.

Для многих участников нашего исследования положительная ролевая модель стала тем спасательным кругом, без которого они, возможно, тоже стали бы проблемными игроками. Дети часто учатся игровому поведению у родителей-игроманов или начинают играть в попытке справиться со стрессом, вызванным родительской игровой зависимостью. Однако положительная ролевая модель может нейтрализовать негативное влияние со стороны родителя. В нашем исследовании приняло участие множество респондентов, чье игровое поведение сформировалось под влиянием ролевой модели, и это еще раз показывает, что игромания является приобретенным состоянием, а не врожденным. Если бы игровая зависимость возникала в силу генетических факторов, наличие положительной ролевой модели не могло бы защитить ребенка от проявления «унаследованной» тяги к игре. И тем не менее мы видим множество примеров обратного. Таким образом, мы приходим к выводу, что на формирование отношения к игре и готовности играть влияет большое количество различных факторов.

**Ровесники**

Мы уже убедились, что родственники могут оказать на формирование игрового поведения большое влияние. Другим важным фактором является воздействие друзей и ровесников. Мы проводим много времени в их обществе и разделяем с ними многие ценности. В ходе нашего исследования стало ясно, что зачастую именно благодаря друзьям и ровесникам у человека формируется то или иное отношение к игре — как к чему-то приемлемому или неприемлемому, интересному или скучному.

Таким образом, ровесники влияют на игровое поведение и в конечном итоге могут подтолкнуть к развитию патологической игровой зависимости[7].

Мы обнаружили, что готовность принять участие в игре повышается, если близкие друзья респондента являются игроками. Многие участники исследования сообщили, что их друзья организовывали общественные мероприятия, посвященные азартным играм, и поддерживали друг друга в стремлении играть. Они вместе отправлялись в игорные заведения, рассказывали о том, где можно делать ставки, и одалживали друг другу деньги для игры. Неудивительно, что многие наши собеседники предпочитали принимать в этом участие, а не оставаться дома в одиночестве. Поскольку все члены группы регулярно играют вместе, в таких компаниях игру рассматривают как нормальную форму досуга, укрепляющую дружеские связи. Таким образом, сам факт наличия друзей, интересующихся азартными играми, становится фактором, который в значительной степени подталкивает респондентов к активному участию в игре.

В этой тенденции проявляется феномен «социального заражения»: человек «подхватывает» тягу к игре от своих друзей, потому что проводит с ними много времени, наблюдает за их поведением и стремится получить одобрение. Понемногу он начинает разделять точку зрения, принятую в группе, и тоже считает, что игра — это хороший способ провести время (и потратить деньги). Зачастую друзья подталкивают к развитию игровой зависимости.

Если влияние семейной ролевой модели, о которой шла речь в предыдущем разделе, ярче всего проявляется в детстве, то в юности человек скорее ориентируется на сверстников. В возрасте 15–25 лет люди разбиваются на группы, причем игроки и неигроки образуют отдельные компании. Поэтому у респондентов с игровой зависимостью чаще всего есть друзья, сходным

---

[7] С наибольшей вероятностью игровая зависимость может развиться у тех подростков, которые чаще всего играют в азартные игры с друзьями и демонстрируют наибольшую уязвимость перед давлением со стороны сверстников [Langhinrichsen-Rohling et al. 2004; Jacobs 2000].

образом относящиеся к игре. Грэм, например, утверждает, что его друзья «все играют, и еще как». Друзья Тины, другой участницы нашего исследования, тоже являются страстными игроками: «Они все играют больше меня. Мы всегда играем вместе. Не думаю, что они играют чаще меня, но денег обычно тратят больше. Не думаю, что кто-то из них обанкротился, но бывало, что они проигрывали семьсот-восемьсот долларов за ночь, а это большие деньги».

Грэм и Тина — типичные примеры ситуации, когда человек окружает себя друзьями, неспособными контролировать свою тягу к игре. Разумеется, такие друзья не возражают против рискованных ставок. Никто из друзей Грэма или Тины не считал нужным каким-то образом себя ограничивать, поэтому в их кругу процветало безответственное и бесконтрольное игровое поведение.

Однако источником негативного влияния могут быть не только сверстники, страдающие от игровой зависимости. Иногда друзья, не являющиеся игроманами, тоже рассматривают игру как обычную форму досуга. Один из наших респондентов сообщил, что его друзья никогда не выражали обеспокоенность негативными последствиями его тяги к игре. Наоборот, они восхищались его способностями: «Они были в восторге, что мне время от времени удавалось выиграть столько денег, но никогда не говорили, что со мной что-то не так. Это было скорее что-то вроде: "Чувак, у тебя очень круто получается, а можно мне тоже попробовать?"»

Такое отношение заставляет поверить, что игра — это интересная форма досуга, которая требует от участника определенного мастерства. Человеку начинает казаться, что у него есть особый талант и этим нельзя не воспользоваться. В данном случае друзья не являются игроками, однако именно их неспособность к игре подталкивала нашего респондента к дальнейшему развитию игровой зависимости.

Многие наши собеседники полагают, что друзья, не увлекающиеся азартными играми, исподволь подпитывали их интерес к игре — в особенности когда восхищались выигрышем:

> Им нравится, когда я выигрываю, потому что... после выигрыша я обычно делюсь деньгами со своими знакомыми. Иду по улице: «Держи десятку, держи двадцатку». Иногда я могу дать пятьдесят или шестьдесят баксов. Мне это нравится. Я почти всегда так делаю, когда выигрываю.

У приятелей этого человека есть возможность получить деньги без малейшего риска для себя, поэтому они поощряют его тягу к игре. Вместе с тем он гордится собой и своим умением играть. Раздавая деньги знакомым, он как бы демонстрирует им свои навыки и показывает, насколько он успешен. Чем больше он хвастается, тем сильнее его друзья заинтересованы в новом выигрыше, которым он с ними поделится. Естественно, они поощряют (и, может быть, даже рационализируют) его игровую зависимость. Мы снова наблюдаем тот же феномен: тягу к игре подпитывают люди, которые сами не заинтересованы в азартных играх.

Итак, мы рассмотрели ситуации, когда 1) человек становится игроком, потому что попадает в компанию игроков, и 2) друзья игрока не являются игроками, однако поощряют его зависимость, утверждая, что он якобы обладает умениями и талантами, обеспечивающими выигрыш. Однако есть и третий тип: игрок, который дружит с другими игроками, однако предпочитает играть в одиночестве. Типичным примером может служить Ронда. Она рассказывает о том, что узнала о казино от подруги, однако не стала с ней играть: «Моя подруга такая: "Я поехала в казино", и она выиграла. Она мне говорит: "Знаешь, ты ведь тоже везучая. Тебе надо поехать со мной, потому что ты везучая, и если мы поедем вместе, то тебе повезет". Но я с ней не поехала. Я поехала одна».

Интерес Ронды к азартным играм объясняется двумя факторами. Во-первых, подруга так ярко описывала свои впечатления от казино, что Ронде тоже захотелось попробовать. Во-вторых, подруга выиграла крупную сумму денег, и у Ронды сложилось впечатление, что она может сделать то же самое. Далее в интервью она подтверждает наши догадки: «Когда ты слышишь рассказы других людей, рассказы о выигрышах, тебе тоже хочется пойти и попробовать. Так все и началось». В результате разговора с подругой Ронда поверила, что может выиграть много денег. В этом для нее и заключается основная притягательность казино.

Другая подруга Ронды поддержала ее интерес к игре, сообщив, где именно находится конкретное казино и как до него добраться: «Несколько лет назад ко мне заглянула та другая подруга. Она сказала: "У тебя тут рядом находится казино "Вудбайн", можно доехать туда на таком-то автобусе". Так что я поехала в это казино и начала играть регулярно, потому что туда легко добраться».

Итак, Ронда узнала о местонахождении казино, потому что ее подруга сама была игроком. Если бы среди ее друзей не было игроков, она, возможно, никогда бы не решила, что может выиграть крупную сумму денег, и не узнала бы, как легко добраться до игорных заведений. С одной стороны, она не ходит в казино с подругами, которые подтолкнули ее к игре. Но все же именно они пробудили в ней этот интерес.

Воспоминания о друзьях и родственниках, одобряющих азартные игры, пока что подталкивают нас к одинаковым заключениям. Общение с друзьями-игроками, как и общение с родственниками такого типа, формирует у человека положительное отношение к игре. Оно, в свою очередь, вызывает желание самому принять участие в игре — как правило, вместе с другом или родственником. Таким образом, человек начинает играть в компании самых близких ему людей, и игра становится для него возможностью еще сильнее укрепить дружеские или родственные связи. Возникает положительный социальный опыт, повышающий вероятность того, что новый игрок будет вновь и вновь возвращаться в казино или на ипподром — ведь для него игра уже ассоциируется с приятным времяпрепровождением и хорошей компанией.

Один из наших респондентов, Крис, вспоминает о том, как играл в казино вместе с друзьями. Он описывает одну из удачных поездок:

> Как-то раз мы с друзьями приехали туда и решили: «Скинемся по двадцать баксов, нас трое, так что всего шестьдесят баксов». Закинули их в автомат, выиграли больше семисот

баксов и тут же их обналичили. Потом попробовали с другим автоматом — то же самое, опять выиграли семьсот семьдесят баксов, вот на этом другом автомате. Так что у нас получилось почти две тысячи четыреста баксов выигрыша.

После такой удачи Крису хотелось снова приехать в казино — отчасти он надеялся, что сможет снова выиграть такую большую сумму. Но, кроме того, с ним тогда были его друзья, и он помнит, как они все вместе радовались выигрышу.

В случае Криса привлекательности казино поспособствовал крупный выигрыш. Однако некоторые из наших респондентов вообще не думали о деньгах, когда играли вместе с друзьями. Для таких игроков, как Тайсен, удовольствие от общения с приятными людьми важнее всего — даже важнее крупных сумм, которые он проигрывал. Во время интервью Тайсен улыбается, вспоминая свои ставки и ставки друзей: «Вы проходите через это вместе. Если делать ставку, то сразу всем, это и есть самое интересное. Это всегда очень приятно». Благодаря игре Тайсен еще больше сближается со своими друзьями, поэтому игра ассоциируется у него с такими положительными качествами, как солидарность и дружеская поддержка.

Таким образом, для некоторых респондентов игра открывает возможности социального взаимодействия. Наличие друзей-игроков помогает сформировать восприятие игры как нормального и приемлемого вида досуга. Кроме того, такие друзья всегда могут стать партнерами по игре. Если ваши друзья посещают казино и другие «роскошные» игорные заведения, то и вы с большой долей вероятности почувствуете обаяние этой волнующей атмосферы азарта. Однако большинство начинающих игроков вскоре понимают, с какими финансовыми издержками связаны такие дружеские поездки, поэтому они все больше сосредоточивают свое внимание именно на игре и забывают о том, что изначально казалось наиболее привлекательным, — о социальном взаимодействии. Вскоре они уже не играют «только ради веселья».

С другой стороны, многие наши респонденты знали об азартных играх и о том, что среди их друзей есть игроки, однако сами не заинтересовались этим видом досуга и не захотели принять в нем участие. У некоторых игроками были не близкие друзья, а просто знакомые, поэтому им было неинтересно узнать больше. Например, когда мы спросили Лору, были ли в ее университете студенты-игроки, она ответила: «Среди моих близких друзей — нет. Среди просто друзей — были. Мои близкие друзья не особенно интересовались азартными играми, но [некоторые] одногруппники — да». Она добавила: «Моим друзьям это было просто неинтересно». Кроме того, Лора сообщила, что те друзья, с которыми она познакомилась уже после университета, тоже не интересуются игрой. В ответ на вопрос, играет ли хоть кто-то из ее близких друзей, она ответила: «Нет, на самом деле нет. Не думаю. Нам больше нравится ходить в кино и все такое, кататься на великах, например». Поскольку она проводит большую часть времени в окружении неигроков, Лора никогда не испытывала желания попробовать поиграть.

Другой похожий пример — это история Марисы. Она не заинтересовалась игрой прежде всего потому, что этим не интересовались ее друзья. Мариса сблизилась с девушкой по имени Дженн, с которой у нее было много общего: «Мы с Дженн были в каком-то смысле одиночками, и мы не играли. Больше интересовались книгами. Читали и писали. Мы собирались стать писательницами, так что придумывали рассказы». Мариса не была участницей сообщества «крутых ребят», где было принято играть, поэтому ей не приходилось принимать участие в игре из страха показаться аутсайдером. В дальнейшем они с Дженн помогали друг другу направлять свою энергию в более позитивное русло, чем азартные игры.

Еще одна характерная черта, которая прослеживается в нашем исследовании, — у друзей внутри группы часто формируются одинаковые игровые привычки. Как упоминалось выше, не все игроки склонны к неконтролируемым приступам игромании. Способность играть умеренно формируется в том числе и под влиянием друзей и родственников. Это значит, что если ваши друзья умеют удерживаться в рамках отведенного на игру бюджета, это поможет и вам держать свое хобби под контролем.

В числе наших респондентов была женщина, контролирующая свое игровое поведение, и она рассказывает, что ее друзья делают то же самое:

> В целом мои друзья, как и я сама, иногда заглядывают в казино. Они не берут с собой много налички, и я тоже. Мы обычно приходим компанией, но мы знаем свой предел: когда можно играть, а когда пора остановиться и сказать казино «пока». Так что... когда мы идем в казино, мы с удовольствием играем, а потом отправляемся ужинать.

В целом на примере участников нашего исследования заметно, что влияние ровесников и друзей — в той же степени, что и влияние семьи, — может сказаться на формировании игрового поведения. Многие наши собеседники считают азартные игры особенно интересным видом досуга, поскольку в них можно играть с близкими друзьями. Некоторые люди начинают играть в хорошей компании, но в последующем у них возникает игровая зависимость. С другой стороны, в исследовании принимали участие и другие — те, чьи друзья не интересуются игрой, и потому они сами меньше подвержены опасности начать играть и превратиться в компульсивных игроков. Это значит, что ролевые модели и группы сверстников чрезвычайно важны для формирования взглядов человека на игру. Дальнейшее развитие ситуации — начнет ли человек играть — во многом зависит от доступности игорных заведений и других ресурсов подобного профиля. Итак, два этих фактора, то есть влияние ролевой модели и доступность игорных заведений, в совокупности оказывают огромное влияние на отношение к игре и участие в игровой деятельности.

Отношение человека к игре помогает определить, какова вероятность, что он начнет играть и со временем превратится в компульсивного игрока. Как мы уже видели, индивид во многом ориентируется на взгляды, принятые в обществе, на точку зрения своей ролевой модели и круга друзей. Именно это определяет его решение — принимать или не принимать участие в игре.

В некоторых культурах азартные игры считаются нормальной формой досуга, подходящей как для ежедневного отдыха, так и для особых праздников. Распространенность и доступность азартных игр, а также наличие множества игорных заведений поощряют в таких сообществах положительное отношение к игре. Игорные заведения не ассоциируются с опасностью или вредом, поэтому их много и попасть туда несложно. В результате люди привыкают ассоциировать игру со стильными интерьерами казино и им хочется самим окунуться в атмосферу азарта и роскоши. Распространение азартных игр, характерное для таких культур, предполагает повышенный риск развития компульсивного игрового поведения. С другой стороны, существуют культуры, в которых широко распространено осуждающее отношение к азартным играм. Социальные формы контроля азартных игр (например, стигматизация и эксклюзия) могут сопровождаться более конкретными средствами правового регулирования, такими как запрет или делегализация азартных игр. В целом участники таких сообществ с меньшей вероятностью становятся игроками, в том числе и проблемными.

Помимо культурного фактора, большая роль в развитии того или иного отношения к игре принадлежит ролевым моделям, членам семьи и ровесникам. Если ролевой моделью для ребенка становится игрок, то есть человек, считающий азартные игры обычным видом досуга, то ребенку проще самому начать играть. С другой стороны, положительная ролевая модель может научить ребенка здоровым и продуктивным копинг-стратегиям и хобби. Подобным образом действует и влияние сверстников: в компании друзей-игроков игра кажется чем-то интересным и доступным, тогда как друзья, не увлекающиеся азартными играми, помогают человеку заинтересоваться другими вещами и видами деятельности.

Мы рассмотрели каждую из этих переменных и обнаружили, что игровое поведение не развивается в вакууме. Отношение к игре формируется в процессе социального взаимодействия и социального моделирования, которые происходят на протяжении детства и взрослой жизни. В рамках нашей модели мы отводим особую роль влиянию непосредственного семейного окружения. Кроме того, интервью показывают, что на формирование отношения к игре и типа игрового поведения во многом влияют общество, дальние родственники, друзья и ровесники. Еще одним фактором могут послужить детская травма и стресс во взрослой жизни. Подвергаясь травме и стрессу, человек становится более восприимчив к влиянию социума, и, как следствие, увеличивается риск возникновения игровой зависимости. Выбору именно игры — а не других, потенциально более здоровых, альтернатив — отчасти способствует доступность игорных заведений и положительное отношение общества к игре. Такой человек рассматривает азартные игры как форму досуга, как то, чем можно заниматься вместе с близкими людьми. В целом имеются явные основания заявить, что проблемные игроки не просто получают зависимость по наследству. Здесь действует комбинация различных социальных факторов, обусловливающая как их отношение к игре, так и их игровое поведение.

# Глава 10
# Социальное научение в семье и обществе

Как мы выяснили, доступность азартных игр означает больший риск развития патологических форм игрового поведения. Мы уже установили, что под влиянием культурного фактора, ролевой модели и круга сверстников человек начинает воспринимать азартные игры как нечто приемлемое или нормальное и у него появляется больше возможностей, чтобы играть. Люди, у которых формируется позитивное отношение к азартным играм — обычно из-за погружения в культуру, поддерживающую азартные игры, — и у которых есть много возможностей играть в азартные игры, с большей вероятностью становятся игроками. Однако для развития компульсивного игрового поведения этих факторов недостаточно. В настоящей главе мы рассмотрим, как члены семьи, друзья и средства массовой информации транслируют информацию об игровом поведении и формируют положительное отношение к азартным играм. Кроме того, мы рассмотрим эти процессы сквозь призму теории социального научения, чтобы объяснить, как и почему наши участники узнали об игровом поведении и в конечном итоге сами начали играть.

Для начала мы хотели бы изложить основные аргументы теории социального научения. Мы «учимся» друг у друга, наблюдая за поведением других людей и копируя то, что они делают и говорят[1]. При этом мы отслеживаем реакцию на те или иные поведенческие формы и в зависимости от нее выбираем, какое именно поведение хотим перенять в качестве своего собственного. Если поведение приводит к хорошему результату, например восхищению или вознаграждению, то мы стремимся делать то же самое. Наблюдение плохих последствий (таких как негативная реакция или наказание), напротив, заставляет нас избегать подобных форм поведения. Кроме того, когда мы восхищаемся кем-то или уважаем кого-то, мы также с большей вероятностью будем копировать поведение этого человека[2], подсознательно стремясь получить такую же награду в виде признания и восхищения. Многие люди равняются на родителей, братьев, сестер и друзей. Именно поэтому они выстраивают свое поведение по их образцам.

В рамках нашего исследования именно социальное научение стало тем ключевым фактором, который позволял определить, станут ли наши участники сначала игроками, а потом — игроманами. Как мы выяснили в предыдущей главе, само приобщение к азартным играм уже увеличивает шанс того, что человек станет игроманом. Однако эта вероятность становится еще выше, если он привыкнет ассоциировать азартные игры с вознаграждением или получением легких денег. Мы проанализировали биографии игроков, доступные онлайн и в печатном виде, и выяснили, что в 64 % случаев они «научились» азартным играм в детстве. Таким

---

[1] Теория социального научения гласит, что люди моделируют, осваивают и используют те виды поведения, которые они наблюдают и считают привлекательными, если это получает поддержку [Gupta, Derevensky 1997; Raylu, Oei 2002]. Социальное научение повышает вероятность стремления к риску и/или развития форм поведения, близких к азартным играм, уже в возрасте четырех-пяти лет [Kearney, Drabman 1992].

[2] Дети учатся воспринимать азартные игры как нечто захватывающее, наблюдая за играющими родителями [Walker 1992]. Ребенок с большей вероятностью будет имитировать это поведение, потому что, с его точки зрения, оно связано с получением награды [Gupta, Derevensky 1997]. В семьях с родителями-игроманами дети могут играть с родителями. Это закрепляет связь между игрой и выгодой, поскольку у ребенка появляется возможность взаимодействовать с родителем [Gupta, Derevensky 1997] и поскольку родитель считает игру приятным времяпрепровождением [Vachon et al. 2004].

образом, идея социального научения помогает объяснить, почему проблемное игровое поведение так часто передается из поколения в поколение. Дети игроманов, как правило, подвергаются влиянию своих родителей и с большей вероятностью перенимают их поведение как свое собственное.

Другая интересная и важная вещь, которую следует отметить, заключается в том, что Достоевский, опять же, является исключением из этой части нашей теории. Его игроманию нельзя объяснить социальным научением. Это позволило нам выдвинуть гипотезу о том, что некоторые люди — хоть их и меньшинство — склонны к патологическому игровому поведению. Именно к этой категории принадлежал Достоевский. Вероятнее всего, люди такого типа имеют более выраженную патологию (например, детскую травму), чем другие проблемные игроки. Поэтому им также труднее избавиться от игровой зависимости.

По понятным причинам у тех наших участников, чьи родители были проблемными игроками, вероятность развития интереса к игре была в три раза выше. Кроме того, теория социального научения позволяет объяснить, почему некоторые люди становятся проблемными игроками, даже если их родители играли редко или умеренно. Вероятно, такие игроки научаются компульсивному поведению из другого источника. При этом люди, которые не подверглись такому социальному научению, вообще не умеют играть или плохо относятся к азартным играм. Вероятность развития игромании в этой группе гораздо ниже, и далее в главе мы подробнее обсудим почему.

### Первый этап социального научения: наблюдение
#### СЕМЬЯ

Чтобы скопировать или перенять чье-то поведение, мы должны сначала понаблюдать за ним. Это наиболее актуально для детей проблемных игроков: они видят своих родителей дома за игрой, сталкиваются с проблемами, порожденными игровой зависимостью, либо испытывают и то и другое. Во многих семьях азартные игры считаются традиционным развлечением на семейных встречах или во время особых праздников (об этом шла речь в предыдущей главе). Другая ситуация — когда азартные игры считаются не атрибутом особых случаев, а естественным и привычным элементом семейного уклада. Таким образом, ребенок с детства привыкает смотреть на азартные игры как на интересный вид досуга, который позволяет еще и заработать легкие деньги.

Некоторые из наших участников сообщают, что их детский опыт участия в азартных играх не ограничивался домом. Родители брали их с собой в казино, залы для игры в бинго, на ипподромы и в подпольные игорные заведения. Кэрол, например, часто ходила с родителями на ипподром, где погружалась в атмосферу азарта. Она вспоминает эти поездки: «Мне нравилось смотреть, как бегают лошади и как люди чему-то радуются и кричат на лошадей. Я не понимала, зачем кричать, ведь лошади все равно быстрее не побегут». Еще до того, как она смогла осознать происходящее, Кэрол уже испытала то возбуждение, которое предлагают игорные заведения. Эта манящая атмосфера продолжала привлекать ее и во взрослом возрасте, только теперь она могла сама принимать участие в игре.

Многие другие респонденты похожим образом описывают игорные заведения своего детства: они упоминают множество средств сенсорной стимуляции, таких как яркий свет и шум. В результате эти места ассоциировались у них с чем-то роскошным, манящим и захватывающим. Все это производит на ребенка неизгладимое впечатление и заставляет его мечтать о том, чтобы поскорее вырасти и самому испытать острые ощущения в подобном игорном зале.

Однако такие визиты не сводятся к погружению в атмосферу роскоши и азарта. Многие наши респонденты именно там узнали о том, что игра открывает возможности для быстрого и легкого заработка. Так, отец Джереми брал сына с собой, когда отправлялся играть в покер в подпольное казино, и его друзья давали Джереми деньги. «Тогда они [отец с друзьями] говорили: "Иди-ка сюда", и я терпеть это не мог, потому что они обнимали меня так, словно задушить хотели. А потом мне давали пятьдесят долларов здесь, пятьдесят долларов там, и в итоге у меня запросто набиралась сотня». В такие минуты деньги словно текли рекой — и хотя для Джереми они не были напрямую связаны с участием в игре, все же он начал связывать покер и финансовую выгоду.

Как мы выяснили в предыдущем разделе, зачастую на ребенка большое влияние оказывает дядя — в этом отношении он уступает только родителям. Один из наших респондентов рассказывает: «Я помню из детства, как дядя угощал нас мороженым. И мы всегда думали: ого, сколько он выиграл! Возможно, именно это и подтолкнуло меня к игре». Многие другие дети в такой ситуации тоже приучились ассоциировать игру с финансовой выгодой. В дальнейшем это подтолкнуло их к игре, поскольку они поверили, что тоже могут обрести подобную денежную свободу.

Однако подобная вера в легкие деньги опасна. Один из наших собеседников рассказывает, как наблюдал в детстве за своим дедом:

> Я видел, как дедушка ставил по двадцать долларов и выигрывал. Однажды вечером он сделал несколько таких двадцатидолларовых ставок, а в конце поставил сто долларов — и выиграл порядка тысячи. На него словно свалилось огромное богатство, хотя вообще дедушка неплохо зарабатывал и тысяча долларов значила для него не так уж много. Но он получил ее без малейшего усилия, просто выиграл в казино, и поэтому был очень рад. Бабушка помчалась за покупками, и это было потрясающе.

Так наш респондент узнал, что азартные игры позволяют заработать быстрые легкие деньги, не затрачивая много времени и усилий. В дальнейшем он сам начал играть, надеясь испытать то же чувство, что и его дед. Он тоже надеялся сорвать крупный выигрыш, почувствовать себя богатым, могущественным и счастливым.

Социальное научение в семейном контексте носит косвенный характер: ребенок наблюдает за тем, как играют другие люди. На первый взгляд может показаться, что этот фактор не так сильно влияет на формирование игровой зависимости, но все-таки он тоже способствует более толерантному и заинтересованному отношению к игре. Мы видим, насколько эффективен этот механизм, на примере одного из участников нашего исследования. В ответ на вопрос о том, кто приучил его к азартным играм, он говорит:

> Мой отец. То есть он ходил с друзьями играть в покер, всякое такое. Я бы не сказал, что он меня приучил играть, потому что именно этого он не делал, но сам он играл, а я смотрел, как он играет. И я подумал: может, так и надо? И сам начал играть. Не с ним, конечно. Я бы не решился пойти играть с ним, но вот с друзьями мы играли. И понемногу это вошло в привычку.

Этому респонденту, как и многим другим, не требовались четкие инструкции; простого наблюдения за поведением и реакцией других людей оказалось достаточно, чтобы убедиться в привлекательности азартных игр.

Большинство наших респондентов познакомились с азартными играми именно так — посредством косвенного социального научения. Однако некоторые узнали об играх благодаря прямому знакомству. Например, в нескольких случаях родители покупали детям лотерейные билеты. Как объяснил один участник исследования: «Он [отец] начал покупать их для меня, когда мне было десять, а потом я время от времени покупал себе парочку». Это наблюдение нельзя считать чем-то новым и удивительным: в литературе описано множество случаев прямого поощрения азартных игр, а некоторые исследования показали, что родители часто играют с детьми в азартные игры[3]. И даже если среди наших участников таких случаев было немного, последствия подобного прямого воздействия могут быть опасными. Иногда родители даже дают своим детям конкретные инструкции и советы. Один из респондентов вспоминает: «Он постоянно объяснял мне, как играть в карты, как делать ставки, все в этом духе». В такой си-

---

[3] 40–68 % подростков играют в азартные игры со своими родственниками [Hardoon, Derevensky 2002]. Исследования показывают, что 77–85 % подростков получают от родителей скретч-карты, 50 % — лотерейные билеты и 23 % — билеты для ставок на спортивных соревнованиях [Felsher et al. 2003; Griffiths 2000].

туации ребенок не просто решает, что азартные игры — это приемлемый вид досуга, но еще и получает необходимые сведения, чтобы играть и выигрывать. Это поощряет дальнейшее участие в определенных типах игр, поскольку человек уже чувствует себя уверенно и не сомневается в своих способностях.

Таким образом, прямое социальное научение очень способствует формированию интереса к азартным играм, потому что родитель попросту не считает это занятие вредным. Один из респондентов вспоминает: «Когда мы играли с отцом, у нас был лимит в двадцать долларов, а ставка анте — в двадцать пять центов. Он огорчался и говорил, что не может себе столько позволить. Но все-таки играл и выигрывал сорок или пятьдесят долларов. А мне нравился такой лимит, потому что я отлично играл». Во время игры с родителями ребенок оттачивает собственные навыки и учится у более опытных игроков, а родители подают пример и руководят игровым опытом ребенка, обучая его тем или иным формам игрового поведения. Родитель точно определяет, чему именно он хочет научить ребенка, в то время как ребенок концентрирует свое внимание на тех аспектах игры, которые интересуют родителя. Ситуации прямого научения повторяются реже, чем ситуации косвенного, однако они еще больше способствуют формированию игровых привычек, поскольку родитель ясно посылает сигнал о приемлемости этого вида досуга.

Один из участников нашего исследования подвергся обоим видам научения — и прямому, и косвенному — от деда, отца, братьев и сестер. Его дед был игроманом. Он начал учить внука игре в покер, когда тому было всего пять лет:

> Он всегда рассказывал мне, что делать. Разучивал со мной покер, почти как алфавит: очень постепенно и в удобном для меня темпе. Играл так, чтобы мне было не слишком сложно, и постоянно меня поощрял. Бабушка была довольна, что дед проводит со мной столько времени, потому что он обычно был весьма резким человеком. А здесь он проявлял больше доброты.

Обучение игре в покер в настолько юном возрасте стало занятием, позволившим нашему респонденту сблизиться с дедом.

Вместе с тем это нормализовало для него азартные игры. Его отец тоже поспособствовал формированию положительного отношения к игре: когда сыну исполнилось десять лет, он стал покупать для него книги по тактикам и стратегиям азартных игр. Кроме того, отец активно поощрял его ходить в казино и даже помог ему получить поддельное удостоверение личности. Таким образом, отец и дед оба способствовали прямому социальному научению: один давал книги, другой учил его играть в покер.

В другом похожем случае респондент рассказывает о том, какие ценности и уроки ребенок может извлечь из ситуации, когда ролевая модель поощряет его участие в азартных играх:

> Когда мне исполнилось шестнадцать лет и я получил свое поддельное удостоверение личности, мы с дедушкой через день ходили в казино. Он всегда давал мне сорок долларов из своих денег и говорил: «Если ты выиграешь и вернешься с пятьюдесятью долларами, ты вернешь мне сорок, которые я тебе дал, а выигрыш оставишь себе. Если ты проиграешь, не беспокойся об этом. Я оплачу». Вот тогда я и начал думать, что, выиграю я или проиграю эти сорок долларов, это все равно не мои деньги. Это дало мне очень ошибочное представление об игромании и проигрыше.

В соответствии с теорией социального научения этот респондент вынес из своего детского опыта и из поведения своих ролевых моделей три основных пункта. Во-первых, он узнал, что азартные игры являются приемлемым занятием, поскольку его дедушка сам играл и поощрял его делать то же самое. Во-вторых, он получил знания о правилах игры и освоил необходимые навыки. И наконец, он научился не беспокоиться о потерянных деньгах — привык считать, что эти потери несущественны и не должны удерживать его от продолжения игры. Поскольку его ролевая модель не привила ему таких положительных качеств, как ответственность и сдержанность, у него не было возможности держать усвоенные взгляды и навыки под контролем. В конечном итоге это привело к формированию патологического игрового поведения.

### РОВЕСНИКИ

Как мы уже говорили ранее, люди могут знакомиться с азартными играми через своих сверстников. Многие из наших респондентов рассказывали, что в детстве играли с друзьями в фишки, в шарики, в карты, в четвертаки и т. д. и это стало их первым эпизодом знакомства с азартными играми. Как правило, проблемные игроки вспоминают, что в детстве они или дружили с ребятами, которые играли в азартные игры, или играли сами.

Например, один из наших участников вспоминает: «Мы играли каждую неделю, и игра зачастую продолжалась пять-шесть часов, всю ночь напролет. Чувство азарта, ощущение собственного мастерства, попытки обыграть друг друга — нас было трое или четверо близких друзей — все это вызывало сильное привыкание». В этом смысле механизм приобщения к азартным играм со стороны сверстников похож на аналогичный механизм с участием членов семьи: воздействие может быть многократным и продолжительным, и в результате человек не только знакомится с преимуществами азартных игр, но и получает необходимые для игры знания. И друзья, и родственники способствуют мысли, что азартные игры служат источником денег. Однако сверстники чаще обучают друг друга новым играм. Таким образом, у многих наших респондентов знакомство с азартными играми через сверстников дополняло или укрепляло социальное научение, начатое родителем-игроком. В других случаях, когда в семье никто не играл, дружеское окружение становилось источником первичного знакомства с азартными играми. В любом случае те респонденты, у которых были друзья-игроки, подвергались большему риску начать играть и в будущем стать жертвой игровой зависимости[4].

Как мы только что упомянули, друзья-игроки чаще всего знакомят своих сверстников с новыми играми. Например, друзья Джеймса научили его играть в покер:

---

[4] Вероятность развития игромании у подростка повышается, если его друзья одобряют азартные игры и играют сами [Hurt et al. 2008].

> Как-то ко мне пришли друзья, мы смотрели видео, и тут они говорят: «Слушай, чувак, давай покажем тебе, как играть». Я ответил: «Ну, вообще меня карточные игры не интересуют», — но все равно согласился, и мне понравилось. Потом я стал играть чаще и чаще. Потом начал искать в Интернете выигрышные стратегии, и через какое-то время у меня начало получаться. И вскоре я уже завяз в этом по уши, стал практически зависим от покера, потому что тратил на него столько денег.

Так у Джеймса развилась зависимость от азартной игры, которой он даже не интересовался до того, как о ней рассказали его друзья. Это показывает, насколько сильным может быть влияние сверстников.

Похожая ситуация сложилась у другого нашего респондента — русского иммигранта. Он рассказал, что познакомился с азартными играми через своего друга, когда приехал в Канаду: «Мы отправились в Ниагара-Фолс, и он мне сказал: пошли в казино, нам повезет. Он показал, как играть, показал мне столы и все остальное». Опыт этих двух респондентов особенно ярко демонстрирует, что друзья чаще, чем члены семьи, становятся источником более непосредственного знакомства с играми. Зачастую сверстники охотно знакомят друг друга с новыми играми, обучают необходимым навыкам и знаниям и организуют свой совместный досуг вокруг азартных игр. Таким образом, те из наших участников, у которых в детстве были друзья-игроки, подвергались более высокому риску развития игровой зависимости.

Как и родители, друзья могут донести до человека мысль, что азартные игры приводят к получению материальной выгоды. Зачастую это происходит из-за того, что у ровесников есть общие интересы. Например, Дхаршан начал играть в азартные игры с другими детьми из своего района, потому что ставками были игрушки. Он рассказывает: «К нам приходили соседские дети, и мы играли вместе. Они знали больше меня». Более опытные приятели научили Дхаршана навыкам, необходимым, чтобы выигрывать игрушки, которые ему нравились. Другие участники нашего исследования тоже рассказывают, что в игре их привлекал сам выигрыш. Один из респондентов вспоминает: «Мы играли в карты на фишки, а в фишки — на хэллоуинские конфеты». Играя в детстве на игрушки или конфеты, наши респонденты узнавали, что азартные игры могут принести материальную выгоду. Во взрослом возрасте они мечтали о других выигрышах, но само игровое поведение оставалось прежним.

### СМИ

СМИ — это еще один источник, из которого дети могут научиться игровому поведению и отношению к игре. Как правило, СМИ изображают азартные игры как приемлемый и модный вид досуга[5]. Более того, СМИ учат аудиторию, как играть в те или иные игры — например, когда освещают чемпионаты по покеру, — и укрепляют убеждение в том, что игра способствует финансовой выгоде. Нед, как и некоторые другие наши респонденты, впервые узнал об азартных играх из СМИ. Когда ему было примерно пятнадцать лет, Нед «смотрел покер по телевизору, так что это именно телевидение [стало причиной развития игромании]. В этом все дело». Познакомившись с азартными играми, он начал регулярно играть в покер со своими школьными друзьями, а в последующем эта привычка переросла в полноценную игровую зависимость.

В других случаях СМИ всего лишь закрепляют положительное отношение к азартным играм, которое сформировалось за счет других факторов. Один из наших респондентов рассказывает, как он увидел рекламу неких скачек и снова начал играть:

---

[5] Люди, которые положительно реагируют на рекламу азартных игр, и те, кто сообщает, что начал играть сразу после просмотра такой рекламы, более склонны играть на еженедельной основе и верить тому, что чем дольше ты играешь, тем больше у тебя шансов выиграть [Derevensky et al. 2010]. Для проблемного игрока реклама предпочитаемой игры служит дополнительным стимулом. Во время активной игровой фазы реклама зачастую провоцирует проблемного игрока играть еще интенсивнее — в основном это происходит за счет того, что она напоминает ему о других доступных видах игр [Binde 2009].

> За несколько дней до скачек в газетах появились рекламные объявления, список лошадей, так что я прочитал этот список и выстроил свой собственный рейтинг. Выбрал лошадь. <...> Я поставил двести долларов и выиграл девятьсот. Остался очень доволен. И тогда мой приятель <...>, который отправлялся на ипподром <...>, рассказал мне о других скачках и о другой лошади. Я снова сделал ставку и снова выиграл. Ну и вот тут я, если можно так выразиться, попался на крючок.

Позднее этот же участник признался, что сделал первую ставку, потому что хотел разделить радостные эмоции, связанные с этими конкретными скачками, о которых постоянно говорили на телевидении и в газетах. Если бы СМИ не сообщили ему об этом событии в подробностях или если бы тон был не таким радостным, возможно, этому человеку удалось бы воздержаться от участия в игре.

Чаще всего СМИ выступают в тандеме с другими источниками информации. Киран, один из игроков, с которыми мы беседовали, сообщил, что научился игровому поведению из нескольких источников: «Я думаю, это была комбинация факторов: я разговаривал с другими ребятами в школе, читал, видел рекламу, и у меня возникала собственная точка зрения, я хотел побольше узнать, как это все вообще работает». Итак, рекламные объявления и отображение азартных игр в СМИ пробудили в Киране любопытство, а в дальнейшем этот интерес подпитывали уже его собственные исследования и эксперименты.

Для некоторых респондентов мощным источником информации стали фильмы. Если главный герой участвует в азартных играх, то его зачастую изображают крутым и решительным. Как правило, в таких фильмах не изображается, какова реальная вероятность выигрыша или с какими негативными последствиями сопряжена игромания. Зритель, который видит в главном герое ролевую модель, принимает и разделяет этот идеализированный взгляд на азартные игры. В соответствии с уже описанными механизмами социального научения зритель может следовать примеру героя и применять те же методы игрового поведения в реальной жизни.

Один из участников нашего исследования, Эдди, рассказал нам, что в детстве его впечатлили некоторые фильмы об азартных играх: «Я думаю, эта тема впервые всплыла у нас в семье после просмотра "Бойлерной". Не помню, когда вышел этот фильм. В те времена я думал: эти ребята такие крутые, я хочу быть одним из них». Герои фильма стали его кумирами, и Эдди пытался копировать их поведение, чтобы стать «одним из них». Кроме того, Эдди вспоминает, что он непосредственно копировал поведение героев другого фильма, также посвященного теме азартных игр: «Есть такой фильм, называется "Букмекеры", и я тоже хотел этим заниматься — хотел стать букмекером. Так что я стал брать ставки. Это очень непростая работа. Нужен контроль». История Эдди соответствует нашей модели: несмотря на стабильную семейную обстановку и сравнительно спокойное детство, у него все же развилась склонность к патологическому игровому поведению. Отчасти возникновение этих проблем объясняется ясно сформулированным желанием копировать поведение персонажей из фильма.

Как мы видим, социальное научение — посредством семьи, друзей или СМИ — может создать у человека впечатление, что азартные игры являются естественным, привлекательным и интересным видом досуга, который вдобавок позволяет легко и быстро заработать деньги. Это еще не гарантирует, что человек станет патологическим игроком, однако вероятность подобного сценария резко повышается. Дело в том, что социальное научение способствует формированию положительного представления об азартных играх: игра предстает источником удовольствия и финансовой выгоды. Кроме того, социальное научение повышает доступность азартных игр, поскольку человек учится необходимым правилам и навыкам, а также получает больше возможностей для игры. Как мы увидим в следующем разделе, социальное научение может способствовать развитию игровой зависимости, если оно подталкивает человека к мысли, что игра приносит эмоциональное или финансовое вознаграждение.

## МИНИМИЗАЦИЯ КОНТАКТА С ИГРОЙ КАК ЗАЩИТНЫЙ ФАКТОР

Хотя дети игроков чаще сталкиваются с азартными играми, в некоторых ситуациях такого знакомства удается избежать. На самом деле минимизация контакта с азартными играми — например, в ситуации, когда родитель является игроком, — служит ключевым фактором, объясняющим, почему некоторые из таких детей не наследуют родительскую зависимость. Приблизительно 40 % участников нашего исследования, которым удалось избежать повторения родительской судьбы, сообщили, что в детстве не знали об азартных играх. Их родители либо скрывали свою зависимость, либо, по крайней мере, не играли у себя дома. В некоторых случаях родитель начинал играть, когда ребенок уже был старше определенного возраста и не настолько подвергался влиянию социального научения. Поскольку эти дети никогда не наблюдали за тем, как играют их родители, у них не возникало желания имитировать игровое поведение. В результате они не участвовали в азартных играх.

Примером ограниченного знакомства с азартными играми может служить история Ванды, о которой она рассказала во время интервью: «Я никогда не сидела за столом, когда мои родители играли. Я кое-что слышала, но никогда не видела, как они играли или делали что-то подобное». Она продолжает: «У моей мамы был ресторанчик, и иногда они играли в этом ресторанчике, но никогда — у нас дома». Таким образом, родители Ванды сократили вероятность того, что дочь усвоит их собственное отношение к азартным играм.

В похожей ситуации оказался и Тим: его отец был проблемным игроком, однако сам Тим с этим почти не сталкивался. Отец никогда не играл дома, и в целом Тим не знал, как, где и когда тот играет: «Я знал, что отец и его друзья играли <...>, но у нас дома они никогда этим не занимались». Таким образом, Ванда и Тим не усвоили положительное отношение к игре и не научились играть, что, в свою очередь, защитило их от возникновения игровой зависимости.

Иногда такая ситуация становится результатом развода. Многие наши респонденты выросли вдали от родителя-игрока, что значительно уменьшило их соприкосновение с миром азартных игр. В ответ на вопрос, видел ли он, как его отец играет, один из наших респондентов сказал: «Нет, потому что родители развелись — сначала они долго ссорились, потом боролись за право опеки, так что я провел с ним не так уж много времени. В тот период я большей частью жил с матерью, так что я больше слышал об отце, чем общался с ним». Поскольку отец жил отдельно, его нездоровое игровое поведение никак не угрожало сыну.

Другие участники исследования сообщили, что в течение некоторого времени не знали об игровом поведении родителей. Мэтью, например, в детстве понятия не имел, что его мать играет. «Она никогда мне об этом не рассказывала. Сказала только, что работает в казино, что она крупье. И все». Когда Мэтью узнал о ее игромании, он был уже достаточно взрослым и гораздо менее уязвимым в отношении социального научения. В результате он не испытывает патологической тяги к игре.

Другая участница, Таня, только в подростковом возрасте узнала, что у ее матери игровая зависимость. «Когда я училась в седьмом классе, родители начали постоянно ссориться. Мне было тринадцать. Где-то через год, в восьмом классе, я узнала про ее зависимость, мне было лет тринадцать или четырнадцать». К этому моменту Таня уже миновала тот возраст, в котором поведение матери больше всего повлияло бы на ее собственные предпочтения. Итак, Мэтью и Таня не «унаследовали» зависимость своих матерей, потому что в наиболее уязвимом возрасте они ничего об этом не знали. У них была возможность создать собственное представление об азартных играх, и никто им не внушил, что игры являются интересным, веселым или просто приемлемым видом деятельности.

Аналогичным образом отсутствие игроков в кругу друзей тоже снижает риск развития игровой зависимости. Мы спросили одного из респондентов, Маркуса, дружил ли он в детстве с ребятами-игроками. Он ответил: «Я не знаю, что вы имеете в виду под азартными играми. Я видел, что многие ребята играют в карты, и иногда они проигрывали друг другу десять центов. Не знаю, считать ли это азартной игрой. Что скажете?»

Маркус не вполне уверен, как охарактеризовать поведение своих друзей, и это значит, что он принимал минимальное участие в подобных видах деятельности. Дети, которые не играют в азартные игры с друзьями, имеют меньше шансов научиться игровым паттернам и убеждениям. Они не интересуются этим типом игр. Поэтому они не привыкают использовать азартные игры для развлечения или борьбы со стрессом. В результате снижается вероятность того, что они станут игроками или игроманами.

### ВОЗНАГРАЖДЕНИЕ В АЗАРТНЫХ ИГРАХ

В этом и следующем разделах речь пойдет о двух факторах, играющих важнейшую роль в том, как процесс социального научения влияет на становление обычного игрока — и патологического игромана: это вознаграждение от азартных игр и формирование связи между игрой и получением легких денег. Как мы уже упоминали ранее, люди воспроизводят те поведенческие паттерны, которые приносят вознаграждение. Кроме того, если ролевые модели и ровесники проявляют положительное отношение к азартным играм, то человек тоже начинает воспринимать азартные игры как приемлемый вид досуга. Например, у него есть теплые воспоминания о том, как они играли с взрослым, который был его ролевой моделью. Возникает связь между азартными играми и вознаграждением, будь то в форме позитивных эмоций — удовольствие, возбуждение, близость с друзьями — или в форме финансовой выгоды. Для людей, склонных к развитию игромании в силу тех факторов, о которых говорилось выше (тяжелое детство, стресс во взрослой жизни), это вознаграждение выглядит очень соблазнительно.

Другим вариантом вознаграждения может быть укрепление самооценки[6]. Так, в рамках контент-анализа доступных онлайн и офлайн биографий игроков мы обнаружили историю сингапурской домохозяйки, которая призналась, что из-за скучной

---

[6] Восхищение успехами в игре может способствовать закреплению и ухудшению игромании. Человек продолжает играть, потому что похвала повышает его самооценку [Hardoon, Derevensky 2002].

домашней рутины ей не хватало социального общения. Однако когда она принимала участие в азартных играх, «ее самооценка резко росла, потому что она считала себя умелым и везучим игроком, [из-за этого] увеличивала ставки и играла все чаще». Азартные игры помогали ей чувствовать больше уверенности в себе, поэтому она старалась играть чаще и ставила больше денег. Таким образом, игромания может вырасти из стремления к эмоциональному удовлетворению.

Крейг, один из наших респондентов, рассказывает подобную историю. Его родители проводили много времени на скачках, и в семилетнем возрасте Крейг уже был знаком с азартными играми. Он делится своими положительными воспоминаниями: «Мне было семь лет. Я сделал ставку и выиграл. Мама сказала мне выбрать лошадь, я выбрал, и она пришла первой. Ого, я самый везучий человек в мире! Вся семья была просто в восторге!» И сам факт победы, и реакция его близких еще больше укрепили желание Крейга играть. У него возникло чувство, что за игрой следует вознаграждение — чувство гордости, которое испытывают и он сам, и его семья. Кроме того, Крейг рассказывает, что позднее он испытывал беспокойство, когда ему приходилось выбирать лошадь, потому что он боялся разочаровать родителей. Этот страх еще раз доказывает, насколько мощной может быть связь между игрой и вознаграждением.

Другой участник нашего исследования тоже рассказывает о том, как детский опыт соприкосновения с азартными играми повлиял на его самооценку. Дед назначил его семейным «букмекером»:

> Самое запоминающееся — это даже не выигрыш, а то чувство, когда мне было десять лет, и все эти люди приходили ко мне и спрашивали о шансах, о ставках, а потом им нужно было прийти ко мне, пока не закончилось время, когда еще можно делать ставку, и я отвечал за весь этот процесс. Дедушка присматривал, как у меня дела, и спрашивал время от времени: «Ну что, мы в порядке?» Потом он давал мне деньги, а я их раздавал. <...> Мне очень нравилось быть букмекером. Я никуда не должен был ходить, а люди сами бежали ко мне с деньгами. В детстве мне очень нрави-

лось этим заниматься, нравилось, что я как бы пользовался в семье авторитетом. Может быть, это и было лучшее. Мне не столько нравилось выигрывать или проигрывать, сколько знать обо всем, контролировать, как играют все остальные, и чувствовать, что меня уважают.

Этот человек на протяжении длительного времени участвовал в азартных играх, что в значительной степени объясняется ощущением одобрения и уважения, которые он получал от своего деда и других членов семьи. Выступая в роли букмекера, он обретал некую власть над своими братьями, сестрами и другими родственниками. Для многих детей подобное эмоциональное вознаграждение дороже, чем материальный выигрыш, потому что финансовую ответственность за них в любом случае обычно несут родители или опекуны. Если азартные игры, как в данном случае, поощряют самооценку ребенка, то вполне вероятно, что он продолжит играть, чтобы снова и снова получать это вознаграждение.

Другим видом вознаграждения служит социальное одобрение от друзей и сверстников[7]. Так, Джеймс рассказал нам, что в его компании было принято регулярно ходить по вечерам в казино, причем друзья одалживали друг другу деньги. Таким образом они могли проводить за игрой много времени. Один раз Джеймс проиграл пятьдесят долларов почти сразу же, как только пришел в казино, и сказал друзьям, что «готов пойти домой». Но друзья еще не хотели уходить, поэтому они уговорили его остаться и продолжать игру. В результате он проиграл в тот вечер больше ста долларов. Джеймс предпочел проиграть деньги, чем рисковать одобрением своих друзей.

Однако это скорее крайняя ситуация. В большинстве случаев влияние сверстников проявляется не так очевидно. Иногда нет необходимости вслух говорить о том, что азартные игры — это «круто» или «гламурно»: в кругу друзей как бы устанавливается

---

[7] Одной из наград, которые получает подросток за участие в азартных играх, может быть повышение «самоидентификации со взрослой жизнью», а также репутационная выгода: он предстает храбрым человеком, который «умеет играть» [Delfabbro, Thrupp 2003].

негласное понимание, что участие в играх связано с социальным статусом. Один из участников нашего исследования, которому сейчас приблизительно 65 лет, с теплотой вспоминает о нефинансовых преимуществах, связанных с победой в игре: «Когда я был подростком, можно было выиграть пару баксов и на эти деньги сводить друга или подружку в кафе-мороженое или купить по стакану содовой. И тогда все видели, что ты стоящий парень. Что ты один из наших».

Азартные игры позволяли этому респонденту «покупать» социальный статус и уважение в компании друзей. Сама возможность стать «одним из наших» была достаточно соблазнительна. Этот человек продолжил играть и во взрослом возрасте, стремясь получить одобрение и похвалу от своих друзей.

Подобные истории мы услышали и от других участников: в детстве они играли в азартные игры ради социального взаимодействия с друзьями. Вань, например, начал делать ставки на спортивных соревнованиях, когда ему было тринадцать-четырнадцать лет, «потому что все так делали». Подростку особенно важно чувствовать себя членом группы. Участие в азартных играх может обеспечить ему чувство принадлежности. Как сказал один из респондентов: «Если все ваши друзья чем-то увлекаются, это становится заразным». Под «заразностью» он имеет в виду, что подростки в обязательном порядке перенимают игровое поведение у друзей и сверстников.

Однако не только подростки восприимчивы к влиянию друзей. Взрослые тоже часто сталкиваются с потребностью быть частью группы. Так, одна из участниц исследования столкнулась с подобным влиянием со стороны коллег:

> Я работала в одном ресторане, и все тамошние сотрудники были отчаянными игроками. После смены они отправлялись прямо в казино. Я постоянно слышала, как они рассказывают друг другу об игре. Я держалась дольше всех — пару месяцев, наверное. Однажды они позвали меня тоже пойти в казино, и я вообще не собиралась, но решила попробовать, потому что это была вроде как тусовка, общее мероприятие, так что я пошла с ними.

В детстве бывает так, что компания друзей подталкивает ребенка к участию в тех видах деятельности, которые раньше его не интересовали. И то же самое мы видим здесь: человек вынужден играть, потому что игра связана с перспективой социального принятия. Пока наша собеседница не принимала участия в занятии, которое нравилось всем остальным членам рабочего коллектива, она чувствовала себя исключенной из их круга. Став участницей игры, она смогла получить то принятие, в котором нуждалась.

Источником давления могут быть не только друзья, но и члены семьи. Один из наших собеседников рассказал, как его отец и дед хотели, чтобы он играл вместе с ними:

> Дед любит, чтобы все делали одно и то же. Ему нравится, когда семья держится сообща, и этот принцип распространяется и на азартные игры. Сказать ему, что ты не хочешь играть, значит обидеть. Отец говорит: «Поехали в казино». Отказаться — тоже обидеть. Я не говорю ему, что не хочу ехать. Просто отправляюсь туда вместе с ним, и ему нравится, что я сижу рядом. Иногда он меня о чем-то просит: посчитай вот это или вот это. Ему нравится, что я рядом.

Вместо того чтобы оскорблять своих родственников отказом, этот респондент предпочитает поддаться давлению с их стороны. В обмен он чувствует, что в семье к нему хорошо относятся, и в последующем это чувство будет еще больше мотивировать его снова и снова отправляться в казино.

Итак, мы обнаружили, что социальное моделирование и вознаграждение играют важную роль в формировании игрового поведения у взрослых и детей. Очевидно, что сильнее всего влияние социального научения проявляется в детстве, потому что в этом возрасте человек особенно легко поддается чужому влиянию и особенно хочет быть принятым. Однако у взрослого человека тоже могут возникнуть патологические игровые привычки, если он постоянно сталкивается с азартными играми и давлением со стороны других людей. Вместе с тем, фактор вознаграждения в определенной степени сохраняет свое значение с ходом времени. Чувство близости, социальное принятие, высокая самооценка и возможность социального общения — вот те стимулы, которые заставляют человека на протяжении всей жизни возвращаться к азартным играм. Некоторые приучаются получать это вознаграждение еще в детстве, от своих родителей, и это отчасти объясняет, каким образом игромания передается по наследству. Но эту награду можно получить и от друзей, причем необязательно в детском возрасте. Становится понятно, откуда берется игромания, если родители патологического игрока сами не были патологическими игроками.

**Выигрыш или удовольствие**

Социальное научение связывает игру не только с удовольствием от процесса или эмоциональным вознаграждением. Иногда речь идет и о других видах мотивации. Некоторые участники нашего исследования привыкли ассоциировать азартные игры с зарабатыванием денег, и для таких людей риск развития игромании особенно высок. Напротив, вероятность стать игроманом снижается, если игрок видит в игре всего лишь форму досуга и отдает себе отчет, что вероятность получения финансовой выгоды невелика.

Когда человек привыкает к мысли, что игра может быть способом заработка, он начинает относиться к игре гораздо серьезнее. В детстве многие участники нашего исследования выяснили от своих родителей, что азартные игры позволяют легко и быстро получить много денег. Такой точки зрения придерживаются многие проблемные игроки, чьи родители тоже страдали от игровой зависимости. Никто из респондентов этого типа не рассказывал, что в детстве его учили составлять бюджет или бережно относиться к деньгам. Иногда родители-игроманы были безработными и пытались сделать игру своей профессией. В таком случае жизнь семьи то и дело определялась исходом игры, а сам родитель верил, что для благополучия и финансовой стабильности ему необходимо выиграть много денег. Такой точки зрения, в частности, придерживался отец Криса, и сам Крис с возрастом тоже начал ее разделять. Он вспоминает своего отца:

> Мы покупали лотерейные билеты каждую неделю. Когда я был подростком, он [отец] говорил, что, может быть, мы выиграем в лотерею и тогда расплатимся по всем долгам, и волноваться больше будет не о чем. Ему не хватало денег, чтобы оплачивать квитанции, но я знал, что раз в неделю он покупает лотерейные билеты. И на меня это повлияло.

Поскольку в семье Криса было принято видеть в азартных играх решение финансовых проблем, сам он тоже поверил, что сможет поправить свое финансовое положение, если «сорвет куш». Те наши респонденты, чьи семьи разделяли подобное убеждение, чаще обращались к азартным играм, как только у них возникали проблемы с деньгами. Получается, родители привили им эту мысль — что азартные игры являются легитимным способом зарабатывать деньги для себя и своей семьи.

Как мы уже не раз указывали, друзья тоже помогают сформировать связь между азартными играми и финансовой выгодой. Так, родители Сэмюэла играли только ради удовольствия, но от друзей он узнал, что в игре можно заработать «большие деньги»: «Сначала я думал, что игра — это просто развлечение. Но потом я вырос и стал играть ради денег. Может быть, это из-за того, что раньше я играл на деньги с друзьями. Мы начинали с пары долларов, но понемногу ставки росли и росли». Влияние друзей оказалось сильнее, чем более здоровое отношение к играм, которое было принято у Сэмюэла в семье. В результате у него сложилось впечатление, что азартные игры легко позволяют заработать много денег, и в его игровом поведении стал проявляться патологический компонент.

В то же время среди наших респондентов были люди, которым удалось избежать игровой зависимости, так как они продолжали видеть в азартных играх исключительно вид досуга. Эти респонденты относятся к игре с меньшей серьезностью, играют довольно редко и делают маленькие ставки (либо играют без ставок). Иэн, например, рассказывает, что его отец иногда играл с друзьями в карты, однако это никогда не было главным элементом их общения: «Папа иногда собирал у себя гостей. Но не для того, чтобы играть. Просто к нему приходили приятели — выпить пива, поиграть в карты, хорошо провести время. Ставки были минимальные». Поскольку его отец играл очень редко и только ради самого процесса, Иэн не привык относиться к игре слишком серьезно. Для него это интересный вид досуга, которым можно заниматься время от времени, причем не вкладывая слишком много денег, — но отнюдь не способ заработка.

Если ребенок играет в азартные игры без финансового интереса, это тоже способствует формированию более здорового отношения. Например, Лайла научилась играть в родительской семье, но никогда не играла на деньги. Она вспоминает об этом: «Мы играли в карты, но не на деньги. Это был скорее способ приятно провести время с друзьями. Я даже играла с мамой и бабушкой, но мы никогда не играли на деньги».

Петар тоже познакомился с азартными играми еще в детстве, и у него тоже не сформировалась связь между игрой и финансовой выгодой. Он вспоминает: «Мы играли в покер, но ставили не деньги, а фишки или костяшки домино». Поскольку в их семьях не было принято играть на деньги, Лайла и Петар не привыкли видеть в игре возможность заработка. Следовательно, у них не было мотивации играть ради материального выигрыша.

Люди с подобной семейной историей, привыкшие видеть в азартных играх всего лишь развлечение, редко начинают играть ради денег, и на это есть две причины. Во-первых, они понимают, что шансы выиграть невелики и полагаться на них нельзя. Во-вторых, они ценят деньги, которые заработали своим трудом, и не готовы так неразумно с ними расставаться.

Некоторые из наших собеседников признались, что с их точки зрения азартные игры являются ненадежным источником дохода, поскольку исход зависит от удачи. Так, один из респондентов объясняет свою позицию: «Окей, хорошо, ты можешь выиграть какую-то сумму в первый раз, потому что ты везучий и все такое, но нельзя же на это полагаться». Другой участник с ним согласен: «Я думаю, что, когда играешь в карты, не выигрывает никто. Деньги просто перемещаются из одного кармана в другой. Для меня это лишено смысла. Ты же не создаешь новые деньги». Оба этих респондента считают, что выигрыш нельзя считать «заработком»: в отличие от зарплаты или других стабильных финансовых поступлений, выигрыш не гарантирует игроку финансовой стабильности.

Некоторые из наших респондентов признают, что в выигрыше всегда остается казино. Как отмечает один из участников: «Я проигрываю, потому что на этом построена вся игра. Не предполагается, что ты выиграешь, и я это знаю. Можно выиграть, но только в первые пять-десять минут, а потом начинается нисходящая спираль. Ты не выиграешь. Так устроено казино». Эти респонденты отдают себе отчет, что шансы выигрыша крайне невысоки, и потому они не рассматривают азартные игры как способ заработать деньги.

Осознание того, как малы шансы на выигрыш, также может развенчать романтическое представление об игре. Человек яснее понимает, на что может рассчитывать, и, следовательно, уже не готов инвестировать столько времени и денег в погоню за мечтой о большом выигрыше. Информированность также снижает вероятность того, что после проигрыша он будет стремиться отыграться, поскольку вероятность вернуть свои деньги тоже невысока.

Многие респонденты, избежавшие развития игровой зависимости, признаются, что очень высоко ценят деньги, которые достаются им немалым трудом. Поэтому они не готовы ставить свои сбережения на кон — ведь в долгосрочной перспективе это не принесет вознаграждения. Как объяснил один из наших собеседников: «Я слишком уважаю деньги, которые зарабатываю, чтобы рисковать ими». Другой участник с ним согласен: «Я проиграл сначала пять долларов, потом еще два или три. На эти деньги можно пообедать. Ну, или не пообедать, но хотя бы купить булочку, так что больше я их тратить не буду». Люди этого типа не хотят терять деньги, и потому азартные игры их не привлекают.

Итак, наши собеседники ясно выражают свою заинтересованность в финансовом благополучии и нежелание тратить деньги на игру. Есть три фактора, благодаря которым они научились ценить заработанные деньги. Во-первых, как правило, родители людей такого типа не были игроками — напротив, они зарабатывали деньги трудом и выступали в качестве положительной ролевой модели. Благодаря этому дети смогли усвоить такие качества, как целеустремленность и трудолюбие. Когда мы спросили одного из респондентов, было ли принято в его семье играть, он ответил: «Нет. В моей семье никогда не играли. Ни мать, ни отец, ни дяди. Никто. Им слишком тяжело давались деньги, чтобы тратить их на такие глупости». Другой респондент следующим образом объяснил, почему его не интересуют азартные игры: «Так меня воспитали. Мы больше верим в труд, чем в удачу».

Во-вторых, многие из наших респондентов в детстве сталкивались с последствиями игровой зависимости у своих родителей и были вынуждены оказывать им поддержку. Иногда это усиливает тягу к финансовой стабильности. Например, мы спросили одну из участниц, почему она не играет, и вот каков был ответ:

> Я знаю цену деньгам. Все, что у меня сейчас есть, я заработала собственным трудом. Возможно, если бы все досталось мне легко, я бы играла, но я знаю, чего стоит зарабатывать деньги. И даже когда я была студенткой… Я знаю, что я не единственный человек, кому приходилось это делать… Я знаю, что некоторые ходят в университет с восьми до шести и работают до одиннадцати. А потом едешь на автобусе домой, чтобы на следующее утро встать и поехать в университет. Это непросто. Вот почему я ценю деньги и не могу выбрасывать их на ветер.

Непростое детство и сложности, с которыми ей пришлось столкнуться, научили эту женщину ценить финансовую стабильность. В результате она дорожит заработанными деньгами и не готова рисковать ими в игре.

Третий фактор, способствующий тому, чтобы ребенок научился ценить деньги, — это семья, где родители много работают, но мало получают. В подобных семьях родственники часто стремятся объяснить своему ребенку важность труда и ценность денег. Те из наших участников, кто вырос в таких жизненных обстоятельствах, привыкли дорожить деньгами и считают, что глупо тратить их впустую. Когда мы спросили одну из участниц, привлекают ли ее азартные игры, она ответила:

> Нет, у меня никогда не было столько денег, и я всегда зарабатывала на все сама, так что у меня нет долгов или кредиток. Каждый доллар дается большим трудом, и я не собираюсь бросать деньги на ветер. Меня в детстве не этому учили. Меня воспитывали очень строго, и у родителей тоже денег было в обрез, поэтому я не особенно знакома с азартными играми.

Итак, мы видим, что особую роль играет то, как родители наших респондентов справлялись с собственными финансовыми сложностями. Если они выбирали легкий путь — например, пытались выиграть в азартные игры, — то именно этот сценарий они передают своим детям. Однако если родители зарабатывают необходимые деньги тяжелым трудом, дети в будущем стараются делать то же самое.

Отношение к игре — равно как игровые навыки и игровое поведение — формируется посредством социального научения, под воздействием ролевых моделей и значимых фигур. В данном случае речь идет о том, что человек непосредственно сталкивается с игрой. Те из наших участников, чьи родственники были проблемными игроками, чаще всего переживали такой опыт, поскольку игра часто велась у них дома, а иногда родители даже вовлекали в этот процесс детей. Таким образом ребенок рано узнает правила игры и приобретает навыки, необходимые, чтобы начать выигрывать. Кроме того, он учится воспринимать игру как простой, интересный и веселый способ зарабатывать деньги. И наконец, ребенок, выросший в окружении игроков, получает эмоциональную награду за участие в игре: одобрение от семьи и укрепление самооценки. Все эти факторы способствуют закреплению интереса к азартным играм, который остается с человеком и во взрослой жизни.

Но если ребенок способен заинтересоваться игрой из-за социального научения, то этот же механизм действует и для взрослых.

Знакомство с различными играми, моделирование игрового поведения и стремление быть принятым в кругу друзей и коллег — все это оказывает большое влияние. Мы видим, что игровая зависимость не возникает исключительно как следствие общения с родителем-игроманом, который обучает детей тем же патологическим паттернам. Компульсивная тяга к игре развивается под воздействием множества факторов, возникающих даже во взрослом возрасте.

Одним из этих факторов служит влияние друзей. Они знакомят друг друга с играми, обучают нужным навыкам, вознаграждают за участие, например восхищением или похвалой, и поддерживают иллюзию, что игра может служить источником финансовой выгоды. Этот механизм работает и у детей, и у взрослых, поскольку человек в любом возрасте может мечтать об одобрении, социальном статусе и принятии. Еще один фактор, о котором шла речь выше, — это СМИ: они показывают, как играть, оповещают аудиторию о соответствующих мероприятиях и возможностях, а также создают образ азартных игр как чего-то интересного, захватывающего и желанного. Эти факторы позволяют объяснить, каким образом и из-за чего формируется игровая зависимость у людей, чьи родители не были компульсивными игроками.

Итак, в целом социальное научение формирует веру в то, что азартные игры являются приемлемым и нормальным видом досуга, а также возможностью заработать деньги. Кроме того, оно позволяет приобрести необходимые навыки и освоить правила игры и предоставляет возможность играть, повышая тем самым общую доступность азартных игр. Люди, которые не сталкиваются с социальным моделированием такого рода, реже считают азартные игры чем-то приемлемым или легкодоступным. Именно по этой причине многие участники нашего исследования не унаследовали от родителей склонность к игромании: либо они не присутствовали физически во время игры, либо игровая зависимость у их родителей развилась, когда они сами уже вышли из детского возраста. В результате у них не сложилось положительного отношения к игре, они не умеют играть и не знают, как и где можно этим заняться.

Тем не менее мы также выяснили, что социальное моделирование не всегда является чем-то отрицательным — и не всегда приводит к формированию игровой зависимости. Недостаточно просто наблюдать за игрой или знать, что азартные игры существуют. Ключевым фактором выступает связь между игрой и вознаграждением. Кроме того, важную роль играют усвоенные ценности. Некоторые участники нашего исследования не особенно ценят деньги и видят в азартных играх скорее вид развлечения, чем источник материальной выгоды. Такие люди могут играть, но держать ситуацию под контролем. В то же время среди наших собеседников были те, кто видит в игре источник легких денег и финансовой свободы. Именно они рискуют стать компульсивными игроками. Итак, хотя социальное научение может подтолкнуть к формированию проблемного игрового поведения, влияние родителей и друзей способно, напротив, защитить человека от развития игровой зависимости.

Подведем итог. Социальное научение помогает понять, почему некоторые люди начинают так сильно интересоваться азартными играми. Наблюдая за поведением своих родственников, друзей и сверстников, они приходят к выводу, что с помощью игры могут завоевать принятие со стороны важных для них людей. Кроме того, игра повышает самооценку и позволяет легко и быстро заработать денег. Однако в рамках нашей модели действуют и другие факторы: детская травма, стресс во взрослой жизни, нездоровые копинг-стратегии. Они тоже подталкивают человека к патологическому игровому поведению, но при этом игра становится способом победить стресс и добиться эмоционального удовлетворения.

В двух предшествующих главах мы обрисовали, каким образом люди становятся или не становятся патологическими игроками под воздействием факторов, отсутствовавших в жизни Достоевского. В следующей главе речь пойдет не столько о различиях между обычными игроками и игроманами, сколько о том, что у них общего.

# Глава 11
# Что общего у семей, где нет патологических игроков?

Пока что мы говорили в основном о проблемных семьях — в особенности о тех, где уже есть патологические игроки или где существуют условия для их появления. Таким образом, возникает мысль, что семьи без патологических игроков (в отсутствие более подходящего термина назовем их семьями из контрольной группы) вообще не являются проблемными. Однако, как мы увидим в последующем, это не так. В каждой семье есть свои проблемы, однако не все проблемы связаны с игровой зависимостью. Итак, в настоящей главе мы постараемся выяснить, почему некоторым семьям, хоть у них и есть определенные сложности, удается избежать возникновения игромании.

Иными словами, речь пойдет о различных ситуациях, в которых могут оказаться современные семьи без патологических игроков, и о факторах, способных защитить семью от формирования патологической тяги к игре. Для этого мы проанализировали выборку, составленную из обычных жителей Канады, не являющихся игроманами. В основе дальнейших рассуждений лежат ответы пятидесяти двух участников нашего исследования. Ни они сами, ни их родители не являются патологическими игроками. Однако из их историй ясно следует вывод: даже если в семье нет игроманов, это еще не гарантирует, что отношения будут безоблачными. В жизни людей, которые вообще не играют в азартные игры, либо играют, но хорошо умеют себя контролировать, так или иначе присутствует фактор стресса (как в детстве, так и во взрослом возрасте), и не каждый способен эффективно с этим справиться. Более того, в рамках этой контрольной группы 16 % участников столкнулись со всеми тремя ключевыми факторами, описанными в нашей модели: стресс в детском возрасте, знакомство с азартными играми, стресс во взрослой жизни. И все же они не стали патологическими игроками. В настоящей главе мы постараемся объяснить, почему поведение этих людей не укладывается в нашу модель.

Существование данной группы еще раз напоминает, что обычные игроки не так уж сильно отличаются от патологических игроманов и что каждый из нас в определенной степени рискует приобрести привычку к игре. Кроме того, мы видим, что за возникновением игровой зависимости скрываются сложные и неочевидные факторы. Трудно понять, почему один человек становится игроманом, а другой нет. Однако эта неочевидность не является следствием сомнения или непонимания. Ключевые переменные нам известны. Но то, как именно они проявляются, во многом зависит от взаимодействия между людьми и конкретных событий на протяжении их жизни.

В целом мы обнаружили, что у всех респондентов из контрольной группы проявляется по меньшей мере один фактор, защищающий от развития игровой зависимости. Поэтому можно предположить, что развитие игромании во многом зависит от количества и выраженности проблем, с которыми сталкивается семья, и количества факторов, способствующих ее защите. Это похоже на покачивающиеся чаши весов. Отсюда мы делаем предположение, что в некоторых случаях достаточно лишь небольшого ухудшения ситуации — и у человека, в отсутствие поддержки или эффективных копинг-стратегий, развивается игровая зависимость. С другой стороны, даже незначительное улучшение, если оно сопровождается поддержкой и использованием более здоровых копинговых механизмов, может защитить от возникновения патологических форм игрового поведения.

Другим сопутствующим фактором может стать время возникновения проблемы и конкретные обстоятельства. Например, если человек не вовремя теряет работу, это может подтолкнуть его в сторону игромании. Можно сказать, что в жизни, как и в игре, многое решает случай. Некоторым людям не везет: они заболевают, теряют работу или переживают смерть близких в самое неподходящее время.

Итак, мы видим, как благодаря игре случая некоторым семьям удается избежать возникновения игровой зависимости. А теперь давайте узнаем, с какими детскими травмами столкнулись участники этой группы и какие защитные факторы помогли им выжить в опасном и порой враждебном мире.

### Стресс в детстве

Участники этой группы по-разному описывают свое детство. Некоторые вспоминают, что оно было в целом спокойным, за исключением одного-двух тяжелых событий, таких как смерть родственника. Другим пришлось иметь дело со множеством проблем, причем каждая становилась дополнительным источником стресса.

Восемь участников контрольной группы в детстве пережили высокий уровень стресса (и половина из них столкнулись с насилием). В данном случае стресс не был вызван патологическим игровым поведением кого-либо из родителей. Однако описанные ими проблемы во многом напоминают те, с которыми пришлось столкнуться участникам-игроманам. Примером может послужить история Нормана. Когда ему было четырнадцать, его родители развелись с большим скандалом. До этого мать подвергала его эмоциональному насилию:

> Она сказала: «Если вы не будете вести себя прилично, я брошу вас обоих [то есть Нормана и его отца]». А через неделю она забрала меня из школы и заявила: «Мы уходим от твоего отца». На следующей неделе мы переезжали четыре раза. Потом мы продолжали переезжать снова и снова, пока я не сказал, что хочу жить с отцом.

Эмоциональное насилие продолжалось весь следующий год, хотя Норман уже не жил с матерью. Наконец она написала ему письмо, в котором сообщила, что именно он был причиной развода: «Они расстались незадолго до моего дня рождения, и [в письме] она написала, что видела, как на мне отражается ее депрессия, и что решила меня от этого спасти. В сущности, этим письмом наши отношения и закончились». Из-за нестабильной семейной обстановки у Нормана ухудшилось психическое здоровье. «В двенадцать лет я чувствовал себя очень подавленным и думал о самоубийстве. У меня редко было хорошее настроение, и я не хотел общаться с друзьями или родственниками, не хотел есть». История Нормана напоминает, что конфликты между родителями случаются не только в семьях патологических игроков. В любом случае проблемы в семье угрожают психическому здоровью детей.

Многие участники этой группы были свидетелями или жертвами семейного насилия. Оливер, например, описывает ситуацию, которая часто повторялась в их доме, когда он был ребенком:

> Например, когда взрослые уходили, брат плохо со мной обращался. Дело в том, что отец был очень жестоким, так что я думаю, что если возникала какая-то проблема, то брат как бы перекидывал ее на меня, чтобы отец решил, что это я виноват, и в итоге доставалось мне — например, за то, что я что-нибудь сломал.

Оливер не только был жертвой насилия — он видел, как отец бьет мать. Он вспоминает об их драках: «Ужасно. Вы не хотите об этом знать. Через какое-то время мама решила от него уйти, не хотела жить с ним так, как живут взрослые люди. Естественно, папа был не согласен, так что это зашло довольно далеко. Я помню, что он сломал ей вот эту кость (показывает на ключицу)». На протяжении длительного времени мать Оливера подвергалась насилию — и все же, когда ее госпитализировали, она не рассказала об этом врачам. Она так отчаянно пыталась скрыть правду, что лгала даже полиции: «Иногда брат пытался защитить маму — разумеется, она была слабее и не могла дать сдачи, — но она не хотела, учитывая, что отец с ней делал. Брат вызывал полицейских, а когда они приезжали, она говорила: "Нет-нет, у нас все в порядке"». У Оливера, как и у Нормана, было тяжелое детство. В этом отношении он близок к нашим респондентам, страдающим от игровой зависимости.

Однако нам рассказали не только о насилии. Другие участники контрольной группы, например, вспоминают о смерти близких родственников. Так, Лайла потеряла мать, когда была еще подростком, а вскоре после этого умерли ее сестра и бабушка. В результате Лайла решила эмигрировать в Канаду — и это, естественно, стало еще одним источником стресса, — потому что в родной стране у нее не осталось близких родственников. Она рассказывает, как решилась на переезд: «Когда умерла мама, мне было пятнадцать. Когда мне исполнилось двадцать, умерла сестра, а еще через два года — бабушка. И все столпы, поддерживающие мою жизнь, исчезли. Собственно, поэтому я и приехала сюда [в Канаду]. Просто не могла там оставаться». Лайла называет эту ситуацию «опустошающей». Она добавляет: «Когда я только перебралась сюда, то чувствовала себя очень плохо, и мне потребовалось много времени, чтобы прийти в себя». Эмоциональная нестабильность, которая преследовала ее в юности, не имела ничего общего с игровой зависимостью. Несмотря на свои проблемы, Лайла, как и другие участники контрольной группы, не начала искать утешения в игре.

Почти половина контрольной группы описывает еще один источник стресса — холодные и отстраненные отношения с родителями (или одним из родителей). Они страдали от этого в детстве и по-прежнему ощущают влияние этого фактора на свою взрослую жизнь. Брэндон, например, говорит, что отношения в его семье были холодными и натянутыми: «Я не думаю, что мои родители подходили друг другу. Странное это было чувство. В те времена люди не думали о разводе, никто даже не произносил этого слова, но ты постоянно чувствовал огромное напряжение». Из-за этого «напряжения» между родителями Брэндону не доставалось от них достаточно внимания. Он вспоминает, что родители «не давали ему то, в чем он нуждался», потому что были слишком заняты собственными проблемами, чтобы оказывать сыну какую бы то ни было эмоциональную поддержку.

## Глава 11. Что общего у семей, где нет патологических игроков?

В некоторых случаях проблемы в семье были вызваны другими типами зависимости (не игровой). Одна из участниц исследования рассказывает, что их семья эмигрировала из другой страны, а отец был алкоголиком:

> Мы ничем не занимались в свободное время. Мать и отец были из Италии, они едва говорили по-английски. Отец был чуть старше, и он пил. Мы ничего не делали, никуда не ходили. Единственное, что я могу вспомнить, — как мы навещали родственников отца, его сестер, потому что у него была большая семья. Но больше я ничего не помню. Мы никуда не ходили, ничем не занимались, вообще ничем.

Коммуникационный барьер, связанный с происхождением ее родителей, а также проблемы, вызванные алкоголизмом отца, помешали этой женщине создать крепкие отношения внутри семьи и чувствовать эмоциональную связь с близкими.

Многие из участников контрольной группы в той или иной степени столкнулись с парентификацией, и это роднит их с теми респондентами, чьи родители были патологическими игроками. Парентификация явилась результатом других стрессовых факторов. Так, один из участников вспоминает, что мать растила его одна, и из-за этого ему пришлось столкнуться с характерными сложностями: «Она работала на двух работах, и ее никогда не было дома, так что я, в сущности, был вечно предоставлен сам себе. А потом она возвращалась домой и даже не спрашивала, как у меня дела». Ему приходилось выполнять обязанности по дому, и он занимался этим вплоть до того времени, когда поступил в университет. И хотя причиной парентификации в данном случае была не игровая зависимость, его эмоциональная травма близка к тому, что пережили другие респонденты.

### Факторы стресса во взрослой жизни

В детстве респонденты из этой группы испытывали разную степень стресса, вызванного различными стрессовыми факторами. Во взрослом возрасте уровень стресса у них тоже различается. Хотя большинство респондентов оценили количество стресса в своей жизни как «невысокое» или «умеренное», некоторые из них признались, что им приходилось испытывать выраженную тревогу. Наиболее частыми источниками негативных чувств были проблемы финансового характера, сложные отношения на работе или дома, а также необходимость заботиться о больном члене семьи. Однако вместе с тем у людей из этой группы наблюдаются защитные факторы: возможно, именно они и предотвратили развитие игровой зависимости.

Многие из наших собеседников упоминают нехватку денег. Зачастую стресс, вызванный этим фактором, усиливается за счет напряженных отношений на работе или в семье. Именно о такой ситуации нам рассказала Прия — мать-одиночка, которая много работает, чтобы обеспечить себя и свою дочь. «У меня две работы, так что да, я работаю довольно много», — говорит она. Прия вынуждена не только работать, но и выполнять все обязанности по дому: «Иногда я работаю пятнадцать часов в день... Прихожу домой ужасно уставшей, но если я не приготовлю еды, то есть будет нечего. Я бы хотела иметь повара. Ничего не имею против уборки, но вот на готовку и походы по магазинам у меня времени нет».

Типичная черта, которая часто отличает таких людей, как Прия, от проблемных игроков, — респонденты из этой группы берут дополнительную работу, чтобы зарабатывать больше денег для своей семьи, в то время как проблемные игроки пытаются решить финансовые проблемы посредством игры. Такие люди, как Прия, с детства научились работать и ценить деньги. Это защищает их от формирования игровой зависимости, даже когда они сталкиваются со сложностями взрослой жизни, которые могут подтолкнуть других к игре.

Мэгги, еще одна наша собеседница, вынуждена заботиться о больной матери, и это причиняет ей большой стресс. В интервью она признается, что ее сильно беспокоит состояние матери, потому что «ее здоровье ухудшается и она ничего не хочет по этому поводу делать». Поскольку ее мать не предпринимает никаких действий, Мэгги пришлось взять на себя многие обязанности, в том числе и заботиться о ее безопасности: «Я звоню ей практически каждый день, чтобы убедиться, что она точно добралась до дома и все в порядке». Кроме того, Мэгги рассказывает, как тяжело было попробовать убедить ее вести более здоровый образ жизни. Она вспоминает слова врача: «У вашей матери будет диабет, если она продолжит так питаться, но она меня не слушает». Но, хотя такая ситуация причиняет ей боль, Мэгги смогла частично купировать воздействие стресса: она приняла тот факт, что некоторые вещи находятся вне зоны ее контроля и что в конечном итоге решение остается за ее матерью: «В какой-то момент я просто опустила руки». Итак, Мэгги удалось понять, что, какой бы образ жизни ни выбрала ее мать, сама Мэгги не может нести за это ответственность. Другой человек на ее месте мог бы поддаться соблазну компульсивного поведения (например, начать играть), чтобы справиться с негативными чувствами, вызванными этой ситуацией.

Другой участник нашего исследования, Дэвид, тоже испытывал подобные чувства. Он заботился о своем отце, которому диагностированы депрессия и биполярное расстройство:

> Когда я жил с отцом, особенно когда возвращался по вечерам домой, это было довольно тяжело. Он практически угрожал, что убьет меня, потому что... Ну, он не понимал, что говорит. Утверждал, что у него есть знакомые в мафии, что он меня убьет, и так далее. «Будь я моложе, я бы тебя избил за то, что ты делаешь».

Эти угрозы отрицательно сказались на психическом здоровье самого Дэвида. Он вспоминает: «Думаю, у меня тогда была легкая форма депрессии и тревожного расстройства, и я посещал психиатра». Присутствовали и соматические проявления стресса:

> У меня было расстройство пищеварения и другие общие симптомы тревожного или депрессивного расстройства, такие как диарея. Но серьезных физических проблем не было. Тревожность... Ну, у меня постоянно в голове крутились разные мысли, иногда сердце сильно колотилось, и были проблемы с желудком, все это результат тревожности.

И хотя стресс был достаточно сильным, чтобы вызвать подобные психические и соматические проявления, Дэвиду удалось с ним справиться. Он выбрал эффективную и здоровую копинг-стратегию — общение со своей девушкой, — и это помогло ему избежать опасности, связанной с проблемным игровым поведением. Отсюда возникает вопрос, на который мы постараемся ответить в следующем разделе: какие стратегии используют люди, не являющиеся проблемными игроками, чтобы справиться со своими проблемами, подчас очень серьезными?

**Неэффективные копинг-стратегии**

В попытке справиться со стрессом некоторые респонденты, не являющиеся проблемными игроками, тоже прибегают к неэффективным копинг-стратегиям — например, пытаются забыть о неприятностях при помощи алкоголя.

Типичным примером этой стратегии может служить Оливер. Вместо того чтобы взяться за проблему и попытаться найти решение, он старается напиться и забыть о том, что его беспокоит. В интервью Оливер описывает реакцию своей подруги, когда она узнала о его склонности к алкоголизму:

> Сначала она просто давала мне советы, не бросала меня одного. «Смотри внимательно, с кем ты отправляешься тусить». Но в том возрасте я просто хотел отвлечься, расслабиться, оттянуться. Я легко поддавался дурному влиянию и делал то, чего делать совсем не стоило. И она просто говорила: «Ты меня разочаровываешь». Но больше ничего не делала.

Хотя подруга пыталась указать ему более здоровое направление, Оливер был убежден, что лучший способ борьбы со стрессом — это напиться и забыть обо всем.

Другие наши собеседники тоже старались каким-то образом отвлечься от проблем, но не всегда использовали для этого алкоголь. Иногда они просто запрещали себе думать об этом, надеясь, что ситуация каким-то образом разрешится сама собой. Так, Майлз утверждает, что это его любимая копинг-стратегия: «Я могу лежать без сна всю ночь напролет и искать какое-то альтернативное решение, но ничем хорошим это не заканчивается. Так что я предпочитаю вообще ни о чем не думать». Характерно, что Майлз перенял эту стратегию от матери и бабушки с материнской стороны. Таким образом, мы видим, что и патологические игроки, и люди, не являющиеся игроманами, могут использовать одни и те же неэффективные копинговые механизмы. Кроме того, обе группы учатся этим механизмам по одной и той же схеме.

### Социальное научение и азартные игры

Участники контрольной группы также сталкивались с различными типами социального научения. 29 человек — то есть больше половины контрольной группы — в детстве либо вообще не сталкивались с феноменом азартных игр, либо сталкивались, но в ограниченном объеме. Оставшиеся 23 участника пережили определенный (не слишком выраженный) тип социального научения. И хотя ни у одного из них не развилась игромания, те, кто подвергся той или иной форме социального научения, чаще играют для собственного удовольствия, не проигрывая слишком много денег.

Те, кто играет достаточно часто, рассказывают о своем детстве примерно то же самое, что и проблемные игроки. Многие в детстве играли с родственниками на деньги. Так, один из наших собеседников вспоминает, что впервые начал играть в возрасте девяти лет на семейных встречах и праздниках:

> На Рождество вся семья собиралась в городе <...> и мы играли в блек-джек. Иногда на орехи, но обычно ставили какую-нибудь мелочь. Пять баксов там, пять баксов здесь. Но все же это была игра на деньги, и родственники учили меня, как играть. Мы играли в двадцать одно и другие такие же игры, те игры, которым они сами научились, пока росли.

Игра была развлечением, способом хорошо провести время с близкими и заработать немного карманных денег. Поэтому во взрослом возрасте этот человек тоже продолжил играть. Однако у него не сформировалось убеждения, что игра может стать единственным источником дохода, и ему никогда не приходилось наблюдать за повторением одних и тех же компульсивных игровых паттернов. Игра была для него формой общения с близкими, редким событием, приуроченным к определенному празднику, и потому он научился играть и не терять над собой контроль.

Другие участники группы вспоминают, что в их семье азартные игры не были связаны с какими-то особыми событиями. Например, один из респондентов описывает, как он сначала наблюдал за матерью, игравшей в карты, а потом постепенно начал играть и сам: «Когда мы были детьми, мама играла с подругами в карты у нас дома. Мы смотрели, как они играют. Они играли на мелочь, и мы отсчитывали для них монеты. Потом мы выросли, и когда нам уже было лет пятнадцать-шестнадцать, я тоже играл в карты с друзьями».

Другой участник рассказывает похожую историю: «Они играли в двадцать одно, а я смотрел, и они все время шутили, им было весело. А когда мои родители выходили из-за стола, чтобы принести напитки, они мне говорили: "Давай, поиграй пока за меня", и я так и делал».

Некоторые участники контрольной группы рассказывают, что в детстве им случалось посещать игорные заведения со своими родственниками. Один из респондентов вспоминает, что он еще не достиг возраста, когда разрешается играть, поэтому его матери пришлось сделать ставку за него: «Мы собирались всей семьей, играли в блек-джек, а время от времени ходили на скачки. Я был несовершеннолетним, поэтому мама ставила за меня два доллара».

Несмотря на то что подобный опыт формирует терпимое отношение к азартным играм, эти участники все-таки не стали игроманами. Большей частью это объясняется тем, что в их жизни отсутствовали другие способствующие развитию игромании условия, включая и входящие в комплекс «эффекта Достоевского».

Однако члены контрольной группы подвергались и другим видам социального научения, в том числе и тем, которые не связаны с Достоевским, — таким как влияние сверстников и СМИ. Один из наших собеседников сообщил, что он начал и продолжил играть, чтобы не отставать от друзей: «Я много чего видел. <...> Я продолжаю играть, потому что у меня есть друзья, которые играют хорошо. Я стараюсь повторять за ними, пытаюсь понять, получится ли у меня точно так же».

Другой респондент утверждает, что начал играть, потому что увидел по телевизору рекламу: «Я увидел это сообщение по телевидению и решил: окей, тоже попробую. И я выиграл. Потом поставил двадцать долларов и выиграл сотню, а дальше просто использовал те же самые деньги». Получается, что и обычные игроки, и игроманы могут начать играть под воздействием друзей и СМИ. Однако можно предположить, что воздействия этих факторов еще недостаточно, чтобы сформировать у человека компульсивную тягу к игре. Без участия тех переменных, о которых шла речь выше, человек может избежать развития игровой зависимости, как это и случилось с участниками контрольной группы.

В целом участники контрольной группы «научились» азартным играм по той же схеме, что и компульсивные игроки. Очевидно, в их жизни присутствовали иные факторы, которые смогли защитить их от формирования игровой зависимости. В следующем разделе мы постараемся обрисовать, почему и как именно эти факторы играют столь важную роль: почему некоторым людям удается контролировать свое игровое поведение, а у других возникает игромания.

### Защитные факторы

Многие участники нашей контрольной группы столкнулись с той или иной комбинацией опасных факторов (тяжелое детство, социальное научение игре, стресс во взрослой жизни, нездоровые копинг-стратегии), однако им тем не менее удалось избежать развития игровой зависимости. Это вызвано сложным комплексом причин. И все же нам удалось обнаружить, что в жизни каждого участника этой группы присутствовали определенные защитные факторы: счастливое детство, минимальный стресс во взрослом возрасте, здоровые копинг-стратегии. И, что особенно важно, многие участники сталкивались с игрой лишь в ограниченном виде: дома у них практически не играли, рядом не было казино и других игорных заведений, их друзья тоже не были игроками.

Те из респондентов, кто подвергся социальному научению, вынесли из этого мысль, что игра крайне редко приносит вознаграждение. Кроме того, они научились дорожить деньгами, заработанными тяжелым трудом, и привыкли смотреть на азартные игры как всего лишь на вид досуга, а не способ заработка. Поскольку раньше мы уже обсуждали большую часть этих защитных факторов, здесь мы хотим рассмотреть только два из них — счастливое детство и здоровые копинг-стратегии.

Большинство участников контрольной группы — тридцать один человек из пятидесяти двух — выросли в здоровой семейной обстановке. Они рассказывают, что часто проводили праздники (например, дни рождения и юбилеи) вместе с близкими родственниками. Так, Хизер вспоминает:

> Мы выбирались в город каждое воскресенье и по большим праздникам вроде Рождества или Пасхи. Летом мы с родственниками ходили на пляж, а иногда снимали домик в деревне. Мы часто ездили к бабушке, там проходило много семейных праздников. Иногда ходили в кино.

Другой участник исследования, Тревор, рисует похожую картину. Он и его родственники «часто по выходным куда-нибудь ездили: например, в парк, ели мороженое, или оставались дома и смотрели кассеты из видеопроката — очень часто проводили время всей семьей». Хизер и Тревор выросли в атмосфере любви и сохранили крепкую связь со своими родственниками. Они знают, что близкие люди всегда готовы прийти им на помощь. Участники этого типа в детстве получали достаточно эмоциональной поддержки. В их семьях присутствовали положительные ролевые модели, от которых дети смогли усвоить здоровые поведенческие паттерны. Благодаря этим переменным Хизер и Тревору удалось избежать развития игровой зависимости.

У некоторых участников, которые рассказали о счастливом детстве, были семьи с традиционным укладом: мать следила за домом и воспитывала детей, а отец работал, чтобы содержать семью. Так, Саймон рассказывает о своих родителях:

> У меня была очень традиционная семья. Нас с сестрой воспитывала мама. Думаю, папу можно назвать добытчиком, он зарабатывал деньги. Роли распределялись очень традиционно. Мама занималась готовкой, уборкой и всем прочим. За наше воспитание тоже отвечала она, но, если мы вели себя плохо, она могла пригрозить, что расскажет отцу, и это была серьезная угроза. Мы не хотели, чтобы отец об этом узнал.

Тревор тоже описывает свою семью как очень традиционную:

> Наш домашний уклад был очень традиционным — того типа, когда мать сидит дома. Когда папа женился на маме, она была секретаршей, работала в компании «Ирвинг ойл», но он дал понять: «Моей жене не нужно работать, потому что я ее обеспечу». И так было у всех — у моих соседей, одноклассников, друзей: женщины в семье не работали. Женщина сидела дома и готовила, а мужчина зарабатывал на хлеб.

Мы не пытаемся создать впечатление, что традиционное распределение труда в семье неизменно служит защитой от игровой зависимости. Вспомним хотя бы, что Достоевский, как и многие современные игроки, вырос в традиционной «ядерной» семье. Но все же некоторые респонденты предполагают, что «традиционный» уклад, характерный для их родителей, оказал на них благотворное влияние.

Возможно, для некоторых, например для Тревора, это служило подтверждением того, что их семья соответствовала нормам, принятым в сообществе. Таким образом ребенок ощущал стабильность и надежность. В их районе было принято, чтобы матери сидели дома с детьми, и Тревор чувствовал, что ничем не отличается от друзей. Вероятно, его это успокаивало. Он мог бы воспринимать эту ситуацию иначе, если бы его мать была одной из немногих домохозяек, а остальные женщины в сообществе ходили на работу.

Помимо этого, Тревор и Саймон, вероятно, были рады, что мать весь день находилась дома и с ней всегда можно было поговорить. Предположительно, они не воспринимали бы этот опыт настолько позитивно, если бы мать с меньшим удовольствием выполняла свои родительские обязанности. Это еще раз подчеркивает всю сложность и неоднозначность комплекса факторов, которые приводят к развитию игровой зависимости — или, напротив, защищают от нее. Такие факторы всегда определяются социальным контекстом.

Наличие любящей семьи, скорее всего, связано с другим важным защитным фактором — умением использовать здоровые защитные механизмы. Как правило, в таких семьях дети учатся обсуждать свои проблемы с родственниками, друзьями, супругами или профессиональными консультантами. Практически половина участников контрольной группы утверждают, что они обсуждают свои проблемы и чувства с другими людьми. Кроме того, они просят у своих близких совета. Таким образом, они непосредственно решают возникающие проблемы, взаимодействуют с положительными ролевыми моделями и выстраивают теплые отношения.

Примером такого поведения может послужить Манприт: «Мы сейчас стали гораздо ближе, и мы обсуждаем между собой разные темы. <...> Я поняла, что если в семье что-то идет не так, то я тоже часть семьи, и я должна участвовать в обсуждении». Таким образом, Манприт видит возникающие проблемы и осознает свою роль в их решении, чему способствует безопасная и дружелюбная атмосфера в семье.

Способность брать на себя ответственность, как мы видим на примере Манприт, — это важная характеристика, свойственная контрольной группе. Она резко контрастирует с поведением проблемных игроков, принимавших участие в нашем исследовании, поскольку они редко готовы взять на себя ответственность за собственные проблемы. Некоторые участники контрольной группы даже обращаются за помощью к специалистам. Они решают обсудить свою проблему не с близким человеком, а, например, с квалифицированным психотерапевтом. Как правило, это помогает им обнаружить более эффективный и здоровый способ борьбы со стрессом, что, в свою очередь, удерживает от обращения к таким нежелательным копинг-стратегиям, как азартные игры.

Данная группа участников (люди, не являющиеся патологическими игроками) во многом напоминает группу, в которую мы включили людей, чьи родители были игроманами, но сами они не унаследовали игровой зависимости. В обеих группах проявляется общий паттерн: человек вряд ли станет патологическим игроком, если он мало знаком с азартными играми и редко встречает одобрение азартных игр. Другими факторами защиты являются счастливое детство с низким уровнем стресса и психологических травм, сравнительно спокойная взрослая жизнь, владение эффективными копинг-стратегиями и наличие ролевых моделей и друзей, не являющихся игроками.

Итак, мы видим, что общая модель развития позволяет понять, как именно возникает патологическая тяга к игре у человека, если его родители были или не были проблемными игроками. Кроме того, она помогает выявить обстоятельства, в которых человеку удается избежать развития игровой зависимости, вне зависимости от отношения его родителей к игре.

Мы также видим, что обычные игроки, не являющиеся игроманами, чьи родители тоже не страдали от игровой зависимости, не живут какой-то идиллической жизнью, где нет места стрессу. Некоторым из наших собеседников в детстве пришлось столкнуться с серьезными проблемами, такими как насилие, психическое напряжение, смерть родственников, холодные отношения с родителями и парентификация. Во взрослом возрасте многие участники тоже переживали выраженный стресс, большей частью вызванный нехваткой денег, проблемами в семье и на работе, а также необходимостью заботиться о родственниках. У некоторых ярко проявляются нездоровые копинг-стратегии, например употребление алкоголя или желание любой ценой избегать мыслей о стрессовой ситуации. И наконец, многие участники этой группы знакомы с положительным отношением к игре: им случалось играть с членами семьи, регулярно бывать в казино или на скачках, наблюдать за играющими друзьями и видеть положительную репрезентацию азартных игр в СМИ.

Однако в жизни участников из этой группы были не только стрессовые факторы (те же, что и у проблемных игроков), но и факторы защиты. В некоторых случаях речь идет о счастливом детстве и спокойной взрослой жизни с минимальным уровнем стресса и устойчивыми поддерживающими отношениями в семье. Другие участники редко сталкивались с азартными играми либо усвоили мысль, что игра — это всего лишь форма досуга и от нее не следует ожидать других форм вознаграждения. Большинство членов группы пользуются здоровыми копинг-стратегиями и умеют обсуждать свои проблемы с близкими. И хотя у всех участников этого типа есть нечто общее с теми респондентами, которые стали проблемными игроками, всегда есть как минимум один фактор, защитивший их от развития игровой зависимости.

Игровая зависимость угрожает любому человеку, ведь жизнь игромана не всегда радикально отличается от жизни обычного игрока. Ключевым различием является степень проявления тех или иных факторов — в особенности уровень стресса — а также конкретное сочетание социальных обстоятельств, в которых проявляется ключевой стрессор.

Часть четвертая

## ЗАКЛЮЧЕНИЯ И ВЫВОДЫ

# Глава 12
# Игрок: тогда и сейчас

Если вы вернетесь к первым страницам этой книги, то вспомните, что в первую очередь нам хотелось найти ответ на вопрос: какие социально-психологические факторы способствуют передаче игровой зависимости из поколения в поколение? Мы постарались исследовать механизмы этой передачи и быстро выяснили, что их можно объяснить с точки зрения социального научения.

Некоторые ученые предложили генетический и биохимический подходы к этой проблеме [Shah et al. 2005; Perez de Castro et al. 1997]. Однако большинство подобных гипотез не принимают в расчет социальные условия, способствующие реализации генетического потенциала. Кроме того, существует точка зрения, что генетическая составляющая в наследуемости игромании невелика — приблизительно 16 % [Walters 2001]. За пределами небольшого диапазона вариативности, которую можно объяснить генетическими причинами, склонность к развитию игровой зависимости зачастую передается от родителя к ребенку через социальные механизмы. В эту категорию входит поощрение участия в игре, формирование положительного к ней отношения или выстраивание стиля жизни семьи вокруг азартных игр. И потому мы не удивились, когда обнаружили, что у детей, чьи родители были проблемными игроками, вероятность тоже приобрести игроманию гораздо выше, чем у тех, чьи родители либо не играли совсем, либо контролировали свое игровое поведение. Аналогичным образом, несложно понять, почему дети тех, кто вообще не играет, не становятся игроманами: они не подпали под соответствующее социальное научение.

Подтвердив свои интуитивные догадки, мы обратили внимание на более странные варианты, встречавшиеся в нашем исследовании, — а именно на детей игроманов, которые сами не стали игроманами, а также патологических игроков, чьи родители вообще не играли. В рамках модели социального научения такая ситуация, когда игровая зависимость берется как будто бы ниоткуда, выглядела совершенно обескураживающе.

Отсюда и возникло сравнение с Достоевским — русским писателем XIX века, известным своими психологическими проблемами. Достоевский не только описал патологическое игровое поведение в романе «Игрок», но и сам во взрослом возрасте страдал от игровой зависимости. Что самое интересное, он не унаследовал эту проблему от родителей: ни его нежная уступчивая мать, ни раздражительный жестокий отец не были игроманами.

Чем больше мы узнавали подобных случаев, тем сильнее хотели понять, что за факторы — очевидно, не связанные с наследованием — подтолкнули Достоевского к развитию игромании. Проанализировав более двухсот записей интервью, мы обнаружили, что в биографиях части респондентов есть много общего с великим русским писателем.

В настоящей книге это сочетание ненаследуемых факторов названо «эффектом Достоевского». Речь идет о модели развития игромании, которая присутствовала как в жизни Достоевского, так и в жизни современных игроков из Большого Торонто. Она включает в себя ненаследуемые социальные факторы, вступающие во взаимодействие друг с другом и негативно влияющие на психическое здоровье человека.

Без помощи специалиста человеку трудно избавиться от этих негативных переживаний. Не владея позитивными и здоровыми копинг-стратегиями, он начинает искать облегчения в игре — ведь азартные игры предоставляют одновременно убежище от проблем и возможность с ними справиться. Выбор конкретной зависимости — игромании, а не, например, наркомании — зачастую становится результатом знакомства с азартными играми или их доступности. Как выяснилось, «эффект Достоевского» начинает действовать еще в детстве, когда ребенок, подверженный стрессу, приобретает долгосрочные психологические травмы и учится неэффективным копинг-стратегиям. Во взрослой жизни, сталкиваясь со стрессами, угрожающими психическому здоровью и благополучию, человек вынужден использовать те копинг-стратегии, которые он усвоил в течение всей своей жизни, и большая их часть уходит корнями в детство.

Однако если эти стратегии неэффективны и вредны, то их использование еще больше вредит психическому здоровью: увеличивается риск развития тревожного расстройства и депрессии. В результате возникает замкнутый круг, когда человек снова и снова использует негативные копинг-стратегии, чтобы избавиться от неприятных эмоций. Чем больше стресса, тем больше отчаяния; тревожность все нарастает, депрессия становится все сильнее. Именно в этот момент респонденты с наибольшей вероятностью пытаются избавиться от стресса при помощи игры.

В этой главе мы проведем более очевидные параллели между жизнью Достоевского и жизнями современных проблемных игроков. Речь пойдет о том, какую роль в развитии проблемного игрового поведения играют детская травма, стресс во взрослой жизни и неэффективные копинг-стратегии.

### Стресс в детском возрасте

Ни один из родителей Достоевского не был проблемным игроком. В этом отношении он вырос в «нормальной» семье. Однако в детском возрасте Достоевский столкнулся с рядом факторов, подстегнувших развитие вредных копинг-стратегий и компульсивных поведенческих паттернов, в том числе и связанных с игроманией. Подобно некоторым участникам нашего исследования, которые тоже стали игроманами, Достоевский страдал от детских травм, способствовавших развитию тревожности и продолжавших преследовать его — равно как и современных игроков — даже во взрослой жизни.

Как мы знаем, отец Достоевского отличался переменчивым характером и страдал от выраженных приступов депрессии и раздражительности, что еще больше усиливало атмосферу эмоционального насилия в доме. Многие наши респонденты также сообщают о насилии со стороны своих родителей. Идет ли речь о физическом, сексуальном или эмоциональном насилии, ребенок в любом случае чувствует себя униженным, преданным и нелюбимым. Из страха наказания такие дети — и Достоевский в том числе — в присутствии родителя вынуждены держаться как можно осторожнее. В собственном доме они чувствуют себя пленниками и не имеют права выражать свои эмоции. Как мы видим на примере Достоевского, они также испытывают гнев, стыд и вину.

По понятным причинам многие респонденты утратили уверенность в себе и не смогли реализовать свои возможности даже за пределами родительского дома. Так, Достоевский отчаянно хотел стать писателем, но отец настаивал на карьере военного инженера и послал его в специализированное учебное заведение. В рамках своего исследования мы обнаружили, что люди, страдавшие в детстве от насилия, чаще всего прибегают к вредным и неэффективным копинг-стратегиям; в том числе у них развивается игромания, которая часто сопровождается зависимостью от алкоголя и наркотиков. Вспомним, что Достоевский в разные периоды своей жизни тоже страдал от алкогольной зависимости.

Мы знаем, что с помощью азартных игр Достоевский пытался справиться с проблемами взрослой жизни, в частности с нехваткой денег. Однако мы согласны с Фрейдом в том, что проблема игромании сформировалась гораздо раньше, когда в детстве будущий писатель сталкивался с эмоциональным насилием со стороны отца. И для наших респондентов, и для Достоевского азартные игры стали формой бунта, попыткой сбежать из недружелюбной атмосферы родительского дома. Подобно многим участникам нашего исследования, Достоевский выработал такую копинг-стратегию, которая вредила прежде всего ему самому. Жизнь рядом с отцом приучила его к мысли, что подобное саморазрушение является чем-то нормальным.

Некоторые респонденты-игроманы рассказывали нам, что им пришлось потерять близкого человека. Мать Достоевского умерла, когда он был еще ребенком. Смерть или болезнь одного из родителей может спровоцировать еще больше насилия со стороны второго, или, как это было в семье Достоевских, после смерти «доброго» родителя ребенок остается на попечении у «злого», что еще больше усиливает негативные последствия. Со смертью матери у Достоевского остался только отец, который был жестоким и раздражительным человеком.

Детство Достоевского — то самое время, когда формировался его характер, — было напряженным и непростым: он тосковал по матери и сталкивался с жестоким обращением со стороны отца. Вероятно, пережитая травма сказалась и на его взрослой жизни, усугубив такие проблемы, как нехватка денег и необходимость заботиться о родственниках. Вот почему Достоевский, равно как и многие участники нашего исследования, которым пришлось потерять члена семьи, начали играть — они пытались заглушить стресс, связанный со смертью близкого человека.

Однако смерть матери не является единственным пунктом, в котором биография Достоевского перекликается с биографиями современных игроков. Вспомним тех наших респондентов, которым в детстве постоянно приходилось переезжать с места на место. Каждый раз они были вынуждены сначала прощаться с домом, друзьями и привычной средой, а потом заново создавать дружеские связи и пытаться встроиться в существующую динамику в школе и во дворе.

Например, Теда родители заставляли учиться в школе для одаренных детей, где ему было плохо и одиноко. Несмотря на это, они не разрешали ему перевестись в другую школу, и Тед пришел к выводу, что его счастье их не интересовало. Эта история перекликается с тем, как отец отправил Достоевского в престижное училище для военных инженеров, игнорируя его желание стать писателем. Товарищи по учебе не разделяли его интереса к книгам, и Достоевский чувствовал себя в социальной изоляции. Суровая военная жизнь и отсутствие контакта со сверстниками заставляли его все сильнее замыкаться в себе.

Еще один фактор, способствующий постоянному эмоциональному напряжению в семье, — это нехватка денег, вызванная неумением экономить. Мы видим это и у Достоевского, и у современных игроков. Любопытно, что М. А. Достоевский при этом ценил деньги и понимал, как они влияют на положение в обществе. Он постоянно подталкивал сыновей выбрать хорошо оплачиваемые профессии, тем самым подпитывая в них убеждение, что деньги важнее хороших отношений с близкими.

Разумеется, наши участники тоже усвоили эту мысль. В конечном итоге она претворилась в убеждение, что азартные игры важнее любых человеческих связей. Другой пример негативного фактора, с которым столкнулись и Достоевский, и современные игроки, — это развод родителей или их второй брак. Наблюдая за нестабильными отношениями в родительской семье, ребенок не может приобрести навыки, необходимые для создания здоровых отношений во взрослом возрасте. У Достоевского это проявилось в истории его первого брака. Аналогичные паттерны мы видим и в биографиях наших респондентов.

Хотя Достоевский жил много лет назад, на его примере мы видим все ту же связь между детской травмой и развитием игромании, которая прослеживается в жизни современных игроков. Подобный опыт влияет на развитие тревожности и депрессии, а значит, подталкивает человека к поиску копинг-стратегий. Для участников этой группы такой стратегией стали азартные игры.

### Стресс во взрослой жизни

Однако тяжелого детства, когда у ребенка не хватает возможностей для формирования зрелых и эффективных копинг-стратегий, еще недостаточно, чтобы с уверенностью предсказать развитие игровой зависимости. В рамках «эффекта Достоевского» можно теоретически предположить, что во взрослой жизни человек сталкивается со стрессовыми факторами и они дают толчок к использованию тех копинговых механизмов, которые были усвоены в детстве.

Результаты исследования подтвердили, что стартовым толчком становится наличие стресса во взрослом возрасте. С помощью качественного анализа мы получили обширные свидетельства присутствия стресса в жизни наших респондентов. Количественный анализ показал, что с каждым дополнительным стрессовым событием во взрослой жизни вероятность развития игромании возрастает почти втрое.

Став взрослым, Достоевский постоянно сталкивался со стрессом. В силу тяжелого детства он, как и многие наши респонденты, страдал от серьезных проблем со здоровьем: у него были хронические заболевания (эмфизема, эпилептические судороги, бессонница), а также невроз, депрессия и суицидальные мысли. Проблемы со здоровьем сами по себе являются стрессовым фактором, но, кроме того, они становятся причиной других сложностей, в том числе финансового характера. Чтобы справиться с тяготами жизни, Достоевский обратился к националистическим и религиозным идеям. Арест, одиночное заключение и ссылка, разумеется, еще больше ухудшили его психическое здоровье.

В детстве Достоевский потерял мать, в юности — отца, а во взрослом возрасте — первую жену и брата. И хотя его отношения с первой женой в лучшем случае можно охарактеризовать как бурные, он тяжело пережил ее смерть. Кончина брата означала, что Достоевский должен был принять на себя заботу о его семье. Новые обязанности стали для него, как и для участников нашего исследования, еще одним источником стресса, особенно в ситуации, когда от него требовалась дополнительная финансовая поддержка.

Финансовое положение и профессия человека в значительной степени определяют отношение к нему общества и задают его место в социальной иерархии. В то же время субъективное отношение человека к любому фактору — насколько важным, суровым или тяжелым является этот фактор — во многом определяет его реакцию и методы копинга. Для Достоевского нехватка денег была постоянным мучением.

И хотя его литературные труды пользовались определенным признанием, Достоевский прожил почти всю жизнь в бедности, будучи неспособным удовлетворить самые базовые потребности своей семьи. При этом ему нужно было обеспечивать еще и семью брата — все это на крошечные деньги, которые он мог заработать. Вероятнее всего, именно этот стресс и подтолкнул его к игре. Мечтая о крупном выигрыше, он хотя бы на время мог забыть о своих проблемах.

Однако азартные игры лишь ухудшали ситуацию. С этим феноменом столкнулись и многие наши респонденты. Как и Достоевский, они проигрывали крупные суммы, а потом отчаянно пытались отыграться, теряя все больше и больше. В результате игрок обнаруживает себя в той же ситуации, с которой начал, если не хуже, и не имеет ни малейшего понятия, что делать дальше.

**Неэффективные копинг-стратегии**

Сходство между Достоевским и современными игроками начинается уже на этапе детства, наполненного стрессом и травмой, вне зависимости от того, было ли у их родителей пристрастие к играм. Тяжелое детство зачастую лишает ребенка возможности разработать положительные и эффективные копинг-стратегии. В детстве нашим респондентам — и Достоевскому — приходилось сталкиваться с проблемами, которые они были не в состоянии решить. Им не удалось постепенно нарастить здоровые механизмы копинга — ни в детстве, ни позднее во взрослой жизни. Поэтому такие люди оказываются особенно уязвимы перед многими стрессовыми факторами, с которыми они не умеют справляться.

Как предполагает наша модель, вредные и неэффективные копинг-стратегии еще больше способствуют проявлению склонности к игре. В отсутствие других способов справиться со стрессом респонденты обращаются к компульсивному игровому поведению.

Как уже говорилось в предыдущих главах, неэффективные копинг-стратегии формируются еще в детстве. Респонденты упоминают, что в юности, пытаясь справиться со стрессом, они часто прибегали к протестному поведению — например, к избыточному употреблению алкоголя, беспорядочным сексуальным контактам или использованию наркотиков. Те из них, кто начал играть еще в подростковом возрасте, как Достоевский, видели в игре инструмент для борьбы со стрессом и воплощение бунта против родителей, их ожиданий и нестабильной семейной жизни. Во взрослом возрасте они продолжают использовать те же самые стратегии копинга.

На примере наших участников и Достоевского очевидно, что детская травма и неэффективные копинг-стратегии часто мешают создавать крепкие и здоровые отношения с другими людьми. Это печально, поскольку количественный анализ показывает, что наличие надежных и здоровых отношений, в которых можно получить поддержку, снижает вероятность развития игровой зависимости более чем на 50 %.

Достоевскому удалось побороть свою зависимость, поскольку он испытывал чувство вины перед своей второй женой Анной. Возможно, именно это его и спасло. Однако для тех респондентов, кто был лишен подобной поддержки, азартные игры служили альтернативным источником социального взаимодействия. В отсутствие поддерживающих отношений азартные игры становятся основным механизмом копинга, что еще более ухудшает ситуацию. В результате формируется порочный круг.

### Несколько примеров современных игроков типа Достоевского

Чтобы продемонстрировать, насколько удобна наша модель для понимания игровой зависимости в современных реалиях, давайте рассмотрим несколько примеров того, как люди приходят к игромании по той же схеме, что и Достоевский.

Чтобы определить игроков этого типа, мы обратились к третьей группе наших респондентов (проблемные игроки, чьи родители не играли). Нас интересовали такие факторы, как тяжелое детство, плохие отношения с родителями, отсутствие приучения к игре, стресс во взрослой жизни и использование нездоровых копинг-стратегий. Всего в этой группе был 61 участник, и в историях пятерых из них отчетливо прослеживается знакомый по Достоевскому паттерн.

Первый «современный Достоевский» — это Рейчел. Как упоминалось в главе пятой, в детстве она постоянно сталкивалась с жестокими и неожиданными актами насилия. Кроме того, ситуация осложнялась из-за высоких ожиданий со стороны родителей, что напоминает об отношениях Достоевского с отцом. Но каким бы тяжелым ни было ее детство, Рейчел не приучали к азартным играм. Ее родители выступали категорически против большинства таких игр — разве что время от времени покупали лотерейные билеты.

Как и Достоевский, Рейчел познакомилась с игрой только во взрослом возрасте. Она начала играть в университете, когда побывала на турнире по покеру. Далее она продолжила играть в казино — в покер и в игровые автоматы. Азартные игры служат ей источником стресса и в то же время позволяют справиться с тяготами взрослой жизни. У нее есть молодой человек, отношения с которым складываются непросто: он тоже игрок, и пара испытывает денежные трудности. Когда мы попросили Рейчел рассказать о худшем воспоминании, связанном с игрой, она ответила:

> Наверное, это тот случай с моим молодым человеком, когда он проиграл двести долларов. Это были его деньги, не мои, и проиграл двести долларов, потому что хотел отыграться, а я не хотела. Он такой: «Ну, ты чего, давай просто снимем еще с твоей карты», — и я сказала нет, а он: «Ну, мы же должны отыграться». В общем, мы спорили. В итоге я уступила, но мы все равно проиграли. И всего в тот день мы проиграли двести пятьдесят долларов.

Отношения с этим молодым человеком даются Рейчел тем более нелегко, что ее родители его не одобряют — он не только играет, но и торгует марихуаной. Чтобы справиться со стрессом, она выбрала стратегию избегания. Она избегает конфликтов с бойфрендом, уступая его желаниям, и избегает неодобрения со стороны родителей, поскольку не рассказывает им о своих проигрышах. В целом азартные игры помогают ей сбросить стресс.

История Нираджа тоже в определенном смысле перекликается с биографией Достоевского. Когда он был еще ребенком, его семья переехала из Индии в Канаду, и для всех ее членов это стало источником стресса. Родители часто ссорились, хотя и старались держать свои конфликты в тайне от детей. В детстве Нирадж, как ребенок из семьи иммигрантов, чувствовал себя лишенным многих преимуществ, поскольку у его родителей не было денег, а их ценности не сочетались с канадской культурой. Став взрослым, он принял на себя заботу о матери и пережил неудачный первый брак. Как и Достоевский, Нирадж начал играть только во взрослом возрасте. Его родители резко не одобряли азартные игры. Пока они жили в Индии, он практически не сталкивался с этим феноменом. Нирадж рассказывает, как начал играть: «Когда я вырос, то начал играть, а в детстве никогда не играл. И когда я начал... Думаю, одна из причин была в том, что в детстве у меня никогда не было денег, и я решил: вау, говорят, что с сотней долларов ты можешь выиграть пару тысяч. Я за, куда нужно ехать?»

Как и Достоевский, Нирадж столкнулся в детстве с нехваткой денег, а во взрослом возрасте — с необходимостью заботиться о родственниках. Поэтому в игре он увидел источник легкого заработка. Кроме того, он сбегал в казино от семейных проблем: «Чем больше моя бывшая ненавидела игру, тем больше мне хотелось играть. Она меня совершенно выбешивала, и я искал любой повод, чтобы поиграть. Когда она не так сильно возражала, мне не так сильно хотелось играть». Возник порочный круг: Нирадж играл, чтобы сбежать от своих проблем, однако игра порождала все новые проблемы, поскольку его жена была против. Круг замыкался, и игра продолжалась.

В истории Шэрон игра тоже тесно связана со стрессом. В детстве она подвергалась физическому насилию со стороны отца и сексуальному — со стороны учителя музыки. Кроме того, у ее брата было психическое расстройство, а ее отец был уверен, что брат родился не от него. Сейчас, когда Шэрон стала взрослой, отец по-прежнему плохо с ней обращается. Эти напряженные отношения напоминают об определенных страницах из биографии Достоевского. Шэрон страдает от нехватки денег, у нее есть проблемы со здоровьем, и при этом она заботится о своем брате — та же ситуация, что и у Достоевского.

И хотя в детстве Шэрон не сталкивалась с азартными играми, во взрослом возрасте игры стали для нее способом борьбы со скукой. Впервые она начала играть на больничном. Шэрон играет для развлечения — недавно она отправилась пожить в отель при казино, потому что в ее квартире шел ремонт. Кроме того, она играет ради денег. Шэрон объясняет, как, с ее точки зрения, игра поможет решить денежные трудности:

> Люди отдают больше половины своей зарплаты за аренду, чтобы жить хоть сколько-нибудь прилично в безопасном месте. А что касается лотерей типа «6/49» или «Пик 4», то если у тебя нет билета, то ты проиграешь. И это неприятная мысль, какое бы у тебя ни было положение в обществе. Если у тебя нет даже одного билета, то как вообще выбраться из этой дыры? Но если у тебя есть билет, ты можешь себя контролировать. С игровыми автоматами контролировать себя сложно, если ты еще не выиграл.

Шэрон надеется, что рано или поздно она выиграет в лотерею крупную сумму и выберется из своей финансовой ямы. Однако шансы невелики, а с учетом того, что она постоянно берет микрозаймы, финансовая ситуация Шэрон только ухудшается.

Таким образом, лишь пятеро проблемных игроков из общей выборки в 61 человек рассказали нам истории, перекликающиеся с биографией Достоевского. На примере Рейчел, Нираджа и Шэрон мы видим такие факторы, как тяжелое детство, стресс во взрослой жизни и неэффективные копинг-стратегии, при этом в детстве такие люди не подвергались социальному научению. Большинство проблемных игроков в этой категории научились играть еще в детстве от членов семьи, друзей и дальних родственников. Тот факт, что очень немногие участники полностью избежали в детстве знакомства с игрой, заставляет предположить, что Достоевский был скорее исключением из общего правила. Кроме того, возможно, у нас нет всей информации о его детстве. Чтобы подтвердить, что он действительно не сталкивался с азартными играми в раннем возрасте, необходимы дальнейшие исследования.

### Выводы

В целом жизнь Достоевского, как и жизни некоторых наших респондентов, проливает свет на сложную взаимосвязь между стрессом в детском возрасте, неэффективными копинг-стратегиями и игровой зависимостью. По отдельности ни один из этих факторов не может объяснить возникновение игромании, однако в комплексе они позволяют понять, как у людей, чьи родители не были проблемными игроками, развивается компульсивное игровое поведение.

В качестве примера мы рассмотрели различные факторы стресса. Все они отличаются по степени проявления и причине возникновения. Однако некоторые из них оказались наиболее важны. Так, все респонденты утверждали, что в их жизни много стресса — и в детстве, и во взрослом возрасте — и что им приходится жить в постоянной тревоге. Поскольку Достоевский и наши респонденты на протяжении своей жизни сталкивались с различными комбинациями стрессовых факторов, причины, подталкивающие их к игре, тоже были разными. И хотя каждый конкретный случай игровой зависимости уникален, он все же является результатом воздействия определенного комплекса стрессовых факторов, с которыми человек сталкивается в детстве и во взрослом возрасте, помноженного на отсутствие здоровых копинг-стратегий.

Во многих отношениях Достоевский отличается от современных игроков. Интересно, что игровая зависимость отличает его и от многих других великих мыслителей и деятелей искусства. При этом, как уже отмечалось в данной книге, Достоевский был не единственным творческим человеком, которого привлекали азартные игры и атмосфера игорных заведений. В 1908 году знаменитый норвежский художник Эдвард Мунк отправился во Францию, где познакомился с казино. Он описывает яркую физиологическую реакцию на царившую там атмосферу: по его словам, это было похоже на лихорадку. Как и Достоевский, Мунк был заворожен показной роскошью и аляповатостью казино, где все вращалось вокруг выигрышей и богатства. Вспомним, как Мунк описывает казино, которое он посетил: «заколдованный замок, где дьявол устраивает празднество, — азартный ад Монако»[1]. Но, несмотря на эту магию, — или, возможно, благодаря

---

[1] Цит. по: [Stang 1977: 86].

ей, — Мунк не играл, а только рисовал то, что видел. Достоевский же, напротив, сам погрузился в игру.

Большинство компульсивных игроков, как очевидно из других исследований и опубликованных биографий, — это обычные люди. Среди них изредка встречаются имена знаменитых актеров (например, Бен Аффлек), преступников (Аль Капоне), спортсменов (Чарльз Баркли) и аристократов (герцогиня Девонширская).

Чтобы добиться успеха в большинстве областей, необходимо трудиться на протяжении многих лет — тот самый знаменитый принцип «10 000 часов», о котором писал Малькольм Гладуэлл. Приступы игромании могут сочетаться с аристократическим образом жизни — или даже вписываться в расписание знаменитости. Однако приходится предположить, что они мешают продуктивной работе художника, ученого, исследователя или обычного человека. Поэтому в случае Достоевского причиной, подтолкнувшей его к развитию игровой зависимости, должна была стать серьезная психологическая патология. Таким образом, вероятно, Фрейд был прав, когда говорил об эдиповском гневе, направленном на жестокого отца. При этом его позиция относительно младенческой сексуальности кажется нам категорически неуместной.

И хотя Достоевского редко сравнивают с современными игроками, мы по-прежнему убеждены, что это сравнение может послужить источником более глубокого понимания проблемы игровой зависимости в ее современном виде.

# Глава 13
# Уроки (для) Достоевского

В этой главе мы продолжим сводить воедино две половины своей книги и доказывать, что, сравнивая Достоевского с современными проблемными игроками, можно обнаружить кое-что важное. На последующих страницах мы вкратце обрисуем некоторые преимущества такого сравнения. Не сомневаемся, что внимательный читатель сможет представить и другие потенциальные выгоды.

С нашей точки зрения, Достоевский — это не только писатель, который стал игроком, но и игрок, написавший великие романы. Он стал тем самым уникальным игроком, единственным на миллион, который смог облечь боль, стыд и гнев в слова. Разумеется, Достоевский во многом отличается от современных игроков, принявших участие в нашем исследовании. В целом нашим респондентам не хватает его беспощадного анализа, творческой дерзости и литературного красноречия. Маловероятно, чтобы кто-то из них в будущем стал автором выдающейся книги. Никто из них не жил в XIX веке и уж тем более в России того времени, поэтому естественно, что ни перед кем не вставали те важнейшие философские вопросы, которые будоражили российскую интеллигенцию позапрошлого столетия.

И все же между нашими респондентами и Достоевским существует значительное сходство. Все они были заворожены, вдохновлены, а в течение какого-то времени — и поглощены азартными играми. В определенный период азартные игры занимали в их жизни центральное место. Игра сильно влияла на них, разрушая финансовое благополучие, отношения с близкими и ход повседневной жизни.

И, что важнее всего, современные игроки — как и Достоевский — рационализируют свое игровое поведение: находят объяснения, извинения, оправдания, мечтают об игре, говорят об игре, строят планы относительно игры. Иногда их аргументы выглядят примитивно, иногда они наполнены сложным философским содержанием, и все же почти все наши респонденты рассматривают игру как достойный вид деятельности. Игра делает их жизнь интереснее, и в обмен они как будто обязаны отплатить ей чем-то хорошим — хотя бы похвалой и оправданиями.

При всем этом, если сравнить взгляды Достоевского со взглядами современных канадских игроков, можно обнаружить кое-что важное. Это сравнение имеет такую же ценность, как, например, сравнение отношения к семье у канадцев и у французов, если мы захотим узнать больше о природе семьи. Так что же ценного мы узнали, сравнив Достоевского с современными игроками?

Во-первых, на примере Достоевского мы видим, что патологическое игровое поведение — игровая зависимость — не щадит даже наиболее одаренных, талантливых и усердных. Жертвой этой зависимости могут становиться самые блестящие умы, такие как Федор Михайлович Достоевский. Не приходится сомневаться, что это справедливо и по сей день. Даже интеллектуалы уровня Достоевского могут ошибочно поверить, что они способны контролировать удачу и разработать систему, устраняющую вероятность проигрыша. Это означает, что мы, исследователи, не должны относиться к современным игрокам как в каком-то смысле неполноценным. В определенных обстоятельствах игромания может развиться у любого. В этой книге мы постарались описать, что это за обстоятельства.

Во-вторых, если посмотреть на исследовательские и критические работы, посвященные Достоевскому, становится очевидно, что существует множество различных толкований игромании. И действительно, со временем подход к этому феномену меняется, поскольку меняются представления о природе зависимостей, психическом здоровье, хороших манерах, смелости, положении в обществе и т. д. Это значит, что для полноценного понимания игрового поведения — как патологического, так и обычного — необходимо принимать в расчет социокультурный контекст. При изучении азартных игр следует исходить из конкретной социокультурной обстановки — а в идеале исследовать ее методом непосредственного наблюдения.

В-третьих, как предполагает исследователь биографии Достоевского Джозеф Фрэнк, человек выражает собственные проблемы через взаимодействие и борьбу с доминирующими культурными проблемами своего времени. Поэтому даже при изучении поведения современных игроков следует учитывать связь между внутренними и социальными потрясениями. Например, Достоевский считал, что игра — это борьба свободной воли против внешнего контроля, что было весьма актуально в авторитарных условиях Российской империи XIX века. Нет никаких оснований думать, что современные канадские игроки видят в игре нечто подобное. Но в ходе более ранних исследований (например, [Tepperman 2009]) мы выяснили, что их подход к игре отражает мнения, сложившиеся в их этнокультурной группе и экономическом классе. Поэтому всегда нужно спрашивать респондентов, как они сами для себя расшифровывают свое игровое поведение. За их поступками скрывается не только страсть к игре, но и определенный опыт, определенная идеологическая подоплека.

В-четвертых, на примере Достоевского мы видим ценность лонгитюдного (исторического или биографического) подхода. Вспомним, что игромания была всего лишь одной из копинг-стратегий, к которым прибегал этот писатель. Помимо азартных игр в его биографии присутствуют политический радикализм, религиозное рвение, злоупотребление алкоголем, романтические отношения и, разумеется, литература. Итак, игровая зависимость зачастую является лишь элементом жизни игрока. Этот феномен следует рассматривать сквозь призму всей его биографии. Мы не можем в полной степени понять игроманию у Достоевского, если не примем в расчет его предыдущие попытки справиться со стрессом и депрессией. В силу тех же причин при изучении современных игроков имеет смысл собирать лонгитюдные данные, даже если речь идет всего лишь о биографической ретроспективе. Зачастую короткого биографического обзора достаточно, чтобы оценить смысл и важность игрового поведения.

В-пятых, случай Достоевского демонстрирует всю ценность тщательно составленных документальных свидетельств. Здесь в нашем распоряжении оказалась настоящая сокровищница литературных текстов, позволяющих заглянуть автору в душу и понять, что он любил, что ненавидел, чего боялся и на что надеялся. Исследователю зависимостей — идет ли речь об игромании, наркомании или алкоголизме — редко предоставляется возможность так глубоко заглянуть во внутренний мир зависимого. Поэтому при изучении современных проблемных игроков мы можем предложить им вести блог, писать рассказы и делать рисунки, чтобы лучше понять ход их мысли.

Однако — и это мы тоже видим на примере Достоевского — подобные документальные свидетельства воссоздают определенную картину мира и определенный образ автора. Некоторые черты оказываются скрыты, другие, напротив, выдвигаются на передний план. Это значит, что исследователь должен всегда подходить к таким документам с осторожностью, идет ли речь о великом писателе XIX века или о современном блогере.

В-шестых, становится очевидной важность метафорической коммуникации. Любой художник доносит свои идеи в непрямом виде. Можно сказать, что он оставляет правду на виду и в то же время скрывает ее за идеями, сюжетными линиями и образами персонажей, которые могут иметь какое-то отношение к его жизни, характеру и собственным убеждениям — а могут и не иметь. Конечно, мы многое узнаем о Достоевском из его книг. Он не просто так написал «Преступление и наказание», а не романтическую комедию вроде «Неспящих в Сиэтле». На основании его романов и биографических источников можно предположить, что Достоевский не был весельчаком, легкомысленным или поверхностным человеком.

И все же мы не можем сделать вывод, что в книгах Достоевского непосредственно отражаются чувства и мысли автора —

хотя, например, в романе «Идиот» он воспроизвел свой опыт жизни с эпилепсией. Одна из причин, почему люди пишут художественные произведения, как раз и состоит в том, что литература позволяет свободно исследовать личные события и идеи, не раскрывая при этом собственных тайн. Поэтому исследователь, изучающий рассказ о чьей-то жизни — неважно, художественный или биографический, — должен обращать внимание на метафоры и аллюзии. Мы прибегаем к этим средствам выразительности каждый день, даже в повседневной беседе, однако есть люди, которые используют их так же мастерски и так же часто, как писатель уровня Достоевского.

Теперь рассмотрим преимущества этого сравнения под другим углом. Изучение современных игроков может оказаться полезным для изучения Достоевского. Во-первых, мы обнаружили, что игровая зависимость почти всегда означает наличие детской травмы. Поэтому нам нужно узнать больше о детстве Достоевского — хотя возможно, что в этом отношении нам никогда не удастся продвинуться вперед. Вероятно, Фрейд был прав, когда искал в биографии и творчестве Достоевского следы детской травмы. Однако он чрезмерно фокусировался на аспекте детской сексуальности и верил, что у всего есть символическое значение. Например, с его точки зрения, эпилептические припадки у Достоевского были проявлением вины, а не физиологического нарушения.

Вопреки позиции Фрейда, эдипов конфликт не является единственным видом детской травмы — ни сегодня, ни в XIX веке. Наши данные показали широкий спектр различных типов насилия и пренебрежения родительскими обязанностями, и все они приводят к одинаковому результату. Вероятно, они сыграли свою роль и в формировании игровой зависимости у Достоевского. И хотя истинная природа подобных патологий скрыта, зачастую ее не так сложно выявить.

Во-вторых, мы обнаружили, что развитие игромании обычно подразумевает знакомство с азартными играми еще в раннем возрасте. Это значит, что для полноценного понимания проблемы игровой зависимости у Достоевского нам необходимо узнать, какое место занимал этот фактор в его детстве — в семье, в школе и в целом в сообществе. Например, следует обратиться к оригинальным источникам в поисках новой информации об игровом поведении его отца. Можно предположить, что М. А. Достоевскому — дворянину, в прошлом военному — случалось играть в азартные игры. Это предположение подкрепляют данные, полученные от современных проблемных игроков. Игровая зависимость развивается разными путями, однако редко обходится без знакомства с игрой.

В-третьих, ранний и повторяющийся контакт с азартными играми, очевидно, зачастую является одним из компонентов при развитии игромании. Поэтому люди, которые стали проблемными игроками без подобного контакта, вероятнее всего, страдают от большего количества психологических травм, чем другие игроманы. Иными словами, игровая зависимость скорее говорит о наличии психологических нарушений, если количество и доступность игровых заведений невысоки. Мы скорее заподозрим проблемы психологического характера, когда игроку приходится, например, ехать за тысячи километров, как это постоянно делал Достоевский. Подобное упорство — подобная готовность к саморазрушению — предполагает существование патологии и помогает объяснить, почему Фрейд считал Достоевского выраженным невротиком. В наши дни многие отправляются с аналогичной целью в Лас-Вегас. Однако есть большая разница между этими игроками и теми, чья зависимость выросла из удобства и привычки. Например, немало наших современников тратят чуть больше, чем стоило бы, на бинго или лотерейные билеты, которые можно купить в магазинчике за углом, или проигрывают деньги в интернет-казино, с комфортом устроившись у себя дома.

В-четвертых, изучение современных игроков продемонстрировало ценность формирования кросс-секционной выборки. Несмотря на отсутствие преимуществ, свойственных лонгитюдному исследованию, выборочное исследование имеет свои сильные стороны. Например, оно позволило нам задать ориентиры для «нормальности», показать способы, которыми люди справляются со стрессом помимо азартных игр, а также исследовать уровень коморбидности среди игроманов. На фоне «среднего человека» и «среднего игромана» нам становится проще оценить отдельные патологические случаи, такие как у Достоевского. Кроме того, мы яснее видим типичный «жизненный путь» развития игровой зависимости, а также отклонения от него. Короче говоря, выборочное исследование нивелирует уникальные черты и обнажает контуры общего сходства между проблемными игроками. Вот почему выборочное исследование в определенном смысле эффективнее исследования конкретных случаев, которому, в частности, отдавал предпочтение Фрейд.

По этим стандартам Достоевский выглядит нетипичным игроком даже для своей эпохи. Он играл не из соображений престижа, хотя происходил из семьи среднего класса и был образованным человеком. Он играл ради денег, хотя ему никогда не удавалось выиграть много или сохранить то, что он выиграл. Предположительно, он начал играть во взрослом возрасте и через десять лет навсегда бросил игру — эта страсть, короткая и яркая, заняла, таким образом, место в ряду других его страстей. Подобно собственным персонажам — и в отличие от большинства реальных людей — Достоевский был чужд умеренности. И, несмотря на веру в «систему», в его игре прослеживается та же хаотичность и бессистемность, что и во всей жизни.

Есть только один важный пункт, в котором Достоевский похож на большинство современных игроков: как и они, он нуждался в любви и заботе со стороны супруги, благодаря которой он в итоге смог побороть игровую зависимость.

В-пятых, в ходе исследования мы убедились в ценности спонтанной беседы с глазу на глаз. В ходе таких интервью респонденты делятся информацией, которую сложнее было бы передать в более структурированных и формальных видах коммуникации, таких как книги или биографические рассказы. Это значит, что из личной переписки и доверительной беседы мы можем узнать многое, чему, разумеется, нет места в тщательно проработанном романе. Следовательно, при изучении биографии Достоевского нужно меньше полагаться на его книги и активнее использовать другие источники информации, например пересказы бесед и сохранившуюся переписку. С литературной точки зрения они менее изящны и обладают меньшей ценностью. Однако, как мы видим из исследования современных игроков, именно эти источники позволяют нам лучше понять повседневную жизнь игрока, которую сложно воспроизвести даже в самом блестящем романе.

В-шестых, мы обнаружили у игроков определенный паттерн: как правило, стресс, пережитый во взрослой жизни, пробуждает у человека воспоминания о детской травме, тем самым вызывая потребность в сильной копинг-стратегии. Как мы обнаружили, существует множество типов детской травмы. Факторы стресса тоже могут быть самыми разными, и зачастую они действуют в течение длительного промежутка времени. Более выносливые люди могут терпеть стресс значительно дольше. Но в конечном итоге человек все равно обращается к той или иной копинг-стратегии. Те, кто умеет эффективно справляться со стрессом во взрослой жизни, лучше всего сопротивляются различным видам зависимостей, в том числе и игромании. Однако когда человек исчерпал все возможности копинга и адаптации, он становится наиболее уязвим перед лицом игровой зависимости.

Почему именно игровая зависимость? Вероятнее всего, ее «выбирают» потому, что азартные игры доступны и как будто предлагают решение финансовых проблем. Итак, судя по данным, полученным от современных игроманов, развитие игровой зависимости у Достоевского шло типичным образом и включало в себя характерные элементы: детскую травму, стресс во взрослой жизни, неэффективные копинг-стратегии.

В-седьмых, мы не обнаружили никаких свидетельств того, что игроманы испытывают потребность проигрывать деньги и/или наказывать себя. Это важно, поскольку данная находка противоречит главному выводу (или скорее допущению) психоаналитической теории, в том числе и фрейдовского эссе о Достоевском. Эссе Фрейда является первой и наиболее известной попыткой объяснить игроманию Достоевского, поэтому мы не могли пройти мимо его утверждений. Кроме того, интерпретация Фрейда — что аддикции якобы являются формой целенаправленного самонаказания — стала фундаментом для психоаналитического подхода к пониманию навязчивых состояний и зависимостей. Таким образом, результат нашего исследования вступает в противоречие с центральным принципом психоанализа, а также со взглядами Фрейда на проблему игромании у Достоевского.

В результате мы полагаем, что когнитивная терапия, методы которой мы применяем, вероятнее всего, оказалась бы неэффективна с таким пациентом, как Достоевский. Вряд ли она может помочь человеку с длительной историей детских травм, стрессов взрослой жизни и нездоровых копинг-стратегий. Возможно, игрокам некоторых типов она может быть полезна — например, если станет временной копинг-стратегией. Но на примере Достоевского можно предположить, что со временем эта стратегия, как и другие, исчерпает свою полезность. Впрочем, попытка предложить стратегию для терапии, основанную на результатах нашего исследования, не входит в задачи этой книги.

Самым важным результатом данного исследования стало то, что мы обнаружили сходство между биографией Достоевского и жизнью современных игроков из Канады. В обоих случаях прослеживается так называемый отрицательный эффект. Изложим эту мысль вкратце. Детская травма создает отрицательный эффект, то есть провоцирует тревожность и депрессию, всю жизнь влияющие на человека, вынуждая его прибегать к копинг-стратегиям, которые он зачастую освоил еще в детстве. Когда копинг-стратегии оказываются бессильны, человек обращается к игре — или к другим способам маскировки стресса. В отсутствие детской травмы и неэффективных копинг-стратегий, восходящих к детскому возрасту, шансы развития игровой зависимости невысоки, как бы сильно человеку ни требовались деньги.

Вот почему мы обращаем так много внимания на детские травмы (насилие, пренебрежение родительскими обязанностями, парентификацию) и неэффективные копинг-стратегии. Как выяснилось, некоторые из таких стратегий особенно вредны. В этой категории мы сфокусировались на тенденции к избеганию проблем (так называемая стратегия избегания). Эту стратегию осваивают в очень раннем возрасте. Она прослеживается у многих участников, которые в детстве прятались от проблем — например, отправлялись гулять с друзьями или закрывались у себя в комнате. Таким образом они старались покинуть напряженную атмосферу, царившую у них дома. Однако эта стратегия не помогает справиться с условиями, порождающими депрессию и тревожность. Напротив, более активные стратегии, направленные на разрешение проблем, защищают человека от развития депрессивных симптомов.

Участие в азартных играх — это лишь одна из многочисленных форм стратегии избегания. Как мы уже выяснили, многие выбирают именно ее, потому что азартные игры доступны, а также ассоциируются с финансовыми выгодами и социальным взаимодействием. Если человек познакомился с ними еще в детстве, это становится дополнительной причиной выбрать именно такой вид копинга.

Эта формула помогает понять Достоевского — ведь азартные игры были всего лишь одной из многочисленных неудачных стратегий, которые он использовал, чтобы подавить постоянное чувство стресса, тревожности и депрессии. На примере русского писателя и канадских игроков мы видим, что в каждом случае важно оценить роль отягчающих факторов — детской травмы и копинг-стратегий, усвоенных в раннем возрасте.

Отсюда вытекает необходимость в новой теории, объясняющей игровую зависимость. Мы назовем ее теорией отвлечения. В соответствии с теорией отвлечения вероятность развития игромании у конкретного индивида зависит одновременно от двух факторов. Во-первых, крайне важно определить, насколько этот индивид страдает от тревожности и депрессии — и хочет от них отвлечься. Как мы уже установили, эти чувства становятся результатом совокупного влияния детской травмы, стресса во взрослом возрасте и неэффективных копинг-стратегий. В сумме эти три фактора образуют то, что мы называем «эффектом Достоевского». Во-вторых, важно определить относительную привлекательность и доступность различных форм отвлечения. Любая приятная деятельность может помочь индивиду на время отвлечься от тревожности и депрессии, однако для получения результата эти действия нужно повторять снова и снова, что создает риск развития зависимости.

Мы не можем утверждать, что являемся авторами этой теории: кажется, к аналогичным выводам еще в XVII веке пришел французский философ и математик Блез Паскаль. Мейерс пишет:

> Блез Паскаль (1623–1662) в своей книге «Мысли» предположил, что вера — это пари, где вы делаете ставку на существование Бога и бессмертие души. Беттина Л. Кнапп в работе «Gambling, Game, and Psyche» <...> цитирует Паскаля: «игра» сама по себе является «отвлечением» и необязательно направлена исключительно на выигрыш. Именно этим она притягательна для людей, склонных к саморазрушению <...>, которых привлекает иллюзия победы [Meyers 2001: 353].

Иэн Хелфант цитирует современника Достоевского, критика И. И. Панаева: «Все избранные, передовые люди, подавленные страданием, упадают духом — и [критик Т. М.] Грановский, может быть, более, нежели другие... Он ищет развлечения, забвения разных неприятностей — в картах» [Панаев 1988: 249–250]. Хелфант продолжает мысль: «С этой точки зрения именно наиболее чувствительные и одаренные люди с большей вероятностью становятся жертвами такой зависимости» [Helfant 2003: 241].

Первый комплекс факторов — то, что мы называем «эффектом Достоевского», — включает в себя переменные, которые характерны для всех проблемных игроков. Они повышают вероятность развития игровой зависимости даже в том случае, если родители индивида сами не были игроками. Второй комплекс факторов влияет на вероятность развития игромании посредством социального научения и влияния сверстников.

В случае Достоевского азартные игры были для него тем более привлекательны (хоть и не особенно доступны), что он уже исчерпал другие способы отвлечения (политика, религия, любовные отношения, алкоголь). Кроме того, существовала крошечная вероятность, что он выиграет много денег и тем самым решит свои финансовые проблемы. Игра позволяла заглушить чувство тревожности и вины. Однако в итоге она оказалась неэффективна — и в плане отвлечения, и в плане обеспечения финансовой безопасности. Поэтому Достоевский перестал играть.

Если эта теория верна, то общество может использовать две стратегии для решения проблемы игровой зависимости. Во-первых, можно ограничить доступность и привлекательность азартных игр. Во-вторых, есть смысл внимательнее отнестись к семейной жизни, чтобы сократить количество и длительность травматичных для ребенка событий, а также при необходимости предоставлять семьям поддержку. Крайне важно контролировать развитие ребенка в раннем возрасте, поскольку именно тогда закладывается фундамент для будущих психологических проблем. В следующей главе мы рассмотрим эти стратегии подробнее.

# Глава 14
# Практическое применение нашего исследования

Хотя мы не согласны с фрейдовской интерпретацией игромании у Достоевского, мы все же разделяем его мнение о том, что начинать нужно с детства.

В ходе изучения современных игроков мы выяснили, что в большинстве случаев игромании сопутствует раннее знакомство с азартными играми — хотя в случае Достоевского ситуация сложилась иначе. Что еще важнее, игромания почти всегда развивается на фоне детской травмы, и вот это справедливо и для Достоевского тоже. Из такого сравнения и противопоставления родилась наша идея «эффекта Достоевского».

«Эффект Достоевского» начинает формироваться еще в детстве, когда в силу травматических событий ребенок не может развить в себе эффективные навыки борьбы со стрессом. Кроме того, ранний стресс вредит психическому здоровью. В дальнейшем, уже во взрослой жизни, человек сталкивается со множеством стрессовых факторов и вынужденно прибегает к тем копинг-стратегиям, которые он освоил в детстве. Поскольку они вредны и неэффективны, возникает порочный круг: человек пытается избавиться от негативных переживаний, однако провоцирует еще больше стресса.

Наша модель (равно как модели Хирши [Hirschi 1967] и Блащински и Науэр [Blaszczynski, Nower 2002], описанные в приложении 1) предполагает, что развитию игровой зависимости способствуют личный опыт и окружение человека. Каковы бы ни были дополнительные факторы — например, генетическая предрасположенность или наличие психоза, — они вступают в игру только под воздействием факторов социального характера. Поэтому мы считаем, что игроманами не рождаются, а становятся.

В настоящей книге мы рассмотрели ненаследуемые социальные факторы, которые могут спровоцировать развитие игровой зависимости. Таким образом, игровую зависимость следует рассматривать как социальную проблему, не ограничиваясь сугубо психологическими или психиатрическими рамками. Однако все не так просто: как выяснилось в ходе нашего исследования, детство и взрослая жизнь «обычных» людей не так уж сильно отличаются от детства и взрослой жизни игроманов. Эти люди сами не являются проблемными игроками и происходят из семьи, где не было принято играть.

Детство таких людей не было безоблачным. Наоборот, они часто сталкивались с проявлениями тех или иных стрессовых факторов и знакомились с азартными играми. Во взрослом возрасте им тоже приходилось переживать тяжелые события. Однако большинство из них справлялись со стрессом иначе. Это напоминает нам, что «обычный» человек не так сильно отличается от патологического игрока — и что игромания может угрожать каждому из нас. Факторы, способствующие развитию игромании, образуют очень сложную картину, и зачастую бывает непросто определить, почему один человек становится патологическим игроком, а другой нет.

Развитие игромании зависит от количества и сложности проблем, с которыми сталкивается семья. Вместе с тем определенную роль играют защитные факторы, помогающие человеку выработать здоровые и эффективные копинг-стратегии. Мы предположили, что незначительного увеличения количества и сложности проблем, при отсутствии поддержки и наличии неэффективных копинг-стратегий, может оказаться достаточно, чтобы подтолкнуть некоторых к развитию игровой зависимости. Однако небольшое улучшение ситуации, вместе с поддержкой и более здоровыми копинг-стратегиями, может защитить от возникновения проблемного игрового поведения.

Возможно, самым важным результатом нашего исследования стало то, что мы обнаружили наличие как минимум одного защитного фактора у каждого респондента, не являвшегося проблемным игроком. Это дает пищу для размышлений относительно возможных рекомендаций и мер.

Получается, что никто не рождается обреченным на развитие игровой зависимости, и это хорошая новость. Игромания развивается под воздействием обстоятельств и событий, играющих свою роль на протяжении всей жизни человека. Однако есть и плохие новости: согласно нашей модели, игровую зависимость подпитывают несколько сил. В этот список входят: 1) детская травма; 2) толерантность к азартным играм, укоренившаяся в культуре; 3) доступность игорных заведений; 4) социальное научение; 5) наличие игрока в качестве ролевой модели; 6) нездоровые копинг-стратегии; и 7) стресс во взрослой жизни. Мы считаем, что необходимо проработать каждый из этих факторов, чтобы снизить вероятность развития игровой зависимости.

Факторы стресса, которые слишком часто становятся «нормальной» частью взрослой жизни, могут пробудить детскую травму и спровоцировать использование мощных копинг-стратегий. Как уже объяснялось, детская травма существует во множестве форм, однако ее роль можно снизить, если оказать достаточно внимания — посредством проведения исследований и внедрения адекватной политики — здоровому развитию ребенка и улучшению социальной среды.

**Детская травма**

Мы обнаружили, что современные патологические игроки в детстве очень часто сталкивались с парентификацией, родительским пренебрежением, финансовой нестабильностью, а также эмоциональным и физическим насилием. В значительной степени эта травма была вызвана такими проблемами старших родственников, как зависимости различных типов, отсутствие трудоустройства и т. д. Чтобы разорвать порочный круг бедности, насилия и недостаточного внимания к детям, в некоторых государствах были разработаны усиленные меры по защите семьи.

Доступные службы по уходу за детьми позволяют хотя бы временно извлечь ребенка из проблемной семейной атмосферы и познакомить со средой, более соответствующей его уровню развития. Родители, в свою очередь, могут использовать освободившееся время для поиска работы или образования. Кроме того, родитель, страдающий от зависимости или склонный к насилию, нуждается в консультациях специалистов и в других программах поддержки, которые могут помочь ему справиться с этими поведенческими паттернами.

Разумеется, мы не можем полностью контролировать проблемные семьи, чтобы предотвратить возникновение детской травмы. Однако из интервью с теми респондентами, которые не являются проблемными игроками, мы узнали, что любое число защитных факторов уже помогает смягчить воздействие травмы на жизнь ребенка. Детям нужен доступ к людям и занятиям вне замкнутого круга семьи; им нужны безопасные пространства, где они могут свободно общаться, учиться и расти. Тогда в будущем они смогут ориентироваться на положительную и поддерживающую ролевую модель.

### Социальное научение: положительная и отрицательная ролевая модель

Некоторые участники нашего исследования, ставшие компульсивными игроками, выросли в окружении компульсивных игроков. Дети ориентируются на родителей-игроманов, учатся воспринимать азартные игры как веселое занятие, позволяющее легко заработать деньги и сбросить стресс. Они разделяют толерантное отношение к игре и зачастую придерживаются такой позиции даже во взрослом возрасте.

Мы также обнаружили, что многие родители или опекуны не смогли установить для детей четкие правила относительно азартных игр. В результате дети начали экспериментировать и сформировали собственное представление об играх. Но даже в тех случаях, когда один родитель строго возражал против игры и, возможно, даже запрещал ребенку играть, влияние второго родителя, который был игроманом, зачастую перевешивало.

Иногда, впрочем, неодобрения со стороны одного из родителей оказывалось достаточно. Мы выяснили, что иногда складывается ситуация, когда ребенок скорее идентифицируется с родителем-неигроком и обвиняет родителя-игрока в причинении вреда семье. Такие дети, вырастая, не становятся игроками.

Мы обнаружили, что ролевые модели сыграли важную роль в жизни наших респондентов, поскольку они помогали сформировать точку зрения на приемлемость и привлекательность азартных игр. Получается, что ролевая модель либо подталкивала респондента к игре, либо удерживала от нее. Если человек, выполнявший функции ролевой модели, сам был игроком, то ребенок, бравший с него пример, зачастую тоже начинал играть. Ролевые модели такого типа создавали впечатление, что азартные игры приемлемы, доступны и интересны. Знакомство с игрой в семейном кругу — это мощный фактор, поскольку в результате у респондентов часто возникала связь между игрой и хорошими отношениями с близкими людьми.

В то же время, если ролевой моделью становится член семьи, не играющий в азартные игры, такой человек может помочь ребенку поверить в себя, научиться доверять миру и открыть новые идеи и навыки. Наличие такой ролевой модели служит защитным фактором и предотвращает развитие игровой зависимости во взрослой жизни. Поэтому логично будет предположить, что молодежи необходимо предоставить возможность взаимодействовать с положительными ролевыми моделями как внутри семьи, так и за ее пределами.

Если родители не могут или не хотят служить положительной ролевой моделью, такую возможность следует предоставить другим родственникам. Наличие подобных возможностей за пределами родного дома, несомненно, удержит некоторых детей и подростков от соблазна, с которым они познакомились в семье. Кроме того, мы полагаем, что помощь должна исходить и от местного сообщества при поддержке щедро спонсируемых социальных программ.

Вовлечение индивида в жизнь местного сообщества — в детском, подростковом и взрослом возрасте — снижает вероятность развития игровой зависимости. Такое вовлечение может принимать различные формы, включая участие в местных кружках или спортивных командах. Теория социального контроля Хирши гласит, что участие в таких видах деятельности помогает занимать время и также формировать крепкие социальные связи с другими участниками сообщества [Hirschi 1967]. Помимо этого, такая обстановка способствует закреплению социально одобряемого поведения. И наконец, благодаря социальному вовлечению ребенок получает возможность создавать крепкие социальные связи с положительными ролевыми моделями: тренерами, учителями, наставниками и друзьями по команде.

Такие связи за пределами дома очень важны, так как они могут компенсировать дурное влияние в семье и/или нехватку родительской заботы. Как уже говорилось выше, мы считаем, что игромания не является врожденной. Дети патологических игроков могут избежать формирования зависимости, и этому может помочь, хотя бы отчасти, участие в рекреационной деятельности и жизни сообщества.

Благодаря общению со сверстниками, не играющими в азартные игры, и с положительными ролевыми моделями молодые люди приходят к мысли, что для благополучной и счастливой жизни необходимо выбирать социально приемлемые формы поведения, которые не подразумевают патологической игровой деятельности. Активные члены сообщества часто коммуницируют друг с другом. Это значит, что они используют различные средства коммуникации — передача слухов, исключение тех или иных членов сообщества, неодобрительные взгляды — для осуждения некоторых типов поведения. Как правило, люди с крепкими социальными связями, в том числе и молодежь, не готовы оборвать эти связи ради социально порицаемой деятельности, такой как азартные игры. Вместе с тем наличие альтернативных видов досуга оставляет им меньше времени на игру.

Мы полагаем, что поддержка программ, основанных на взаимодействии внутри сообщества, может защитить от развития игромании, а также предоставить возможности для общения с положительными ролевыми моделями среди ровесников и взрослых. Группы сверстников также усиливают положительное воздействие ролевых моделей, в том числе не играющих в азартные игры родителей, братьев, сестер и дальних родственников. Все это может помочь человеку избежать развития игровой зависимости.

### Окружение, толерантное к играм, и доступность игорных заведений

Вероятно, популярность азартных игр будет только расти. Дело в том, что они приносят государству огромную прибыль и внушают населению ложные надежды на финансовое благополучие, социальное взаимодействие, удовольствие, возможность сбежать от проблем. Вспомним теорию отвлечения, которая утверждает, что вероятность развития игровой зависимости определяется суммарным воздействием нескольких факторов, таких как: а) выраженность желания отвлечься от тревоги и депрессии; и б) сравнительная привлекательность и доступность различных видов досуга.

В Канаде сложилась культура толерантности к азартным играм. Именно в этой культуре растут наши дети. Когда общество поощряет игру посредством СМИ и предоставляет доступ к игорным заведениям, как это происходит в нашей стране, риск развития игровой зависимости у граждан повышается. И хотя противодействовать политике государства в этом отношении будет нелегко, необходимо принять меры для снижения привлекательности и доступности азартных игр.

Мы должны постараться ограничить привлекательность и доступность азартных игр как средства отвлечься от личных проблем. При этом возникает другая проблема: если ограничить молодежи доступ в игорные заведения, у игры появляется флер загадочности и притягательности. Значит, необходимо ограничить рекламу различных видов азартных игр, а также изменить представления и ценности молодежи, связанные с игрой.

В рамках нашего исследования мы выяснили, что люди, выросшие в обществах, субкультурах и семьях, где азартные игры считались аморальными, часто сохраняют верность этим убеждениям и никогда не играют. Они придерживаются этого поведения даже после переезда в те регионы, где на азартные игры смотрят с большей терпимостью. Такие люди с большей вероятностью подчиняются неким социальным правилам (в данном случае не играют), если верят в социальные нормы, стоящие за этими правилами. Как указано в приложении 1, Ширли и Ричард Джессоры в своем исследовании обнаружили, что привлекательность азартных игр для подростков в значительной степени определяется отношением к игре тех людей, которых они видят вокруг [Jessor, Jessor 1973]. Кроме того, важно, как другие относятся к участию подростков в игре.

Если у ребенка или подростка выработались положительные ассоциации с азартными играми, вероятность того, что он станет игроком или игроманом, повышается. При наличии отрицательных ассоциаций эта вероятность снижается. Поскольку дети проводят большую часть времени в школе, возможно, есть смысл начать именно со школ — пересмотреть расписание, добавить внеклассные занятия, задействовать положительные ролевые модели. Школы также могут помочь ребенку освоить эффективные и здоровые копинг-стратегии.

**Копинг-стратегии**

Мы обнаружили, что освоение нездоровых копинг-стратегий происходит очень рано. В настоящей книге приводится множество цитат из интервью, где респонденты рассказывают, как в детстве они пытались избежать стрессовой ситуации, которая сложилась в родительском доме. Их психика была не готова к подобным вызовам, поэтому они выбирали неэффективные и нездоровые копинг-стратегии. Однако детям и подросткам можно и нужно показывать — дома, в обществе, в школе, — что выгоднее всего решать проблемы, а не бежать от них. Такой подход позволяет защититься от возникновения депрессивных симптомов и развития зависимостей.

Школа, внешкольное обучение и участие в общественной деятельности — все это может помочь ребенку научиться эффективным копинг-стратегиям и предоставить ему положительную ролевую модель, которую он не всегда имеет у себя дома. В рамках нашего исследования обнаружилось, что многие респонденты-игроманы в детстве страдали от нехватки родительского тепла. Некоторые признавались, что родители были эмоционально отстраненными, другие говорили, что отца с матерью редко можно было застать дома.

Общество должно предоставить детям возможности для образования, отдыха и досуга, чтобы те могли взаимодействовать с другими людьми, формирующими мотивацию на упорный труд и достижение благосостояния. В идеале это поможет ребенку избежать стрессовых факторов, под воздействием которых возникают нездоровые копинг-стратегии, перерастающие в зависимости.

В данной книге мы стремились лучше понять, как происходит «наследование» игромании, и выявить механизмы, обусловливающие передачу игровой зависимости из поколения в поколение. Мы обнаружили, что склонность к патологическому игровому поведению переходит от родителя к ребенку путем моделирования, поощрения и создания такой обстановки в семье, при которой азартные игры считаются обычной частью жизни. Нам удалось выявить ненаследуемые социальные факторы, которые на протяжении жизни человека могут провоцировать возникновение игровой зависимости. И напоследок мы хотели бы напомнить еще раз: патологическими игроками не рождаются, а становятся, и этой судьбы можно избежать, если задействовать другие, более здоровые факторы социального воздействия.

# Приложение 1
# Теоретическая основа исследования

Помимо книг, уже упоминавшихся в тексте, существуют и другие, более ранние исследования, которые помогли нам понять, как и почему возникает игровая зависимость. Эти теории позволяют прояснить, как три ключевых переменных — обучение в детстве, детская травма и стресс во взрослой жизни — способствуют развитию игромании. Одной из таких теорий является теория социального контроля Трэвиса Хирши [Hirschi 1967]. Хирши утверждал, что существует два типа контроля, которые влияют на поведение: формальный и неформальный. Формальный контроль основан на законодательной системе, а неформальный реализуется в социальных группах (например, в семье и в кругу друзей). Эти социальные связи удерживают человека от делинквентного — или даже всего лишь социально нежелательного — поведения, в том числе и отчаянного безответственного увлечения игрой.

Кроме того, Хирши объясняет, почему люди решают соответствовать общественным нормам или отклоняться от них. Он вводит четыре переменных: привязанность, приверженность, вовлеченность и убеждение. Привязанность характеризует отношения человека с другими людьми. Например, первичный тип привязанности — это привязанность к родителям; далее следует привязанность к друзьям, учителям и другим членам сообщества. Эта переменная проявляется при формировании игровой зависимости, поскольку холодные отношения с родителями и их минимальная вовлеченность в повседневную жизнь ребенка способствуют развитию игромании [Kalischuk et al. 2006]. Это подтверждается и нашим исследованием: многие респонденты-игроманы сообщили о низкой степени родительской привязанности, которую они переживали и в детстве, и во взрослом возрасте. В крайних проявлениях речь шла об эмоциональном отсутствии или о том, что родителей постоянно не было дома.

Многие респонденты сообщили и о травмирующих событиях, которые также свидетельствуют о низкой степени сплоченности в семье. Кроме того, большинство респондентов во взрослом возрасте тоже не смогли выстроить близкие отношения с другими людьми, либо их отношения разрушились из-за игромании и других проблем. Поскольку многие проблемные игроки столкнулись с травмой и одиночеством, мы можем предположить, что этот элемент биографии способствует развитию игромании.

Вовлеченность человека в жизнь общества также влияет на вероятность возникновения игровой зависимости. Эта переменная связана с участием в различных формах самоорганизации, от общественных групп до спортивных команд. Согласно теории Хирши, участие в таких видах деятельности помогает занять время и сформировать крепкие социальные связи с другими людьми. В таких группах поддерживаются и поощряются социально приемлемые формы поведения.

В ходе социализации с ровесниками, не интересующимися игрой, и положительными ролевыми моделями человек приходит к мысли, что ему необходимо соблюдать общественные нормы, которые не подразумевают патологического игрового поведения. Это связано с идеей неформального социального контроля, которая уже упоминалась выше. Члены сообщества часто контактируют друг с другом и различным образом выражают неодобрение определенных поведенческих паттернов. Человек, заинтересованный в сохранении социальных связей, делает вывод, что ему не стоит участвовать в неодобряемых видах деятельности (например, в азартных играх). Итак, вовлеченность в жизнь общества может предотвратить развитие игровой зависимости, поскольку у человека не остается времени, которое он бы провел в казино. Кроме того, возникает угроза социального «наказания» за участие в нежелательных видах деятельности.

Когда мы вернемся к вопросу парентификации, станет очевидно, что многие из наших собеседников в детстве не могли участвовать в какой-либо общественной деятельности, поскольку у них не было свободного времени. Им приходилось заботиться о родителях, воспитывать младших братьев и сестер, работать по дому. Парентификация сама по себе служит источником стресса, который способствует развитию игромании. Но при этом она еще и ограничивает возможности для социального взаимодействия.

В противоположность участникам этого типа, некоторые из респондентов сообщили, что в детстве принимали участие в жизни местного сообщества. Их дальнейшая биография подтвердила теорию Хирши о роли социального контроля: именно этим детям удалось избежать наследования игровой зависимости от родителей. Как упоминалось выше, подобная деятельность служит защитным буфером в цепочке передачи игромании от родителя к ребенку. Дети, вовлеченные в жизнь сообщества, получают возможности для положительной социализации и знакомятся с продуктивными занятиями, которые можно противопоставить таким вредным практикам, как азартные игры.

Участие в общественной жизни также позволяет ребенку сформировать устойчивые социальные связи с положительными ролевыми моделями — тренерами, учителями, наставниками и друзьями по команде. Эти социальные связи за пределами семьи крайне важны, поскольку таким образом можно скомпенсировать дурное влияние близких родственников и нехватку привязанности со стороны родителей. Таким образом, мы получаем еще одно подтверждение нашей теории, что игроками не рождаются, а становятся. Люди, на первый взгляд обладающие генетической предрасположенностью к игромании, не «наследуют» от родителей их зависимость, что объясняется — по меньшей мере частично — их участием в жизни местного сообщества.

Система ценностей и убеждений — это еще одна переменная, которая влияет на развитие игровой зависимости. Она формируется под воздействием близких. Чтобы убеждение закрепилось, его необходимо постоянно поддерживать. Ценности (и мнения, из которых они складываются) играют важную роль, потому что влияют на решения и действия. В данном случае они влияют на решение принять участие в потенциально опасном виде деятельности — то есть в игре — либо отказаться от этого. Данное наблюдение подтверждается результатами нашего исследования. Респонденты, выросшие в обществе, где азартные игры сурово порицаются, часто сохраняют свои убеждения и не играют, даже когда оказываются в другой среде, толерантно относящейся к игре. Вероятность, что такие люди сохранят верность определенным формам поведения (отказу от игры) еще выше, если они верят в социальные нормы, стоящие за этим поведением.

Стремление соответствовать ценностям, убеждениям и поведенческим паттернам, предписанным обществом, особенно характерно для подростков. Ширли и Ричард Джессоры выяснили, что участие подростков в игре в значительной степени определяется тем, какое отношение к азартным играм они видят вокруг себя, а также реакцией других людей [Jessor, Jessor 1973]. Важнейшую роль здесь играют родители и опекуны: именно под их воздействием у подростка вырабатывается то или иное мнение, на которое он будет опираться для принятия соответствующих решений. Если у ребенка или подростка игра ассоциируется с чем-то положительным, вероятность того, что он станет игроком или игроманом, повышается. Однако негативные ассоциации, напротив, снижают такую вероятность.

Среди наших респондентов формирование позитивных или негативных ассоциаций в основном было связано с отношением родителей к игре — а также с тем, были ли родители игроками. Родители-игроки формируют у ребенка мысль, что игра — это интересный вид досуга, способ легко заработать деньги и сбросить стресс. Так у ребенка вырабатывается толерантность к азартным играм, которую он сохраняет и во взрослой жизни. Для таких людей азартные игры были нормальной частью их детства, поэтому логично, что и во взрослом возрасте они не видят в этом ничего плохого.

Однако не все наши респонденты выросли в семьях, где играли оба родителя. Во многих случаях патологическим игроком был кто-то один — мать или отец, — причем второй родитель мог резко выступать против игры. В такой ситуации дети и подростки получают смешанный сигнал об отношении к игре, поэтому важно, что они извлекут из пережитого опыта и какое в итоге сформируют мнение. Однако формирование мнения — это неочевидный процесс. Многим родителям и опекунам не удается установить строгие правила относительно азартных игр, и в результате ребенок экспериментирует и формирует отношение к игре самостоятельно. Но даже в тех случаях, когда один из родителей запрещает игру, влияние родителя-игрока часто пересиливает. Мы обнаружили, что подростки охотно принимают модель родителя-игрока и в будущем у них тоже развивается игровая зависимость. Получается, что для многих наших участников неодобрения второго родителя было недостаточно.

И все же, хотя большинство респондентов следовали одному и тому же паттерну, в некоторых случаях наличие родителя-неигрока предотвращало развитие игровой зависимости. Дети, которые сильнее идентифицировали себя с родителем-неигроком, обвиняли родителя-игрока в тех сложностях, с которыми сталкивалась семья. Кроме того, они сочувствовали родителю-неигроку. Во взрослом возрасте эти респонденты не начали играть. Таким образом, иногда ребенок ориентируется на того родителя, который не является патологическим игроком, и это защищает его от передачи игровой зависимости. Однако ролевой моделью могут быть не только родители. Некоторые респонденты начали играть под влиянием друзей, хотя в их собственной семье никто не играл.

Когда друзья и родственники считают азартные игры чем-то нормальным, человеку становится сложнее отстаивать альтернативную точку зрения. Хорошим примером такой ситуации служит Грег. В детстве ему было негде научиться играть: в России, где он вырос, практически не было игорных заведений. «Я вообще не играл [в казино], потому что в тогдашней России не было казино. Никаких казино, никакой проституции. Это было при коммунистах. Никаких проблем с игроманами. Игроманы появились вместе с капитализмом». Однако, переехав в Канаду, Грег подружился с польским иммигрантом и поехал вместе с ним в казино. «Мы отправились в Ниагара-Фолс, и он мне сказал: пошли в казино, нам повезет. Он показал, как играть, показал мне столы и все остальное». Грег отдает себе отчет, что азартные игры — это негативный феномен, проблема капиталистического общества. И все же доступность казино и общение с другом — любителем игры подтолкнули его к развитию игровой зависимости.

Такие примеры показывают, как человек выстраивает свое поведение по примеру родителей и друзей и начинает играть под воздействием их ценностей и убеждений. Если общество поддерживает азартные игры с помощью СМИ и предоставляет возможности для игры, живущие в нем граждане подвергаются большей опасности в плане развития игровой зависимости. Справедливо и обратное: в сообществах, осуждающих азартные игры, поощряется такая система убеждений, которая способствует воздержанию от игры. Итак, участники нашего исследования приобрели свои убеждения под воздействием друзей, близких и в целом всего общества. Это именно убеждения, а не врожденные инстинкты, и потому они формируются в определенных жизненных условиях.

И наконец, Хирши вводит понятие «рационального компонента конформности», который также влияет на решение о том, стоит ли принимать участие в игре. Хирши полагает, что человеку свойственно взвешивать позитивные и негативные последствия того или иного поведения или участия в той или иной деятельности. Например, если человек боится нарушать закон, то в большинстве случаев он не будет делать ничего незаконного. Происходит рационализация: человек объясняет себе, что если соблюдать закон, то наказание ему не грозит. Эту теорию можно применить и к описанию игрового поведения, потому что, когда люди думают об игре, им приходится взвешивать риски и возможные негативные последствия.

Итак, с одной стороны, действуют факторы, подталкивающие человека к игре, например желание развлечься и быстро заработать деньги. С другой — он рискует проиграть крупную сумму. В контексте этой теории необходимо обсудить и фактор культуры, поскольку в разных культурах поощряются разные убеждения и мнения относительно азартных игр. В некоторых обществах игры оценивают негативно: их либо запрещают на законодательном уровне, либо просто считают опасным и недостойным занятием. В такой обстановке люди избегают игр, чтобы тем самым избегнуть стигматизации и установленного законом наказания.

Вместе с тем среди наших участников было много представителей тех культур, где азартные игры считаются неотъемлемой частью национального наследия. Такое отношение может производить обратный эффект: азартные игры считают социально приемлемым и даже одобряемым занятием, и в результате людей поощряют играть.

Многие из проблемных игроков, принявших участие в нашем исследовании, полностью концентрировались на одном аспекте игры: что они могут выиграть. При этом они игнорировали свои возможные потери. Для некоторых участников идея легких денег выглядела слишком соблазнительной. Они не думали о потенциальных опасностях, которые могли бы напугать более осторожного человека. Для этих игроков игра была безобидным развлечением, способом скоротать время или источником удовольствия.

Другие наши собеседники не отдавали себе отчета, сколько денег они тратят из-за своей зависимости. Многие из них принимали участие в играх, где не требуется делать большие ставки, — например, покупали лотерейные билеты. Это стоит недорого, и потому игроку труднее осознать последствия. Человек не отслеживает, сколько билетов он покупает, и потому не осознает, какие деньги уходят на лотерею. Такие люди — те, кто видит в игре лишь положительные стороны и минимизирует ее негативные последствия, — продолжают играть. Их подталкивает иллюзия того, что теряют они мало, а вот выиграть могут много.

И напротив, те участники, которым удалось преодолеть игровую зависимость, в свое время осознали, что ситуация вышла из-под контроля. Получается, что для одних потенциальная польза игры перевешивает вред, для других — наоборот. В соответствии с принципом «рационального компонента конформности» [Hirschi 1967] это значит, что причиной компульсивного игрового поведения в некоторых случаях может быть логическая цепочка: я считаю, что участие в игре принесет больше выгоды, чем воздержание.

Однако отвлечемся от Хирши. В 2002 году была опубликована статья Алекса Блащински и Лии Науэр, в которой авторы описывают концептуальную модель игровой зависимости и три подтипа проблемных игроков. Кроме того, речь идет о различных путях, ведущих к возникновению игромании. Модель Блащински и Науэр важна для нашего исследования, поскольку она учитывает, насколько разнообразным может быть жизненный опыт и социальный бэкграунд проблемных игроков. Вместо того чтобы утверждать, что все случаи игромании укладываются в одну-единственную схему, исследователи комбинируют множество моделей, принимая во внимание биологические факторы и влияние социального научения. Такой подход позволяет шире взглянуть на проблему игровой зависимости: Блащински и Науэр признают различия, существующие между компульсивными игроками, и, как следствие, соглашаются, что у разных людей игромания может быть вызвана разными причинами.

Большинство проблемных игроков, принявших участие в нашем исследовании, попадают в категорию, которую Блащински и Науэр определили как «эмоционально уязвимые». Как правило, это люди из проблемных семей, столкнувшиеся в детстве с эмоциональной травмой. Они часто упоминали о таких факторах, как парентификация, пренебрежение родительскими обязанностями, финансовая нестабильность, эмоциональное и физическое насилие, которые еще больше усугубляли положение в семье. В силу тяжелого детства таким людям не удалось выработать эффективные копинг-стратегии и научиться решать свои проблемы. Вместо этого они стараются игнорировать сложности либо «сбегать» от них.

Именно такими стратегиями они продолжают пользоваться во взрослой жизни, чтобы справиться с тревожностью и депрессией, вызванными травмой, которую они пережили в детстве.

Нездоровое игровое поведение можно считать попыткой эмоционально сбежать от ситуации, забыть об источнике стресса и временно скинуть с плеч груз негативных эмоций. Вместе с тем для игроков этого типа часто характерна коморбидность в виде наличия алкогольной или наркотической зависимости. Таким образом они тоже пытаются справиться с обуревающими их эмоциями.

Итак, хотя все эти признаки чаще всего встречаются у людей, чьи родители были проблемными игроками, мы все же не считаем, что развитие игромании определяется генетически. Напротив, на примере огромного количества наших участников, столкнувшихся в детском и взрослом возрасте с различными проблемами, становится очевидно, какую роль в развитии этой зависимости играют социальные факторы. В силу пережитого эти люди стали более уязвимы эмоционально, при этом у них нет конструктивных и здоровых механизмов, которые позволили бы справиться с болью. В результате они обращаются к азартным играм, пытаясь таким образом справиться с проблемами, вызвавшими состояние эмоциональной уязвимости.

Наша модель, дополняющая теорию Хирши и модель Блащински и Науэр, исходит из того, что игровая зависимость развивается под воздействием жизненного опыта и влияния окружающей среды. Каким бы ни был генетический фактор, решающая роль принадлежит все же факторам социальным. Таким образом, мы придерживаемся той теории, что «игроманами не рождаются, а становятся».

# Приложение 2
# Описание исследования

Чтобы проверить нашу модель развития игровой зависимости, мы использовали два источника данных. Основным источником был блок из 200 подробных интервью с жителями Торонто (штат Онтарио). Вторым источником был контент-анализ 91 (авто)биографического рассказа об азартных играх на английском языке, опубликованного в Интернете или в офлайн-ресурсах. Далее мы расскажем, как именно проводился сбор и анализ информации обоих типов.

## Подробные интервью
### ВЫБОРКА УЧАСТНИКОВ

Получив разрешение от Комитета по этическим вопросам при Университете Торонто, мы обратились к жителям Большого Торонто при помощи цветных плакатов, рекламы в местных и университетских газетах, а также рекламных объявлений в Интернете. В этих объявлениях содержалась вся информация, необходимая заинтересованному человеку, чтобы принять решение об участии в нашем исследовании, а именно: название исследования, данные о популярности азартных игр, требования к участникам (возраст, опыт игры или мнение об азартных играх), гарантия конфиденциальности, информация о месте проведения интервью, длительности беседы и гонораре, а также контактная информация (номер телефона и электронная почта).

## СКРИНИНГ

Мы планировали сформировать четыре группы с одинаковым числом участников: 1) игромания есть и у родителей, и у ребенка (группа трансмиссии); 2) игромания есть у родителя, но у ребенка ее нет; 3) у родителя нет игромании, а у ребенка есть (группа антитрансмиссии); и 4) ни у родителя, ни у ребенка нет игромании (контрольная группа).

Чтобы сформировать эти группы, мы провели скрининг участников при помощи серии вопросов, которые помогали определить, насколько каждый из них подходит для исследования и к какой группе он принадлежит. Участников просили ответить на вопросы, исполнилось ли им восемнадцать лет, являются ли они проблемными игроками в соответствии с определителем SOGS (South Oaks Gambling Screen) [Lesieur, Blume 1987] и являются ли проблемными игроками их родители или дети.

Во время скрининга участникам также сообщалось об этических нормах и ограничениях нашего исследования. Если участник подходил под критерии, он предоставлял нам свои контактные данные и мы договаривались о времени интервью.

В конечном итоге мы набрали по пятьдесят заполненных опросников и интервью для каждой группы. Если участник несколько раз пропускал время интервью, и мы не могли связаться с ним для выбора новой даты, его заменяли другим участником.

## ОПРОСНИК

В начале интервью каждому участнику выдавался бланк информированного согласия на участие в исследовании. В нем были указаны контактные данные старшего исследователя, подробная информация о цели исследования, описание вопросов и процедуры исследования, риски и преимущества исследования, меры конфиденциальности и стимулы для участия. Кроме того, к каждому бланку прилагался список ресурсов (как общего характера, так и связанных с лечением игровой зависимости), чтобы у участников был доступ к помощи, если она им понадобится.

Первая часть каждого интервью состояла из вопросов закрытого типа: от участника требовалось выбрать один из указанных ответов. Мы составили этот опросник с помощью сайта онлайн-опросов Survey Monkey. Каждому участнику был присвоен идентификационный номер в соответствии с группой, к которой он принадлежал, и под этим идентификационным номером он заполнял опросник. Заполнение опросника обычно занимало от сорока пяти до семидесяти пяти минут.

Для сбора информации о ключевых переменных мы задавали вопросы, которые использовались в предыдущих исследованиях. Это позволило обеспечить преемственность по отношению к другим исследованиям в данной области. Участников просили предоставить информацию следующего типа:

*Демографические данные*

1. *Демографические данные об участнике.* Мы основывались на материале общих социальных опросов № 11 и 12, составленных Статистическим управлением Канады, а также исследования Раймона Бретона с соавторами, посвященного этнической принадлежности жителей Торонто [Breton et al. 1990]. Вопросы касались пола, возраста, семейного положения, состава семьи, родной страны, языка, образования, статуса работы, профессии и личного дохода участника.

*Детство*

2. *Информация об источниках стресса в детстве.* Мы основывались на материале опросника CECA.Q (Childhood Experience of Care and Abuse Questionnaire) [Bifulco et al. 2005]. CECA.Q позволяет ретроспективно оценить отсутствие родительской заботы (антипатию и пренебрежение), физическое насилие со стороны родителей и сексуальное насилие в возрасте до семнадцати лет. В дополнение к CECA.Q в этом разделе содержались вопросы, составленные исследовательской группой для измерения эмоционального насилия.

3. *Информация о стрессе в детстве в связи с парентификацией.* Мы основывались на материале опросника PQ-A (Parentifica-

tion Questionnaire-Adult) [Sessions, Jurkovic 1986]. PQ-A позволяет ретроспективно оценить, насколько родители выполняли обязанности по уходу за ребенком и какие эмоциональные отношения сложились между родителем и ребенком [Goglia et al. 1992].

4. *Информация о роли ребенка в семье.* Мы основывались на материале опросника CRI-20 (Brief Children's Role Inventory) [Wampler et al. 2009]. CRI-20 позволяет оценить четыре наиболее патологические роли, которые может играть ребенок, если у родителя есть зависимость: «герой», «талисман», «потерянный ребенок» и «козел отпущения», причем две последние роли являются для ребенка особенно сложными.

*Родительская роль*

5. *Демографические данные детей участника.* Мы спрашивали, сколько у участника детей, каков их возраст и пол.

6. *Информация об источниках стресса у детей участника в детстве.* Мы использовали вопросы из CECA.Q, переформулированные таким образом, чтобы измерить объем родительской заботы (либо антипатию и пренебрежение), которую участник предоставляет или предоставлял своему ребенку (детям).

7. *Информация о стрессе детей участника в детстве в связи с парентификацией.* Мы использовали вопросы из PQ-A, переформулированные таким образом, чтобы измерить объем обязанностей по уходу за близкими и эмоциональную связь между родителем и ребенком с точки зрения родителя. Были составлены дополнительные вопросы для более подробного изучения парентификации.

*Азартные игры*

8. *Информация об отношении к азартным играм в детстве и сейчас.* Участнику предлагалось ответить, были ли среди его родственников и друзей (в детстве и в настоящее время) азартные игроки. Также были вопросы, позволявшие определить, знают ли друзья и семья участника об азартных играх и как к ним относятся.

9. *Информация об игровом поведении родителей участника (были ли они проблемными игроками).* Мы основывались на материале опросника для подростков SOGS-RA (South Oaks Gambling Screen Revised for Adolescents) [Magood, Ingersoll 2006]. В этом разделе было четыре вопроса, касавшихся родительского моделирования и влияния сверстников. Для оценки моделирования со стороны родителей исследовательская группа составила дополнительные вопросы.

10. *Информация о доступности азартных игр.* Участнику предлагалось ответить, с кем он играл в первый раз, а также где и с кем он играет в настоящее время.

11. *Информация об игровом поведении участника (является ли он проблемным игроком).* На основе SOGS.

12. *Информация о других источниках моделирования, помимо родителей.* На основе модифицированной версии опросника GEQ (Gambling Expectancy Questionnaire) [Gillespie et al. 2007], позволяющего оценить выгоды и риски, которые ассоциируются с азартными играми у подростков. Также были составлены дополнительные вопросы, чтобы определить убеждения, связанные с азартными играми.

*Стрессовые факторы*

13. *Информация об источниках стресса участника в настоящее время.* На основе индекса LEI (Life Events Inventory) [Cochrane, Robertson 1973], позволяющего отследить стрессовые события, возникшие за последний год (например, развод). Это помогает оценить серьезность социальных стрессоров.

*Копинг-стратегии*

14. *Информация о копинг-стратегиях.* На основе опросника WCQ (Ways of Coping Questionnaire) [Folkman, Lazarus 1988]. WCQ — это широко используемый инструмент для определения копинговых механизмов.

15. *Информация о текущих источниках социальной поддержки.* На основе модифицированной шкалы MSPS (Multidimensional Scale of Perceived Social Support) [Zimet et al. 1988], которая

позволяет оценить три аспекта социальной поддержки: от близкого человека, семьи и друзей.

16. *Информация о психическом здоровье участника.* На основе шкалы CES-D (Center for Epidemiologic Studies Depression Scale) [Radloff 1977] и опросника BAI (Beck Anxiety Inventory) [Osman 2002]. CES-D измеряет депрессивную симптоматику среди населения, BAI позволяет оценить уровень тревожности.

При заполнении опросника участники могли пропускать вопросы, самостоятельно формулировать ответ (если выбирали вариант «другое») и просить интервьюера разъяснить вопросы. Благодаря этому нам удалось обеспечить 100-процентный уровень заполнения опросников. Все ответы были автоматически закодированы и внесены в защищенную паролем базу данных Excel с помощью Survey Monkey.

### ИНТЕРВЬЮ

После заполнения опросника, как только участник был готов продолжить, интервьюер включал запись и задавал участнику открытые вопросы по списку. Для идентификации записи открытого интервью использовался тот же идентификационный номер, что и в первой части исследования. Вопросы были сформулированы достаточно широко, без излишней структурированности, чтобы участник мог составить собственный ответ. Поскольку вопросы из первой части не предполагали развернутого ответа, некоторые из них повторялись во второй. В ходе открытого интервью были затронуты следующие темы:

1. Усвоение установок и практик, связанных с азартными играми, от родителей и сверстников.
2. Возможности, связанные с азартными играми, которые имелись у участника в детстве из-за игровой зависимости у родителей или в силу других причин.
3. Стресс и влияние семейной обстановки в детстве на психическое здоровье участника.
4. Личные, семейные и этнокультурные взгляды участника на азартные игры.

5. Место, которое азартные игры занимают в социальной жизни участника.

6. Доступность азартных игр, отношение к ним и социальное моделирование во взрослой жизни.

7. Копинг-стратегии в детстве и опыт парентификации.

8. Источники стресса и копинг-стратегии во взрослом возрасте.

Хотя в каждом интервью мы затрагивали все эти темы, интервьюерам было рекомендовано избегать излишней формальности, чтобы беседа развивалась естественным образом. Благодаря этому участники могли поднимать другие вопросы и выражать свое мнение так, как им того хотелось. Эта часть исследования занимала от 30 до 120 минут, в зависимости от длины ответов участника.

В конце интервью каждого участника благодарили за уделенное время и вручали ему подарочную карту на пятьдесят долларов. Мы также просили наших респондентов рассказать об исследовании всем, кому, по их мнению, это было бы интересно.

### КОЛИЧЕСТВЕННЫЙ АНАЛИЗ

Для обработки ответов на вопросы закрытого типа мы использовали метод количественного анализа. Мы загрузили файл Excel, созданный в Survey Monkey, в программу Statistical Analysis System 9.2 (SAS).

Чтобы проверить нашу модель развития игровой зависимости, мы включили в количественный анализ переменные, связанные с гипотезой о стрессе и научении в детском возрасте, а именно: наличие игромании у родителей, опыт пренебрежения, насилия или парентификации, социальное моделирование азартных игр, стрессовые события во взрослой жизни, копинг-стратегии, психическое здоровье (тревожность и депрессия), а также наличие игромании у самого участника. Требовалось гарантировать, что обнаруженные эффекты не вызваны демографическими различиями, поэтому мы также включили в анализ факторы пола, возраста, семейного положения, образования и личного дохода.

С помощью многомерных методов анализа мы исследовали условия, при которых игромания у родителей приводит к возникновению игромании у ребенка. Анализ состоял из следующих этапов:

1. Построить стандартные шкалы для наших переменных.

2. Изучить описательную статистику и корреляционную матрицу, чтобы понять, связаны ли переменные между собой так, как предсказывает наша гипотеза, и необходимо ли включить их в анализ.

3. Провести логистический регрессионный анализ с форсированным вводом, чтобы проверить, совпадают ли размер шага и группировка переменных с тем, как мы это предсказывали.

4. Провести последовательную бинарную логистическую регрессию, чтобы определить, насколько точными были пути формирования игровой зависимости, описанные в нашей модели.

## КАЧЕСТВЕННЫЙ АНАЛИЗ

Для проведения качественного анализа использовались дословные записи интервью (часть вторая, вопросы с открытыми ответами). Мы проанализировали эти записи и выявили темы, помогающие понять роль семейного моделирования и стресса в появлении нездоровых копинговых механизмов, способствующих развитию игровой зависимости. На первом этапе анализа основное внимание было сфокусировано на самом факте наличия ключевых переменных и переменных, которые мы считали важными. Во время второго этапа мы стремились определить степень или важность каждой из ключевых переменных.

Результаты этого анализа были оформлены в подробный отчет для каждой из наших четырех групп. В этих отчетах были описаны пережитые в детстве травмы, полученные в детстве знания об азартных играх, проблемы и стресс во взрослой жизни, навыки преодоления трудностей и текущее игровое поведение. Далее мы сравнили отчеты с нашей моделью развития игровой зависимости, чтобы понять, как эта модель проявляется в каждой группе и насколько обоснованной она выглядит.

Следует отметить, что четыре группы не были одинаковыми по размеру. Хотя в процессе отбора мы стремились сформировать четыре равные группы, нескольких участников пришлось переместить из одной группы в другую на основании их ответов на вопросы анкеты и интервью. Иногда эти ответы не совпадали с данными, представленными во время отборочного скрининга. В итоге группа 1, где и родитель, и ребенок имеют проблемы с азартными играми, состояла из сорока пяти участников. В группе 2, где у родителя есть проблемы с азартными играми, а у ребенка нет, оказалось сорок три человека. Большинство участников, исключенных из групп 1 и 2, были помещены в группу 3, где у родителя нет проблем с азартными играми, а у ребенка есть. В итоге эта группа насчитывала шестьдесят одного участника. Наконец, в группе 4, где ни у родителя, ни у ребенка нет проблем с азартными играми, было пятьдесят два человека.

### Контент-анализ

Как упоминалось выше, вторым и дополнительным источником данных, который мы использовали, чтобы проверить нашу модель развития игровой зависимости, стала подборка англоязычных биографических и автобиографических рассказов (91 текст), опубликованных на бумаге и в Интернете. Некоторые тексты были написаны проблемными игроками, другие описывали проблемных игроков со стороны.

### ПОИСК И ВЫБОР БИОГРАФИЙ

Первым шагом нашего контент-анализа стало составление списка книг и онлайн-публикаций, в которых шла речь об игровой зависимости. Мы искали такие тексты в Google, в книжных интернет-магазинах, в библиотеках Торонто, а также в Библиотеке Робартса при Университете Торонто, используя следующие ключевые слова: *биография игрока, азартные игры в семье, игровая зависимость, игромания, игромания автобиография, игромания биография и мемуары.*

Составив список, мы прочли каждый текст и проверили его на релевантность. Особое внимание уделялось тому, чтобы речь шла именно об игромании (а не только об участии в азартных играх) и чтобы автор приводил достаточно информации о детстве.

В общей сложности мы собрали девяносто один релевантный текст (сорок четыре онлайн-публикации и сорок семь печатных рассказов). Из них в двадцати трех случаях описывалась передача игромании по наследству.

**ТЕМАТИЧЕСКИЙ АНАЛИЗ**

Подвергнув эти тексты контент-анализу, мы обнаружили факторы, способствовавшие развитию игровой зависимости: игромания у родителей, социальное научение в детстве, стресс в детстве и во взрослой жизни. Мы стремились определить, можно ли говорить о преобладании трех ключевых переменных (детская травма, социальное моделирование и стрессовые факторы во взрослом возрасте) по отдельности и в комбинации. Целью данного контент-анализа было проверить, насколько переменные, выявленные в письменных рассказах, соответствуют количественным и качественным данным, полученным в ходе интервью с двумя сотнями жителей Торонто.

В ходе контент-анализа были обнаружены дополнительные важные переменные: детская травма, вызванная событиями вне семьи, обучение азартным играм в детском возрасте вне семьи, близость игорных заведений и обучение азартным играм во взрослом возрасте.

Как и при качественном анализе материалов интервью, мы разделили данные контент-анализа на две группы: случаи с наследованием игровой зависимости и случаи без такового наследования. Далее мы сравнили результаты, уделив особое внимание тому, сколько переменных присутствовало в каждой группе.

# Источники

Достоевская 1987 — Достоевская А. Г. Воспоминания. М.: Правда, 1987.

Достоевская 1993 — Достоевская А. Г. Дневник 1867 года. М.: Наука, 1993.

Достоевский 1972–1990 — Достоевский Ф. М. Полное собрание сочинений: в 30 т. Л.: Наука. Ленинградское отделение, 1972–1990.

Достоевский А. 1990 — Достоевский А. М. Из «Воспоминаний» // Ф. М. Достоевский в воспоминаниях современников: в 2 т. Т. 1 / ред. В. Э. Вацуро и др. М.: Художественная литература, 1990. С. 29–162.

Майков 1990 — Майков А. Н. <Из письма к П. А. Висковатову>. <Рассказ о Ф. М. Достоевском и петрашевцах в записи А. А. Голенищева-Кутузова> // Ф. М. Достоевский в воспоминаниях современников: в 2 т. Т. 1 / ред. В. Э. Вацуро и др. М.: Художественная литература, 1990. С. 252–258.

Милюков 1990 — Милюков А. П. Федор Михайлович Достоевский // Ф. М. Достоевский в воспоминаниях современников: в 2 т. Т. 1 / ред. В. Э. Вацуро и др. М.: Художественная литература, 1990. С. 259–290.

Ризенкампф 1990 — Ризенкампф А. Е. Воспоминания о Федоре Михайловиче Достоевском. <Воспоминания о Ф. М. Достоевском в записях и пересказе О. Ф. Миллера> // Ф. М. Достоевский в воспоминаниях современников: в 2 т. Т. 1 / ред. В. Э. Вацуро и др. М.: Художественная литература, 1990. С. 176–191.

# Библиография

Аполлонио К. Секреты Достоевского: Чтение против течения / пер. Е. Цыпина. Бостон; СПб.: Academic Studies Press; Библиороссика, 2020.

Гроссман 1965 — Гроссман Л. П. Достоевский. Изд. 2-е. М.: Молодая гвардия, 1965.

Мочульский 1947 — Мочульский К. В. Достоевский: Жизнь и творчество. Париж: YMCA-PRESS, 1947.

Панаев 1988 — Панаев И. И. Литературные воспоминания. М.: Правда, 1988.

Паперно 1999 — Паперно И. А. Самоубийство как культурный институт. М.: Новое литературное обозрение, 1999.

Пруст 1999 — Пруст М. Достоевский // Пруст М. Против Сент-Бёва: статьи и эссе / пер. Т. В. Чугуновой. М.: ЧеРо, 1999.

Сараскина 2003 — Сараскина Л. И. Магический реализм романа Ф. М. Достоевского «Игрок» как феномен «опасного» творчества // Достоевский и мировая культура. 2003. № 17. С. 389–398.

Фрейд 1995 — Фрейд З. Достоевский и отцеубийство / пер. Р. Ф. Додельцева // Фрейд З. Художник и фантазирование. М.: Республика, 1995. С. 285–294.

Adelman 2003 — Adelman G. Tsypkin's Way with Dostoyevsky // New England Review. 2003. Vol. 24, № 2. P. 168–181. URL: http://www.jstor.org/stable/40244269 (дата обращения: 11.04.2022).

Adorno et al. 1950 — Adorno T. W., Frenkel-Brunswik E., Levinson D., Sanford N. The Authoritarian Personality. New York: Harper & Brothers, 1950.

Althaus 2005 — Althaus C. E. A Disciplinary Perspective on the Epistemological Status of Risk // Risk Analysis. 2005. Vol. 25, № 3. P. 567–582.

Amoia 1993 — Amoia A. D. F. Feodor Dostoevsky. New York: Continuum International Publishing Group, 1993.

Andreyev 1962 — Andreyev N. Introduction // Dostoevsky F. The Gambler / Transl. by C. J. Hogarth. London: Dent; Vintage Russian Library, 1962.

Anikin 1993 — Anikin A. V. Money and the Russian Classics // Diogenes. 1993. Vol. 41, № 162. P. 99–109.

Baranczak 1995 — Baranczak S. The Gambler, Book Review: Dostoevsky: The Miraculous Years, 1865–1871 by Joseph Frank // The New Republic. 1995. Vol. 212, № 20. P. 36.

Barnett, Parker 1998 — Barnett B., Parker G. The Parentified Child: Early Competence or Childhood Deprivation? // Child Psychology and Psychiatry Review. 1998. Vol. 3, № 4. P. 146–155.

Baumann et al. 2005 — Baumann C. R., Novikov V. P., Regard M., Siegel A. M. Did Fyodor Mikhailovich Dostoevsky Suffer from Mesial Temporal Lobe Epilepsy? // Seizure. 2005. Vol. 14, № 5. P. 324–330.

Beck, Steer 1993 — Beck A. T., Steer R. A. Beck Anxiety Inventory Manual. San Antonio, TX: Harcourt Brace and Company, 1993.

Bergler 1957 — Bergler E. The Psychology of Gambling. New York: Hill & Wang, 1957.

Berman 2009 — Berman A. A. Siblings in The Brothers Karamazov // The Russian Review. 2009. Vol. 68, № 2. P. 263–282.

Bifulco et al. 2005 — Bifulco A., Bernazzani O., Moran P. M., Jacobs C. The Childhood Experience of Care and Abuse Questionnaire (CECA.Q): Validation in a Community Series // British Journal of Clinical Psychology. 2005. Vol. 44, № 4. P. 563–581.

Binde 2009 — Binde P. Exploring the Impact of Gambling Advertising: An Interview Study of Problem Gamblers // International Journal of Mental Health and Addiction. 2009. Vol. 7, № 4. P. 541–554.

Blaszczynski, Nower 2002 — Blaszczynski A. P., Nower L. A Pathways Model of Problem and Pathological Gambling // Addiction. 2002. Vol. 97, № 5. P. 487–499.

Blaszczynski et al. 1986a — Blaszczynski A. P., Wilson A., McConaghy N. Sensation Seeking and Pathological Gambling // British Journal of Addiction. 1986. Vol. 81, № 1. P. 109–113.

Blaszczynski et al. 1986b — Blaszczynski A. P., Winter S., McConaghy N. Plasma Endorphin Levels in Pathological Gamblers // Journal of Gambling Behaviour. 1986. Vol. 2, № 1. P. 3–15.

Blume 1995 — Blume S. Pathological Gambling: An Addiction to an Altered Psychological State // British Medical Journal. 1995. Vol. 311, № 7004. P. 522.

Bogg 1999 — Bogg R. A. Dostoevsky's Enigmas: An Analysis of Violent Men // Aggression and Violent Behavior. 1999. Vol. 4. P. 371–386.

Bolen, Boyd. 1968 — Bolen D. W., Boyd W. H. Gambling and the Gambler: A Review and Preliminary Findings // Archives of General Psychiatry. 1968. Vol. 18, № 5. P. 617–630.

Boszormenyi-Nagy, Spark 1973 — Boszormenyi-Nagy I., Spark G. M. Invisible Loyalties: Reciprocity in Intergenerational Family Therapy. Hagerstown, MD: Harper & Row, 1973.

Breger 1989 — Breger L. Dostoevsky: The Author as Psychoanalyst. New York: New York University Press, 1989.

Breton 1990 — Breton R. Ethnic Identity and Equality: Varieties of Experience in a Canadian City. Toronto: University of Toronto Press, 1990.

Briere 1992 — Briere J. Methodological Issues in the Study of Sexual Abuse Effects // Journal of Consulting and Clinical Psychology. 1992. Vol. 60, № 2. P. 196–203.

Burry 2010 — Burry A. Execution, Trauma and Recovery in Dostoevsky's the Idiot // Slavic and East European Journal. 2010. Vol. 54, № 2. P. 255–271.

Carlton et al. 1987 — Carlton P. L., Swatzburg M., Nora R., Manowitz P., McBride H., Goldstein L., Attention Deficit Disorder and Pathological Gambling // Journal of Clinical Psychiatry. 1987 Vol. 48, № 12. P. 487–488.

Carter 2006 — Carter E. J. Breaking the Bank: Gambling Casinos, Finance Capitalism, and German Unification // Central European History. 2006. Vol. 39, № 2. P. 185–213.

Cavion et al. 2008 — Cavion L., Wong C., Zangeneh M. Gambling // In the Pursuit of Winning: Problem Gambling Theory, Research and Treatment / Ed. by M. Zangeneh, A. Blaszczynski, N. E. Turner. New York: Springer Science and Business Media. 2008. P. 95–119.

Clarke 2004 — Clarke D. Impulsiveness, Locus of Control, Motivation and Problem Gambling // Journal of Gambling Studies. 2004. Vol. 20, № 4. P. 319.

Cochrane, Robertson 1973 — Cochrane R., Robertson A. The Life Events Inventory: A Measure of the Relative Severity of Psychosocial Stressors // Journal of Psychosomatic Research. 1973. Vol. 17. P. 135–139.

Cotte 1997 — Cotte J. Chances, Trances and Lots of Slots: Gambling Motives and Consumption Experiences // Journal of Leisure Research. 1997. Vol. 29, № 4. P. 380–406.

Coulson 1962 — Coulson J. Dostoevsky: A Self-Portrait. London: Oxford University Press, 1962.

Darbyshire et al. 2001 — Darbyshire P., Oster C., Carrig H. The Experience of Pervasive Loss: Children and Young People Living in a Family Where

Parental Gambling Is a Problem // Journal of Gambling Studies. 2001. Vol. 17, № 1. P. 23–45.

De Jonge 1975 — De Jonge A. Dostoevsky and the Age of Intensity. London: Secker & Warburg, 1975.

Delfabbro, Thrupp 2003 — Delfabbro P., Thrupp L. The Social Determinants of Youth Gambling in South Australian Adolescents // Journal of Adolescence. 2003. Vol. 26, № 3. P. 313–330.

Derevensky et al. 2010 — Derevensky J., Sklar A., Gupta R., Messerlian C. An Empirical Study Examining the Impact of Gambling Advertisements on Adolescent Gambling Attitudes and Behaviors // International Journal of Mental Health and Addiction. 2010. Vol. 8, № 1. P. 21–34.

Derevensky, Gupta 2004 — Gambling Problems in Youth: Theoretical and Applied perspectives / Ed. by J. L. Derevensky, R. Gupta. New York: Kluwer, 2004.

Diment 1997 — Diment G. Goliadkin as Cinderella, or the Case of the Lost Galosh // Russian Review 1997. Vol. 56, № 3. P. 440–444. URL: http://www.jstor.org/stable/131753 (дата обращения: 11.04.2022).

Dostoevsky 1914 — Letters of Fyodor Michailovitch Dostoevsky to His Family and Friends. Transl. by E. Mayne. Chatto & Windus, 1914.

Dostoevsky D. 2005. — Dimitry Dostoevsky Discusses the Image of His Great-Grandfather, Fyodor Dostoevsky, on Russian Lottery Tickets (Interview) // All Things Considered 1. Washington, D. C.: National Public Radio.

Dowling et al. 2010 — Dowling N. A., Jackson A. C., Thomas S. A., Frydenberg E. Children at Risk of Developing Problem Gambling. The Problem Gambling Research and Treatment Centre, Australia, 2010.

Earley, Cushway 2002 — Earley L., Cushway D. J. The Parentified Child // Clinical Child Psychology & Psychiatry. 2002. Vol. 7, № 2. P. 163–178.

Edwards, Savva 2000 — Edwards G., Savva S. Book Review: Gambling, Game and Psyche by Bettina L. Knapp // Addiction. 2000. Vol. 95, № 7. P. 1109–1114.

Erikson 1950 — Erikson E. H. Childhood and Society. New York: Norton, 1950.

Eyres 2007 — Eyres H. The Wheel of Existentialism // Financial Times. 2007. October 13.

Feldman 1958 — Feldman B. Dostoevsky and Father Love // Psychoanalysis and the Psychoanalytic Review. 1958. Vol. 45, № 4. P. 84.

Felitti 2003 — Felitti V. J. The Origins of Addiction: Evidence from the Adverse Childhood Experiences Study // Praxis der Kinderpsychologie und Kinderpsychiatrie. 2003. Bd. 52. S. 547–559.

Felsher et al. 2003 — Felsher J., Derevensky J. L., Gupta R. Parental Influences and Social Modelling of Youth Lottery Participation // Journal of Community and Applied Social Psychology. 2003. Vol. 13, № 5. P. 361–377.

Felsher et al. 2010 — Felsher J., Derevensky J. L., Gupta R. Young Adults with Gambling Problems: The Impact of Childhood Maltreatment // International Journal of Mental Health & Addiction. 2010. Vol. 8, № 4. P. 545–556.

Flaherty 2005 — Flaherty A. W. Frontotemporal and Dopaminergic Control of Idea Generation and Creative Drive // The Journal of Comparative Neurology. 2005. Vol. 493, № 1. P. 147–153.

Folkman, Lazarus 1988 — Folkman S., Lazarus R. S. Manual for the Ways of Coping Questionnaire. Palo Alto, CA: Consulting Psychologists Press, 1988.

Frank 1979 — Frank J. Dostoevsky: The Seeds of Revolt, 1821–1849 (vol. 1). Princeton: Princeton University Press, 1979.

Frank 1987 — Frank J. Dostoevsky: The Years of Ordeal, 1850–1859 (vol. 2). Princeton: Princeton University Press, 1987.

Frank 1988 — Frank J. Dostoevsky: The Stir of Liberation, 1860–1865 (vol. 3). Princeton: Princeton University Press, 1988.

Frank 1993 — Frank J. The Gambler: A Study in Ethnopsychology // The Hudson Review. 1993. Vol. 46, № 2. P. 301–322.

Frank 1995 — Frank J. Dostoevsky: The Miraculous Years, 1865–1871 (vol. 4). Princeton: Princeton University Press, 1995.

Frank 2002 — Frank J. Dostoevsky: The Mantle of the Prophet, 1871–1881 (vol. 5). Princeton: Princeton University Press, 2002.

Frank 2010 — Frank J. Dostoevsky: A Writer in His Time. Princeton: Princeton University Press, 2010.

Freeborn 2003 — Freeborn R. Dostoevsky. London: Haus Publishing, 2003.

Fülöp-Miller, Eckstein 1925 — Dostojewski am Roulette / Hg. von R. Fülöp-Miller, F. Eckstein. Müncnen: R. Piper, 1925.

Geertz 1973 — Geertz C. The Interpretation of Cultures. New York: Basic Books, 1973.

Geha 1970 — Geha R., Jr. Dostoevsky and The Gambler: A Contribution to the Psychogenesis of Gambling. Part II // Psychoanalytic Review. 1970. Vol. 57, № 2. P. 289–302.

Gillespie et al. 2007 — Gillespie M. A. M., Derevensky J., Gupta R. Adolescent Problem Gambling: Developing a Gambling Expectancy Instrument // Journal of Gambling Issues 2007. Vol. 19, № 19. P. 51–68.

Goffman 1963 — Goffman E. Stigma: Notes on the Management of Spoiled Identity. Englewood Cliffs, NJ: Prentice-Hall, 1963.

Goglia et al. 1992 — Goglia L. R., Jurkovic G. J., Burt A. M., Burgecallaway K. G. Generational Boundary Distortions by Adult Children of Alcoholics: Child-as-Parent and Child-as-Mate // The American Journal of Family Therapy. 1992. Vol. 20, № 4. P. 291–299.

Goldberg 2002 — Goldberg C. The Secret that Guilty Confessions Fail to Disclose // American Journal of Psychotherapy. 2002. Vol. 56, № 2. P. 178–193.

Goodheart 2004 — Goodheart E. Obsessed by Dostoevsky, Book Review: Summer in Baden-Baden by Leonid Tsypkin // Sewanee Review. 2004. Vol. 112, № 2. P. 301–303.

Grant, Won Kim 2002 — Grant J. E., Won Kim S. Parental Bonding in Pathological Gambling Disorder // Psychiatric Quarterly. 2002. Vol. 73, № 3. P. 239–247.

Greene, Ringwalt 1996 — Greene J. M., Ringwalt C. L. Youth and Familial Substance Use's Association with Suicide Attempts among Runaway and Homeless Youth // Substance Use and Misuse. 1996. Vol. 31, № 8. P. 1041–1058.

Griffiths 2000 — Griffiths M. Scratchcard Gambling Among Adolescent Males // Journal of Gambling Studies. 2000. Vol. 16, № 1. P. 79–91.

Gupta, Derevensky 1996 — Gupta R., Derevensky J. The Relationship between Gambling and Video Game Playing in Children and Adolescents // Journal of Gambling Studies 1996. Vol. 12, № 4. P. 375–394.

Gupta 1997 — Gupta R. Familial and Social Influences on Juvenile Gambling Behavior // Journal of Gambling Studies. 1997. Vol. 13, № 3. P. 179–192.

Hardoon, Derevensky 2002 — Hardoon K. K., Derevensky J. L. Child and Adolescent Gambling Behavior: Current Knowledge // Clinical Child Psychology and Psychiatry. 2002. Vol. 7, № 2. P. 263–281.

Hardoon et al. 2002 — Hardoon K. K., Derevensky J. L., Gupta R. An Examination of the Influence of Familial, Emotional, Conduct and Cognitive Problems and Hyperactivity upon Adolescent Gambling Problems: A Report to the Ontario Problem Gambling Research Centre. R and J Child Development Consultants, Inc., Montreal, Quebec, 2002. Accessed April 5, 2012. URL: http://www.gamblingresearch.org/download.sz/familial%20dervensky.pdf?docid=1527 (в настоящее время ресурс недоступен).

Helfant 1997 — Helfant I. M. The High Stakes of Identity: Gambling and Myths of Aristocratic (Dis)honor in the Life and Literature of Pushkin's Age. PhD diss., Harvard University, 1997.

Helfant 1999 — Helfant I. M. Pushkin's Ironic Performances as a Gambler // Slavic Review. 1999. Vol. 58, № 2: Summer Special Issue: Aleksandr Pushkin 1799–1999. P. 371–392.

Helfant 2002 — Helfant I. M. The High Stakes of Identity: Gambling in the Life and Literature of Nineteenth-Century Russia. Evanston, Ill.: Northwestern University Press, 2002.

Helfant 2003 — Helfant I. M. His to Stake, Hers to Lose: Women and the Male Gambling Culture of 19th Century Russia // The Russian Review. 2003. Vol. 62, № 2. P. 223–242.

Hewitt 1994 — Hewitt D. Spirit of Bingoland: A Study of Problem Gambling among Alberta Native People. Edmonton, Alberta: Nechi Training and Research & Health Promotions Institute, 1994.

Hirschi 1967 — Hirschi T. Delinquency Research. New York: The Free Press, 1967.

Hodgins, Schopflocher 2010 — Hodgins D. C., Schopflocher D. P. The Association between Childhood Maltreatment and Gambling Problems in a Community Sample of Adult Men and Women // Psychology of Addictive Behaviors. 2010. Vol. 24, № 3. P. 548–554.

Hogan 1997 — Hogan D. M. The Social and Psychological Needs of Children of Drug Users: Report on Exploratory Study. Dublin: The Children's Research Centre, University of Dublin, Trinity College, 1997.

Hooper 2007 — Hooper L. Expanding the Discussion Regarding Parentification and Its Varied Outcomes: Implications for Mental Health Research and Practice // Journal of Mental Health Counseling. 2007. Vol. 29, № 4. P. 322–337.

Hughes 2005 — Hughes J. R. The Idiosyncratic Aspects of the Epilepsy of Fyodor Dostoevsky // Epilepsy & Behavior. 2005. Vol. 7, № 3. P. 531–588.

Hurt et al. 2008 — Hurt H., Giannetta J. M., Brodsky N. L., Shera D., Romer D. Gambling Initiation in Preadolescents // Journal of Adolescent Health. 2008. Vol. 43. P. 91–93.

Iniesta 2007 — Iniesta I. Dostoevsky's Epilepsy: A Contemporary Paleodiagnosis // Seizure. 2007. Vol. 16, № 3. P. 283–285.

Jackson 1981 — Jackson R. L. The Art of Dostoevsky: Deliriums and Nocturnes. Princeton: Princeton University Press, 1981.

Jacobs 1986 — Jacobs D. F. A General Theory of Addictions: A New Theoretical Model // Journal of Gambling Behavior. 1986. Vol. 2, № 1. P. 15–31.

Jacobs 2000 — Jacobs D. F. Juvenile Gambling in North America: An Analysis of Long-Term Trends and Future Prospects // Journal of Gambling Studies. 2000. Vol. 16, № 2-3. P. 119–152.

Jessor, Jessor 1973 — Jessor R., Jessor S. L. The Perceived Environment in Behavioral Science: Some Conceptual Issues and Some Illustrative Data // American Behavioral Scientist. 1973. Vol. 16, № 6. P. 801–828.

Johansson et al. 2009 — Johansson A., Grand J. E., Won Kim S., Odlaug B. L., Gotestam K. G. Risk Factors for Problematic Gambling: A Critical Literature Review // Journal of Gambling Studies. 2009. Vol. 25, № 1. P. 67–92.

Jones 2008 — Jones M. Introduction // Dostoevsky F. The Gambler / Transl. by J. Kentish. London: Oxford University Press, 2008.

Jurkovic 1997 — Jurkovic G. Lost Childhoods: The Plight of the Parentified Child. New York: Taylor & Francis, 1997.

Kalischuk et al. 2006 — Kalischuk R. G., Nowatzki N., Cardwell K., Klein K., Solowoniuk J. Problem Gambling and Its Impact on Families: A Literature Review // International Gambling Studies. 2006. Vol. 6, № 1. P. 31–60.

Kauffmann 1999 — Kauffmann S. Movie Review: Visiting the Great: The Gambler and Grand Illusion by Jean Renoir // The New Republic. 1999. Vol. 221, № 8. P. 28.

Kausch et al. 2006 — Kausch O., Rugle L., Rowland D. Y. Lifetime Histories of Trauma among Pathological Gamblers // American Journal on Addictions. 2006. Vol. 15, № 1. P. 35–43.

Kearney, Drabman 1992 — Kearney C. A., Drabman R. S. Risk-Taking/Gambling-Like Behavior in Preschool Children // Journal of Gambling Studies. 1992. Vol. 8, № 3. P. 287–297.

Kelley et al. 2007 — Kelley M., French A., Bountress K., Keefe H., Schroeder V., Steer K., Fals-Stewart W., Gumienny L. Parentification and Family Responsibility in the Family of Origin of Adult Children of Alcoholics // Addictive Behaviors. 2007. Vol. 32, № 4. P. 675–685.

Kidd 2004 — Kidd S. A. The Walls Were Closing In and We Were Trapped: A Qualitative Analysis of Street Youth Suicide // Youth & Society. 2004. Vol. 36, № 1. P. 30–55.

Kidd 2007 — Kidd S. A. Youth Homelessness and Social Stigma // Journal of Youth and Adolescence. 2007. Vol. 36, № 3. P. 291–299.

Kingma 2010 — Kingma S. F. Dostoevsky and Freud: Autonomy and Addition in Gambling. Paper presented at the 8th European Social Science History Conference, Experiences of Chance, Motivation and Risk in Gambling, organized by Riita Matilianen, Ghent, Belgium. 2010. April 13–16.

Krakowiak 2008 — Krakowiak M. K. When Good Characters Do Bad Things: Examining the Effect of Moral Ambiguity on Enjoyment. PhD diss., Pennsylvania State University, 2008.

Lacoursiere 2003 — Lacoursiere R. B. Proust and Parricide: Literary, Biographical, and Forensic Psychiatric Explorations // American Imago. 2003. Vol. 60, № 2. P. 179–210.

Langbauer 2008 — Langbauer L. Ethics and Theory: Suffering Children in Dickens, Dostoevsky, and Le Guin // ELH. 2008. Vol. 75, № 1. P. 89–108.

Langhinrichsen-Rohling et al. 2004 — Langhinrichsen-Rohling J., Rohde P., Seeley J. R., Rohling M. L. Individual, Family, and Peer Correlates of Adolescent Gambling // Journal of Gambling Studies. 2004. Vol. 20, № 1. P. 23–46.

Lantz 2004 — Lantz K. The Dostoevsky Encyclopedia. Westport, CT: Greenwood Press, 2004.

LaPlante, Shaffer 2007 — LaPlante D. A., Shaffer H. J. Understanding the Influence of Gambling Opportunities: Expanding Exposure Models to Include Adaptation // American Journal of Orthopsychiatry. 2007. Vol. 77, № 4. P. 616–623.

Lazarus, Folkman 1984 — Lazarus R. S., Folkman S. Stress, Appraisal and Coping. New York: Springer, 1984.

Leatherbarrow 2005 — Leatherbarrow W. J. Pechorin's Demons: Representations of the Demonic in Lermontov's A Hero of Our Time // The Modern Language Review. 2005. Vol. 99, № 4. P. 999–1013. URL: http://www.jstor.org/stable/3738510 (дата обращения: 12.04.2022).

Lesieur, Blume 1987 — Lesieur H. R., Blume S. B. South Oaks Gambling Screen (SOGS): A New Instrument for the Identification of Pathological Gamblers // American Journal of Psychiatry. 1987. Vol. 144, № 9. P. 1184–1188.

Link, Phelan 2006 — Link B., Phelan J. Stigma and Its Public Health Implications // The Lancet. 2006. Vol. 367, № 9509. P. 528–529.

Lothene 1992 — Lothene Z. Book Review: Dostoevsky: The Author as Psychoanalyst by Louis Breger // PsycCritiques. 1992. Vol. 37, № 9. P. 956–957.

Love 2004 — Love J. Narrative Hesitation in The Gambler // Canadian Slavonic Papers / Revue Canadienne des Slavistes. 2004. Vol. 46, № 3–4. P. 361–380. URL: http://www.jstor.org/stable/40860047 (дата обращения: 12.04.2022).

MacHale 2002 — MacHale S. Managing Depression in Physical Illness // Advances in Psychiatric Treatment. 2002. Vol. 8, № 4. P. 297–305.

Madigan 2011 — Madigan P. The Sorrow That Dare Not Say Its Name: The Inadequate Father, The Motor of History // Heythrop Journal. 2011. Vol. 52, № 5. P. 739–750.

Magoon, Ingersoll 2006 — Magoon M. E., Ingersoll G. M. Parental Modeling, Attachment, and Supervision as Moderators of Adolescent Gambling // Journal of Gambling Studies. 2006. Vol. 22, № 1. P. 1–22.

Malaby 2007 — Malaby T. M. Beyond Play: A New Approach to Games // Games and Culture. 2007. Vol. 2, № 2. P. 95–113.

Mann 1945 — Mann T. Introduction // The Short Novels of Dostoevsky / Transl. by C. Garnett; with an Introduction by Thomas Mann. New York: Dial Press, 1945.

Martin et al. 2006 — Martin M., Sadlo G., Stew G. The Phenomenon of Boredom // Qualitative Research in Psychology. 2006. Vol. 3, № 3. P. 193–211. URL: http://dx.doi.org/10.1191/1478088706qrp066oa (дата обращения: 12.04.2022).

McReynolds 2011 — McReynolds S. Redemption and the Merchant God: Dostoevsky's Economy of Salvation and Antisemitism. Evanston, Ill.: Northwestern University Press, 2011.

Meyer, Hayer 2009 — Meyer G., Hayer T. Germany // Problem Gambling in Europe: Challenges, Preventions and Interventions / Ed. by M. Griffiths, T. Hayer, G. Meyer. New York: Springer, 2009. P. 85–102.

Meyers 2001 — Meyers R. J. Literature and Sport as Ritual and Fantasy // Papers on Language and Literature. 2001. Vol. 37, № 4. P. 337–360.

Mills 1959 — Mills C. W. The Sociological Imagination. London: Oxford University Press, 1959.

Minuchin et al. 1967 — Minuchin S., Montalvo B., Guerney B. G., Rosman T., Schumer T. Families of the Slums. New York: Basic Books, 1967.

Mochulsky 1967 — Mochulsky K. Dostoevsky: His Life and Work / Transl. and with an Introduction by M. A. Minihan. Princeton: Princeton University Press, 1967.

Morrissey 2004 — Morrissey S. In the Name of Freedom: Suicide, Serfdom, and Autocracy in Russia // The Slavonic and East European Review. 2004. Vol. 82, № 2. P. 268–291. URL: http://www.jstor.org/stable/4213883 (дата обращения: 12.04.2022).

Nemeroff 2004 — Nemeroff C. B. Neurobiological Consequences of Childhood Trauma // Journal of Clinical Psychology. 2004. Vol. 65, suppl. 1. P. 18–28.

O'Grady 1994 — O'Grady D. Dostoevsky Lives // Commonweal. 1994. Vol. 121, № 19. P. 6–7.

Offord 2003 — Offord D. Book Review: The High Stakes of Identity: Gambling in the Life and Literature of Nineteenth-Century Russia by Ian M. Helfant // The Slavonic and East European Reviews. 2003. Vol. 81, № 2. P. 307–309.

Oldman 1978 — Oldman D. Compulsive Gamblers // The Sociological Review. 1978. Vol. 26, № 2. P. 349–371.

Osman et al. 2002 — Osman A., Hoffman J., Barrios F. X., Kopper B. A., Breitenstein J. L., Hahn S. K. Factor Structure, Reliability, and Validity of the

Beck Anxiety Inventory in Adolescent Psychiatric Inpatients // Journal of Clinical Psychology. 2002. Vol. 58, № 4. P. 443–456.

Peace 2004 — Peace R. Book Review: Dostoevsky by Richard Freeborn // The Slavonic and East European Review. 2004. Vol. 82, № 4. P. 945–947.

Perez de Castro et al. 1997 — Perez de Castro I., Ibanez A., Torres P., Saiz-Ruiz J., Fernandez-Piqueras J. Genetic Association Study between Pathological Gambling and a Functional DNA Polymorphism at the D4 Receptor Gene // Pharmacogenetics. 1997. Vol. 7, № 5. P. 345–348.

Petry, Steinberg 2005 — Petry N. M., Steinberg K. J. Childhood Maltreatment in Male and Female Treatment-Seeking Pathological Gamblers // Psychology of Addictive Behaviors. 2005. Vol. 19, № 2. P. 226–229.

Pevear. 2007 — Pevear R. Introduction // Dostoevsky F. M. The Double. The Gambler / Transl. by L. Volokhonsky. New York: Random House; Everyman's Library, 2007.

Pisak 1997 — Pisak G. Homologies between Character Structure and the Structure of Economic Activity in Three Nineteenth Century Novels. PhD diss., Kossuth Lajos University of Arts and Sciences, Hungary, 1997.

Potenza 2001 — Potenza M. N. The Neurobiology of Pathological Gambling // Seminars in Clinical Neuropsychiatry. 2001. Vol. 6, № 3. P. 217–226.

Premo 1997 — Premo D. G. The Dostoevsky Archive: Firsthand Accounts of the Novelist from Contemporaries' Memoirs and Rare // Library Journal. 1997. Vol. 122, № 12. P. 83.

Rabinowitz 2001 — Rabinowitz P. J. A Lot Has Built Up: Omission and Rhetorical Realism in Dostoevsky's The Gambler // Narrative. 2001. Vol. 9, № 2: Special Issue: Contemporary Narratology. P. 203–209. URL: http://www.jstor.org/stable/20107248 (дата обращения: 12.04.2022).

Radloff 1977 — Radloff L. S. The CES-D Scale: A Self Report Depression Scale for Research in the General Population // Applied Psychological Measurement. 1977. Vol. 1, № 3. P. 385–401.

Raylu, Oei 2002 — Raylu N., Oei T. P. Pathological Gambling: A Comprehensive Review // Clinical Psychology Review. 2002. Vol. 22, № 7. P. 1009–1061.

Raylu, Oei 2004 — Raylu N., Oei T. P. Role of Culture in Gambling and Problem Gambling // Clinical Psychology Review. 2004. Vol. 23, № 8. P. 1087–1114.

Reith 2007 — Reith G. Gambling and the Contradictions of Consumption: A Genealogy of the Pathological Subject // American Behavioral Scientist. 2007. Vol. 51, № 1. P. 33–35.

Remnick 2005 — Remnick D. The Translation Wars: Onward and Upward with the Arts // New Yorker. 2005. November 7. Vol. 81, № 75.

Reyfman 1999 — Reyfman I. Ritualized Violence Russian Style: The Duel in Russian Culture and Literature. Palo Alto: Stanford University Press, 1999.

Rodin, Voshart 1986 — Rodin G., Voshart K. Depression in the Medically Ill: An Overview // American Journal of Psychiatry. 1986. Vol. 143, № 6. P. 696–705.

Romer et al. 2009 — Romer T. K., Callesen M. B., Linnet J., Kringelbach M. L., Moller A. Severity of Gambling Is Associated with Severity of Depressive Symptoms in Pathological Gamblers // Behavioral Pharmacology. 2009. Vol. 20, № 5–6. P. 527–536.

Ronel 2011 — Ronel N. Criminal Behavior, Criminal Mind: Being Caught in a Criminal Spin // International Journal of Offender Therapy and Comparative Criminology. 2011. Vol. 55, № 8. P. 1208–1233.

Rosecrance 1985 — Rosecrance J. Compulsive Gambling and the Medicalization of Deviance // Social Problems. 1985. Vol. 32. P. 275–284.

Rosenshield 1994 — Rosenshield G. Choosing the Right Card: Madness, Gambling, and the Imagination in Pushkin's The Queen of Spades // PMLA. 1994. Vol. 109, № 5. P. 995–1008. URL: http://www.jstor.org/stable/462967 (дата обращения: 12.04.2022).

Rosenshield 2011 — Rosenshield G. Gambling and Passion: Pushkin's The Queen of Spades and Dostoevsky's The Gambler // Slavic and East European Journal. 2011. Vol. 55, № 2. P. 205–227.

Rosenthal 1982 — Rosenthal R. J. Dostoevsky's Use of Projection: Psychic Mechanism as Literary Form in The Double // Dostoevsky Studies. 1982. Vol. 3. P. 79–86.

Rosenthal 2005 — Rosenthal R. J. Staying in Action: The Pathological Gambler's Equivalent of the Dry Drunk // Journal of Gambling Issues. 2005. Vol. 13.

Rosenthal, Rugle 1994a — Rosenthal R. J., Rugle L. J. A Psychodynamic Approach to the Treatment of Pathological Gambling: Part I. Achieving Abstinence // Journal of Gambling Studies. 1994. Vol. 10, № 1. P. 21–42.

Rosenthal, Rugle 1994b — Rosenthal R. J., Rugle L. J. Pathological Gambling: Clinical Issues: Part I // Journal of Gambling Studies. 1994. Vol. 10 (1). Spring P. 3–4.

Rugle, Rosenthal 1994 — Rugle L. J., Rosenthal R. J. Transference and Countertransference Reactions in the Psychotherapy of Pathological Gamblers // Journal of Gambling Studies. 1994. Vol. 10, № 1. P. 43–65.

Sallaz 2008 — Sallaz J. J. Deep Plays: A Comparative Ethnography of Gambling Contests in Two Post-Colonies // Ethnography. 2008. Vol. 9, № 1. P. 5–33.

Sessions, Jurkovic. 1986 — Sessions M. W., Jurkovic G. J. Parentification Questionnaire-Adult (PQ-A). Unpublished document, 1986. Available from Gregory J. Jurkovic, Dept of Psychology, Georgia State University, Atlanta.

Shabad 2000 — Shabad P. Giving the Devil His Due: Spite and the Struggle for Individual Dignity // Psychoanalytic Psychology. 2000. Vol. 17, № 4. P. 690–705.

Shah et al. 2004 — Shah K. R., Eisen S. A., Xian Hong, Potenza M. N. Genetic Studies of Pathological Gambling: A Review of Methodology and Analyses of Data from the Vietnam Era Twin Registry // Journal of Gambling Studies. 2005. Vol. 21, № 2. 179–203.

Shaw, Dorling 1998 — Shaw M., Dorling D. Mortality among Street Youth in the UK // The Lancet. 1998. Vol. 352, № 9129. P. 743.

Sher et al. 2005 — Sher K. J., Grekin E. R., Williams N. A. The Development of Alcohol Use Disorders // Annual Review of Clinical Psychology. 2005. Vol. 1. P. 493–523.

Stang 1977 — Stang R. T. Edvard Munch: The Man and His Art. New York: Abbeville Press, 1977.

Ste-Marie et al. 2006 — Ste-Marie C., Gupta R., Derevensky J. L. Anxiety and Social Stress Related to Adolescent Gambling Behavior and Substance Use // Journal of Child & Adolescent Substance Abuse. 2006. Vol. 15, № 4. P. 55–74.

Taber et al. 1987 — Taber J. I., McCormick R. A., Ramirez L. F. The Prevalence and Impact of Major Life Stressors Among Pathological Gamblers // International Journal of Addiction. 1987. Vol. 22, № 1. P. 71–79.

Tepperman 2009 — Tepperman L. Betting Their Lives: The Close Relations of Problem Gamblers. Toronto: Oxford University Press, 2009.

Thomas, Znaniecki 1958 — Thomas W. I., Znaniecki F. The Polish Peasant in Europe and America: 2 vols. New York: Dover Publications, 1958.

Vachon et al. 2004 — Vachon J., Vitaro F., Wanner B., Tremblay R. E. Adolescent Gambling: Relationships with Parent Gambling and Parenting Practices // Psychology of Addictive Behaviors. 2004. Vol. 18, № 4. P. 398–401.

Veblen 1912 — Veblen T. Theory of the Leisure Class: An Economic Study of Institutions. New York: The Macmillan Company, 1912.

Vinokurov 2003 — Vinokurov V. Levinas's Dostoevsky: A Response to «Dostoevsky's Derrida» // Common Knowledge. 2003. Vol. 9, № 2. P. 318–340.

Wagner 2008 — Wagner J. L. Gambling and Risk in Victorian Literature and Culture. PhD diss., Purdue University, 2008.

Wagner 1994 — Wagner W. G. Marriage, Property, and Law in Late Imperial Russia. Oxford: Oxford University Press, 1994.

Walker 1992 — Walker M. B. The Psychology of Gambling. Oxford: Butterworth-Heinermann, 1992.

Walker et al. 2008 — Walker M., Schellink T., Anjoul F. Explaining Why People Gamble // In the Pursuit of Winning: Problem Gambling Theory, Research and Treatment / Ed. by M. Zangeneh, A. Blaszczynski, N. E. Turner. New York: Springer Science and Business Media, 2008. P. 11–33.

Walters 2001 — Walters G. D. Behavior Genetic Research on Gambling and Problem Gambling: A Preliminary Meta-Analysis of Available Data // Journal of Gambling Studies. 2001. Vol. 17, № 4. P. 255–271.

Wampler et al. 2009 — Wampler R. S., Downs A. B., Fischer J. L. Development of a Brief Version of the Children's Roles Inventory (CRI-20) // The American Journal of Family Therapy. 2009. Vol. 37, № 4. P. 287–298.

Ward 1998 — Ward B. Canadian Reflections on a Russian in Dresden // Queen's Quarterly. 1998. Vol. 105, № 3. P. 406–421.

Wasiolek 1972 — Wasiolek E. Introduction // Dostoevsky F., Suslova A. The Gambler, with Polina Suslova's Diary / Transl. by V. Terras; ed. by E. Wasiolek. Chicago, University of Chicago Press, 1972.

Wasiolek 1996 — Book Review: Dostoevsky: The Miraculous Years, 1865–1871 by Joseph Frank // Comparative Literature. 1996. Vol. 48, № 4. P. 387–389. URL: http://www.jstor.org/stable/1771240 (дата обращения: 13.04.2022).

Welte et al. 2006 — Welte J. W., Wieczorek W. F., Barnes G. M., Tidwell M. C. O. Multiple Risk Factors for Frequent and Problem Gambling: Individual, Social and Ecological // Journal of Applied Social Psychology. 2006. Vol. 36, № 6. P. 1548–1568.

Wensley, King. 2008 — Wensley D., King M. Scientific Responsibility for the Dissemination and Interpretation of Genetic Research: Lessons from the «Warrior Gene» Controversy // Journal of Medical Ethics. 2008. Vol. 34, № 6. P. 507–509.

Winkler 2005 — Winkler M. The High Stakes of Identity: Gambling in the Life and Literature of Nineteenth-Century Russia // Explorations in Russian and Eurasian History. 2005. Vol. 6, № 2. P. 417–423.

Wolkowitz et al. 1985 — Wolkowitz O. M., Roy A., Doran A. R. Pathological Gambling and Other Risk-Taking Pursuits // Psychiatric Clinics of North America. 1985. Vol. 8, № 2. P. 311–322.

Young 2009 — Young S. Book Review: Redemption and the Merchant God: Dostoevsky's Economy of Salvation and Antisemitism by Susan McReynolds // The Modern Language Review. 2009. Vol. 104, № 1. P. 301.

Zimet et al. 1988 — Zimet G. D., Dahlem N. W., Zimet S. G., Farley G. K. The Multidimensional Scale of Perceived Social Support // Journal of Personality Assessment. 1988. Vol. 52, № 1. P. 30–41.

# Оглавление

Благодарности .................................................. 5

### Часть первая
### Азартные игры в жизни Достоевского

Глава 1. Достоевский: предисловие к биографии ........... 9
Глава 2. Азартные игры в России XIX века ................ 63
Глава 3. О чем рассказывают романы Достоевского? ....... 78
Глава 4. Традиционные подходы к проблеме игромании
у Достоевского ................................................ 96

### Часть вторая
### «Эффект Достоевского»

Глава 5. Трудное детство ..................................... 133
Глава 6. Стресс во взрослой жизни ......................... 185
Глава 7. Нездоровые копинг-стратегии ..................... 208
Глава 8. Как игромания вредит жизни игрока ............. 231

### Часть третья
### Факторы, не проявившиеся у Достоевского

Глава 9. Доступность и приемлемость азартных игр ....... 253
Глава 10. Социальное научение в семье и обществе ....... 280
Глава 11. Что общего у семей, где нет патологических
игроков? ....................................................... 308

## Часть четвертая
## Заключения и выводы

Глава 12. Игрок: тогда и сейчас .......................... 327
Глава 13. Уроки (для) Достоевского ..................... 341
Глава 14. Практическое применение нашего
 исследования ........................................ 353

Приложение 1. Теоретическая основа исследования ....... 362
Приложение 2. Описание исследования ................. 372

Источники ............................................. 382
Библиография ......................................... 383

*Научное издание*

Лорн Тепперман, Патриция Альбанезе,
Саша Старк, Надин Залан
ЭФФЕКТ ДОСТОЕВСКОГО
Детство и игровая зависимость

Директор издательства *И. В. Немировский*
Ответственный редактор *И. Белецкий*

Заведующая редакцией *О. Петрова*
Дизайн *И. Граве*
Редактор *И. Знаешева*
Корректоры *А. Филимонова, Е. Семенова*
Верстка *Е. Падалки*

Подписано в печать 10.05.2022.
Формат издания 60 × 90 $^1/_{16}$. Усл. печ. л. 25,0.
Тираж 300 экз.

Academic Studies Press
1577 Beacon Street, Brookline, MA 02446 USA
https://www.academicstudiespress.com

ООО «Библиороссика».
190005, Санкт-Петербург, 7-я Красноармейская ул., д. 25а

Эксклюзивные дистрибьюторы:
ООО «Караван»
ООО «КНИЖНЫЙ КЛУБ 36.6»
http://www.club366.ru
Тел./факс: 8(495)9264544
e-mail: club366@club366.ru

Книги издательства можно купить
в интернет-магазине: www.bibliorossicapress.com
e-mail: sales@bibliorossicapress.ru

Знак информационной продукции согласно
Федеральному закону от 29.12.2010 № 436-ФЗ

www.ingramcontent.com/pod-product-compliance
Ingram Content Group UK Ltd.
Pitfield, Milton Keynes, MK11 3LW, UK
UKHW022229200326
4878IPUK00006B/14